CATALOGUE

DES

LIVRES SUR LES ARTS

TOUS BIEN RELIÉS

COMPOSANT LA

BIBLIOTHÈQUE DE M. R***

Ancien Directeur des Musées nationaux,

DONT LA VENTE AURA LIEU

Le mardi 15 avril 1879 et jours suivants

A 7 HEURES 1/2 PRÉCISES DU SOIR

Rue des Bons-Enfants, 28 (maison Silvestre)

SALLE N° 1

Par le ministère de M⁰ MAURICE DELESTRE, commissaire-priseur,

Successeur de M. DELBERGUE-CORMONT

27, rue Drouot, 27

PARIS

ADOLPHE LABITTE

LIBRAIRE DE LA BIBLIOTHÈQUE NATIONALE

4, rue de Lille, 4

—

1879

CATALOGUE

DES

LIVRES SUR LES ARTS

DE LA

BIBLIOTHÈQUE DE M. R***

ORDRE DES VACATIONS.

1ʳᵉ *Vacation*, mardi 15 avril 1879.

Catalogues............ 1 à 180
Ouvrages sur les arts.. 2316 2362

2ᵉ *Vacation*, mercredi 16.

Catalogues............ 181 300
Ouvrages sur les arts,
vies d'artistes...... 2363 2419

3ᵉ *Vacation*, jeudi 17.

Catalogues............ 361 540
Vies d'artistes........ 2420 2470

4ᵉ *Vacation*, vendredi 18.

Catalogues............ 541 720
Peinture............. 2471 2522

5ᵉ *Vacation*, samedi 19.

Catalogues............ 721 900
Vies et ouvrages des
peintres............ 2523 2574

6ᵉ *Vacation*, lundi 21.

Catalogues............ 901 1080
Vies et ouvrages des
peintres............ 2575 2624

7ᵉ *Vacation*, mardi 22.

Catalogues............ 1081 1260
Vies et ouvrages des
peintres............ 2625 2684

8ᵉ *Vacation*, mercredi 23 avril 1879.

Catalogues............ 1261 à 1440
Vies et ouvrages des
peintres............ 2685 2731

9ᵉ *Vacation*, jeudi 24.

Catalogues............ 1441 1620
Vies et ouvrages des
peintres............ 2732 2764

10ᵉ *Vacation*, vendredi 25.

Catalogues............ 1621 1800
Salons............... 2815 2870

11ᵉ *Vacation*, samedi 26.

Catalogues............ 1801 1980
Sculpture, ciselure, architecture, gravure.. 2871 2920

12ᵉ *Vacation*, lundi 28.

Catalogues............ 1981 2163
Gravure, arts industriels. 2921 2963

13ᵉ *Vocation*, mardi 29.

Catalogues............ 2164 2315
Bibliographie des beaux-arts, ouvrages divers. 3076 3123

14ᵉ *Vacation*, mercredi 30.

Guides artistiques..... 2964 3075
Galeries, musées, salons. 2765 2814

CONDITIONS DE LA VENTE.

La vente se fait expressément au comptant.

Les acquéreurs paieront 5 p. 100 en sus des enchères, applicables aux frais.

Il y aura, chaque jour de vente, de 2 à 4 heures, exposition des livres qui seront vendus le soir.

Le libraire chargé de la vente remplira les commissions des personnes qui ne pourraient y assister.

Paris. — Typ. G. Chamerot, rue des Saints-Pères, 19. — 7624.

CATALOGUE
DES
LIVRES SUR LES ARTS
TOUS BIEN RELIÉS

COMPOSANT LA

BIBLIOTHÈQUE DE M. R***

Ancien Directeur des Musées nationaux,

DONT LA VENTE AURA LIEU

Le mardi 15 avril 1879 et jours suivants

A 7 HEURES 1/2 PRÉCISES DU SOIR

Rue des Bons-Enfants, 28 (maison Silvestre)

SALLE N° 1

Par le ministère de Me MAURICE DELESTRE, commissaire-priseur,

Successeur de M. DELBERGUE-CORMONT

27, rue Drouot, 27

PARIS

ADOLPHE LABITTE

LIBRAIRE DE LA BIBLIOTHÈQUE NATIONALE

4, rue de Lille, 4

—

1879

La bibliothèque bien connue qui se présente au feu des enchères renferme une collection spéciale du plus grand prix pour ceux qui s'occupent de l'histoire des arts et particulièrement de l'histoire de la peinture.

Nous voulons parler des Catalogues de collections particulières ou de ventes aux enchères publiés depuis 1640 jusqu'à nos jours. Très-simples sous Louis XIV, plus étendus sous Louis XV, ils sont devenus de nos jours de beaux volumes remplis d'eaux-fortes; mais, quelle que soit leur élégance ou leur simplicité, ce qui les rendra également précieux, c'est l'histoire des chefs-d'œuvre qui s'y trouvent décrits, leur passage d'une collection dans une autre, c'est la certitude qu'ils donnent de leur authenticité, ce sont les prix divers qui s'y trouvent consignés suivant le goût variable de nos riches amateurs.

M. R*** a donné tous ses soins à cette collection ; le lecteur y trouvera les catalogues les plus rares et les plus curieux, tous en conditions exceptionnelles, reliés en maroquin par Derome et Padeloup, par Capé, Lortic, Closs, Dupré, Masson-Debonnelle, R. David, Petit, Weber.

La deuxième partie de ce catalogue commence au numéro 2,316. On y trouvera la *Biographie des grands artistes anciens et modernes de toutes les écoles*. On y remarque aussi *la Gazette des Beaux-arts*, complète. — La série des *Historiens des*

Beaux-arts. — Toutes les éditions de *Vasari*. — *Le Cabinet de l'amateur*, par Eug. Piot, avec la gravure du Fumeur. — *Liber Veritatis*. Collection des dessins de Claude Le Lorrain, ancien tirage. — *Choix des dessins de la collection de Saint-Morys*, l'un des cinq exemplaires connus et certainement le plus complet. Les études d'*Edmond et Jules de Goncourt* sur les peintres du xviii° siècle. — *Les Tableaux du cabinet du Roy*, 1679. — *La Galerie du Musée Napoléon*. — *Les Annales du Musée*, par Landon. — *La Galerie du Palais-Royal*, par Couché. — *La Galerie Le Brun*. — *Le Cabinet Crozat*. — *Le Cabinet Choiseul et le Cabinet Poullain*, anciens tirages. — *Les Galeries de Florence*. — *La Galerie de Vienne*. — *La Galerie de Dusseldorf*. — *La Galerie de Dresde*. — *La Galerie d'Houghton*, aujourd'hui *de l'Ermitage*. — Une collection précieuse est celle des *Livrets des Salons de 1699 à nos jours* en éditions originales, suivie des critiques anciennes et modernes de chacun de ces salons.

On remarque encore le volume si rare du comte de Laborde *sur le Palais Mazarin* et bien d'autres ouvrages importants que nous n'avons point le désir de citer ici, mais qui donneront au lecteur une idée élevée de la bibliothèque dont nous leur présentons le Catalogue.

CATALOGUE

DES

LIVRES SUR LES ARTS

COMPOSANT LA

BIBLIOTHÈQUE DE M. R***

DIRECTEUR DES MUSÉES NATIONAUX.

PREMIÈRE PARTIE.

CATALOGUES D'ART.

(COLLECTIONS PARTICULIÈRES.)

Agar. Voyez *Grosvenor and Agar.*

1. ABRANTÈS (Junot, duc d'). A Catalogue of a capital and very valuable assemblage..... pictures..... of field-marshal Junot, duke of Abrantes..... etc. *Londres, chez Christie,* 4 mars 1818. In-4, demi-rel. maroq. la Vallière foncé.

2. AGOSTA (Fidelio d'). Catalogue d'une jolie réunion de portraits de petites dimensions peints à l'huile, en miniature et en émail..... composant la collection de M. Fidelio d'Agosta, ainsi que de quelques belles armes anciennes..... 2, 3 et 4 décembre 1861. MM. Mannheim, experts. Grand in-8, demi-rel. mar. vert.

3. AGUADO. Notice des tableaux des écoles espagnole, italienne, flamande, française et allemande, exposés dans la galerie du marquis de Las Marismas. 1837. In-12, demi-rel. mar. pourpre.

4. AGUADO. Catalogue de tableaux anciens, etc., composant la galerie de M. Aguado, marquis de Las Marismas... Lundi 20 mars 1843 et jours suivants. In-4, maroquin vert.
   Prix et noms des acquéreurs.

5. AGUADO. Catalogue des tableaux anciens et modernes des écoles française, italienne, espagnole, flamande, hollandaise et allemande, formant la seconde partie de la collection de feu M. Aguado, marquis de Las Marismas.

18 avril 1843 et jours suivants. A. Wery, expert. Grand in-8, cartonnage rouge.

6. AGUADO, marquis DE LAS MARISMAS. Catalogue d'une collection de tableaux anciens des écoles flamande, hollandaise, française, italienne et espagnole, dépendant de l succession de M. le marquis de Las Marismas. 19 et 20 décembre 1843. Defer, expert. In-8, demi-rel. mar. vert bouteille foncé.

7. AGUADO. Catalogue de 9 tableaux des écoles italienne et espagnole, provenant de la succession de M. Aguado, marquis de Las Marismas, 10 avril 1865. F. Laneuville, expert. Photographie. In-8, demi-rel. mar. vert.
Prix.

8. AGUADO (vicomte). Catalogue de tableaux anciens faisant partie de la collection de M. le vicomte Aguado. 27 mai 1873. Durand-Ruel, expert. Grand in-8, demi-rel. mar. pourpre.

9. ALBE (duc d'). Collection du duc de Berwick et d'Albe. Tableaux par Velazquez, Murillo, Rubens; 75 tapisseries de premier ordre en partie, tissées d'or et d'argent; 4,000 gravures anciennes et modernes de différentes écoles. Du 7 avril au 20 avril 1877. Escribe et Haro. Gr. in-8, br. 33 figures.
Double suite pour les tableaux : l'une, gravée à l'eau-forte, par Lalauze; l'autre, en photogravure, publiée par Goupil.
Exemplaire en GRAND PAPIER.

10. ALEXIS (Balthazar). Catalogue des tableaux et objets d'art, estampes, eaux-fortes, aquarelles, dessins, lithographies, livres concernant les beaux-arts.... composant le cabinet de feu M. Balthazar Alexis, ancien graveur. *Lyon*, 18 février 1873 et jours suivants. In-8, demi-rel. mar. bleu.

Alenzoon (Johann). Voyez *Bruyn* (Nicolas de).

11. ALGAROTTI. Catalogo dei quadri dei disegni e dei libri che trattano dell'arte del disegno della galleria del fu sig. conte Algarotti. *In Venezia.* 1776, in-4, cartonné, front.

12. ALIAMET. Catalogue de différens objets de curiosités laissés après le décès de M. Aliamet, graveur du roi. Lundi 1er décembre 1788. In-8, cartonné.
Prix et noms.

13. ALIBERT. Catalogue d'une nombreuse collection d'estampes et de dessins de grands maîtres, après le décès de Mme Alibert, et cessation de commerce de J.-Guill. Alibert. Du 25 au 30 avril et du 2 au 5 mai 1803. In-8, demi-rel. basane verte.

14. ALIBERT. Catalogue d'un bon choix d'estampes, etc... du cabinet de feu M. Alibert, par F.-L. Regnault-Delalande. Lundi 1ᵉʳ et mardi 2 mars 1819. Grand in-8, cartonné.
Prix.

15. ALIGNY. Catalogue de tableaux, études et dessins, vues prises en France, en Italie et en Grèce, par feu Aligny..... 4 mai 1874. Féral, expert. Grand in-8, demi-rel. mar. pourpre.
Prix.

16. ALLÈGRE. Catalogue des tabatières, miniatures, bijoux, orfèvrerie, émaux, matières précieuses..... dépendant de la succession de feu M. Allègre. 13 mai 1872 et jours suivants. Ch. Mannheim, expert. Grand in-8, demi-rel. veau antique.
Prix.

17. ALLOU et EHRLER. Catalogue de 34 tableaux modernes, composant les collections réunies de M. A*** (Allou) et de M. E*** (Ehrler). 12 février 1872. F. Petit, expert. In-8, demi-rel. mar. bleu.
Prix.

18. ALSACIENS-LORRAINS (Exposition au profit des). Exposition des ouvrages de peinture exposés au profit de la colonisation de l'Algérie par les Alsaciens-Lorrains, au palais de la présidence du Corps Législatif, le 23 avril 1874. In-12, demi-rel. veau fauve.

Althorp House. Voyez *Spencer* (lord).

Alton Towers. Voyez *Shrewsbury*.

Amateurs (Collections d'). Voyez : *École française*..... *Exposition rétrospective*..... *Alsaciens-Lorrains*.....

19. AMMAN DE SCHWANBERG. Catalogue d'une magnifique collection de tableaux flamands et hollandais, bronzes, dorures et objets de curiosité du plus beau choix, provenant du cabinet de M. Amman de Schwanberg, de la Haye. 19 décembre 1809 et jours suivants. Clisorius, expert. Petit in-8, demi-rel. mar. la Vallière.
Quelques prix.

20. AMSTEL (Ploos van). Catalogus der teekeningen, prenten, etc... van wylen den heer Cornelis Ploos van Amstel, Jac. Cornet. 3 mars 1800. In-8, 3 vol. demi-rel. maroquin vert front.
Prix et noms des acquéreurs. — 1ᵉʳ vol. : Prentkunst, Schilderyen. — 2ᵉ et 3ᵉ vol. : Teekeningen.

21. ANASTASI. Catalogue de tableaux, aquarelles, dessins, bronzes, etc., etc... offerts par tous les artistes à M. Anastasi, leur confrère, frappé de cécité. 5 et 6 février 1876. F. Petit, expert. Grand in-8, demi-rel. mar. bleu.

22. ANDRÉ (Jules). Catalogue des tableaux peints par feu Jules André. 31 janvier 1870. Durand-Ruel, expert. In-8, demi-rel. mar. vert foncé.

23. ANDRÉOSSY (général comte). Catalogue de la collection de tableaux et dessins anciens des écoles allemande, française, flamande, hollandaise et italienne, formée par feu M. le général comte Andréossy. 13, 14, 15 et 16 avril 1864. Blaisot, Laneuville, experts. Grand in-8, demi-rel. mar. rouge.

Prix et noms.

24. ANDREWS (John). A Catalogue of the valuable and very interesting collection of italian, french, flemis, dutch and english pictures, of John Andrews, esq., deceased..... *Londres*, 3 mars 1832 (*Christie and Manson*). In-4, demi-rel. mar. vert.

25. ANGRAN, vicomte de FONSPERTUIS. Catalogue raisonné des bijoux, porcelaines, bronzes, lacqs, lustres de cristal de roche et de porcelaine........................ succession de M. Angran, vicomte de Fonspertuis, par E.-F. Gersaint. 1747. In-12, veau marbré.

Prix.

26. AQUILA (comte d'). (Collection de M. le comte d'Aquila.) Tableaux et aquarelles de l'école moderne. 21 et 22 février 1868. Durand-Ruel, expert. Grand in-8, demi-rel. mar. la Vallière.

Prix.

27. ARACHE (comte d'). Catalogue de la belle collection de tableaux espagnols, flamands et français de l'ancienne galerie de M. le comte d'Arache, de Turin, actuellement la propriété de M. le comte Castellani. 28 février et 1er mars 1859. Ferd. Laneuville, expert. In-8, demi-rel. mar. vert foncé.

28. ARAGO (Étienne). Catalogue de tableaux, aquarelles et dessins anciens et modernes, formant la collection de M. E. A. (E. Arago). 8 et 9 février 1872. Féral, expert. Grand in-8, demi-rel. mar. tête de Maure.

Prix.

29. ARCHIAC (comte d'). Catalogue de tableaux anciens des différentes écoles, d'une suite de portraits historiques et

de curiosités formant la collection de feu M. le comte d'Archiac, de Dijon. 21 mars 1867. Horsin-Déon, expert. In-8, demi-rel. mar. jaune.

30. ARCHINTO (comte). Catalogue de la magnifique collection d'estampes anciennes et modernes... provenant du cabinet de M. le comte Arch***, de Milan. 17, 18 et 19 mars 1862. Clément, expert. In-8, demi-rel. mar. r.
Prix et noms.

31. ARCHINTO. Catalogue des tableaux anciens, pour la plus grande partie des écoles d'Italie, composant la collection de feu M. le comte Archinto, de Milan. 18 mai 1863. Dhios, expert. In-8, demi-rel. mar. rouge.

32. ARENBERG (d'). Catalogue et description des tableaux qui forment la collection de S. A. S. le prince Auguste d'Arenberg. 1er juillet 1833. *Bruxelles.* In-4, demi-rel. maroquin rouge.

33. ARENBERG (prince d'). Galerie d'Arenberg, à Bruxelles, avec le Catalogue complet de la collection, par W. Burger (T. Thoré). 1859. Grand in-12, demi-rel. chagrin vert foncé.

34. ARGENTRÉ (comte d'). Catalogue d'une collection d'environ 300 tableaux, la plupart des écoles flamande et hollandaise, estampes, dessins anciens...... dépendant de la succession de M. le comte d'Argentré. 26 janvier 1839 et jours suivants. George, Defer, experts. In-8, demi-rel. mar. violet foncé.

35. ARGENVILLE (M. d'). Catalogue d'une collection de dessins choisis des maîtres célèbres des écoles italienne, flamande et française... et d'un recueil d'estampes de feu M. d'Argenville, conseiller du Roi en ses conseils... par Pierre Remy. 18 janvier 1779 et jours suivants. In-12, demi-rel. mar. rouge.
Quelques prix.

36. ARNAULT. Catalogue de tableaux, gouaches, dessins..... après décès de M. Arnault, membre et secrétaire de l'Académie française. 15, 16, 17 et 18 avril 1835. (Potrelle.) In-8, demi-rel. mar. bleu.
Quelques prix.

37. AROZARENA. Catalogue de la très-belle collection d'estampes anciennes provenant du cabinet de M.D.-G. de A**. 11 mars 1861 et jours suivants. Clément, expert. In-8, demi-rel. mar. vert, coins, tête dorée.
Prix et noms.

38. Arozarena. Catalogue d'estampes anciennes provenant de la collection de M. M*** (Arozarena). Vente 27 et 28 mai 1861. Clément, expert.— Catalogue de dessins composant la collection de M*** (Arozarena), parmi lesquels de magnifiques dessins par Decamps, Charlet, Boissieux..... 29 mai 1861. Clément, expert. In-8, demi-rel. mar. brun.
Prix et noms.

39. Artaud de Montor. Catalogue d'une vente de médailles... de tableaux, portraits peints, dessins de M. Ingres, gravures..... qui composaient le cabinet de M. Artaud de Montor, membre de l'Institut, ancien chargé d'affaires à Rome. 2 et 3 avril 1850. Rollin, Defer, experts. In-8, demi-rel. mar. pourpre.

40. Arthaber (Rudolphi d'). Catalogue de tableaux modernes importants formant la galerie de feu M. Rudolphi d'Arthaber. *Vienne*, 20 et 21 avril 1868. Kaeser, expert. In-8, demi-rel. mar. jaune.

41. Asse. Catalogue de tableaux de l'école moderne, aquarelles et dessins, bronzes par Marochetti et autres, composant la collection de M. Asse. 19 et 20 avril 1855. Febvre, expert. In-8, demi-rel. mar. vert.
Prix aux tableaux.

42. Assueri (Reinier). Catalogus van een fraaije collectie capitaale gekleurde en ongekleurde teekeningen... prenten... prent-werken..... en andere rarityten alles... nagelaaten door wylen den konstheminner den heere Reinier Assueri. *Amsterdam*, 11 mai 1778 et jours suivants. Phil. van der Schley, Pieter Posthumus, experts. In-8, demi-rel. mouton rouge.
Prix et noms.

43. Aston (sir Arthur Ingram). Catalogue of sale of nearly one hundred first-class paintings, splendid Limoges enamel..... 6 august 1862. M. Churton. Petit in-4, demi-reliure mar. vert.

44. Atger. Catalogue d'une nombreuse collection de dessins anciens et estampes anciennes et modernes... provenant du cabinet de M. Atger, de Montpellier. Lundi 7 avril 1834 et jours suivants. (Defer.) In-8, demi-rel. mar. rouge.

45. Auguste. Catalogue d'une collection d'objets d'art et de curiosités, composant le cabinet de feu M. Auguste, ancien pensionnaire de Rome..... tableaux, dessins, miniatures... 28, 29, 30 et 31 mai 1850. Théret père, Juste, experts. In-8, demi-rel. mar. rouge.

46. Augustin. Catalogue de tableaux anciens et modernes des écoles d'Italie….. dessins encadrés, estampes….. miniatures et émaux peints par feu M. Augustin, le tout provenant de son cabinet. 19 décembre 1839 et jours suivants. C. Paillet, expert. In-8, demi-rel. mar. violet foncé.

Prix et noms.

47. Aumale (duc d'). Description sommaire des objets d'art faisant partie des collections du duc d'Aumale, exposés pour la visite du Fine Arts Club, le 21 mai 1862 (Twickenham). Petit in-4, maroquin rouge, tranche dorée, frontispice gravé.

48. Aumont (d'). Catalogue des effets précieux qui composent le cabinet de feu M. le duc d'Aumont, par P.-F. Julliot fils et A.-J. Paillet. Le 12 décembre 1782. In-8, demi-rel. maroquin bleu, planches.

Prix et noms des acquéreurs.
Autre exemplaire, papier de Hollande, veau fauve, filets, tranche dorée.

49. Aved. Catalogue raisonné de tableaux de différents bons maîtres des trois écoles, de figures, bustes et autres ouvrages qui composent le cabinet de feu M. Aved, peintre du roi, par Pierre Remy. Lundi 24 novembre 1766. In-12, demi-rel. maroq. violet.

Prix.

50. Aveshcoot (d'). Catalogue des tableaux, etc., qui composent la magnifique galerie délaissée par M. Schamp. d'Aveschoot. 14 septembre 1840 et jours suivants. *Gand*. In-4, cartonné.

Prix.

51. Avril fils. Catalogue de bons tableaux, planches gravées, dessins sur pierre lithographique….. après décès de M. J.-J. Avril fils, graveur d'histoire. 21 mars 1836 et jours suivants. Potrelle, expert. In-8, demi-rel. mar. rouge.

52. Azeglio (marquis d'). Catalogue de faïences italiennes et autres, ainsi que d'objets d'art et de curiosité, tels que: tableaux, bronzes, livres d'heures… formant la collection de M. le marquis d'Azeglio. 16 et 17 mars 1868. Carle Delange, expert. Grand in-8, demi-rel. mar. la Vallière.

53. Azincour (d'). Catalogue raisonné d'un cabinet curieux… Il consiste en tableaux de maîtres, dessins, etc. Le mercredi 18 avril 1770 et jours suivants. In-12, demi-rel. mar. vert.

54. Azincour (d'). Catalogue des tableaux, dessins, mar-

bres, bronzes, etc., du cabinet de M***. Le lundi 10 février 1783. In-8, demi-rel. mar. rouge.

Prix et noms.

55. BAARTZ (W.). Catalogue des dessins anciens et modernes composant la collection de feu M. W. Baartz. *Rotterdam*, 6, 7 et 8 juin 1860. Lamme, expert. In-8, demi-rel. mar. rouge.

56. BAILLIE. Catalogue de la riche et nombreuse collection de tableaux anciens et modernes, des écoles flamande, hollandaise et italienne, composant la galerie de feu M. Baillie... *Anvers*, 22 avril 1862 et jours suivants. Etienne Leroy, expert. In-8, demi-rel. mar. vert.

57. BAMMEVILLE (de). Catalogue of the very important and interesting collection of engravings by ancient masters, the property of M. de Bammeville... *Londres*, 8 mai 1854 et les quatre jours suivants. S. Leigh Sotheby et John Wilkinson. In-8, demi-rel. mar. violet.

58. BAMMEVILLE (J. de). Catalogue of the choice collection of greek and etruscan vases of M. E.-J. de Bammeville. *Londres, chez S. Sotheby et John Wilkinson*, mai 1854. In-8, demi-rel. mar. rouge.

Exempl. réglé avec les prix et les noms d'acquéreurs.

59. BANCKEIM (baron de). Catalogue de tableaux provenans de la gallerie et du cabinet de M. le baron de Banckeim, qui seront vendus le mercredy 12 avril 1747... In-12, demi-rel. mar. pourpre.

60. BANDEVILLE (Mme la présidente de). Catalogue de tableaux des peintres célèbres des différentes écoles, de dessins, estampes, etc., provenant du cabinet de feu Mme la présidente de Bandeville. Lundi 3 décembre 1787. In-12, demi-rel. mar. olive.

Prix et noms.

61. BARBARO (Palais). Notice d'un très-beau plafond et pendentifs, par G.-B. Tiepolo; œuvres importantes de ce maître provenant... du palais Barbaro, à Venise. 9 février 1874. Féral, expert. Grand in-8, demi-rel. mar. tête de Maure.

Prix. — Photographies.

62. BARCHMAN WUYTIERS. Catalogus van eene uitmuntende verzameling kostbare schilderyen... teekeningen... prentkunst...... nagelaten door den Hoog Welgeb. Heere J.-W. Barchman Wuytiers. *Utrecht*, 17 sept. 1792 et jours suivants. In-12, demi-rel. mar. rouge, tête dorée.

63. BARKER. Catalogue of the renowned collection of works of art, formed by that distinguished connoisseur, Alex. Barker. 6 and 8 june 1874. In-8, br.

Exemplaire avec les prix d'adjudication et les noms d'acquéreurs manuscrits.

64. BARNARD (John). Catalogue of the superb and entire collection of prints and books of prints of John Barnard, esq. of Berkeley Square, deceased... *Londres*, 16 avril 1798 et jours suivants. Thomas Philipe. In-8, demi-rel. veau brun.

Prix imprimés.

65. BARNARD (John). A Catalogue of that superb and well known cabinet of drawings of John Barnard, esq..... *Londres, chez Greenwood*, 16 février 1787 et jours suivants.

Prix. Frontispice gravé.

Dans le même volume : A Catalogue of a most capital and valuable collection of... pictures, the property of the late Thomas Hankey, esq... collected during the course of a number of years by John Barnard, esq..... *Londres, chez Christie*, 7 et 8 juin 1799. In-4, demi-rel. veau fauve, avec coins.

Prix et noms.

66. BARNI. Catalogue de la collection de dessins anciens et de toutes les écoles, formée depuis 1808 par M. Barni, Italien. Lundi 5 décembre 1836 et jours suivants... — Le Catalogue, rédigé par Ch. Paillet. In-8, demi-rel. mar. pourpre.

Prix et quelques noms.

67. BARROILHET. Catalogue des tableaux de l'école française moderne composant la collection de M. Barroilhet. 12 mars 1855. F. Petit, expert. Grand in-8, demi-rel. mar. bleu.

Prix et noms.

68. BARROILHET. Catalogue de la belle collection de tableaux anciens des écoles italienne, espagnole, flamande et française appartenant à M. Barroilhet. 2 et 3 avril 1860. Ferd. Laneuville. — Tableaux et dessins modernes. 29 mars 1860. F. Petit, expert. In-8, demi-rel. mar. la Vall.

69. BARROILHET. Catalogue de tableaux anciens et modernes, dessins, pastels, gravures, terres cuites et objets d'art composant la collection de feu M. Barroilhet. 15 et 16 mars 1872. F. Petit et Féral, experts. Grand in-8, demi-rel. mar. vert.

Prix.

70. BARTHÉLEMY. Catalogue de tableaux modernes et anciens composant le cabinet de M. B*** (Barthélemy). 14 décembre 1871. F. Petit, expert. Grand in-8, demi-rel. mar. bleu.
   Prix.

71. BASAN (Pierre-François). Catalogue raisonné d'un choix précieux de dessins et d'une nombreuse et riche collection d'estampes, livres, tableaux, qui composaient le cabinet de feu Pierre-François Basan père. An VI (1797). In-8, demi-rel. mar. rouge.
   Prix et noms.

72. BASLINI. Catalogue de tableaux anciens des différentes écoles d'Italie, composant la collection de M. Baslini, de Milan. 19 décembre 1868. Dhios, expert. In-8, demi-rel. mar. bleu clair.

73. BAQUOY. Catalogue de belles planches gravées en tous genres, sur cuivre et sur acier... (fonds Baquoy). 3 et 4 décembre 1849. Vallée, expert. In-8, demi-rel. mar. pourpre.

74. BAUDOUIN. Catalogue de tableaux, dessins, estampes des écoles d'Italie, d'Allemagne, de Hollande, de Flandre et de France ; miniatures, gouaches, etc., provenant du cabinet de feu M. Baudouin. Samedi 11 mars 1786. In-8, demi-rel. mar. vert.

75. BAZIN. (Collection de M. Bazin père, Angers.) Catalogue des tableaux anciens et modernes des diverses écoles. Par suite du décès de M. Bazin père. 21 et 22 mars 1872. E. Barre, expert. Grand in-8, demi-rel. mar. violet foncé.

76. BEAUPRÉ (de). Catalogue d'une belle collection de tableaux provenant de la collection de M. Van Duren de Beaupré. Lundi 26 et mardi 27 février 1844. In-8, cartonné.

77. BEAUVAU (prince de). Catalogue de meubles précieux du temps de Louis XVI, par Riesener et Gouthières... provenant de chez feu M. le prince de Beauvau, sénateur. 21 avril 1865. MM. Mannheim et F. Laneuville, experts. In-8, demi-rel. coins mar. violet foncé.
   Prix.

Beckford. Voyez *Fonthill abbey.*

78. BEGON. Extrait des inventaires du cabinet de M. Begon, intendant de la marine et de la généralité de la Rochelle. *Rochefort*, 1699. In-4, cartonné.

79. Bein. Catalogue d'estampes anciennes et modernes, épreuves d'artistes, ustensiles de graveur et table à mécanique. 28 avril 1858. Vignères, expert. In-8, demi-rel. mar. rouge.

80. Bellangé (Hippolyte). Catalogue de la vente qui aura lieu par suite du décès de Hippolyte Bellangé. 1re partie, 18, 19 et 20 mars 1867 ; 2° partie, 22 et 23 mars 1867. F. Petit, Clément, experts. In-8, demi-rel. mar. jaune.

81. Bellenger et Nau. Catalogue de dessins et estampes du plus beau choix et de la plus précieuse conservation, provenant des cabinets de MM. B*** et N*** (Bellenger et Nau), par Buldet. Lundi 18 mars 1776 et jours suivants. In-8, cartonné.

Prix et noms des acquéreurs.

82. Benno von Primbs. Catalog der von dem verstorbenen Herrn Appellationsgerichts- Rathe Benno von Primbs Hinterlassenen bedeutenden Sammlung von Kupferstichen, Radirungen, etc. *Munich*, 2 octobre 1854 et jours suivants. In-8, demi-rel. veau fauve, dos orné à la Padeloup.

83. Bergeret. Catalogue des tableaux des trois écoles et autres objets curieux qui composaient le cabinet de feu M. Bergeret. Lundi 24 avril 1786. In-8, demi-rel. maroq. bleu.

84. Beringhen (de). Cabinet d'estampes de feu M. le Premier. 17... In-4, cartonné.

85. Bergeon (Jaques). Catalogus van een gedeelte van 't uitmuntend en overheerlyk kabinet kunstige schilderyen meestendeels van de allerbeste en voornamste nederlandsche meesters, by een verzameld door den Banquier Jaques Bergeon in 's Hage. *La Haye*, 1773. Petit in-4, veau marbré, tranche dorée.

Portraits gravés.

86. Bergeret. Catalogue des tableaux, esquisses, dessins et croquis de M. Bergeret, peintre d'histoire, rédigé par Ch. Paillet. 14 février 1826 et jours suivants. In-8, demi-rel. mar. rouge.

87. Bergeret. Catalogue d'une précieuse collection de tableaux et dessins anciens et modernes..... provenant du cabinet de M. Bergeret, peintre d'histoire. 27 et 28 février 1846. Schroth, expert. In-8, demi-rel. maroq. vert.

88. Bergeret. Catalogue d'une belle et intéressante collection de tableaux et dessins anciens et modernes (Berge-

ret). 24 novembre 1855. François, expert. In-8, demi-rel. mar. pourpre.

89. BERNAL (Ralph), esq. Catalogue of a celebrated collection of works of art from the..... Ralph Bernal, esq. *Londres, chez Christie et Manson.* Mars 1855. In-8, demi-rel. dos et coins de mar. rouge, doré en tête. (*Dupré.*)

_{Exempl. réglé, avec les prix et les noms d'acquéreurs. Nombreuses grav. sur bois, plus le portrait du propriétaire, M. R. Bernal, dessiné par Wivell et gravé par Thomson.}

90. BERRÉ. Catalogue de tableaux des différentes écoles anciennes et modernes, et études diverses. Les mercredi 9 et jeudi 10 janvier 1839..... Remoissenet, expert. In-8, demi-rel. mar. pourpre.

Berry (duc de). Voyez *Élysée*.

91. BERRY (duchesse de). Catalogue de manuscrits très-précieux... composant la collection de Mme la duchesse de B. 22 mars 1864. Mannheim, expert. — Catalogue des tableaux anciens et modernes composant la galerie du palais Vendramini à Venise et appartenant à Mme la duchesse de Berry. 19 avril 1865 et jours suivants (F. Laneuville). — Catalogue des objets d'art et de curiosité provenant du palais Vendramini à Venise et appartenant à Mme la duchesse de Berry. 9 mai 1865 et jours suivants. Mannheim et Laneuville, experts. In-8, demi-rel. mar. brun.

_{Prix aux manuscrits et à quelques tableaux.}

92. BERRYER. (Succession de M. Berryer.) Catalogue d'objets d'art et de curiosité, tableaux et dessins. 15 mars 1869. Febvre, expert. In-8, demi-rel. mar. bleu clair.

93. BERTHAULT. Catalogue d'une belle collection de tableaux anciens et modernes....., miniatures, aquarelles et dessins... objets de curiosité...... après le décès de M. Berthault, ancien avoué. 23 novembre 1840 et jours suivants. (Théret père, expert.) In-8, demi-rel. mar. vert foncé.

94. BERTHGELEN. Catalogue d'une collection précieuse de tableaux des écoles d'Italie, de France, de Flandre et de Hollande, venant de l'étranger (Berthgelen), par A.-J. Paillet. Les lundi 27 et mardi 28 mars 1786. In-8, demi-rel. mar. violet.

_{Prix et noms.}

95. BERTIN (Armand). Catalogue des estampes et dessins qui composaient le cabinet de feu M. Armand Bertin, rédacteur en chef du *Journal des Débats*. 22 mai et jours sui-

vants. (Techener, expert.) Grand in-8, demi-rel. mar. violet foncé.
Prix.

96. D*** et de BERTINVAL. Catalogue d'une précieuse collection de tableaux des écoles d'Italie, de Hollande et de Flandre, et de l'école française moderne. ... formant la réunion des deux cabinets de M. D*** et de M. de B*** (Bertinval), rédigé par Ch. Paillet... 24 mars 1818. In-8, demi-rel. mar. rouge.
Prix et noms.

97. BERVIC. Catalogue d'un choix précieux d'estampes de célèbres graveurs anciens et modernes..... recueils, livres sur les arts, planches gravées et dessins, après le décès de M. le ch^{er} Bervic, graveur....., précédé d'une notice historique sur feu M. Bervic, par F.-L. Regnault-Delalande. 9 juillet 1822 et jours suivants. In-8, demi-rel. mar. noir.
Prix.

98. BESNARD. Catalogue d'une collection de tableaux des trois écoles rassemblés avec autant de goût que de dépense par M. D. B*** (Besnard). 17 et 18 janvier 1816. Petit in-8, demi-rel. mar. rouge.
Prix.

99. BEUGNOT (vicomte). Description de la collection d'antiquités de M. le vicomte Beugnot, par J. de Witte... 1840. Grand in-8, demi-rel. mar. brun, planche gravée.
Prix et noms.

100. BIANCO DE BRANTES. Notice de tableaux, dessins, etc... provenant du cabinet de M. le marquis Bianco de Brantes... Lundi 24 mai 1830 et jours suivants. In-8, cartonné.
Prix.

101. BIAS (E.). Catalogue des portraits historiques composant la collection de M. E. Bias. 17 décembre 1869. Gaudouin, expert. In-8, demi-rel. mar. jaune.

102. BICKNELL (Elhanau), esq. Catalogue of collection of english pictures and sculpture of..... Elhanau Bicknell, esq. *Londres, chez Christie, Manson et Woods.* Avril 1863. In-8, demi-rel. dos et coins, mar. la Vall. doré en tête.
Prix et noms d'acquéreurs. Exempl. relié sur brochure.

103. BIDAULD. Catalogue d'une belle collection d'études peintes et de dessins, faits d'après nature par feu M. Bidauld, peintre paysagiste..... 25 et 26 mars 1847. Schroth expert.

104. BIGNON. Catalogue d'une belle collection de boîtes et tabatières en or, en ivoire et en écaille ; de bois et ivoires sculptés d'antiquités..... provenant du cabinet de M. Bignon. 13 mars 1837 et jours suivants. (Théret et Roussel, experts.) In-8, demi-rel. mar. vert clair.

105. BILLIOTTI et SALZMANN. Catalogue of a small..... collection of ancient greek pottery excavated..... in the necropolis of Camirus, island of Rhodes..... etc. *Londres, chez S. Sotheby et John Wilkinson*, mai 1862. In-8, demi-rel. maroq. brun.

Exempl. réglé avec les prix et les noms des acquéreurs, et relié sur brochure.

106. BILLY (de). Catalogue des tableaux, dessins, estampes montées et en feuilles, figures..... et autres objets curieux qui composaient le cabinet de feu M. de Billy, écuyer... 15 novembre 1784. Paillet, expert. Grand in-12, demi-rel. mar. pourpre.

107. BINDER. Catalogue d'une très-belle collection d'aquarelles et dessins modernes (appartenant à M. Binder). 8 avril 1873. Brame, expert. Gr. in-8, d.-rel. mar. rouge.

Quelques prix.

108. BIRCH (Charles). A Catalogue of a small select assemblage of fine italian, spanish, french, flemish and dutch pictures, collected some years ago with excellent judgmend and good taste by Charles Birch, esq. *Londres*, 14 juin 1828 (*Christie*). In-4, demi-rel. mar. violet.

109. BIRCH (Charles). Twenty modern pictures by the first masters. A Catalogue of a collection of twenty english pictures, of high merit and great importance, being a portion of the well-known collection of Charles Birch, esq. *Londres*, 15 février 1855, *MM. Foster and son*. In-8, demi-rel. mar. bleu. Planches gravées sur bois.

110. BIRCKENSTOCK (M. J.-M. de). Catalogue raisonné de la collection d'estampes anciennes et modernes de toutes les écoles de feu M. J.-M. de Birckenstock. Mars 1811. *Vienne.* In-8, demi-rel. mar. rouge.

111. BIRCKENSTOCK (de). Catalogue des tableaux et dessins, etc... qui composent le cabinet de feu M. J.-M. de Birckenstock. Le... mars 1811. *A Vienne*. In-8, demi-rel. mar. bleu.

112. BISSCHOP. Catalogus van eene uitmuntende verzameling, boeken en prentwerken... nagelaten door den Heere Jan Bisschop.... *Rotterdam*, 5 et 6 juin 1771. — Catalogus van het beroemd en uitmuntend kabinet tekeningen en

miniaturen... als mede eene schoone verzameling van prentkonst... nagelaten door wylen den Heere Jan Bisschop... *Rotterdam*, 24 juin 1771 et jours suivants. J. Bosch, J. Burguliet, R. Arrenberg, experts. Reliés en un volume, in-8, demi-rel. veau brun.

Prix et noms.

113. BITTER. Vente après le décès de M. Bitter, lundi 10, mardi 11 septembre 1832 et jour suivant. In-8, cartonné.

114. BLANC (Charles). Catalogue d'une collection d'estampes anciennes et quelques modernes dont une partie de l'œuvre de Rembrandt, de dessins anciens et modernes... provenant de la collection de M. C. B***. 19 et 20 mars 1860. Clément, expert. Grand in-8, demi-rel. mar. bleu.

Prix aux estampes.

115. BLANC (E.). Catalogue de tableaux et dessins modernes, appartenant à M. E. Blanc. 7 avril 1862. F. Petit, expert. In-8, demi-rel. mar. la Vallière.

116. BLENHEIM (Palace). Catalogue raisonné, or a list of the pictures in Blenheim Palace; with occasional remarks and illustrative notes by George Scharf... by authority of His Grace the duke of Marlborough. 1862. In-8, mar. vert, tranches dorées. Planches gravées.

117. BLOIS (château de). Explication des ouvrages de peinture, gravure et sculpture...... etc., exposés au château de Blois, le 1er mai 1875. *Blois, Marchand*, 1875. In-12, demi-rel. marcq. raisin de Corinthe.

118. BÖHM. Vente du cabinet de feu M. Jos.-Dan. Böhm, directeur de l'Académie des graveurs des monnaies impériales... *Vienne*, 4 décembre 1865 et jours suivants. A. Posonyi, expert. In-8, demi-rel. mar. la Vallière.

Quelques prix et noms.

119. BOILEAU. Catalogue d'une collection précieuse de dessins des trois écoles, tant montés qu'en feuilles, de quelques tableaux et miniatures de différens maîtres, et d'une suite de porcelaines..... et autres objets curieux : le tout provenant du cabinet de M... (Boileau). 4 mars 1782 et jours suivants... Petit in-8, cartonné.

Prix.

120. BOILLY. Catalogue du précieux cabinet de tableaux... de M. Boilly... Lundi 13 et mardi 14 avril 1829. In-8, cartonné.

Prix.

121. Boilly. Catalogue d'une collection de tableaux, dessins, études d'après nature et croquis au crayon, par feu Boilly. 31 janvier 1845. Schroth, expert. In-8, demi-rel. mar. rouge.

122. Boilly (Jules). Catalogue de tableaux, études d'Italie et d'Espagne, copies d'après les maîtres, faites principalement dans les musées de province, par Jules Boilly. Dessins, portraits par Louis Boilly. 4 mai 1868. Clément, expert. In-8, demi-rel. mar. la Vallière foncé.

123. Boilly (Jules). Catalogue de dessins anciens des écoles française, italienne, espagnole, allemande, flamande et hollandaise. Terres cuites par Clodion, Puget et Bouchardon... composant la collection de M. Jules Boilly. 19 et 20 mars 1869. Blaisot, expert. Grand in-8, demi-rel. coins vert olive, tête dorée.

Prix et quelques noms.

124. Boisfrémont (de). Catalogue des dessins, compositions, portraits, études d'après nature et esquisses peintes par Prud'hon, légués par lui à M. de Boisfrémont. 15 et 16 avril 1864. F. Petit, expert. In-8, demi-rel. coins mar. rouge.

125. Boisfrémont fils (de). Catalogue de la collection de M. de Boisfrémont fils. Dessins, croquis, études, tableaux et esquisses par Prud'hon. 9 avril 1870. F. Petit expert. Grand in-8, demi-rel. mar. groseille.

Prix.

126. Boisset d'Ailly. Catalogue de tableaux de bons maîtres, gouaches, dessins...... du cabinet de M*** (Boisset-d'Ailly). Le mardi 30 et mercredi 31 décembre 1783. (Pierre Rémy.) In-12, demi-rel. mar. rouge.

Prix.

Boisset. Voyez Randon de Boisset.

127. Boissieu (baron de). Catalogue d'objets d'art et de curiosité, tableaux et dessins de feu M. le baron de Boissieu. 12 et 16 mai 1870. Ch. Mannheim, expert. In-8, demi-rel. mar. la Vallière.

128. Boissy (marquise de). Catalogue d'objets d'art et de curiosité. Cinq vases en ancienne porcelaine de Sèvres, pâte tendre, porcelaine de la Chine..... belles tapisseries des Gobelins..... Tableaux anciens..... Le tout appartient à Mme de X*** (marquise de Boissy). 11 décembre 1871. Febvre, expert. Grand in-8, demi-rel. mar. la Vallière.

Quelques prix.

129. Boissy (A. de). Catalogue d'estampes anciennes et modernes..... de quelques dessins et d'un tableau par Antoine Van Dyck, composant le cabinet de M. A. de Boissy. 12 et 13 janvier 1846. Guichardot, expert. In-8, demi-rel. mar. rouge.

130. Boittelle. Catalogue des tableaux de l'école française composant la collection de M. Boittelle, sénateur, ancien préfet de police. 24 et 25 avril 1866. Horsin-Déon, Haro, experts. In-8, demi-rel. mar. la Vallière.
Prix.

131. Boittelle. (Deuxième vente.) Catalogue de tableaux anciens et modernes, composant la collection de M. B*** (Boittelle). 10 et 11 janvier 1867. Haro, expert. Grand in-8, demi-rel. mar. la Vallière.
Prix.

132. Boittelle. Catalogue de tableaux de l'école française, composant la collection de M. B*** (Boittelle). 2 avril 1874. Haro, expert. Très-grand in-8, demi-rel. mar. rouge.

133. Bon. Catalogue de tableaux, etc..... composant le cabinet Bon. Jeudi 29 et vendredi 30 novembre 1832. In-8, cartonné.

134. Bonnemaison. Catalogue de tableaux précieux, etc..... formant le cabinet de feu M. le ch^{er} Féréol Bonnemaison... par M. Henry. 25 mars 1827 et jours suivants. In-8, demi-rel. mar. brun.
Prix.

135. Bonnier de la Mosson. Catalogue raisonné d'une collection considérable de diverses curiosités en tous genres, contenues dans les cabinets de feu M. Bonnier de la Mosson..... par E. F. Gersaint. 1744. In-12, veau marbré.

136. Bonvoisin. Catalogue de tableaux, dessins, gravures et émaux provenant de la galerie de feu M. Bonvoisin (Benoist-Benjamin), artiste peintre, élève de David... 5 mai 1862 et jours suivants. Blanchet, expert. In-8, demi-rel. mar. rouge.
Prix.

137. Bordato. Tableaux choisis, possédés par M. Clément Bordato, mis en vente et exposés dans sa maison à Venise, place San Zaccharia, illustrés par M. François Zanotto. Texte italien et français, planche gravée. *Venise*, 1858. Grand in-8, demi-rel. mar. rouge.

R.

138. BORDATO. Catalogue des tableaux de l'école vénitienne appartenant à M. Bordato, de Venise... 28 mars 1862. F. Laneuville, expert. In-8, demi-rel. mar. rouge.

139. BORÉLY. Catalogue d'une précieuse collection de tableaux, dessins, gouaches, bas-reliefs et bustes composant le cabinet de M. Borély. 25, 26 et 27 avril 1808. In-8, demi-rel. mar. violet.

Prix et noms.

140. BORGNIS. Catalogue d'une collection de tableaux, composant le cabinet de feu M. Joseph-Antoine Borgnis. 1804. Grand in-12, cartonnage papier peigne.

141. BOSCH (de). Catalogus van het kunstkabinet van den heer Bernardus de Bosch. *Amsterdam*, 1815. In-8, demi-rel. mar. bleu.

Avec les prix des tableaux.

142. BOSCH (Bernardus de). Catalogus van het keurig kunstkabinet van schilderijen, tekeningen, prenten... nagelaten bij den heer Bernardus de Bosch... *Amsterdam*, 10 mars 1817 et jours suivants. Ph. van der Schleij, Ab. — Jac. Broes; Corn. — Seb. Roos, And. de Reus; Hend. Hoefkens, Jeron. de Vries. In-8, demi-rel. veau brun.

Prix et noms.

143. BOSCH (Jeronimo de). Catalogus van een fraaye verzameling schilderyen, teekeningen en prenten..... nagelaten door Jeronimo de Bosch. *Amsterdam*, 5 octobre 1767 et jours suivants. Jan de Bosch, Bernardus de Bosch, Jan Yver, experts. In-8, demi-rel. veau fauve.

Prix et noms. Frontispice gravé.

144. BOUCHARDON. Catalogue des tableaux, dessins, estampes, etc., laissés après le décès de M. Bouchardon, sculpteur du roi. Novembre 1762, par François Basan, graveur. In-8, cartonné.

145. BOUCHARDON (cabinet). Catalogue des tableaux, dessins, gravures provenant du cabinet du célèbre Bouchardon, dont la vente se fera après le décès de M. Girard, son neveu et légataire, le mardi 13 septembre 1808. In-8, demi-rel. mar. rouge.

146. BOUCHER. Catalogue raisonné des tableaux, dessins, etc., qui composent le cabinet de feu M. Boucher, premier peintre du roi. Lundi 18 février 1771 et jours suivants. In-8, demi-rel. mar. rouge.

Prix et noms des acquéreurs.

147. BOUILLIARD. Catalogue de tableaux, dessins, estampes,

galeries et recueils, planches gravées, ustensiles et outils, les 7 et 8 janvier 1807. In-8, cartonné.

148. BOULLONGNE (de). Catalogue de tableaux, pastels, dessins, estampes, bustes, vases. Le lundi 19 novembre 1787. In-8, demi-rel. mar. vert.
Prix et noms.

149. BOURDON. Catalogue d'une vente de tableaux anciens et modernes..... après le décès de M. Bourdon, peintre d'histoire. Jeudi 15 avril 1841 et jours suivants. Defer, expert. In-8, demi-rel. mar. pourpre.

150. BOURDUGE. Notice de rares et bonnes estampes anciennes..... après le décès de M. Bourduge, par F.-L. Regnault-Delalande. Le mardi 23 mai 1815. In-8, cartonné.

151. BOURGEOIS (colonel). Collection du colonel Bourgeois du Castelet. Vente aux enchères publiques, après décès de Mlle Bourgeois, sa sœur, de 300 tableaux anciens, des écoles hollandaise, flamande, italienne et française..... 10, 11 et 12 mai 1869. Dhios et George, experts. Grand in-8, demi-rel. mar. la Vallière.

152. BOURLON DE SARTY. (Vente après décès.) Catalogue des tableaux et dessins, curiosités, médailles formant la collection de feu M. Bourlon de Sarty. 9, 10 et 11 mars 1868. Grand in-8, demi-rel. mar. jaune.

153. BOURSAULT. Catalogue de groupes, statues, bustes, vases, colonnes et médaillons en marbre des époques Louis XIV et Louis XV, peintures, boiseries..... provenant des propriétés du célèbre financier Boursault à Paris et à Versailles. 24 décembre 1872. Ch. Mannheim, expert. Grand in-8, demi-rel. mar. pourpre.

154. BOURUET-AUBERTOT. Vente après décès de M*** (Bouruet-Aubertot) d'une collection de tableaux anciens et modernes..... 22 février 1869. Durand-Ruel, expert. Grand in-8, demi-rel. mar. jaune.
Prix.

155. BOUSQUIN. Catalogue de 400 tableaux des écoles italiennes..... composant la collection de feu M. Bousquin (de Vaugirard)... 29 janvier 1838 et jours suivants. George, expert. In-8, demi-rel. mar. bleu.
Quelques prix.

156. BOUTOURLIN (comte de). Catalogue de 6,000 estampes gravées par et d'après les maîtres des écoles..... formant la collection de feu M. le comte de Boutourlin. 15 février 1841 et jours suivants. Defer, expert. In-8, demi-rel. mar. vert foncé.

157. Boydells (Mrs). A Catalogue of that magnificent and truly valuable collection of pictures..... at the collection of Shakspeare Gallery..... the Messrs. Boydells. *Londres, chez Christie.* 17, 18, 20 mai 1805. In-4, demi-rel. mar. violet.

Prix et noms d'acquéreurs imprimés.

158. Boymans. Catalogue d'un magnifique cabinet de tableaux des plus célèbres maîtres des trois écoles et d'une collection choisie de tableaux modernes, le tout depuis nombre d'années rassemblé par M. F.-J.-O. Boymans. Vente en bloc, à la folle enchère, samedi 31 d'août 1811, *à Utrecht.* Petit in-8, demi-rel. mar. violet.

159. Blaizot. Catalogue d'estampes, etc..... après la cessation de commerce de M. Blaizot, par F.-L. Regnault-Delalande. Lundi 19 avril 1819 et jours suivants. Grand in-8, cartonné.

Prix.

160. Blondel de Gagny. Catalogue de tableaux précieux, etc..... et autres objets curieux et rares, qui composent le cabinet de feu M. Blondel de Gagny... par Pierre Remy. 10 décembre 1776. In-8, demi-rel. veau fauve.

Prix et noms des acquéreurs.

161. Bourlamaque (de). Catalogue raisonné du cabinet des objets curieux de feu M. de Bourlamaque, ancien capitaine de cavalerie; composé de tableaux, dessins, etc..... Le mardi 27 mars 1770 et jours suivants. In-8, cartonné.

Prix et noms des acquéreurs.

162. Bourlat de Montredon. Catalogue d'une belle collection de tableaux, dessins, estampes, etc., de feu M. Bourlat de Montredon. Lundi 16 mars 1778. In-8, demi-rel. mar. bleu.

Prix et noms.

163. Boydell (Jean). Catalogue raisonné d'un recueil d'estampes d'après les plus beaux tableaux qui soient en Angleterre. Les planches sont dans la possession de Jean Boydell, et ont été gravées par lui et les meilleurs artistes de Londres. *Londres,* 1779. In-4, demi-rel. basane verte.

164. Braamcamp. Le Temple des arts, ou le cabinet de M. Braamcamp, par M. de Bastide. *Amsterdam*, 1766. In-4, demi-rel. coins mar. rouge, tête dorée.

Prix de la vente faite en 1771.

165. BRAAMCAMP (Gerret). Catalogus van het uitmuntend kabinet schilderyen, tekeningen, prenten, beelden, etc... door den heere Gerret Braamcamp... *Amsterdam*, 31 July 1771. In-8, demi-rel. veau.
Prix et noms. Frontispice.

166. BRAAMCAMP. Prix et noms de la vente de Gerret Braamcamp. 31 juillet 1771 et jours suivants. *Amsterdam*, In-8, demi-rel. coins mar. bleu, tête dorée.

167. BRANDES. Catalogue raisonné du cabinet d'estampes de feu M. Brandes... rédigé et publié par M. Huber. 2 vol. in-8, demi-rel. veau fauve. *A Leipsig*, 1793.

168. BREBANT PEEL. (Collection de M. Brebant Peel.) Catalogue de tableaux anciens. 27 février 1868. Febvre, expert. — 2° partie. Tableaux et dessins modernes. 18 mars 1868. F. Petit, expert. In-8, demi-rel. mar. jaune.

169. BREITHMEYER. Catalogue des tableaux et dessins modernes composant la collection de M. Breithmeyer. 1er mars 1869. Brame, expert. Grand in-8, demi-rel. mar. la Vallière.

170. BREM (marquis de). Catalogue de la belle collection d'estampes anciennes des écoles allemande, flamande, française, hollandaise et italienne composant le cabinet de M. le marquis de B*** (Brem), de Florence. 19, 20, 21, 22, 23 et 24 mars 1866. Clément, expert. In-8, demi-rel. mar. rouge.
Prix et noms.

171. BREMEN (Nicolaas van). Catalogus van een fraay kabinet met konstige en plaisante gekleurde en ongekleurde tekeningen... prentkonst... prentwerken... verzamelt door den heer Nicolaas van Bremen, en... Schilderijen. *Amsterdam*, 15 décembre 1766 et jours suivants. Hendrick de Winter, Jan Yver, experts. Grand in-12, demi-rel. mar. violet foncé.
Prix et noms.

172. BRENTANO. Catalogue d'une précieuse collection de tableaux..... composant le superbe cabinet de feu M. Joseph-Augustin Brentano. Lundi 13 mai 1822 et jours suivants. *A Amsterdam*. In-8, demi-rel. mar. rouge, front.
Prix.

173. BRENTANO-BIRCKENSTOCK. Catalogue des tableaux anciens et objets d'art composant la galerie de feu Mme Antoine Brentano, née de Birckenstock. *Francfort s.-M.*, 4, 5 et 6 avril 1870. Kohlbacher, expert. Grand in-8, demi-rel. mar. vert olive. Planches gravées.

174. BRENTANO-BIRCKENSTOCK. Catalogue de la célèbre collection d'estampes de feu Mme Antonia Brentano, née de Birckenstock. *Francfort s.-M.*, 16 mai 1879 et jours suivants..... sous la direction de M. Prestel. In-8, demi-rel. coins mar. la Vallière, tête dorée.
Prix et noms imprimés.

175. BRIDGEWATER House. (Voyez aussi STAFFORD.) Catalogue of the Bridgewater collection of pictures, belonging to the Earl of Ellesmeere, at Bridgewater House... 1852. In-12, veau fauve, tranche dorée.

176. BRIENEN (baron de). Catalogue de la collection de tableaux anciens des écoles hollandaise et flamande composant la galerie de feu M. Guillaume-Thierry-Arnaud-Marie baron de Brienen de Grootelindt... 8 et 9 mai 1865. Etienne Leroy, F. Laneuville, experts. In-8, demi-rel. coins mar. pourpre.
Prix et noms.

177. BRIOIS. Notice de tableaux, etc... après décès de M. Briois. Vendredi 26 octobre 1832. In-8, cartonné.

178. BROCHANT. Catalogue des estampes, dessins, tableaux, coquilles, etc... qui composent le cabinet de feu M. Brochant......, par J.-B. Glomy. 1774. In-8, demi-rel. mar. brun, front.
Prix.

179. BROMLEY (Rev. Walter Darenport). Catalogue of the celebrated collection of pictures of the Rev. Walter Darenport Bromley, deceased. *Londres*, 12 et 13 juin 1863. *Christie, Manson et Woods.* In-8, demi-rel. coins mar. brun.
Prix.

180. BROOK GREVILLE, esq. A Catalogue of the exquisite Sevres porcelain, plate and cabinet of pictures, the property of Brook Greville, esq. *Londres, chez Christie et Manson.* Avril 1836. In-4, demi-rel. mar. violet.
Prix.

181. BROSSARD DE BEAULIEU. Notice de tableaux... après le décès de Mlle Brossard de Beaulieu. Jeudi 2 août 1832. In-8, cartonné.

182. BROSSAYS. Catalogue de tableaux, dessins, marbres..... composant la collection de M. Brossays. Le 21 mars 1839 et jours suivants. George, expert. In-8, demi-rel. maroq. rouge.

183. BROWN. Catalogue d'une magnifique collection de des-

sins de R. P. Bonington, provenant du cabinet de feu M. L. B. (Brown). 17 et 18 avril 1837. Schroth, expert. In-8, demi-rel. mar. bleu.

Prix en livres sterling.

184. BRUNET-DENON. Catalogue d'une belle collection d'objets d'art et de haute curiosité tels que : antiquités..... bronzes.... émaux de Limoges..... tableaux, dessins, miniatures..... composant le cabinet de M. le baron Brunet-Denon. 2 février 1846 et jours suivants. Defer, Roussel, experts. In-8, demi-rel. mar. rouge.

Prix aux tableaux et dessins.

185. BRUNI. Catalogue d'une nombreuse et intéressante collection de tableaux anciens et modernes des plus grands maîtres de toutes les écoles.... gouaches, estampes, statues... et autres objets de curiosités ; composant le cabinet de feu M. Bruni, ancien négociant. 25 juillet 1825 et jours suivants. Laneuville, expert. In-8, demi-rel. mar. rouge.

Quelques prix.

186. BRUNOT. Notice de tableaux, etc.., de M. Brunot. Lundi 12 février 1827 et jours suivants. In-8, cartonné.

187. BRUNOY (marquis de). Catalogue d'une magnifique collection de tableaux des plus grands maîtres des trois écoles ; de mignatures, de sculptures..... provenans de la succession d'un célèbre amateur (marquis de Brunoy). 2 décembre 1776 et jours suivants. F.-C. Joullain fils, expert. In-8, demi-rel. coins mar. vert foncé, tête dorée.

Prix.

188. BRUUN-NEERGAARD. Catalogue raisonné de gouaches et de dessins du cabinet de M. Bruun-Neergaard. 1814. In-8, demi-rel. maroq. vert.

Prix.

189. BRUYN (Nicolaas de) et ALENZOON (Johan). Catalogus van een fraije verzameling... schilderijen... nagelaten door wylen den heer Nicolaas de Bruyn... als mede... tekeningen... prentkonst... prentwerken... nagelaten door wylen den heer M. Johan Alenzoon... *Leyde,* 10 mai 1774. Ab. Delfos, expert. In-8, demi-rel. mar. vert.

190. BRUZARD. Catalogue d'une nombreuse collection de dessins à l'aquarelle, à la gouache et au pastel par des maîtres français et étrangers de la fin du XVIIIe siècle au XIXe siècle... lithographies... estampes... recueils... réunis par les soins de feu M. Bruzard. 23 avril 1839 et jours suivants. Defer, expert. In-8, cartonnage rouge.

Bryan (Michael). Voyez *Lansdowne* (marquis of).

192. BRYANT. Catalogue of the first portion of the ancient and modern pictures of the late M. Bryan..., *Londres*, 23 et 24 juin 1865. *Christie, Manson and Woods.* — Le même. Porcelaines, bronzes, marbres, curiosités. 21 juin 1865. *Christie, Manson and Woods.* Grand in-8, demi-rel. mar. la Vallière.

<small>Prix et noms.</small>

Buchelay. Voyez *Savalete de Buchelay.*

193. BUCKINGHAM (duke of). The Stowe Catalogue priced and annotated by Henry Rumsey Forster. 15 août 1848 et jours suivants. *Christie and Manson.* In-4, demi-rel. coins mar. citron, tranche dorée. Nombreuses gravures.

<small>Prix et noms.</small>

194. BUDÉ DE FERNEY (comte). Catalogue d'une très-belle collection de tableaux anciens et modernes des écoles italienne, flamande et française ayant appartenu à feu M. le comte de Budé de Ferney. 8 et 9 avril 1864. F. Laneuville, expert. In-8, demi-rel. mar. vert.

195. BULDET, Catalogue de tableaux, dessins, nombreuses estampes, portraits, galeries, planches gravées, etc., composant le cabinet et le fonds de commerce de feu le C^{en} Buldet. 14 frimaire an VI (lundi 4 décembre 1797). In-8, cartonné.

196. BURGRAAFF. Catalogue de tableaux précieux des écoles flamande, hollandaise, allemande et française, formant le cabinet de M. Burgraaff, Hollandais... par J.-B.-P. Lebrun... 18 et 19 octobre 1811. Petit in-8, cartonnage rouge.

<small>Prix et noms.</small>

Burrowes. Voyez *Hadfield.*

197. BURTIN (de). Description du célèbre et magnifique cabinet de tableaux de feu M. le chevalier de Burtin. *Bruxelles*, 1819. In-8, demi-rel. maroq. bleu.

198. BUSCHE. Catalogue d'une collection d'estampes des graveurs les plus célèbres de tous les pays... provenant du cabinet et de la bibliothèque de M. A. Busche, ancien préfet.... 23 mars 1857 et jours suivants. Defer, Pottier, experts. In-8, demi-rel. mar. bleu.

199. CABRE (baron de). Catalogue de tableaux dont quelques-uns de premier ordre, et d'une belle collection de gravures anciennes et modernes, de grands ouvrages à figures, provenant du cabinet de feu M. le baron de C.... (Cabre), ancien ministre plénipotentiaire. 27, 28 et 29 mars 1850.

Ferd. Laneuville, Defer, experts. In-8, demi-rel. mar. vert.

Prix aux estampes et livres.

200. CAILAR. Catalogue d'une belle collection de tableaux, etc... rédigé par M. Lebrun, peintre. Le mardi 2 mai et jours suivants 1809. Grand in-8, demi-rel. maroq. violet.
Prix.

201. CALAMATTA. Catalogue des dessins et études laissés par feu L. Calamatta, directeur de l'École royale de gravure de Bruxelles... et des tableaux des diverses écoles, objets d'art et de curiosité qui composaient son cabinet. 18 et 19 décembre 1871. Francis Petit, Dhios et George, experts. Grand in-8, demi-rel. mar. la Vallière.
Prix.

202. CALAME. Catalogue de la vente qui aura lieu par suite du décès de Calame.... Tableaux et études d'après nature, aquarelles, dessins et croquis. 13 mars 1865 et jours suivants. F. Petit, expert. In-8, demi-rel. mar. vert.

203. CALENBERG (comte de). Catalogue d'une belle collection des tableaux et estampes, tant reliés qu'autres, de feu S. E. le comte de Calenberg, général d'infanterie, chambellan de LL. MM. J. R. et A...... *Bruxelles*, 7 mai 1773 et le jour suivant. Joseph Ermens, expert. — 2ᵉ partie. Livres du comte de Calenberg. Petit in-8, demi-rel. mar. rouge.
Prix.

204. CALLET. Catalogue d'objets d'art, antiquités égyptiennes, grecques et romaines... émaux... tableaux, dessins, gravures, livres..... qui composent le cabinet et la bibliothèque de feu M. Callet, architecte du gouvernement. 26 février 1855 et jours suivants. Roussel, Defer, experts. In-8, demi-rel. mar. la Vallière.

205. CALONNE (de). Catalogue d'une très-belle collection de tableaux d'Italie, de Flandre, de Hollande et de France, dessins, terres cuites, etc., provenant du cabinet de M***. Le lundi 21 avril 1788. In-8, demi-rel. maroq. bleu.
Prix.

206. CALONNE (de). A Catalogue of all that noble and superlatively capital assemblage of valuable pictures, drawings, miniatures and prints the property of the right hon. Charles Alexander de Calonne, late prime minister of France...... *Londres*, 23 mars 1795 et les cinq jours suivants. Skinner and Dike. In-4, mar. rouge, tranche dorée.
Prix.

207. CAMBERLYN. Catalogue de l'intéressante collection d'estampes et de dessins composant le cabinet de feu M. le chevalier J. Camberlyn de Bruxelles. 1ʳᵉ partie. Vente, 24 avril 1865 et jours suivants. — 2ᵉ partie. Vente, 20 novembre 1865 et jours suivants. Guichardot, expert. In-8, demi-rel. mar. rouge.
<small>Prix et noms aux estampes.</small>

208. CAMBIANO (marquis de). Catalogue de tableaux des diverses écoles composant la galerie du marquis Bruno de Cambiano, par Horsin-Déon. *Turin*, les 25, 26 et 27 juin 1857. In-8, demi-rel. mar. pourpre.

209. CAMDEN. Catalogue of... pictures collected, etc... to the late marquess Camden K. G.... Juin 1841. *London*. In-4, demi-rel. maroquin rouge, tr. dor.
<small>Prix.</small>

210. CAMPANA. Notice d'une collection d'autographes et de 3 tableaux provenant du musée Campana. 30 mai 1865. G. Chavaray, Faivre, experts. In-8, demi-rel. mar. brun.

211. CAMPION DE TERSAN. Catalogue des objets d'antiquité et de curiosité qui composaient le cabinet de feu M. l'abbé Campion de Tersan.... Lundi 8 novembre 1819 et jours suivants. In-8, demi-rel. maroq. rouge.

212. CAMPREDON. Catalogue des tableaux, dessins, estampes et curiosités qui composaient le cabinet de feu M. Louis Campredon. 12 et 13 décembre 1856. Guichardot, Febvre, experts. In-8, demi-rel. mar. vert foncé.

213. CAMUS. Catalogue d'une charmante collection de tableaux, etc... composant le cabinet de feu M. Camus. Mercredi 19 et jeudi 20 janvier 1831. Grand in-8, cartonné.
<small>Prix.</small>

214. CANINO (prince de). Description d'une collection de vases peints et bronzes antiques provenant des fouilles de l'Étrurie (et appartenant à Lucien Bonaparte, prince de Canino), par J. de Witte... 1837. Grand in-8, demi-rel. mar. pourpre, planche gravée.
<small>Prix et noms.</small>

215. CANINO (prince de). Notice d'une collection de vases peints tirés des fouilles faites en Étrurie par feu le prince de Canino. 22 avril 1845 et jours suivants. Roussel, expert. Grand in-8, demi-rel. mar. vert.

216. CARAMAN (duc de). Catalogue de tableaux anciens choisis dans les diverses écoles et formant le riche cabinet de M. le duc de C*** (Caraman), ex-ambassadeur. 10, 11 et

12 mai 1830. Henry, expert. In-8, demi-rel. mar. la Vallière.

217. CARAMAN (duc de). Catalogue d'une riche collection de tableaux de choix des plus grands maîtres anciens et modernes des écoles..... aquarelles, miniatures, émaux, porcelaines..... composant le cabinet de feu M. le duc de Caraman, ancien ambassadeur à la cour de Vienne... 6 avril 1840 et jours suivants. Théret, expert. In-8, demi-rel. mar. pourpre.

Quelques prix.

218. CARIGNAN. Catalogue des tableaux du cabinet de feu S. A. S. Mgr le prince de Garignan, premier prince du sang de Sardaigne. 1742. In-8, demi-rel. maroquin rouge.

Prix et noms des acquéreurs.

219. CARLIN. Catalogue des tableaux composant la collection C*** (Carlin). 29 avril 1872 (Haro). Grand in-8, demi-rel. mar. bleu clair, photographies.

Prix.

220. CARRÉ. Catalogue de tableaux..... composant le cabinet de M. Carré, médecin. Henry, expert. *Paris*, 7 et 8 janvier 1817. In-8, demi-rel. maroq. la Vallière.

221. CARRIER. (Alliance des Arts.) Catalogue de tableaux des grands maîtres flamands, hollandais, italiens, espagnols et français, composant le cabinet de M. Carrier, peintre de feu Mgr le duc de Bourbon, prince de Condé; rédigé par T. Thoré. 9 et 10 mars 1846. In-8, demi-rel. mar. vert bouteille.

222. CARRIER. (Collection Carrier.) Catalogue de tableaux, dessins anciens et modernes, pastels et miniatures composant le cabinet de M. Carrier. 6 et 7 avril 1868. F. Petit, expert. In-8, demi-rel. mar. vert clair.

Quelques prix.

223. CARVALHIDO (vicomte de). Catalogue des tableaux anciens et modernes et des curiosités formant la collection du vicomte de Carvalhido. 14 et 15 mars 1870. Haro et Mannheim, experts.

224. CASENOVE (James), esq. A Catalogue of italian pictures of James Casenove, esq. *Londres, chez Christie et Manson.* Juillet 1832. In-4, demi-rel. maroq. vert.

225. CASTELBARCO. Catalogue de tableaux anciens de maîtres italiens et flamands, composant la galerie de M. le comte Carlo Castelbarco, de Milan. Lundi 2, jeudi 5 et vendredi

6 mai 1870. (Dhios et George.) Grand in-8, demi-rel. mar. bleu, photographies.

226. CASTELLANI. Catalogue d'objets d'art et de curiosité antiques et de la Renaissance, tapisseries composant la collection de M. Castellani... (Les objets antiques catalogués par M. de Witte). 4, 5, 6 et 7 avril 1866. Rollin et Feuardent, Ch. Mannheim, experts. In-8, demi-rel. mar. pourpre.

227. CATELAN. Catalogue d'une collection précieuse de tableaux des trois écoles, composant le cabinet de M*** (de Catelan). 16 janvier 1816. Petit in-8, demi-rel. maroq. pourpre.

Prix.

228. CASTELMORE (de). Catalogue de tableaux des trois écoles, dessins et estampes... et autres objets curieux composant le cabinet de M. de Castelmore... par A.-J. Paillet. 20 décembre 1791 et jours suivants. Petit in-8, demi-rel. coins mar. orange, tête dorée.

Prix et quelques noms.

229. CAULET D'HAUTEVILLE. Catalogue de tableaux originaux des plus grands maîtres des trois écoles d'Italie, de Flandre et de France du cabinet de M. C. D*** (Caulet d'Hauteville). Lundi 25 avril 1774 et jours suivants. In-8, demi-rel. maroq. bleu. (Joullain.)

Prix.

230. CAUMONT LA FORCE (duc de). Description d'un précieux carnet de poche du temps de Louis XVI, en or ciselé..... provenant de la succession de feu M. le duc de C. L. F. (Caumont La Force). 10 janvier 1867. Ch. Mannheim, expert. In-8, demi-rel. mar. vert clair.

231. CAUMONT LA FORCE (duchesse de). Vente après le décès de Mme la duchesse de Caumont La Force, des meubles, tableaux, curiosités, objets d'art du château de Créteil. A *Créteil*, 31 mai, 1er, 2 et 3 juin 1868. Grand in-8, demi-rel. mar. orange.

232. CAYEUX. Catalogue raisonné des tableaux, bronzes, terres cuites, figures et bustes de plâtre, dessins, estampes de toutes les écoles, qui composent le cabinet de feu M. Cayeux, sculpteur, par Pierre Remy. Le 11 décembre 1769 et jours suivants, puis le lundi 8 janvier 1770 et jours suivants. In-8, cartonné.

Noms et prix.

233. CAYLUS (duc de). Catalogue d'antiquités de M. le duc de Caylus. Sans date (1770?). In-8, veau fauve.

234. CAYLUS (de). Catalogue des tableaux, miniatures, etc., du cabinet de M*** (le duc de Caylus), par P. Remy. Le lundi 19 avril 1773. In-12, demi-rel. mar. vert.

Prix.

— Catalogue d'une collection de minéraux, etc... Vente le jeudi 3 juin 1773.

Prix.

235. CÈNE (chev. de). Catalogue de tableaux précieux des trois écoles, pastels, miniatures, émaux, dessins....., le tout provenant du cabinet de M. le chevalier de C*** (Cène), par A.-J. Paillet... 4 décembre 1786 et jours suivants. In-8, demi-rel. coins mar. rouge.

Prix et noms.

236. CERCLE des Arts. Catalogue des tableaux, dessins et aquarelles..... du Cercle des Arts. Experts : Haro, Clément. *Paris*, décembre 1874. In-8, demi-rel. mar. bleu.

237. CERVEAU (l'abbé). Catalogue d'une belle collection d'estampes anciennes et modernes, de quelques tableaux, etc... le tout provenant du cabinet de M*** (l'abbé Cerveau). Le lundi 5 juin 1780 et jours suivants. In-8, cart. (Joullain.)

238. CHABOT (duc de) et DESMARET. Catalogue d'une belle collection de dessins des trois écoles montés et en feuilles; vases et figures de marbre antique..... le tout provenant de plusieurs cabinets célèbres (duc de Chabot et Desmaret), par A.-J. Paillet. Le lundi 17 décembre 1787 et jours suivants. In-8, demi-rel. mar. pourpre.

Quelques prix et noms.

239. CHALLAN. Notice de tableaux, etc... après décès de M. le chevalier Challan. Lundi 23 et mardi 24 mai 1831. Grand in-8, cart.

Prix.

240. CHAILLOU. Catalogue des planches gravées, pierres lithographiques dessinées, gravures, lithographies, meubles et ustensiles qui composaient le fonds et l'assortiment de la maison Chaillou. 2 avril 1838 et jours suivants. Planat, expert. In-8, demi-rel. mar. rouge.

241. CHAMBURE (de). Catalogue de la collection de tableaux, etc... formée par le colonel de Chambure. Mardi 9 mars 1830. In-8, cart.

Prix.

242. CHAMPGRAND (marquis de). Catalogue d'une collection précieuse de tableaux des trois écoles et autres objets

curieux, du cabinet de MM***. Le 20 mars 1787. A.-J. Paillet, expert. In-8, demi-rel. coins mar. rouge, tête dorée.

Prix et quelques noms.

243. CHAMPION (William). Pictures, choice wines, musical instruments, alabaster urns..... A Catalogue of a truly valuable collection of pictures by the most esteemed masters of the italian, french, flemish and dutch schools, the genuine property of W. Champion, esq. *Londres*, 23 mars 1810 (Phillips). In-4, demi-rel. mar. pourpre.

244. CHARLES Ier. A Catalogue and description of king Charles the First's capital collection of pictures, limnings, statues, bronzes, medals and other curiosities..... *London, Bathoe*, 1757. — A Catalogue of the collection of pictures, etc., belonging to king James the Second..... *London*, 1758. Petit in-4, mar. vert olive bronzé, tranche dorée.

245. CHARLET. Catalogue de tableaux, esquisses peintes, dessins, aquarelles, croquis de M. Charlet, peintre..... 30 et 31 mars, 1er et 2 avril 1846. Defer, expert. In-8, demi-rel. mar. violet.

246. CHASSÉRIAU (Théodore). Catalogue de tableaux, études, esquisses, dessins, armes et costumes laissés par M. Théodore Chassériau. 16 et 17 mars 1857. F. Petit, expert. In-8, demi-rel. mar. bleu.

247. CHAUNCY (Charles and Nathaniel) Brothers. A Catalogue of the extensive, valuable and superb collection of prints, books of prints, drawings and miniatures..... uniting the collections of these well-known connoisseurs Charles Chauncy, ... and Nathaniel Chauncy, esq. his brother..... *Londres, chez Greenwood*, 3 mai 1790 et les treize jours suivants. In-8, demi-rel. veau fauve.

Prix.

248. CHAUVIN. Catalogue d'études peintes, etc....., après décès de M. Chauvin. Jeudi 28 et vendredi 29 mars 1833. In-8, cart.

249. CHAVAGNAC (Mme de). Catalogue raisonné des tableaux et des quatre admirables cartons de Jules Romain composant la collection de feu Mme Gentil de Chavagnac, par George. ... 20 juin 1854. Grand in-8, demi-rel. mar. rouge.

Prix.

250. CHENARD. Catalogue des tableaux, etc....., composant

le cabinet de M. Chenard..., par Paillet. Les mardi 19 et mercredi 20 novembre 1822. In-8, cart.

251. CHENARD. Catalogue de tableaux, etc..., après décès de M. Chenard. Lundi 17 décembre 1832 et jours suivants. In-8, cartonné.

252. CHODOWIEKY. Licitations-catalog der kupferstiche, uselche herr Daniel Chodowieky..., verferliget hat, nach D. Jacoby Senior Geordnet. Le 11 août 1817 et jours suivants. *Vienne.* In-8, cart.
Prix.

253. CHOISEUIL (Mgr de). Catalogue de tableaux de Rubens, Van Dyck Teniers, Pierre Neef et autres maîtres ; miniatures, estampes...... après le décès de Mgr Léopold-Charles de Choiseuil, archevêque duc de Cambray..... 23 janvier 1775. P. Rémy, expert. In-16, cartonnage rouge.

254. CHOISEUL (duc de). Catalogue des tableaux qui composent le cabinet de Mgr le duc de Choiseul. Lundi 6 avril 1772, par J.-F. Boileau. In-8, veau fauve.
Prix et noms.

255. CHOISEUL (duc de). Notice des objets curieux dépendant de la succession de feu M. le duc de Choiseul. Le lundi 18 décembre 1786. In-8, demi-rel. mar. rouge.

256. CHOISEUL-GOUFFIER (comte de). Catalogue d'antiquités égyptiennes, grecques, romaines et celtiques..., tableaux, dessins... formant la collection de feu M. le comte de Choiseul-Gouffier, pair de France....., par L.-J.-J. Dubois. 20 juillet 1818 et jours suivants. In-8, demi-rel. mar. pourpre.

257. CHOISEUL-PRASLIN. Catalogue de tableaux précieux des écoles d'Italie, de Flandre, de Hollande et de France..... bustes en marbre...... riches meubles de marqueterie, par Boule et en vieux laque..... composant le cabinet de feu M. de Choiseul-Praslin, par A.-J. Paillet, peintre. 9 mai 1808 et le jour suivant. Copie manuscrite in-12, demi-rel. coins mar. la Vallière, tête dorée.
Prix.

258. CHOISEUL (comte de). Catalogue de tableaux anciens, objets d'art, de curiosité et d'ameublement composant les collections de M. le comte de Ch**** (Raynald de Choiseul-Praslin). 12, 13 et 14 mars 1866. Febvre et Ch. Mannheim, experts. In-8, demi-rel. mar. vert.
Quelques prix.

259. CHOISEUL (comte Raynald de). Catalogue d'objets d'art et d'ameublement, tableaux composant la collection de M. le comte R. de Ch..... (Raynald de Choiseul-Praslin)... tableaux et dessins..... 3 mai 1869. Dhios et George, experts. Grand in-8, demi-rel. mar. la Vallière.
Photographies.

260. CHRIST. Catalogue d'une grande collection d'estampes des meilleurs maîtres du feu M. Christ, célèbre professeur de l'Académie de Leipsig. Février. 1758, *Leipsig*. In-12, cart.

261. CHRISTINE, reine de Suède. État manuscrit des tableaux de la reine de Suède dressé à Rome (probablement par Poërson, directeur de l'Académie de France), en 1722, lorsque le duc de Bracciano vendit cette collection au duc d'Orléans, Régent. In-folio, mar. vert olive, tranche dorée.

262. CICOGNARA. Le Premier Siècle de la calcographie, ou catalogue raisonné des estampes du cabinet de feu M. le comte de Cicognara, par Alexandre Zanetti. *Venise*, 1837. In-4, demi-rel. mar. rouge.

263. CICOGNARA. Catalogue de la riche collection d'estampes du premier siècle de l'art en Italie et en Allemagne, des jeux de cartes à tarots et du précieux cabinet de nielles en planches original de feu M. le comte Léopold Cicognara..... rédigé par Alexandre Zanetti. *Vienne*, sous la direction de MM. Artaria et Cie, 4 novembre 1839 et jours suivants. In-8, demi-rel. mar. pourpre.

264. CLAIRON (Mlle). Catalogue du cabinet d'histoire naturelle de Mlle C** (Clairon). Vente février 1773. — Catalogue des ouvrages de l'art du cabinet de Mlle C*** (Clairon), tels que : armes et habillements étrangers, ouvrages en argent, nacre et ivoire... tableaux de grands maîtres et estampes. Mars 1773. In-12, veau fauve, tranche dorée.

265. CLARKE. A Catalogue of... pictures of the late sir Simon H. Clarke. Bart. 8 mai 1840. *London*, in-4, demi-rel. mar. rouge, tr. d.
Prix.

266. CLARY (baron). Catalogue des tableaux anciens et modernes de la collection de feu le baron C*** (Clary). 2 mai 1872. (Haro.) Grand in-8, demi-rel. mar. bleu, photographies.
Prix.

267. CLAUSSIN (de). Catalogue d'une précieuse collection de très-beaux dessins originaux..... provenant du cabinet

de M. le chevalier de Claussin. 2 décembre 1844. In-8, demi-rel. mar. violet.

<small>Prix et noms des acquéreurs.</small>

268. CLAVIÈRE (de) et BELLEGARDE (de). Catalogue d'une collection de tableaux provenant des cabinets réunis de feu M. de Clavière, ancien ministre des finances, et de Bellegarde, ancien généralissime des troupes hollandaises..... 1ᵉʳ décembre 1810 et jours suivants. Detouche, expert. In-8, demi-rel. mar. brun.

<small>Quelques prix.</small>

269. CLAYE. Exposition de tableaux appartenant à la collection de M. J. Claye. Mars 1862. In-18, demi-rel. mar. brun.

270. CLAYE. Collection de tableaux et dessins modernes composant le cabinet de M. J. Claye. 20 décembre 1856. Francis Petit, expert. Grand in-8, demi-rel. mar. bleu.

271. CLEEF (van). Tableaux anciens. Collection de feu le docteur van Cleef. Utrecht. 4 et 5 avril 1864. Meffre aîné et Febvre, experts. In-8, demi-rel. mar. pourpre.

272. CLER (vicomte). Catalogue des objets d'art et de curiosité, porcelaines anciennes..... dessins et gouaches..... composant la collection de M. le vicomte C*** (Cler). 25 et 26 avril 1872. Ch. Mannheim et Féral, experts. Grand in-8, demi-rel. mar. vert.

<small>Prix.</small>

273. CLÉRAMBAUT (de). Catalogue des estampes du cabinet de M*** consistant dans les œuvres des maistres d'Italie, de Flandres et de France, auquel on a joint une suite de pièces historiques..... 1755. In-12, cartonné.

<small>Prix et noms.</small>

274. CLÉSINGER. Catalogue des marbres, bronzes et terres cuites de Clésinger, provenant de ses ateliers de Rome et de Paris. 5 juin 1868. Haro expert. Grand in-8, mar. vert clair.

<small>Prix.</small>

275. CLIFFORD (lord de). A Catalogue of the very valuable and highly interesting collection of pictures, miniatures, marbles, bronzes..... removed from the seat of late lord de Clifford..... *Londres*, 19 et 20 avril 1833 (Christie and Manson). In-4, demi-rel. mar. violet.

276. CLISSOLD (Nathaniel). Superb and valuable Collection of paintings of the old and modern schools. Catalogue of a truly capital and valuable selection of italian, french,

flemish and dutch pictures....., being part of the collection of Nathaniel Clissold, esq..... *Londres*, 6 avril 1808 (Edwards). In-4, demi-rel. mar. pourpre.

Quelques prix.

277. CLOS. Catalogue de tableaux précieux par les plus célèbres peintres des trois écoles; marbres, bronzes, et autres objets de curiosité composant le cabinet de feu M. Clos. Les 18 et 19 novembre 1812. In-8, cartonné.

Prix et noms.

278. COCHU. Catalogue de tableaux originaux de l'École française.... miniatures, gouaches et dessins..... qui composoient le cabinet de feu le citoyen Cochu, médecin, par F-.L. Regnault. 3 et 4 ventôse, an 7. (1799). In-8, demi-rel. coins mar. noir.

279. COCHU. Catalogue d'un choix très-précieux d'estampes de célèbres artistes, provenant du cabinet du citoyen C..... (Cochu), médecin, accompagné de notes sur les artistes, par F.-L. Regnault. Mardi 6 mars 1798. In-8, cartonné.

Prix et noms.

280. COCLERS et D***. Catalogue de tableaux précieux des trois écoles, dessins montés et en feuilles, estampes, figures et bustes de marbre et de bronzes, pendules, porcelaines du Japon et de la Chine.....; provenant des cabinets de M. Coclers et de M. D***. 9 février 1789 et jours suivants. Lebrun l'aîné, expert. Grand in-12, cartonnage, papier peigne.

Prix et noms.

281. COESVELT. Catalogue de la collection des tableaux de M. W.-G. Coesvelt de Londres. La vente publique aura lieu chez MM. Christie et Manson... *London*, le 2 et 3 de juin (1837). In-8, demi-rel. veau fauve.

282. COESVELT. A Catalogue of the magnificent collection of italian pictures... of that distinguished connoisseur W. G. Coesvelt, esq. Juin 1840. *London*. In-4, demi-rel. mar. rouge.

283. COGNIET (Léon). Catalogue des tableaux, esquisses et dessins de M. Léon Cogniet, membre de l'Institut de France, officier de la Légion d'Honneur... 20 avril 1872. Féral, expert. Grand in-8, demi-rel. mar. rouge.

Prix.

284. COÏC (Henri). Vente après décès. Catalogue des tableaux, curiosités, gravures, dessins, livres à figures, bibliothèque, meubles, etc., formant la collection de M. Henri Coïc. 5,

6 et 7 février 1872. Horsin-Déon, expert. Grand in-8, demi-rel. mar. la Vallière.

Prix.

285. COIGNARD. Catalogue d'une collection de tableaux, esquisses et études peintes d'après nature, par M. Coignard. 2 février 1850. Schroth, expert. In-8, demi-rel.

Coiny. Voyez *Ozanne et Coiny.*

286. COINY. Notice d'une vente de tableaux anciens et modernes; dessins, estampes..... après décès de M. C...y, peintre et graveur. 10 et 11 mai 1839. Defer, expert. In-8, demi-rel. mar. rouge.

287. COLBERT DE MAULEVRIER (marquis). Catalogue descriptif des tableaux, sculptures en terre cuite, meubles antiques et objets d'art réunis par M. le marquis Colbert de Maulevrier. *Angers*, 31 janvier 1853. In-4, demi-rel. mar. violet foncé. Lithographies.

Prix.

288. COLLET. Catalogue de tableaux des Écoles d'Italie, de Flandres et de France, dessins précieux... estampes... formant le cabinet de feu M. Collet, chevalier de l'ordre de Saint-Michel, etc., etc., par J.-B.-P. Le Brun. Lundi 14 mai (1787). In-8, demi-rel. mar. grenat.

Prix aux tableaux.

289. COLIN (A.). Catalogue d'une collection de tableaux et de dessins modernes, et d'une suite d'esquisses et copies faites d'après les grands maîtres, par M. A. Colin; et de quelques tableaux et dessins par Bonnington et Géricault. 14 et 15 janvier 1845. Schroth, expert. In-8, demi-rel. mar. rouge.

290. COLIN (Alexandre). Notice de dessins. École française, XVIIIe siècle et nombre de croquis et études par Géricault et par Wateau provenant du cabinet de M. Colin, artiste. Jeudi 22 décembre 1859 (Vignères). In-8, demi-rel. mar. rouge.

291. COLIN (Alexandre). Catalogue d'une réunion d'esquisses et copies exécutées par M. A. Colin d'après les maîtres des Écoles italienne, allemande, espagnole, hollandaise, flamande, française et anglaise. 9 et 10 mars 1860. Vignères expert. In-8, demi-rel. mar. pourpre.

292. COLIN (Alexandre). Copies et esquisses par M. Alexandre Colin d'après les tableaux des musées de Madrid, Florence, Rome, Dresde, Londres, Amiens et Paris. 26 décembre 1867. F. Martin, expert. In-8, demi-rel. mar. bleu clair.

Collections d'Amateurs réunies. Voyez : *École française,*
1860..... *Exposition rétrospective,* 1866.....

293. COLLECTION de Catalogues de tableaux, dessins, objets d'art, etc., etc., publiés en 1874-75. 29 broch. in-8.

<small>Atelier de Fortuny. — Stanislas Baron. — Joseph Fau. — Lemaitre. — Alex.-Jos. Desenne. — San Donato. — Maulaz-Rodrigues Nunes. — Lenoir. — W.-C.-P. baron Van Reede Van Oudtshoorn, — etc., etc.</small>

294. COLLECTION de Catalogues des tableaux de collections particulières publiés en 1875. 22 broch. in-8.

<small>Collections Busignano, Sechan, Thibon, Chintreuil, Coster, Galitzin et autres.</small>

295. COLLECTION de Catalogues des tableaux et dessins publiés en 1875. 20 broch. gr. in-8.

<small>Collections de Saint-Seine, Millet, Alexandre, Adolphe Fould, Corot, Couvreur, Eug. Lami et autres.</small>

296. COLLECTION de Catalogues de tableaux, dessins, objets d'art, etc., etc., publiés en 1876. 36 broch. gr. in-8.

<small>Collections de : MM. Huot. — Fragonard. — Dhios. — Christophe Rhaban Ruhl. *Cologne.* — Adolphe Liebermann (de Wahlendorf). — Neville D. Goldsmid (de la Haye). — S. Van Walchren Van Wadenagen de Nimmerdor (Hollande). — Eug. de Miller (de Vienne). — P. Van Der Dussen Van Beestingh. *Rotterdam.* — Du château de Vaux-Praslin. 3 cat. — Oudry. — etc. etc.</small>

297. COLLECTION de Catalogues des tableaux, parus en 1877. 48 broch. gr. in-8.

<small>Catalogues J. Janin. — Ensminger. — Pauwels. — Isambert. — Fromentin, etc.</small>

298. COLLIN. Notice de dessins, etc... par suite du décès de M. Colin. Vente 20 et 21 février 1832. In-8, demi-rel. maroquin vert.

<small>Prix.</small>

299. COLLOT. Catalogue raisonné des tableaux de diverses écoles, objets d'art et de haute curiosité, composant le précieux cabinet de M. Collot, ancien receveur général, ancien directeur de la Monnaie de Paris. 25 et 26 mai 1852. George Roussel, experts. Grand in-8, demi-rel. mar. la Vallière.

300. COLLOT. Catalogue raisonné des tableaux de diverses écoles composant le précieux cabinet de M. Collot, ancien receveur général..... 29 mars 1855. F. Laneuville, expert. Grand in-8, demi-rel. mar. la Vallière.

301. COLLOT. Catalogue de la collection des tableaux modernes et anciens composant le cabinet de M. Collot,

29 mai 1852. Schroth, expert. Grand in-8, demi-rel. mar. vert.

Prix et quelques noms.

302. COLNAGHI AND C°. Catalogue of a very valuable collection of.... engravings, fine ancient drawings of an eminent firm (Colnaghi and C°). *Londres, chez Sotneby, Vilkinson et Hodge*, mai 1865. In-8, demi-rel. mar. vert.

Exemplaire réglé avec les prix et les noms d'acquéreurs. Relié sur brochure.

303. COLONNA. Catalogo dei quadri e pitture esistenti nel palazzo dell' eccellentissima casa Colonna in Roma. *In Roma*, 1783. In4, demi-rel. mar. vert.

304. COMARMOND ET COVILLARD. Catalogue d'une collection d'antiquités et d'objets d'art du moyen âge.... tableaux de diverses écoles composant le cabinet de M. Covillard et provenant en partie de la collection de M. Comarmond, de Lyon..... Les 11, 12 et 13 avril 1849. Roussel, expert. In-8, demi-rel. mar. rouge.

305. COMYNS (William). A Catalogue of the genuine and entire collection of very choice and valuable pictures, of W. Comyns, esq. *A Londres*, 6 mai 1815 (Christie). In-4, demi-rel. mar. vert clair.

Quelques prix.

306. CONSTANTIN. Catalogue des tableaux des trois écoles composant le cabinet et fonds de commerce de feu M. Constantin; rédigé par A. Pérignon..., 18 novembre 1816 et jours suivants. In-8, demi-rel. mar. rouge.

Prix et noms.

307. CONSTANTIN. Catalogue de dessins, gouaches, etc... composant le cabinet de feu M. Constantin. Par F. Salle et A. Constant. Le lundi 3 mars 1817 et jours suivants. In-8, demi-rel. maroquin brun, doré en tête.

308. CONSTANTIN. Notice de dessins, gouaches, etc... Lundi 29 mars 1830 et jours suivants. In-8, cartonné.

309. CONTI (prince de). Catalogue d'une riche collection de tableaux des maîtres les plus célèbres des trois écoles; dessins aussi des plus grands maîtres; bronzes, marbres, terres cuites, pierres gravées, pendules, etc., qui composent le cabinet de feu Son Altesse Sérénissime Mgr le Prince de Conti. Le mardi 8 avril 1777. Frontispice. In-12, veau antique.

Prix et noms.

310. Conti (prince de). Catalogue d'une collection précieuse de tableaux et dessins des meilleurs maîtres des trois écoles, bronzes, marbres, terres cuites et autres objets précieux. Lundi 15 et jours suivants du mois de mars 1779. In-8, demi-rel. maroq. bleu.

Prix et noms.

311. Cooper (John). A Catalogue of the remaining part of the collection of pictures, lately belonging the M. John Cooper (deceased)....... 10th of march 1730 (London). In-4, demi-rel. veau fauve.

312. Cope (Charles). Catalogue of the very choice cabinet of ancient and modern pictures formed with great taste and judgment during the last fifty years by Charles Cope, esq., deceased.... *Londres*, 8 juin 1872. Christie, Manson and Woods. Grand in-8, demi-rel, coins mar. rouge, tête dorée.

Prix.

313. Cormery. Catalogue des estampes de deffunt M. de Cormery, le mercredy quatrième may et autres jours suivans, 1701. In-8, cartonné.

314. Cornac (docteur). Catalogue de tableaux anciens et modernes des diverses écoles qui composent la 2° partie du cabinet de M. le docteur Cornac, ancien médecin en chef à l'Hôtel des Invalides. 18 et 19 mars 1850. Defer, expert. In-8, demi-rel. mar. vert olive.

315. Cornélissen (comte de). Catalogue de la belle et riche collection de tableaux anciens des écoles flamande et hollandaise et d'objets d'art... le tout appartenant à M. le comte R. de Cornélissen. *Bruxelles*, 11, 12 et 13 mai 1857. Et. Leroy, expert. In-8, demi-rel. mar. bleu.

316. Corvisart (baron). Catalogue de la collection de tableaux modernes et du mobilier... 22 et 23 février 1867. F. Petit, expert. In-8, demi-rel. mar. bleu clair.

317. Cossé (de). Catalogue d'une belle collection de tableaux originaux des trois écoles, pastels, gouaches, etc., provenans du cabinet de feue Madame *** (de Cossé), par J.-B.-P. Le Brun, peintre. Mercredi 11 novembre 1778 et jours suivants. In-8, demi-rel. coins mar. vert clair, tête dorée.

Quelques prix et noms.

318. Costa de Beauregard (marquis). Catalogue d'une collection de tableaux anciens parmi lesquels une très-belle œuvre de Razzi Sodoma... formant la collection de M. le

marquis C. de B. (Costa de Beauregard). 1ᵉʳ avril 1868. Febvre, expert. Grand in-8, demi-rel. mar. la Vallière.

319. COSWAY (Richard). A Catalogue of the entire collection of pictures of Richard Cosway, esq. R. A. principal painter to his Royal Highness the Prince of Wales, in the Great Saloon, and eight other appartments of his house in Pal-Mall..... (*Londres*), 1791. Frontispice gravé. In-4, demi-rel. coins mar. rouge.

320. COTIN. Catalogue d'un cabinet de diverses curiosités, etc... le tout réuni par M. Cotin. Le lundi 27 novembre 1752 et jours suivants. 1752. In-8, demi-rel. mar. rouge.

Prix et noms des acquéreurs.

321. COTTIN (Mᵐᵉ). Vente de tableaux anciens en la maison de Mᵐᵉ Cottin à Charenton... le 21 avril 1872. In-12, demi-rel. mar. rouge.

322. COTTREAU (L.). Catalogue de 13 tableaux anciens des écoles flamande et hollandaise, antiquités et objets d'art composant le précieux cabinet de feu M. L. Cottreau. 30 et 31 mai 1870. F. Petit, Mannheim, experts. In-8, demi-rel. mar. vert clair.

323. COUCICOT. Catalogue de dessins et estampes des plus plus grands maîtres des différentes écoles. 27 février 1758. In-12, demi-rel. mar. rouge.

Prix et noms des acquéreurs.

334. COUDER (Alexandre). Catalogue de 50 tableaux peints par Alexandre Couder. 19 avril 1870. Febvre, expert. Grand in-8, demi-rel. mar. la Vallière.

325. COUPRY-DUPRÉ. Catalogue d'une précieuse collection de tableaux des écoles d'Italie, de France, de Flandre et de Hollande; estampes... marbres... composant le cabinet de feu M. Jean-François Coupry-Dupré..., par H. Delaroche. Le jeudi 21 février 1811 et jours suivants. In-8, demi-rel. mar. bleu.

Prix et noms.

326. COURT. Catalogue de la vente qui aura lieu par suite du décès de Court. — 1ʳᵉ partie, 23 et 24 février 1866; 2ᵐᵉ partie, 26 février; 3ᵐᵉ partie, 28 février et jours suivants. F. Petit, expert. In-8, demi-rel. mar. vert foncé.

327. COUTAN. Catalogue de tableaux anciens et modernes des écoles... aquarelles, dessins et gravures..... après le décès de M. Coutan, peintre d'histoire. 2 et 3 mai 1837. Bon, expert. In-8, demi-rel. mar. vert foncé.

328. COUTAN. Catalogue des tableaux et dessins composant le cabinet de M. Coutan. Lundi 19 avril et jours suivants. 1830. In-8, cartonné.

329. COUTEAUX. Catalogue des tableaux modernes composant la collection de M. G° C., de Bruxelles (Couteaux). 27 avril 1857. A. Couteaux, expert. Grand in-8, demi-rel. mar. bleu.

330. COUVAY. Catalogue d'estampes et livres d'architecture détaillé par vacation et numéro. Le mercredi 1ᵉʳ décembre 1756. Petit in-12, demi-rel. mar. rouge.
Prix et noms.

331. COUVENTS SUPPRIMÉS. Catalogue d'une collection de tableaux de plusieurs grands maîtres, tels que Rubens, Van Dyck, Jordans... provenant des maisons religieuses supprimées aux Pays-Bas. 12 septembre 1785 et jours suivants (*Bruxelles*). In-4, demi-rel. mar. vert foncé.

332. COYPEL. Catalogue de tableaux, dessins, estampes, bronzes et autres objets de curiosités provenant de la succession de feu M. Coypel, écuyer, 11 juin 1777. *A Paris, Hubert et Joullain*, 1777. In-12 de 17 pp. dérel.

333. COXE (Edward). Catalogue raisonné of all that truly capital and splendid assemblage of valuable gallery and cabinet pictures, the genuine property of Edward Coxe, esq. The 23ᵏ day of april 1807. *London, Peter Coxe*. In-4, demi-rel. veau fauve.
Prix.

334. COYPEL. Catalogue des tableaux, dessins, etc..... du cabinet de feu M. Coypel, premier peintre du Roi et de Mᵍʳ le duc d'Orléans et directeur de l'Académie royale de peinture et sculpture, 1753. In-12, demi-rel mar. brun.
Prix et noms des acquéreurs.

335. CRAMER (J. G.). Catalogus van een extra fraai en uitmuntend cabinet Schilderyen..., Tekeningen... Prentkonst... Prentworken alles in veele Jaaren Keurig by een Verzameld door den Heere J. G. Cramer... *Amsterdam*, 13 november 1769. Mathias Cok, expert. In-8, demi-rel. veau fauve.

336. CRANENBURGH (H. van). Catalogue de la collection précieuse de dessins, pour la plupart d'anciens maîtres des écoles hollandaise et flamande, provenant de la succession de feu M. H. van Cranenburgh, d'Amsterdam. *Amsterdam*, 26 octobre 1858 et jours suivants. C.-F. Roos, G. de Vriès, W.-J.-M. Engelberts, experts. Petit in-8, demi-rel. mar. vert foncé.

— 41 —

337. CRAUFURD (Quintin). Catalogue de tableaux, etc..... composant le cabinet de feu M. Quintin Craufurd. 20 novembre 1820 et jours suivants. In-4, demi-rel. mar. brun, doré en tête.

338. CRAUFURD. Catalogue de tableaux de diverses écoles et portraits historiques..... dont la vente aura lieu, par suite du décès de Mme Ve Craufurd, les mardi 18, mercredi 19 et jeudi 20 février 1834. C. Paillet, expert. In-8, demi-rel. mar. rouge.

339. CRÉBILLON. Estampes de M. Crébillon. 17... In-8, cartonné.

Prix et noms des acquéreurs.

340. CROCHARD. Catalogue d'une vente de belles estampes, etc... par suite du décès de feu M. Crochard. Jeudi 14 mars 1833 et jours suivants. In-8, cartonné.

Prix.

341. CROESE (Eduard). Catalogus eener fraaije Verzameling van gekleurde en Ongekleurde Tekeningen door de Oeste Nederlandsche meesters... Prentkonst... Prent-Werken, Negelaaten door wylen den heer Eduard Croese... *Amsterdam*, 15 novembre 1779 et jours suivants. Cor. Ploos van Amstel, Hend. de Winter, Jan Yver, experts. In-8, demi-rel. mouton rouge.

Prix et noms.

342. CROMOT (de). Notice de tableaux originaux des premiers maîtres de l'école hollandaise ; figures de marbre... provenant de la succession de M. de Cromot, surintendant des finances de Monsieur. Lundi 28 janvier 1787. A. J. Paillet. In-8, demi-rel. mar. bleu.

Prix et noms.

343. CROZAT. Description sommaire des dessins des grands maîtres d'Italie, des Pays-Bas et de France, du cabinet de feu M. Crozat. Avec des réflexions sur la manière de dessiner des principaux peintres, par P.-J. Mariette, 1741. In-8, mar. rouge.

Prix et noms des acquéreurs.

344. CROZAT. Description sommaire des statues, figures, bustes, vases..., provenant du cabinet de feu M. Crozat. 14 décembre 1750 et jours suivants. 1750. In-8, demi-rel. mar. rouge.

Prix.

345. CROZAT et de TUGNY. Catalogue des tableaux et sculptures, tant en bronze qu'en marbre du cabinet de feu

M. le président de Tugny et de celui de M. Crozat. Juin 1571. In-8, demi-rel. mar. rouge.

Prix et noms des acquéreurs.

Voyez aussi *du Châtel* (le marquis).

346. CROZAT, baron de THIERS. Catalogue des tableaux du cabinet de M. Crozat, baron de Thiers. 1755. In-8, demi-rel. mar. rouge.

Voyez aussi *du Châtel.*

347. CROZAT (baron de THIERS). Catalogue des estampes, vases, figures, etc., du cabinet de feu M. Crozat, baron de Thiers, par P. Rémy. 1771. février 1772. In-12, demi-rel. mar. rouge.

Prix et noms.

348. CUYP. Notice d'un tableau original d'Albert Cuyp. 9 mai 1856. Febvre, expert. In-8, demi-rel. mar. rouge.

349. CYPIERRE (marquis de). Catalogue de tableaux, pastels et dessins, principalement de l'école française du XVIII° siècle... composant la collection de feu M. de C... (Cypierre), rédigé par T. Thoré, l'un des directeurs de *l'Alliance des Arts.* 10 mars 1845 et jours suivants. In-8, demi-rel. coins mar. la Vallière, tête dorée.

Prix.

350. DAIGREMONT. Catalogue des objets d'art et de curiosité composant la collection de M. Daigremont. 11 mars 1861 et jours suivants. Mannheim père et fils, experts. In-8, demi-rel. mar. rouge.

351. DAIGREMONT. Collection de feu M. Daigremont : 1° Tableaux anciens hollandais et flamands. 29 mars 1866. Dhios, expert. 2° Tableaux anciens, italiens, espagnols et français. 30 et 31 mars 1866. Dhios, expert. 3° Dessins anciens. 3, 4, 5, 6 et 7 avril 1866. Blaisot, expert. 4° Estampes et dessins anciens et modernes. 28, 29 et 30 mai 1866. Blaisot, expert. In-8, demi-rel. mar. rouge.

Dailly. Voyez *Boisset d'Ailly.*

352. DANLOUX. (Succession de Pierre-Henry Danloux.) Catalogue de ses tableaux, études et dessins. Tableaux anciens de bons maîtres... 13 mars 1869. Febvre, expert. In-8, demi-rel. mar. jaune.

353. DANSER NYMAN (Jan). Catalogus van een uitmuntend kabinet konstige Schilderyen door Beroemde Nederlandsche en andere Woornaame meesters... nagelaaten door Wylen der heere Jan Danser Nyman. *Amsterdam,* 16 août 1797 et jours suivants. In-8, demi-rel. coins mar. rouge.

Quelques prix.

354. Catalogue des objets d'art et de curiosité... composant la précieuse collection de M. le vicomte Paul Daru. 18 et 19 février 1867. Ch. Mannheim, expert. In-8, demi-rel. mar. jaune.

355. DASSONVILLE. Notice d'estampes et tableaux, pendules... porcelaines... 11 et 12 février 1841. Ch. Paillet, expert. In-8, demi-rel. mar. pourpre.

356. DAUGNY. Catalogue des objets d'art et des curiosités composant la collection de feu M. Daugny, chevalier de la Légion d'honneur. 8, 9, 10 et 11 mars 1858. Roussel, expert. Grand in-8, demi-rel. mar. la Vallière.

Quelques prix.

357. DAUZATS (A.). Catalogue des tableaux, études, esquisses peintes, des aquarelles, dessins et croquis d'après nature laissés par A. Dauzats... 1er, 2, 3 et 4 février 1869. F. Petit, expert. In-8, demi-rel. mar. bleu clair.

358. DAVAUX. Notice de tableaux des trois écoles gouaches, miniatures... le tout provenant du cabinet de M. Davaux. 22 frimaire an XIII (1805) et jours suivants. Paillet et Delaroche, experts. Petit in-8, demi-rel. mar. vert.

Prix et noms.

359. DAVID. Catalogue des tableaux, etc... de M. Louis David... rédigé par M. Pérignon. 17 avril 1826 et jours suivants. In-8, cartonné.

360. LOUIS DAVID. Catalogue de tableaux de galerie et de chevalet, études, livre de croquis, de Louis David, premier peintre de l'empereur Napoléon. Ce catalogue a été rédigé par M. Pérignon. 1834. In-12, demi-rel. mar. rouge.

361. DAVID (Louis). Catalogue de tableaux de galerie et de chevelet, études, livres de croquis, de Louis David. Le deuxième mercredi de mars 1835. In-8, demi-rel. mar. pourpre.

Quelques prix.

362. DAVID (Jean-Louis). Catalogue de tableaux anciens, aquarelles et dessins de l'école française, œuvres de Wateau, Lépicié, Moreau le jeune. 18 et 19 mars 1868. E. Barre, expert. In-8, demi-rel. mar. vert clair.

363. DAVILA. Catalogue systématique et raisonné des curiosités de la nature et de l'art, qui composent le cabinet de M. Davila. 12 novembre 1767 et jours suivants. Remy, expert. 3 vol. in-8, dos de veau, figures.

Prix.

364. DAWKINS (Henry). Genuine Pictures. A Catalogue of part

of the valuable collection of pictures, and a few fine drawings in water colors by Marco Ricci, the genuine property of Henry Dawkins, esq., deceased. *Londres*, 9 mars 1815. In-4, demi-rel. mar. orange.

365. DEBESSE. Catalogue des dessins montés et en feuilles qui composent le cabinet de feu M. Debesse, par A.-J. Paillet. Le jeudi 12 janvier 1786 et jours suivants. In-8, demi-rel. mar. vert.

366. DEBOIS. Catalogue raisonné de la rare et précieuse collection d'estampes réunie par les soins de M. F. Debois, rédigé par Defer. 1843. In-4, demi-rel. mar. brun, tr. dor.

Prix et noms des acquéreurs.

367. DEBRUGE-DUMÉNIL. Catalogue des objets d'art qui composent la collection Debruge-Duménil. 23 au 31 janvier, du 1er au 9 février, du 4 au 12 mars 1850. Roussel, expert. Grand in-8, demi-rel. mar. bleu.

368. DEBUSSCHER. Catalogue d'une collection précieuse de dessins... par les plus grands maîtres d'Italie et autres, appartenant à M. Debusscher. Ledit catalogue rédigé par A. Paillet et H. Delaroche. 18 juin 1804 et jours suivants. Grand in-12, demi-rel. mar. vert foncé.

Prix et noms.

369. DECAMPS. Catalogue des tableaux, esquisses, dessins et croquis de M. Decamps et des tableaux par divers maîtres ; armes, costumes, meubles, objets d'art et de curiosité, qui composaient son atelier, 21, 22 et 23 avril 1853. F. Petit, expert. Grand in-8, demi-rel. mar. rouge.

370. DECAMPS. Catalogue de tableaux, dessins, esquisses et croquis de M. Decamps. 29 et 30 avril 1861. F. Petit, expert. In-8, demi-rel. mar. rouge.

371. DECAMPS. Catalogue de tableaux, dessins, études et croquis, par Decamps; tableaux et dessins, par divers artistes. 23 et 24 janvier 1865. F. Petit, expert. In-8, demi-rel. mar. la Vallière.

372. DÉCROUAN. Catalogue de planches gravées... composant le fond de commerce de M. Décrouan, ancien éditeur. 23 décembre 1839 et jours suivants. J. Vallée, expert. In-8, demi-rel. mar. pourpre.

373. DEDRIUX-DORCY. Catalogue d'une belle collection de têtes, études, pastels et sujets divers peints par M. Dedieux-Dorcy, 2 et 3 mars 1846. Schoth, expert. In-8, demi-rel. mar. rouge.

374. Deflorenne. Catalogue d'estampes anciennes... des recueils et livres sur les arts, des suites de planches gravées... qui composaient le fonds de commerce de M. Deflorenne, pour cause de décès. Le 8 octobre 1849 et jours suivants, Defer, expert. In-8, demi-rel. mar. bleu.

375. Deforge. Catalogue de 24 tableaux modernes, provenant de la collection Deforge. 6 mars 1857. F. Petit, expert. Planches gravées sur bois. In-8, demi-rel. mar. vert foncé.

Prix et noms.

376. Defrey. Notice des planches gravées sur cuivre, par J.-P. Defrey, et des estampes composaut son cabinet, le mardi 10 novembre 1835. Pieri-Bénard. In-8, demi-rel. mar. rouge.

Prix.

377. Dehémant de Saint-Félix. Notice d'une vente de tableaux anciens et modernes, dessins..... après le décès de M. Dehémant de Saint-Félix, 28 avril 1841. Defer, expert, In-8, demi-rel. mar. pourpre.

378. D'Hermand. Notice d'objets rares et précieux consistant en figures et bustes antiques, vases étrusques..... Tableaux des trois écoles, dessins, gouaches... composant le cabinet de feu M. d'Hermand, officier de la Légion d'honneur, inspecteur général des consulats et des relations extérieures. 26 mai 1817 et jours suivants. H. Delaroche, expert. Petit in-8, demi-rel. mar. la Vallière.

379. De la Combe. Catalogue des tableaux anciens et modernes, aquarelles et dessins lithographiés... formant le cabinet de feu le colonel de la Combe. Du 2 au 6 février 1863. F. Petit et Clément, experts. In-8, demi-rel. mar. rouge.

Prix.

380. Delacroix (Eugène). Société nationale des Beaux-Arts, 26, boulevard des Italiens. Exposition des œuvres d'Eugène Delacroix, 1864. In-12, demi-rel. coins mar. violet, tête dorée.

381. Delacroix (Eug.). Exposition des œuvres d'Eugène Delacroix. Paris, J. Claye, 1864. In-8, demi-rel. dos et coins de mar. raisin de Corinthe, doré en tête.

382. Delacroix (Eugène). Catalogue de la vente qui aura lieu par suite du décès d'Eugène Delacroix. 17 mars 1864 et jours suivants. Francis Petit et Tedesco, experts. Grand in-8, demi-rel. coins mar. violet, tête dorée.

Quelques prix.

383. DE LA DOUCHETIÈRE. Notice de tableaux, figures, bustes, vases de marbre et de bronze, porcelaine du Japon, de la Chine, de Sèvres et autres..., après le décès de feu M. le chevalier de la Douchetière, officier major des Invalides. 14 avril 1788 et jours suivants. In-12, demi-rel. mar. la Vallière, tête dorée.

Quelques prix.

384. DELAFONTAINE. Catalogue de tableaux, dessins, gravures, livres à figures, bronzes et objets d'art... provenant du cabinet de M. Delafontaine père, élève de David. 6 février 1861. Clément, expert. In-8, demi-rel. mar. rouge.

385. DE LA FONTINELLE. Collection de M. de la Fontinelle. Deuxième partie. Catalogue des tableaux et objets d'art, 11 au 15 décembre 1865. Barre. expert. In-8, demi-rel. mar. vert.

386. DE LA FORÊT (comte). Catalogue d'une nombreuse et intéressante collection de tableaux de toutes les écoles, recueillis en pays étrangers, par M. le comte de L. F. (La Forêt), 7 janvier 1822 et jours suivants. Petit, expert. In-8, demi-rel. mar. vert.

Prix et noms.

387. DE LA MOTTE-FOUQUET (H.-F.). Catalogue raisonné de la rare et précieuse collection d'estampes anciennes et modernes, composant le cabinet de M. H.-P. de la Motte-Fouquet. *Cologne*, 21 et 22 octobre 1847. In-8, demi-rel. mar. bleu.

Prix.

388. DELANGE. Catalogue d'une précieuse collection d'objets d'art et de curiosité... rapportés d'Italie. Roussel, expert. *Paris*, décembre 1847. In-8, demi-rel. mar. pourpre.

Prix.

389. DELANGE. Catalogue d'une collection d'objets d'art et d'antiquités... Roussel, expert. *Paris*, février 1857. In-8, demi-rel. mar. pourpre.

Prix. *Ex libris* de M. Sauvageot.

De la Reynière. Voyez *Grimod de la Reynière.*

390. DELAROCHE (Paul). Exposition des œuvres de Paul Delaroche. Explication des tableaux, dessins, aquarelles et gravures exposés au palais des Beaux-Arts, le 21 avril 1857. In-8, demi-rel. mar. pourpre.

391. DELAROCHE (Paul). Catalogue des tableaux, esquisses,

dessins et croquis de M. Paul Delaroche. 12 et 15 juin 1857. Francis Petit, expert. Grand in-8, demi-rel. mar. bleu.

392. DE LA ROCHEFOUCAULD (Mme). (Vente après décès.) Catalogue de tableaux de diverses écoles formant la collection de Mme de la Rochefoucauld, duchesse d'Estissac, née Dessole, 25 mars 1865. Horsin-Déon, expert. In-8, demi-rel. mar. la Vallière.

393. DE LA ROQUE, Catalogue raisonné des différents effets curieux et rares contenus dans le cabinet de feu M. le chevalier de la Roque, par E.-F. Gersaint. 1745. In-12, demi-rel. mar. vert.

394. DE LA SALLE (H.). Catalogue de la collection d'estampes anciennes choisies dans les écoles italienne, espagnole, allemande, flamande, hollandaise et française, provenant du cabinet de M. H. de L. (His de la Salle, et rédigé par lui-même). 1856. Defer, expert. Grand in-8, demi-rel. coins mar. rouge, tête dorée.
Prix et noms.

395. DE LA SAYETTE (Mme). Catalogue d'objets d'art et de curiosités : émaux de Limoges, émaux byzantins, faïences de Henri II... composant la collection de Mme de la Sayette, de Poitiers. 23 au 28 avril 1860. Roussel, Laneuville, experts. In-8, demi-rel. mar. rouge.

396. DE LA TOUR DAIGUES. Catalogue des diverses curiosités provenant du cabinet de feu M. de la Tour Daigues, consistant en tableaux, dessins, estampes des plus grands maîtres, et quelques bijoux. Jeudi 15 mai 1777, par F. Basan. In-8, demi-rel. mar. bleu.
Prix.

397. DELAUNAY. Notice de quelques tableaux, gouaches, etc., après cessation de commerce de M. Delaunay, par F.-L. Regnault de Lalande. Lundi 12 et mardi 13 novembre 1810. In-8 cartonné.

398. DELAVAL. Catalogue d'une collection intéressante de tableaux, etc., après le décès de M. Alphonse Delaval. Mardi 20 et mercredi 21 novembre 1832. In-8, cartonné.

399. DE LA VILLESTREUX (baron). Catalogue des objets d'art et de curiosité, faïences italiennes et autres, porcelaines de Chine...., tapisseries, tableaux anciens composant la collection de feu M. le baron de la Villestreux. 15 et 16 février 1872. Ch. Mannheim, expert. Grand in-8, demi-rel. mar. bleu.

400. DELBECQ. (Alliance des arts.) Catalogue de dessins an-

ciens, principalement de l'école flamande, provenant des collections de feu M. Delbecq, de Gand, rédigé par T. Thoré, 20 janvier 1845 et jours suivants. Guichardet, expert. Grand in-8, demi-rel. mar. la Vallière.

401. DELBECQ. Catalogue des estampes anciennes formant la collection de feu M. Delbecq de Gand. 18 février 1845 et jours suivants. Front. in-8, demi-rel. mar. noir.
Prix.

402. DELESSERT. Notice sur la collection de tableaux de MM. Delessert. *Paris*, 1846. In-8, demi-rel. mar. brun.

403. DELESSERT. Catalogue des tableaux de M. François Delessert. 1862. In-8, demi-rel. coins mar. vert.

404. DELESSERT (Benjamin). Catalogue raisonné d'une belle collection d'estampes, d'anciens graveurs italiens, allemands, flamands et hollandais, aux xve, xvie et xviie siècles... qui composaient le cabinet de M. B. D** (Benjamin Delessert, fils de François, neveu de Benjamin). 29 mars 1852 et les cinq jours suivants. Defer, expert. In-8, demi-rel. mar. rouge.

405. DELESSERT. Catalogue de tableaux composant la galerie Delessert. 15, 16, 17 et 18 mars 1869. F. Petit, expert. Gravures au burin et à l'eau-forte. Grand in-8, mar. pourpre, tête dorée.

Prix et noms. — On a ajouté à cet exemplaire diverses estampes par Flameng et autres. En tête du volume, la Vierge d'Orléans par Gaillard. Belle et précieuse épreuve d'artiste, avant toute lettre.

406. DELESTRE. Catalogue des tableaux anciens et modernes et objets de curiosité qui garnissaient l'atelier de feu M. J.-B. Delestre, artiste peintre; tableaux, esquisses, portraits, études, dessins et albums de croquis, par A.-J. baron Gros....... 13 et 14 octobre 1871. Dhios et George, experts. Gr. in-8, demi-rel. mar. violet foncé.
Prix.

407. DEL-MARMOL. Catalogue de la plus précieuse collection d'estampes de P.-P. Rubens et d'A. Van Dyck qui ait jamais existé, le tout recueilli avec beaucoup de frais et de soins par messire Del-Marmol. *Anvers*, 1794. In-8, demi-rel. mar. violet.
Portraits de Rubens en frontispice.

408. DEMARNE. Catalogue de tableaux, etc...., de M. Demarne, Vendredi 22 mai 1829 et jours suivants. In-8, cartonné.
Prix.

409. DEMARTEAU. Catalogue de planches gravées, impres-

sions d'icelles, nombre d'estampes, dessins de maîtres modernes et autres objets qui composaient le fonds de commerce de M. Demartean. Lundi, 5 septembre 1808 et jours suivants.. In-8, cartonné.

410. DEMIDOFF (Anatole). Catalogue de tableaux des premiers maîtres, anciens et modernes, aquarelles, précieuse collection de tabatières..... le tout faisant partie d'une des plus célèbres galeries de l'Europe (A. Demidoff, prince de San Donato). 13-16 janvier 1863. F. Laneuville et M.-M. Mannheim, experts. In-8, maroquin violet foncé, tranche dorée.

Prix et noms aux tableaux et aux dessins.

Voyez aussi *San Donato*.

411. DEMIDOFF(Paul). Catalogue de tableaux modernes importants et de très-belles tabatières composant la collection de M. *** (P. Demidoff). 25 et 26 mai 1864. F. Petit et MM. Mannheim, experts. In-8, demi-rel. mar. pourpre.

412. DEMIDOFF (Paul). (Collection de P. Demidoff.) Tableaux modernes et anciens. 3 février 1868. Francis Petit, expert. Grand in-8, demi-rel. mar. violet.

Prix.

413. DEMIDOFF (Paul). Catalogue de tableaux anciens et modernes, objets d'art et de curiosité...... appartenant à M. D*** (Paul Demidoff). 1er, 2 et 3 avril 1869. Haro, Mannheim et Chéri, experts. Grand in-8, demi-rel. mar. groseille.

Prix.

414. DENON. Description des objets d'art qui composent le cabinet de feu M. le baron V. Denon. 1826, 3 vol. 1er vol. Tableaux, dessins et miniatures par Dérignon. In-8, demi-rel. mar. rouge, doré en tête.

Prix et noms des acquéreurs.

— 2e vol. Estampes et ouvrages à figures, par M. Duchesne aîné. In-8, demi-rel., etc... etc....

Prix.

— 3e vol. Monuments antiques, etc., par L.-J.-J. Dubois. In-8, demi-rel., etc... etc....

Prix.

Dennery. Voyez *Ennery*.

415. DE PILLE. Notice des estampes du cabinet de M. de Pille. 1785. In-8, cartonné.

416. DE PILLE. Catalogue de tableaux des écoles d'Italie, de

Flandres, de Hollande et de France, gouaches, miniatures et autres objets provenant du cabinet de M. de P***, par J.-B.-P. Le Brun. 2 mai 1785 et jours suivants. Petit in-8, demi-rel. mar. la Vallière.

417. DESCAMPS. Catalogue de tableaux, dessins des différentes écoles, gravures provenant de la collection de J.-B. Descamps, auteur de la Vie des Peintres. 6 avril 1868. Clément, expert. In-8, demi-rel. mar. la Vallière.

418. DESCAMPS (Guillaume). Catalogue des tableaux et dessins anciens et modernes, par M. Guillaume Descamps, peintre d'histoire; estampes anciennes;... portraits... objets d'art, etc., formant son cabinet. 30 et 31 mai 1859. Vignères, expert. In-8, demi-rel. mar. rouge.

419. DESENFANS. A Catalogue of that truly superb and wellknown collection of pictures...... the entire and genuine property of monsieur Desenfans... April 8, 1786, and following days..... (*London*.) In-4, demi-rel. mar. citron.

420. DESFRICHES. Catalogue des tableaux des écoles hollandaise, flamande, allemande et française, dessins encadrés..... provenant du cabinet formé par M. Desfriches, d'Orléans. 6 et 7 mai 1834 (Charles Paillet). In-8, demi-rel. mar. vert foncé.

<small>Prix aux tableaux principaux.</small>

421. DESJOBERT. Catalogue des tableaux, études, dessins et aquarelles, par Louis-Remi-Eugène Desjobert, artiste peintre, chevalier de la Légion d'honneur.... 13 et 14 avril 1864. Martin, expert. In-8, demi-rel. mar. violet foncé.

Desmaret. Voyez *Chabot* (duc de).

422. DESPAGNAC et TRICOT. Catalogue de tableaux, etc..., par le citoyen Le Brun. Mercredi 22 ... et jours suivants, 1793. Petit in-8, demi-rel. coins mar. vert foncé, tête dorée.

<small>Prix et noms des acquéreurs.</small>

423. DESPERET. Catalogue des dessins anciens et de quelques modernes, estampes anciennes, lithographies, provenant de la collection de feu M. Desperet, par suite de son décès. 7 juin 1865 et jours suivants. Clément, expert. — Catalogue de 155 tableaux composant la collection de M. Desperet. Vente, par suite de son décès, 15 janvier 1866. Dhios, expert. In-8, demi-rel. mar. rouge.

<small>Prix et noms aux dessins et estampes.</small>

424. DESPEREUX. Catalogue d'estampes..... qui composaient

le cabinet de feu M. Despereux, par F.-L. Regnault et Delalande. Mardi 12 et mercredi 13 août 1829. In-8, cartonné.

Prix.

425. DESPINOY (général). Catalogue d'une belle réunion d'émaux et miniatures.... manuscrits... médailles.... provenant du cabinet de feu M. le lieutenant-général comte Despinoy.... 23, 24, 26 et 27 avril 1849. Mannheim, expert. In-8, demi-rel. mar. vert.

Prix et noms.

426. DESPINOY (général). Catalogue de tableaux de diverses écoles composant le cabinet de feu M. le lieutenant-général comte d'Espinoy. Du 14 janvier au 9 février 1850. Ch. Roehn, expert. In-8, demi-rel. veau fauve, dos orné à la Padeloup.

427. DESTAILLEURS. Catalogue d'une belle collection de dessins anciens, parmi lesquels une réunion remarquable par le Primatice, formant la collection d'un amateur (M. Destailleurs, architecte). 27 et 28 avril 1866. Clément, expert. In-8, demi-rel. mar. jaune.

Prix et noms.

428. DESTOUCHES. Catalogue de tableaux, dessins, esquisses, livres d'art, estampes, ouvrages à figures, mannequins, etc... 4 et 5 mars 1847. Schroth, expert. In-8, demi-rel. mar. violet.

Quelques prix.

429. DETIENNE. Catalogue d'une précieuse collection d'estampes encadrées, en feuilles et en recueils, gouaches et dessins, qui composaient le cabinet de feu M. Detienne. Mercredi, 29 avril 1807. In-8, cartonné.

Prix.

430. DE TROY. Catalogue d'une collection de très-beaux tableaux, dessins et estampes de maîtres des trois écoles, etc.... Partie de ces effets viennent de la succession de feu M. J.-B. de Troy, directeur de l'Académie de Rome. Lundi 9 avril 1764 et jours suivants. 1764. In-12, demi-rel. mar. brun, front.

Prix et noms des acquéreurs.

431. DEVÉRIA (Achille). Catalogue des tableaux et dessins de feu M. Achille Devéria et autres maîtres anciens et modernes, objets d'art, curiosités, composant son cabinet. 7, 8 et 9 avril 1858. Vignières, expert. In-8, demi-rel. mar. pourpre.

432. Devéria (Eugène). Catalogue d'une belle collection de tableaux des écoles anciennes et modernes, esquisses, études..... curiosités..... composant le cabinet de M. Eugène Devéria, peintre d'histoire..... 29 avril 1839 et jours suivants. Vallée, expert. In-8, demi-rel. mar. rouge.

433. Devéria (Eugène). (Vente par suite du décès de M. Eugène Devéria.) Tableaux, études.... par E. Devéria. Quelques tableaux anciens..... meubles..... provenant de son atelier. 1er juin 1867. F. Petit, expert. In-8, demi-rel. mar. brun.

434. De Vèze fils (baron). Catalogue de tableaux anciens, dessins et aquarelles. Pour cause de départ de M. le baron de Vèze fils, le 11 novembre 1857. Febvre, expert. In-8, demi-rel. mar. vert foncé.

435. Deville. Notice de tableaux, dessins, miniatures, aquarelles et estampes, montés et en feuilles..... le tout provenant du cabinet de M. Deville. 19 mars 1816 et jours suivants. H. Delaroche, expert. In-8, demi-rel. brun foncé.

Quelques prix.

436. De Vouge. Catalogue de tableaux, vases, bronzes et figures de marbre, qui composent la collection du sieur de Vouge, marchand. 15 mars 1784 et jours suivants. A.-J. Paillet, expert. Grand in-12, demi-rel. veau fauve.

437. Diaz. Catalogue d'une collection de tableaux peints par M. Diaz. 30 mars 1850. Schroth, expert. Grand in-8, demi-rel. mar. bleu.

438. Diaz. Catalogue de 12 tableaux peints par M. Diaz. 12 eaux-fortes. 11 mai 1857. Febvre, expert. In-4, demi-rel. mar. rouge.

439. Diaz. Catalogue de dessins anciens, estampes anciennes et eaux-fortes modernes par Decamps, Ch. Jacques, etc., provenant de l'atelier de M. Diaz. 6 avril 1861. Vignères, expert. In-8, demi-rel. mar. brun.

440. Diaz (N.). Catalogue de 15 tableaux peints par N. Diaz, provenant de la collection de M. L.-F. ***. 20 mai 1868. Durand-Ruel, expert. Grand in-8, demi-rel. mar. violet.

441. Didier (Henri). Catalogue des objets d'art, de curiosité et d'ameublement..... dépendant de la succession de feu M. Henri Didier, député au Corps législatif. 10 et 11 juin 1868. Ch. Mannheim, expert.

Quelques prix.

— Catalogue de la collection de tableaux et dessins de

M. Henri Didier, député. 15, 16 et 17 juin 1868. P. Petit, expert. Grand in-8, demi-rel. mar. la Vallière.

Prix.

442. DIDOT. Catalogue de tableaux authentiques.... choisis dans plusieurs collections célèbres par M. Didot. Lundi, 28 et jours suivants (mars 1814). In-8, cartonné, planches.

Prix.

443. DIDOT. Catalogue d'une précieuse collection de tableaux choisis.... par M. Didot. Mercredi 6 avril 1825 et jours suivants. In-8, demi-rel. veau fauve.

444. DIDOT. Catalogue d'une intéressante collection de tableaux.... Vente, mardi 17 et mercredi 18 mars 1829, par Lacoste et Henry. In-8, cartonné.

Prix.

445. DIDOT. Catalogue illustré des dessins et estampes comprenant la collection d'Ambroise Firmin-Didot. Avril 1877. Maurice Delestre, Danlos et Delisle, experts. In-4, br. 16 figures gr. à l'eau-forte.

Exemplaire en GRAND PAPIER, tiré à 200 exemplaires (n° 24).

446. DIRKSEN. Catalogue de tableaux anciens des écoles flamande et hollandaise composant la collection de M. Dirksen, de la Haye. 23 mars 1868. E. Barre, expert. Grand in-8, demi-rel. mar. la Vallière.

447. DOCKSCHEER (Nicolas). Catalogus van een overkeerlyk kabinet konstige Schilderyen..... nagelaten door wylen den heere Nicolaas Doekscheer. A Amsterdam, 9 septembre 1789. In-8, demi-rel. mar. vert foncé.

Prix et noms.

448. DONJOYEUX. Catalogue des objets précieux trouvés après le décès du citoyen Vincent Donjoyeux, ancien négociant de tableaux et curiosités; composé de tableaux... dessins.... statues.... porcelaines rares.... par les citoyens Lebrun et Paillet, peintres. 29 avril 1793 et jours suivants. In-8, demi-rel. coins mar. groseille, tête dorée.

Prix et noms.

449. DOUBLOT. Catalogue de dessins, estampes, etc., de M. Doublot, par Joullain fils.... 1764.... Manuscrit. In-12, demi-rel. mar. rouge.

Prix et noms.

450. DRABBE (Floris). Catalogus van uitmuntende en konstige Schilderyen van de Beroemste Nederlandsche meesters..... vergaded door den heer Floris Drabbe....

Leyden, 1ᵉʳ avril 1743. (P. van der Eyk.) In-8, demi-rel. mar. rouge.

Prix et noms.

451. Drevet (Claude). Catalogue de quelques tableaux et dessins, d'une belle collection d'estampes et d'un précieux fonds de planches gravées et ustensiles de graveur, provenant de la succession de feu M. Claude Drevet. Lundi 15 avril 1782. In-8, demi-rel. maroq. bleu.

Prix.

452. Dreux (H.). Catalogue de la belle collection d'estampes anciennes, provenant du cabinet de M. H. D. 8 avril 1861 et jours suivants. Clément, expert. In-8, demi-rel. mar. vert foncé.

Prix et noms.

453. Dreux (H.). Catalogue des dessins anciens et modernes, estampes anciennes et modernes, tableaux composant le cabinet de M. H. D. (Dreux). 3 et 4 février 1870. Clément, expert. Grand in-8, demi-rel. mar. groseille.

Prix.

454. Dromont. Catalogue des tableaux anciens, objets d'art et de curiosité composant la collection de feu M. Dromont; dessin capital, esquisses peintes et portraits historiques, par P.-P. Prud'hon...... 4 et 5 décembre 1871 (Dhios et George, Rollin et Feuardent, experts).—Estampes, dessins anciens. Vente, 6 décembre 1871 et jours suivants (Vignères, expert). In-8, demi-rel. mar. tête de Maure.

455. Drouhin. Catalogue de planches gravées, etc... après la cessation de commerce de M. Marie-François Drouhin, par F-.L. Regnault de Lalande, le jeudi 20 avril 1809. In-8, cartonné.

456. Drugulin (William). Catalogue of the entire and very choice collection of engravings, etchings and mezzotints the property of M. William Drugulin. *Londres*, 11 juin 1866 et jours suivants. (Sotheby, Wilkinson and Hodge.) Grand in-8, demi-rel. veau antique.

457. Dubarry (Cᵗᵉ de). Catalogue de tableaux originaux des bons maîtres des trois écoles; figures et bustes de marbre et de bronze, porcelaines et autres objets curieux qui composent le cabinet de M. l. C. d. D. (Dubarry). 21 novembre 1774 et jours suivants. P. Remy et P. Lebrun, experts. In-12, demi-rel. coins mar. bleu, tête dorée.

Prix et noms.

458. Du Blaisel (Mᵐᵉ la marquise du). Catalogue d'une jolie

collection de tableaux. 28 mars 1850. Ferd. Laneuville, expert. Grand in-8, demi-rel. mar. vert clair.

459. Du BLAISEL (marquis). Catalogue de tableaux des écoles flamande, hollandaise et française et d'un magnifique buste de femme par Houdon, provenant de la collection de M. le marquis du Blaisel. 25 mai 1868. F. Petit, Dhios, experts. Grand in-8, demi-rel. mar. jaune.

Prix.

460. Du BLAISEL (marquis). Catalogue de tableaux anciens des écoles hollandaise, flamande, italienne et française, formant la collection de feu M. le marquis du Blaisel. 16 et 17 mars 1870. Febvre, expert.

461. Du BLAISEL (marquis). Catalogue de tableaux anciens et modernes, belles sculptures en marbre..., provenant de la succession de M. le marquis du Blaisel. 9 et 10 mai 1873. Féral et Ch. Mennhein, experts. Gr. in-8, demi-rel. mar. r.

Prix aux tableaux.

462. DUBOIS. Catalogue d'une belle collection de tableaux des écoles flamande, hollandaise, allemande et française; miniatures, gouaches, pastels, dessins, marbres.... et autres objets de curiosité, composant le cabinet de M. Dubois, marchand orfèvre-joaillier. 31 mars 1784 et jours suivants. J.-B.-P. Lebrun, expert. Grand in-12, demi-rel. coins mar. pourpre.

463. DUBOIS. Catalogue de tableaux capitaux des écoles italienne, espagnole, hollandaise, flamande, allemande et française. 7 décembre 1840 et jours suivants. (Ch. Paillet). In-8, demi-rel. mar. bleu, tête dorée.

Prix et noms.

464. DUBOIS. Catalogue d'une belle collection de tableaux anciens des écoles française, italienne..., bronze florentin et autres..., composant la galerie de M. Dubois. 7, 8 et 9 décembre 1843. Alexis Wéry, expert. Grand in-8, demi-rel. mar. la Vallière.

465. Du CHATEL (le marquis). (Neveu et héritier de Crozat.) Inventaire des tableaux, dessins, estampes et bronzes qui sont dans le cabinet de M. le marquis du Châtel, lieutenant-général des armées de Sa Majesté, par son très-humble serviteur Pierre Tricher, 1744. Manuscrit in-folio, de 84..., 205... et 14 pages, contenant la description de 450 tableaux environ. Mar. rouge, armes sur les plats, tranche dorée.

(Le nom de Pierre Tricher a été biffé et la date est surchargée. Cette date était vraisemblablement, dans l'origine, 1742 ou 1743.)

On trouve dans ce volume la provenance, le prix et l'estimation des tableaux de Crozat, aujourd'hui à Saint-Pétersbourg.

Crozat est mort le 24 mai 1740. Le marquis du Châtel mourut à son tour en 1750. La collection des tableaux de Crozat tomba alors entre les mains de M. Crozat, baron de Thiers, autre neveu de Crozat, frère ou cousin de M. le marquis du Châtel. Cependant, en juin 1751, on mit en vente 240 tableaux provenant de la galerie de Crozat. (Vente de Tugny et Crozat.) Le baron de Thiers en racheta quelques-uns.

Le catalogue de M. Crozat, baron de Thiers, publié en 1755, contient environ 340 peintures, pastels ou dessins.

Le baron de Thiers mourut en 1771 (?), et, à en juger par ce que dit Remy dans l'avant-propos du *Catalogue des Estampes*, vases, figures, vendus en février 1772, c'est dans le courant même de l'année 1771 que sa galerie de tableaux fut vendue à l'impératrice Catherine.

466. Duchesne aîné. Catalogue d'estampes anciennes et nouvelles, de dessins, tableaux, médailles et de quelques objets d'art et de curiosité provenant du cabinet de feu M. Duchesne aîné, conservateur des estampes de la Bibliothèque impériale. 25 et 26 mai 1855. In-8, demi-rel. mar. pourpre.

467. Ducornet. Catalogue des tableaux, dessins, esquisses et gravures, provenant de l'atelier de feu César Ducornet, peintre d'histoire, né sans bras... 3 et 4 juillet 1856. E. Weyl, expert. In-8, demi-rel. mar. rouge.

468. Ducos. Notice de tableaux, la plupart de nos peintres français du siècle, de quelques productions des écoles italienne et flamande, antiquités, bronzes, objets d'art, bois sculptés, composant le cabinet de M. Ducos, ancien receveur-général des finances. 18 décembre 1837. George, expert. In-8, demi-rel. mar. vert.

469. Dufouleur (M. l'abbé). Catalogue d'une précieuse collection de tableaux anciens de toutes écoles et de plus de 300 groupes, figurines et bas-reliefs en ivoire et bois sculpté. Après décès de M. l'abbé Dufouleur, les 13, 14, 15 et 16 février 1856. Febvre, expert. In-8, demi-rel. mar. vert.

Prix.

470. Dufour. Catalogue des tableaux, etc..., composant le cabinet de M. Dufour. Les 12 et 13 mars 1821. In-8, cartonné.

Quelques prix.

471. Dufourny. Catalogue des tableaux, dessins et estampes, composant l'une des collections de feu M. Léon Dufourny..., par M. H. Delaroche. 1819. Grand in-4, demi-rel. veau brun.

Prix. — Nombreuses planches.

472. Dufresne. Catalogue de tableaux précieux des écoles de Flandre, de Hollande et de France, composant le cabinet de M. Dufresne (agent de change), par A. Pérignon, peintre. 26 mars 1816. In-8, demi-rel. mar. rouge.
Prix et noms.

473. Dugleré. Catalogue d'une précieuse collection de tableaux, etc..., composant le cabinet de M. A. Dugleré. Lundi 31 janvier 1853. In-4, cartonné.
Prix.

474. Dulac. Catalogue de tableaux des différentes écoles, gouaches, dessins, etc. Le 30 novembre 1778. In-8, demi-rel. mar. vert.
Quelques prix.

475. Du Lau (marquis). Catalogue de 20 tableaux et de deux aquarelles de l'école moderne, composant la collection de M. le marquis du Lau. 5 mai 1869. F. Petit, expert. Grand in-8, demi-rel. mar. groseille.
Prix.

476. Du Luc (comte). Catalogue de tableaux, figures de bronze, vases..., composant le cabinet de feu M. le comte du Luc... 22 et 23 décembre 1777. In-8, demi-rel. mar. rouge.
Prix et noms.

477. Dumas fils (Alexandre). Catalogue de tableaux importants des écoles modernes, française et hollandaise, aquarelles et dessins, formant la collection de M. Alex. D*** fils... 28 mars 1865. E. Barre, expert. In-8, demi-rel. mar. pourpre.
Prix.

478. Dumont. Catalogue d'objets de curiosités, composant le cabinet de feu M. Dumont. Lundi, 25 février 1822. In-8, cartonné.

479. Dumont. Catalogue d'objets d'art, tableaux, dessins, miniatures..., qui composaient le cabinet de feu M. Dumont, membre de l'Institut, secrétaire perpétuel de l'école des Beaux-Arts... 13 février 1854 et les trois jours suivants. Defer, expert. In-8, demi-rel. mar. pourpre.
Quelques prix.

480. Dumont de Frainays. Description historique et raisonnée d'une collection de tableaux..., appartenant à nosdames Dumont de Frainays... Quelques réflexions sur la peinture, par le chevalier Alex. Lenoir. 1801. In-8, demi-rel. mar. violet.
Suite de la description, etc.

Voyez aussi *Frainays*.

481. DUNDAS (sir Lawrence). A Catalogue of the magnificent collection of pictures of the late sir Lawrence Dundas, Bart., etc. *Londres, chez M. Greenwood, 29 mai 1794.* In-4, demi-rel. mar. dos et coins vert d'eau, doré en tête.

482. DUNOUY. Catalogue de tableaux anciens et modernes, dessins anciens et modernes, études peintes, estampes..., formant le cabinet de M. Dunouy, peintre paysagiste. 7 mars 1842 et jours suivants. Defer, expert. In-8, demi-rel. mar. pourpre.

Prix et noms.

483. DUPILLE. Catalogue raisonné des tableaux des écoles d'Italie, hollandoise, flamande et françoise, qui composent la galerie et les cabinets de M. Dupille, par Pierre Remy. 1780. Petit in-8, demi-rel. mar. pourpre.

Prix ou estimations.

484. DUPILLE DE SAINT-SÉVERIN. Catalogue d'une belle collection de tableaux de différens maîtres des trois écoles; sculptures en marbre et terre cuite, du cabinet du sieur Dupille de Saint-Séverin. 1765. In-8, demi-rel. mar. rouge.

Prix et noms.

485. DUPPERAY. Catalogue d'une jolie collection de tableaux anciens et modernes, des écoles française, italienne, flamande, hollandaise et allemande. Les 27 et 28 novembre 1843. Alexis Wéry, expert. In-8, demi-rel. mar. bleu foncé.

486. DUPRÉ (Prosper). Catalogue de huit tableaux anciens, flamands, hollandais et français. 27 avril 1867. Febvre, expert. In-8, demi-rel. mar. vert olive.

Prix.

487. DUPUIS. Catalogue d'estampes, etc., de l'atelier de M. Ph. Dupuis, par Duchesne aîné. Vendredi, 28 avril 1826. In-8 cartonné.

Prix.

488. DURAND. Catalogue de la précieuse collection d'estampes recueillie par M. E. D*** (Durand), par P. Benard. 19 mars 1821. Grand in-8, demi-rel. mar. vert, doré en tête.

Prix.

489. DURAND (Edme). Catalogue d'une collection d'estampes anciennes, de livres sur les arts et la littérature, et de gouaches et de dessins, provenant du cabinet de feu

M. Edme Durand, par Pierre Benard. Lundi 25 février 1836 et jours suivants. Grand in-8, demi-rel. mar. pourpre.

490. DURAND (Edme). Description des antiquités et objets d'art qui composent le cabinet de feu M. le chevalier E. Durand, par J. de Witte. 25 avril 1836 et jours suivants. Grand in-8, demi-rel. mar. brun clair, tête dorée, planches gravées.

Prix et noms.

491. DURAND. A Catalogue of ancient pictures.., of M.A. Durand. 1843. In-4, demi-rel. mar. rouge, tr. dor.

492. DURAND aîné. Catalogue de planches gravées, recueils, dessins sur pierre lithographique, qui composaient le fonds de commerce de M. Durand aîné, éditeur. 9 décembre 1839 et jours suivants. Defer, expert. In-8, demi-rel. mar. pourpre.

493. DURAND-DUCLOS. Catalogue d'une intéressante collection de tableaux anciens et modernes, dessins, miniatures, bronzes, appartenant à M. Durand-Duclos. 3 et 4 avril 1835. (Durand-Duclos.) In-8, demi-rel. mar. bleu.

494. DURAND-DUCLOS. Catalogue d'une belle collection de tableaux de choix, formant le cabinet de M. L. Durand-Duclos. 18 février 1845. In-8 cartonné.

495. DU SOMMERARD. Catalogue de la collection de tableaux de l'école française moderne, réunis par feu M. de Sommerard. 11 décembre 1843 et jours suivans. Ch. Paillet, expert. — Catalogue de la collection de dessins de l'école française moderne, réunis par feu M. du Sommerard. 18 décembre 1843 et jours suivans. Ch. Paillet, expert. Reliés en un vol. in-8, demi-rel. mar. violet foncé.

496. DU TAILLIS (général). Catalogue d'une collection précieuse de tableaux des trois écoles, dessins et estampes, figures en marbre et en bronze, vases et coupes en marbre nus, porphyre et albâtre, composant le cabinet de M. D*** (Dutaillis). 27 novembre 1815 et jours suivants. Pérignon, expert. In-8, demi-rel. mar. vert.

Prix et noms.

497. DU TAILLIS (vicomte). Catalogue de tableaux modernes composant la collection de M. le vicomte du T***. 2 mai 1865. F. Petit, expert. In-8, demi-rel. mar. rouge.

Prix.

498. DUTARTRE. Catalogue des tableaux, marbres, bronzes, vases précieux, porcelaines anciennes, composant le cabi-

net de feu M. Dutartre, ancien trésorier des bâtiments, par Alexandre Paillet. 19 mars 1804 et jours suivants. In-12, demi-rel. coins mar. bleu, tête dorée.

Prix et noms.

499. DUVAL (Rev. Philip.). A Catalogue of a valuable and capital collection of italian, french, flemish and dutch pictures, chiefly of the cabinet class, formed with great judgment and taste, by the Rev. Philip Duval D. D., lately deceased... *Londres,* 18 mai 1808. (Christie.) In-4, demi-rel. mar. orange.

Prix.

500. DUVAL, de Genève. Catalogue de la belle collection de tableaux des écoles italienne, flamande, hollandaise et française, connue sous le nom de la collection de M. Duval, de Genève. Par M. Meffre aîné, expert. *Londres, chez Philip,* 12 et 13 mai 1846. Planches gravées. In-4, demi-rel. coins, mar. rouge, tête dorée.

Prix.

501. DYK (van). 1er vol. Catalogus van een fraaije Verzameling Schilderyen... nagelaaten door wylen den konstbeminnaar den Heere Jan van Dyk. 14 mars 1791 et jours suivants. *A Amsterdam.* Grand in-8, demi-rel. mar. vert.

Prix.

2e vol. Catalogus van een uitmuntende collectie Prentkonst... etc... Grand in-8... etc...

502. EBELING (Anna-Maria). Catalogus van het uitftekende kunstkabinet van kostbare Schilderijen, Tekeningen. alles bijeenverzameld door Vrouwe Anna Maria Ebeling... *Amsterdam,* 18 août 1817. In-12, demi-rel. veau fauve.

Prix et noms.

503. ÉCOLE FRANÇAISE. Catalogue de tableaux et dessins de l'école française, principalement du XVIIIe siècle, tirés de collections d'amateurs et exposés au profit de la caisse de secours des artistes peintres, sculpteurs, architectes et dessinateurs, rédigé par M. Ph. Burty. 2e édition, 1860. In-8, demi-rel. coins mar. brun foncé, tête dorée.

504. EDON. Catalogue d'une vente de tableaux et objets de curiosité composant le cabinet de M. Edon (notaire). 29 avril 1816 et jours suivants. Ch. Elie, expert. In-8, demi-rel. mar. la Vallière.

505. EDWARDS. Catalogue des tableaux modernes qui composent la collection de M. Edwards. 7 mars 1870. Haro, expert. Grand in-8, demi-rel. mar. la Vallière.

Prix.

Ehrler. Voyez *Allou et Ehrler.*

506. EISENHART. Catalog der ausgezeichneten Sammlung von Kupferstichen, Radirungen, Holzschnitten...des Herrn Jos. Ign. Eisenhart. *Munich* 21 mai 1861 et jours suivants. Jos. Maillinger. Grand in-8, demi-rel. mar. rouge.

507. ÉLECTEUR DE COLOGNE. Catalogue de tableaux, pastels, miniatures, enfants, bustes, médaillons... la plus grande partie venant de la vente de feu Son Altesse Électorale de Cologne, qui s'est faite à Bonn sur le Rhin. 10 décembre 1764. Remy et Joullain, experts. In-12, demi-rel. coins mar. noir.

<small>Prix et noms.</small>

Ellesmeere (lord). Voyez *Bridgewater.*

508. ELWÈS. Catalogue d'objets d'art, de curiosité et d'ameublement composant la collection et le mobilier de feu M. Elwès. 24 février 1862 et jours suivants. Roussel, Vital, experts. In-8, demi-rel. mar. rouge.

509. ELZ (d'). Catalogue d'une collection de tableaux de feu Son Excellence M. le comte d'Elz. 17 mai, à Mayence, 1785. In-12, demi-rel. mar. rouge.

510. ÉLYSÉE (galerie de l'). Catalogue descriptif des tableaux de l'école hollandaise, flamande et française provenant de l'ancienne galerie du palais de l'Élysée... (et appartenant au duc de Berry). Ch. Paillet, expert. In-8, demi-rel. mar. pourpre, tête dorée.

<small>Prix et noms.</small>

511. EMLER. Catalogue d'une précieuse collection de tableaux composant le cabinet de M. Emler... 30 octobre 1809. Ledit catalogue rédigé par Ch. Elie, peintre. In-8, demi-rel. mar. vert.

<small>Prix et noms.</small>

512. EMMERSON (Thomas) esq. A Catalogue of the splendid, and highly estimable collection of pictures... the entire property of Thomas Emmerson, esq. *Londres, chez Phillips.* Juin 1832. In-4, demi-rel. dos et coins en mar. bleu, doré en tête. (*Dupré.*)

<small>Prix.</small>

513. EMMERSON (Thomas). Catalogue of the whole of the valuable and extensive collection of pictures, of a high class, formed by that esteemed judge of the fine arts, Thomas Emmerson, esq., deceased. *Christie and Manson.* In-8, demi-rel. mar. la Vallière.

514. ENFANTIN. Catalogue de tableaux, etc., de feu

M. A. Enfantin, par Duchesne aîné. Lundi 3 mars 1828. In-8, demi-rel. mar. bleu.

515. ENGELMAN (Johannes). Catalogus van een fraaye party konstige en plaisante Schilderjen tekeningen en Prenten... nagelaaten door wyle den Wel Ed. Heer Johannes Engelman. *Harlem,* 16 et 17 juillet 1782. Petit in-8, demi-rel. mar. bleu.

516. ENNERY. Catalogue de tableaux des trois écoles; antiquités égyptiennes, grecques, romaines et indiennes; en basalte, granit, bronze, or et argent; figures et bustes de bronze et de marbre de Paros... du cabinet de feu M. d'Ennery, écuyer. Par les sieurs Remi et Miliotti. 11 décembre 1786 et jours suivants. Petit in-8, cartonné.

Prix.

517. ERARD. Catalogue des tableaux, etc., de feu M. le chevalier Erard. Lundi 23 avril 1832 et jours suivants. In-8, demi-rel. mar. rouge.

Prix.

Erlestoke Park. Voyez *Watson Taylor.*

518. ESNAULT. Catalogue d'estampes encadrées et en feuilles, planches gravées, portraits, cartes géographiques, etc., après le décès de M. Esnault. Lundi 22 mars 1843. In-8, cartonné.

519. ESPAGNAC (comte d'). Tableaux composant la galerie de M. le comte d'Espagnac. *Paris, Fournier,* 1838. In-8, demi-rel. mar. brun.

520. ESPAGNAC (comte d'). Catalogue des tableaux des écoles italienne, espagnole, flamande et française composant la galerie de M. le comte d'Espagnac. Février 1847. Defer, expert. In-8, demi-rel. mar. rouge.

521. ESPAGNAC (comte d'). Catalogue de tableaux anciens et des marbres composant la galerie de M. le comte d'Espagnac. 1ᵉʳ, 2 et 3 mars 1866. F. Laneuville, expert. In-8, demi-rel. coins mar. bleu, tête dorée.

Prix.

522. ESPAGNAC (comte d'). Catalogue de tableaux anciens des écoles italienne, flamande et hollandaise dépendant de la collection de M. le comte d'Espagnac. Marbres précieux. 8 mai 1868. Haro, expert. Grand in-8, demi-rel. mar. la Vallière.

Prix et quelques noms.

523. ESPAGNAC (comte d'). Catalogue des tableaux anciens

des écoles italienne, flamande, hollandaise dépendant de la succession de feu M. le comte d'Espagnac. 2 et 3 mai 1873. Haro, expert. Grand in-8, demi-rel. mar. tête de Maure.

524. Essling (d'). Catalogue d'une magnifique collection de dessins, etc... de M. le prince d'Esl*** (Essling). Lundi 4 et mardi 5 mars 1833. In-8, cartonné.

525. Estrées (maréchal duc d'). Catalogue des estampes, cartes géographiques du maréchal duc d'Estrées. *Paris, Jacques Guérin*. 1741. In-8, demi-rel. mar. brun orange.

526. Eszterhazy. Catalogue de la galerie des tableaux de Son Altesse le prince Paul Eszterhazy de Galantha à Vienne. (En français et en allemand.) *Vienne* 1844. In-12, demi-rel. mar. orange, tête dorée.

527. Etienne. Catalogue de tableaux des trois écoles, composant les cabinet et fonds de commerce de feu M. Etienne. Lundi 22 octobre 1821. In-8, cartonné.

Prix et noms des acquéreurs.

528. Evans-Lombe. Catalogue des objets d'art et de haute curiosité, antiquités, estampes anciennes, dessins, aquarelles, tableaux de maîtres composant la précieuse collection de feu M. Evans-Lombe. 27, 28, 29, 30 avril, 1er et 2 mai 1863. Roussel, Ch. Mannheim, Clément, experts. Grand in-8, demi-rel. mar. rouge.

Prix aux tableaux et dessins.

529. Everard. Catalogue des tableaux modernes provenant des collections de MM. P.-L. Everard et Cie de Londres. 28 avril 1873. Haro, expert. Grand in-8, demi-rel. mar. pourpre.

530. Ewer (John), esq. A Catalogue of the collection of pictures of the late John Ewer, Esq. *Londres, chez Christie et Manson*. Mai 1832. In-4, demi-rel. mar. vert.

Prix.

531. Exposition rétrospective. Tableaux anciens empruntés aux galeries particulières. Palais des Champs-Élysées. Haro, expert. Juillet 1866. In-8, demi-rel. coins mar. la Vallière.

532. Exposition au bénéfice des indigents du département de la Seine, rue Pinon, dans le local de l'ancienne mairie du IIe arrondissement, 1847. (4 tableaux appartenant à un Anglais, M. Wigram). In-8, demi-rel. mar. rouge.

533. Exposition du boulevard Bonne-Nouvelle. Explication des ouvrages de peinture exposés dans la galerie des

beaux-arts boulevard Bonne-Nouvelle, 22, au profit de la caisse de secours et pensions de la Société des artistes, peintres, sculpteurs, graveurs, architectes et dessinateurs. Le 11 janvier 1846. In-8, demi-rel. coins mar. violet foncé, tête dorée.

534. EXPOSITION au profit des blessés des 27, 28 et 29 juillet 1830. In-12, demi-rel. mar. rouge.

535. EXPOSITION DU MUSÉE COLBERT. Henri Gaugain et Cie..... Catalogue des tableaux et objets d'art exposés dans le musée Colbert pendant le mois de décembre 1829. 2e exhibition. In-12, demi-rel. mar. rouge.

536. EXHIBITION. Catalogue of works of antient and mediæval art, exhibited at the House of the Society of arts. *London*, 1850. Petit in-4, demi-rel. mar. bleu clair.

537. FAESCH (de). Catalogus van aine fraaije verzameling schilderijen, etc... nagelaten door wijlen den wel-edelen heer Jean-Jacques de Faesch. 2 juillet 1833. In-8, demi-rel. mar. bleu.

Prix et noms des acquéreurs.

538. FAGEL (baron H.). Collection de feu M. le baron Henry Fagel, dernier greffier des États Généraux, ambassadeur des Pays-Bas, à Londres. Catalogue de 24 tableaux des principaux maîtres des écoles hollandaise et flamande. 4 mai 1870. Febvre, expert. Grand in-8, demi-rel. coins mar. vert olive, tête dorée.

Prix.

539. FALCONET. Catalogue de dessins de l'école française du XVIIIe siècle parmi lesquels une réunion remarquable de dessins de F. Boucher, provenant de la collection de Falconet, sculpteur. 10 décembre 1866. Clément, expert. In-8, demi-rel. mar. vert olive.

540. FALCKE (David). Catalogue of the magnificent collection of works of art and virtue formed by M. David Falcke of new bond street... *Londres*, 19 avril 1858 et jours suivants. *Christie and Manson*. Grand in-8, demi-rel. coins veau violet, nombreuses lithographies.

Prix et noms.

541. FARNHAM (Earl of). Catalogue of the late Earl of Farnham collection of paintings. *Dublin*, 15 juin 1827 et jours suivants. In-8, demi-rel. mar. bleu.

Prix.

542. FARRER. Catalogue de 10 magnifiques tableaux du premier ordre, récemment apportés de l'étranger... (par

Farrer, marchand de tableaux à Londres). 24 mars 1853. F. Laneuville, expert. Grand in-8, demi-rel. mar. la Vallière.

Prix.

543. Fau (Joseph). Collection de M. Joseph F*** (tableaux et dessins). 16 mars 1861. Francis Petit, expert. In-8, demi-rel. mar. vert.

544. Fau (Joseph). Catalogue de beaux portraits par J.-M. Nattier, N. de Largillière, H. Rigaud... dépendant de la collection de M. Joseph Fau. 9 mars 1874. Féral, expert. Grand in-8, demi-rel. mar. rouge.

Prix.

545. Faure. Catalogue de tableaux modernes composant la collection de M. Faure. 7 juin 1873. Durand-Ruel, expert. Grand in-8, demi-rel. veau fauve.

Prix, Eaux-fortes.

546. Faure. Catalogue de tableaux modernes dépendant de la collection de M. Faure. 29 avril 1878. *Ch. Pillet, Brame et Georges Petit.* Grand in-8, br.

Exemplaire en grand papier. 23 eaux-fortes.

547. Favre. Catalogue d'une très-belle collection de tableaux des trois écoles, rassemblés par un artiste. Lundi 11 janvier 1773, par Fr. Basan. In-8, demi-rel. mar. vert.

548. Faucigny (comte de). (Succession de feu M. le comte de Faucigny.) Catalogue de tableaux et aquarelles par Decamps et autres artistes modernes, tableaux anciens..... objets d'art et de curiosité..... 11, 12 et 13 avril 1867. Dhios, expert. In-8, demi-rel. mar. brun.

549. Favier (l'abbé). Catalogue des livres de la bibliothèque de feu M. l'abbé Favier, prêtre à Lille. Catalogue des estampes et tableaux du cabinet de feu M. l'abbé Favier, prêtre, à Lille. *Lille,* à partir du 19 septembre 1765. In-8, veau marbré.

Prix.

550. Fegervary de Pulsky. Catalogue des antiquités grecques, romaines, du moyen âge et de la Renaissance, composant la collection de MM. de Fegervary de Pulsky. 18 et 23 mai 1868. Rollin et Feuardent, Ch. Mannheim, experts. Planche gravée. Grand in-8, demi-rel. mar. vert.

551. Feitama. Catalogus van een uitmuntend kabinet zo gekleurde als ongekleurde Teekeningen, van meest allen

de beroemdste nederlandsche meesters..... nagelaten door den heere Sybrand Feitama... *Amsterdam*, 16 octobre 1758 et jours suivants. Bernardus de Bosch, expert. Front. gravé, in-8, demi-rel. coins mar. bleu, tête dorée.

Prix et noms.

552. FELTRE (duc de). Catalogue de dessins anciens et modernes, estampes... lithographies... provenant de la collection de feu M. le duc de Feltre. 6, 7, 8 et 9 mai 1867. Blaisot, expert. In-8, demi-rel. mar. vert olive.

553. FÉROL (Ch. de). Catalogue de la belle collection d'estampes anciennes composant le cabinet de M. Ch. de F... 7 et 8 décembre 1859. Guichardot, expert. In-8, demi-rel. mar. la Vallière.

Prix et noms.

554. FÉROL (Ch. de). Catalogue de porcelaines de la Chine et du Japon composant la collection de M. Ch. de F*** (Férol). 17, 18 et 19 mars 1863. MM. Mannheim, experts. In-8, demi-rel. mar. brun.

555. FESCH (cardinal). Catalogue des tableaux composant la galerie de feu Son Éminence le cardinal Fesch. *Rome*, 1841. Grand in-4, demi-rel. coins mar. bleu, tête dorée.

556. FESCH (cardinal). Catalogue de tableaux des trois écoles, etc... Le tout provenant de l'ameublement et décoration de M*** (le cardinal Fesch). Le 17 de juin 1816 et jours suivants. In-8, cartonné.

Prix.

557. FESCH (cardinal). Catalogue des tableaux de la galerie de feu S. E. le cardinal Fesch, par George. Ire partie. *Rome*, 17 avril 1843 et jours suivants. George, expert. In-8, demi-rel. mar. pourpre, tête dorée.

Prix.

558. FESCH (cardinal). Catalogue abrégé de la précieuse galerie de tableaux des écoles italienne, flamande, hollandaise et française de feu Son Éminence le cardinal Fesch. 25 mars 1844, au palais du cardinal à *Rome*. In-8, demi-rel. mar. pourpre, tête dorée.

559. FESCH (cardinal). Catalogue des tableaux composant la galerie de feu Son Éminence le cardinal Fesch, par George... Seconde vente. A *Rome*, 26 mars 1844 et jours suivants. George, expert. In-8, demi-rel. mar. pourpre, **tête dorée.**

Prix.

560. FESCH (cardinal). Galerie de feu Son Éminence le cardi-

nal Fesch... Catalogue des tableaux des écoles italienne et espagnole par George... Quatrième et dernière partie. *Rome*, 17 mars 1845... jours et mois suivants. In-8, demi-rel. mar. pourpre, tête dorée.

Prix et noms.

561. FESCH (cardinal). Galerie de feu Son Éminence le cardinal Fesch, ancien archevêque de Lyon, primat des Gaules... ou Catalogue raisonné... par George... Deuxième et troisième parties. Écoles allemande, flamande et hollandaise. École française. *Rome*, 17 mars 1845, jours et mois suivants. In-8, demi-rel. mar. pourpre, tête dorée.

Prix et noms.

562. FEUCHÈRE père. Catalogue des tableaux, dessins, bronzes, curiosités, pendules, vitraux, émaux et autres objets précieux composant la galerie de M. Feuchère père, et après la cessation de son commerce. 29 novembre 1824 et jours suivants. In-8, demi-rel. mar. rouge.

563. FEUCHÈRE. Catalogue des tableaux, etc... Lundi 26 janvier 1829 et jours suivants, par Bonnefons de Lavialle et Henry. In-8, cartonné.

564. FEUCHÈRE. Catalogue d'objets d'art et de curiosité..... tableaux et dessins anciens... et d'une importante réunion de dessins, terres cuites et modèles de M. Feuchère. 8, 9 et 10 mars 1853. Laneuville, Rollin, Froment-Meurice, Wittoz, experts. In-8, demi-rel. mar. rouge.

565. FICHEL. Catalogue d'une collection de tableaux modernes, dont vingt et un par E. Fichel. 24 février 1868. Francis Petit, expert, Grand in-8, demi-rel. mar. la Vallière.

566. FINCKE (Gustav). Katalog der rühmlichst bekonnten Gemälde und Antiquitäten. Sammlung des verstorbenen Privatier Gustav Fincke. *Bamberg*, 11 septembre 1865 et jours suivants. In-8, demi-rel. mar. la Vallière.

567. FLANDRIN (Hippolyte). Catalogue des tableaux, esquisses, études, dessins et croquis laissés par H. Flandrin et quelques tableaux anciens. 15 et 17 mai 1865. F. Petit, expert. In-8, demi-rel. mar. pourpre.

568. FLANDRIN (Hippolyte). Comité de l'association des artistes peintres, sculpteurs, architectes, graveurs et dessinateurs. Exposition des œuvres d'Hippolyte Flandrin à l'école impériale des Beaux-Arts. 1865. In-12, demi-rel. mar. rouge.

569. FLETCHER. A Catalogue of... pictures... of Ralph Fletcher, Esq., of Glowcester. 9 juin 1838. *Londres*. In-4, demi-rel. mar. rouge, tr. d.

570. FLURY-HÉRARD. Catalogue de beaux dessins anciens des maîtres italiens, flamands, hollandais et français du xv° au xviiiᵉ siècle (appartenant à M. Flury-Hérard). 13-15 mai 1861. Blaisot, expert. Grand in-8, mar. rouge.
Prix et noms.

571. FOISSARD. Catalogue d'une précieuse collection de tableaux des écoles anciennes et modernes formant le cabinet de M. F. (Foissard). Mercredi 22 avril 1835. Henry, expert. In-8, demi-rel. mar. vert.

572. FOISSARD. Catalogue de tableaux des écoles italienne, flamande et française, statues et vases en marbre... provenant du cabinet de M. F***. 24 et 25 avril 1838. Ch. Paillet, expert. In-8, demi-rel. mar. violet foncé.
Prix.

Fonspertuis (Angran vicomte de). Voyez *Angran*.

573. FONTHILL ABBEY (M. Beckford). Catalogue of the magnificent... library... furniture, bijouterie, precious gems, bronzes and marbres... Gallery of paintings by ancient and modern masters. Unique and splendid Effects... (*A l'abbaye*), du 9 septembre au 31 octobre 1823. Phillips, expert. Frontispice gravé, grand in-8, demi-rel. mar. rouge.
Prix et noms.

574. FONTHILL ABBEY (M. Beckford). A Catalogue raisonné of the collection of paintings at Fonthill abbey. *London*, 1823. In-8, demi-rel. coins mar. rouge.

575. FORBIN-JANSON (marquis de). Catalogue de tableaux capitaux et de premier ordre, des écoles... bustes... colonnes... le tout formant la collection de M. le marquis de Forbin-Janson. 2 mai 1842 et jours suivants. Ch. Paillet, Manheim, experts. In-8, demi-rel. mar. jaune clair, tête dorée.
Prix et noms.

576. FORBIN-JANSON (de). Catalogue de tableaux, etc... composant la collection de M. de Forbin-Janson. 12 juin 1849. In-4, cartonné.
Prix.

577. FORCADE. Catalogue de tableaux importants dépendant de la succession de M. Forcade. 2 avril 1873. Férol, expert. Grand in-8, demi-rel. mar. rouge.
Prix. — Eaux-fortes.

578. FORESI (Dʳ). Catalogue d'une collection d'objets d'art et de curiosité de M. F*** de Florence (Foresi)... 5 mai 1866. Carle Delange, expert. In-8, demi-rel. mar. pourpre.

579. Forestier. Catalogue de tableaux et dessins de l'école hollandaise et de l'école française moderne, estampes encadrées, armes étrangères... et autres objets curieux provenant du cabinet de feu M. Forestier, conseiller d'État... 22 novembre 1825 et jours suivants. Ch. Paillet, expert. In-8, demi-rel. mar. pourpre.

580. Forestier. Catalogue de tableaux des écoles française, flamande et hollandaise... bronzes d'ameublement du temps de Louis XVI... provenant de la succession de M. Forestier, ancien fabricant de bronzes. Vente par suite du décès de Mlle Descharmes, sa légataire, 11 décembre 1871 et jours suivants. Dhios et George Manheim, experts. Grand in-8, demi-rel. mar. bleu.

581. Forster. Catalogue of the very choice collection of old dutch and flemisch pictures, formed many years ago, with rare taste and judgement, by R. Forster. June, 3. *London*, 1876. In-8, br.

Exemplaire avec les prix d'adjudication et les noms des acquéreurs manuscrits.

582. Fortier. Catalogue raisonné de tableaux de différents bons maîtres des trois écoles, etc... après le décès de M. Fortier, avocat, etc... Lundi 2 avril 1770 et jours suivants. In-12, demi-rel. mar. rouge.

583. Fortin. Notice des ouvrages, etc... de M. Fortin. Vendredi 24 et samedi 25 août 1832. In-8, cartonné.

584. Fortuny. Atelier de Fortuny. 26 avril 1875. Ch. Pillet, Mannheim et Féral. Grand in-8, br.

Papier de Hollande.

585. Fould (Louis). Catalogue de la précieuse collection d'antiquités de feu M. Louis Fould... 4 juin 1860 et jours suivants. Roussel, expert. Tableaux, — même date. — Laneuville, expert. In-8, demi-rel. coins cuir de Russie, tête dor.

Prix.

586. Fould (Édouard). Catalogue des objets d'art et de haute curiosité ainsi que des tableaux anciens et modernes composant les collections de M. Édouard Fould. 5, 6, 7, 8 et 9 avril 1869. F. Petit et Ch. Mannheim, experts. Grand in-8, demi-rel. coins mar. vert olive, tête dor.

Prix aux tableaux.

587. Fouquet. Notice de tableaux des différentes écoles, figures et groupes en bronze... le tout provenant du cabinet de M. F*** (Fouquet). Jeudi 11 pluviôse an XIII (1805) et

jours suivants. A. Paillet, expert. Petit in-8, demi-rel. mar. rouge.

Prix.

588. FOURAU (H.). Catalogue de tableaux et dessins de M. H. Fourau ainsi que des tableaux et dessins anciens... qui composaient son atelier. 1er et 2 mars 1869. F. Petit, Ch. Mannheim, experts. Grand in-8, demi-rel. mar. la Vallière.

589. FOURCROY (comtesse de). Catalogue de beaux tableaux anciens et modernes, dessins, aquarelles et estampes, curiosités... bibliothèque... dépendant de la succession de Mme la comtesse de Fourcroy... 2 avril 1839 et jours suivants... Defer, expert. In-8, demi-rel. mar. pourpre.

590. FRAINAYS (Mmes de). Description historique et raisonnée, en français et en anglais, d'une collection de tableaux des écoles italienne, flamande, hollandaise et française de la galerie de Frainays contenant quelques réflexions sur la peinture, par M. le chevalier Alex. Lenoir... 1834. In-8, demi-rel. mar. chag. vert.

Voyez aussi *Dumont de Frainays*.

591. FRANÇAIS (comte). Catalogue d'une collection de tableaux des écoles italienne, flamande, hollandaise et française, marbres et effets de curiosité (de M. le comte Français). 16 janvier 1815 et jours suivants. Constantin, expert. In-8, demi-rel. mar. la Vallière.

Prix.

592. FRANCILLON. Catalogue d'une collection de tableaux précieux et rares des diverses écoles... composant le riche cabinet de M. Francillon. 14 avril 1828 et jours suivants. Henry, expert. In-8, demi-rel. mar. violet foncé.

593. FRANKENSTEIN (van). Catalogus van het alom beroemde kabinetschilde rijen, etc., den hoog welgeboren heer jonkheer Johan-Goll van Frankenstein. 1er juillet 1833. *A Amsterdam*. In-8, demi-rel. mar. vert.

Prix et noms des acquéreurs.

— Catalogus van het beroemde kabinet van... teeckeningen, etc.... Johan Goll van Frankenstein. 1er juillet 1833, *à Amsterdam*. In-8, demi-rel. mar. vert, 2 vol.

Prix et noms des acquéreurs.

594. FRAULA (de). Catalogue d'un grand et très-beau cabinet de tableaux contenant les plus belles et les plus choisies pièces des maîtres les plus renommés de l'Europe, appartenant à Mme la douairière de don Emanuel de Fraula.

Près l'église du Sablon à Bruxelles. *A Bruxelles*, manuscrit, 1741. Petit in-4, demi-rel. mar.

2ᵉ vente de la douairière de Fraula, 1760.

595. Frémy. Catalogue des tableaux anciens et modernes, dessins, curiosité, formant la collection de M. Frémy, ancien restaurateur du musée du Louvre. 20 janvier 1859. Horsin-Déon, expert. In-8, demi-rel. mar. rouge.

596. Fries (comte de). Catalogus der uitmuntendt en beroemde... kabinet des heeren Moritz grave von Fries. — J. de Vries, Alb. Brondgeest, Eng.-M. Engelberts et Cornelis Fr. Roos, experts. 8 juin 1824.

A ce catalogue est joint un deuxième catalogue en trois parties, don voici le titre : Catalogue du reste de la collection d'estampes de M. le comte Maurice de Fries. Math. Artaria, expert. *Vienne*, le 7 janvier 1828. In-8, demi-rel. dos et coins mar. la Vallière, doré en tête. Exemplaire interfolié de papier blanc.

Quelques prix au crayon.

597. Fries (comte de). Catalogues des tableaux et des livres du comte de Fries. Math. Artaria, expert. *Vienne*, avril 1826. 8 catalogues reliés en 1 vol. in-8, demi-rel. dos et coins mar. la Vallière, doré en tête. Prix aux catalogues de tableaux.

En tête deux pages de notes manuscrites.

598. Gabory. Catalogue des tableaux... provenant du cabinet de feu M. Gabory... Ch. Paillet, expert. *Paris*, avril 1822. In-8, demi-rel. mar. raisin de Corinthe.

Prix.

599. Gabriel (Joseph). Vente aux enchères publiques par suite du décès de M. Joseph Gabriel, homme de lettres, de tableaux, esquisses, études peintes, dessins et aquarelles... par Antoine-J.-B. Thomas, peintre d'histoire... 22 et 23 novembre 1869. Dhios et George, Aubry, experts. In-8, demi-rel. mar. vert clair.

600. Gaignat. Catalogue raisonné des tableaux, groupes et figures de bronze qui composent le cabinet de feu M. Gaignat, par Pierre Rémy; et celui des porcelaines, meubles et bijoux, par Ch. Poirier, marchand. Frontispice. 1768. In-12, demi-rel. mar. bleu.

Prix et noms.

601. Gaillard (E.). Catalogue des tableaux modernes, composant la collection de feu M. E. G*** (Gaillard). 25 février 1867. F. Petit, expert. In-8, demi-rel. mar. brun.

Prix.

602. GALICHON (Émile). Catalogue d'estampes anciennes et dessins, composant la collection de feu M. E. Galichon. Expert : M. Clément. *Paris*, mai 1875. Grand in-8, demi-rel. dos et coins mar. orange. (*Dupré*.)

Exemplaire en papier de Hollande.
Les prix, les noms d'acquéreurs et les notes sont de la main de M. Reiset, directeur des Musées.

603. GAMBA. Catalogue de tableaux des trois écoles, et autres articles de belle curiosité; composant le cabinet de M. Gamba... 17 décembre 1811. Petit in-8, demi-rel. mar. vert.

Prix et noms.

604. GAGNY (GAILLARD de). Catalogue raisonné des tableaux, porcelaines, bijoux et autres effets du cabinet de feu M. Gaillard de Gagny, receveur général des finances à Grenoble. 29 mars 1762. Frontispice, in-12, demi-rel. mar. rouge.

Prix.

Gagny. Voyez *Blondel de Gagny*.

605. GARNIER. Catalogue d'une vente de tableaux anciens et modernes, esquisses..., dépendant de la succession de M. Garnier, peintre d'histoire, membre de l'Institut. 27 et 28 février 1850. Defer, expert. Grand in-8, demi-rel. mar. bleu.

606. GASC. Catalogue d'une belle collection de tableaux anciens, recueillis en Espagne par M. Gasc... 5 mars 1860. Ferd. Laneuville, expert. In-8, demi-rel. mar. vert foncé.

Greville. Voyez *Brook Greville*.

607. GASC (P.). Catalogue d'une belle collection de dessins anciens des maîtres italiens... du XVe au XVIIe siècle, formant le cabinet de M. P. G., ancien magistrat. 11 et 12 janvier 1861. 2e partie. Vente 3, 4 et 5 avril 1861. Blaisot, expert. Grand in-8, demi-rel. mar. ruge.

608. GAUDINOT (Dr Gaston). Catalogue des tableaux anciens dépendant de la collection de M. le Dr Gaston Gaudinot. 1re partie comprenant 125 tableaux des écoles française, flamande, hollandaise et espagnole. 15 et 16 février 1869. Haro, expert. Grand in-8, demi-rel. mar. la Vall.

609. GAUTIER. Catalogue des tableaux, estampes, bronzes, porcelaines, marbres, machines de physique, morceaux d'histoire naturelle, bijoux et autres curiosités du cabinet de M. Gautier, secrétaire du Roi. Le 6 avril 1759 et jours suivants. In-12, cartonné.

Prix et noms.

610. GAUTHIER. Catalogue descriptif des tableaux, etc., qui composent le cabinet de M. Gauthier. Mardi 9 et mercredi 10 avril 1833. Par Bonnefons-Lavialle et Henry. In-8, demi-rel. mar. bleu.

611. GAVARRET-ROUAIX (vicomte de). Collection de M. le vicomte de Gavarret-Rouaix, de Toulouse. Catalogue de tableaux anciens parmi lesquels une œuvre capitale de Nattier; tableaux modernes parmi lesquels cinq par Brascassat... 4, 5, 6 et 7 février 1867. Febvre, expert. In-8, demi-rel. mar. vert.

612. GEOFFROY. Catalogue raisonné des minéraux, coquilles et autres curiosités naturelles, contenues dans le cabinet de feu M. Geoffroy, de l'Académie royale des sciences. *Paris*, 1753. In-12, cartonné.
Prix.

613. GENTHON. Catalogue d'objets de haute curiosité, en meubles et pendules de Boule, meubles de Riesner et d'ancien laque, groupes et figures en bronze; vases montés, services. Après entière cessation de commerce de M. Genthon. 8 janvier 1822 et jours suivants. Ch. Paillet, expert. In-8, demi-rel. mar. vert foncé.

614. GÉRARD (baron). Catalogue des tableaux, esquisses, dessins de M. le baron Gérard, peintre d'histoire, membre de l'Institut..., suivi d'une notice d'objets divers... 27 avril 1837 et jours suivants. Ch. Paillet, expert. In-8, demi-rel. mar. vert.
Prix.

615. GÉRARD. Catalogue de tableaux, etc., de M. G*** (Gérard). Lundi, 10 décembre 1825 et jours suivants. In-8, cartonné.
Prix.

616. GERMEAU. Catalogue des objets d'art et de haute curiosité, composant la précieuse collection de feu M. Germeau. 4, 5, 6 et 7 mai 1868. Ch. Mannheim, expert. Planches, grand in-8, demi-rel. coins mar. rouge, tête dorée.
Prix et quelques noms.

617. GERSAINT. Catalogue raisonné de coquilles et autres curiosités naturelles. Vente, 30 janvier 1736.—Catalogue d'une collection considérable de curiosités de différent genre. 2 décembre 1737, chez Gersaint (et à lui appartenant). Reliés en 1 vol. in-12, mar. rouge, tr. doré, aux armes du Dauphin, planches gr.
Prix.

618. GERSAINT. Catalogue des livres, tableaux, estampes et

dessins de feu M. Gersaint. Lundi 25 mai 1750 et jours suivants. 1750. In-8, cartonné.

Prix.

619. GESSLER (de). Catalogue de tableaux anciens des écoles espagnole, italienne et hollandaise, objets d'art et de curiosité, composant la collection de feu M. de Gessler, conseiller d'Etat de S. M. l'Empereur de Russie et ancien consul général en Espagne. 9 mars 1866. Horsin-Déon, expert. In-8, demi-rel. mar. rouge.

620. GEVIGNEY (l'abbé de). Catalogue d'une riche collection de tableaux des peintres les plus célèbres des différentes écoles; gouaches, miniatures, dessins, estampes, etc., qui composent le cabinet de M*** (l'abbé de Gevigney, garde des titres et généalogies de la Bibliothèque du Roi). Mercredi 1er décembre 1779 et jours suivants. A.-J. Paillet, expert. In-8, demi-rel. mar. rouge.

621. GHENDT (de). Vente d'une superbe collection de tableaux, dessins, estampes, etc. Lundi 15 novembre 1779. In-8, cartonné.

Prix.

622. GIGOUX (Jean). Catalogue de dessins de l'école française du XVIIIe siècle et des écoles italienne, flamande, hollandaise, allemande et anglaise, provenant de la collection de M. Jean G*** (Gigoux). 20 janvier 1873 et jours suivants. Féral, expert. Gr. in-8, demi-rel. mar. pourpre.

Prix.

623. GILDEMEESTER. Catalogus van het kabinet van Schidelderen, nagelaaten door den kunstminnaar Jan Gildemeester 11 juin 1800. *A Amsterdam*, in-8, veau jaspé, front. — Lyst der Prysen van de Schilderyen, van wylen den heere Jan Gildemeester. In-8, demi-rel. mar. rouge, noms. — Catalogus... Teckeningen. 24 novembre 1800. In-8, demi-rel. veau antique. *A Amsterdam*.

624. GILLOT (Joseph), esq. Catalogue of the renowned collection of ancient and modern pictures of... Joseph Gillot, esq. *Londres, chez Christie Manson and Woods*. Avril et mai 1872. In-8, demi-rel. dos et coins de mar. rouge, doré en tête. (*Dupré*.)

Exemplaire réglé, avec les prix et les noms d'acquéreurs, relié sur brochure.

625. GIRAULT. Catalogue de tableaux, sculptures, dessins et estampes, appartenant à M. Girault, de Versailles. Mercredi 20 mars 1776. In-8, demi-rel. veau bleu. (*Joullain*.)

626. GIRODET-TRIOSON. Catalogue des tableaux, etc..., de M. Girodet-Trioson..., rédigé par M. Pérignon. 11 avril 1825 et jours suivants. In-8, demi-rel. fauve.

627. GIROUX (Alphonse). Vente à l'amiable d'une collection de tableaux et objets de curiosité composant le cabinet de M. Alphonse Giroux (élève de David). 1811. In-8, demi-rel. mar. vert foncé.

628. GIROUX (Alphonse). Exposition des tableaux anciens et modernes de M. Alphonse Giroux. Vente à l'amiable... 1816. In-12, demi-rel. veau gris brun.

629. GIROUX (Alphonse). Catalogue d'une belle collection de tableaux anciens des écoles italienne, allemande, flamande, hollandaise et française, qui composaient le cabinet de M. Alphonse Giroux père. 10, 11 et 12 février 1851. Ferdinand Laneuville et Defer, experts. In-8, demi-rel. mar. la Vall.

Prix et noms. Planches gravées à l'eau-forte.

630. GIROUX (Alphonse). Tableaux, pastels, aquarelles et miniatures, provenant de la collection Alph. Giroux. 19 et 21 février 1857. F. Petit, expert. In-8, demi-rel. mar. pourpre.

Prix.

631. GISORS (de). Catalogue de tableaux et dessins anciens et modernes ainsi que des objets d'art et de curiosité qui composent le cabinet de feu M. de Gisors, architecte du Sénat, membre de l'Institut. 4 et 5 décembre 1866. F. Petit et Ch. Mannheim, experts. In-8, d.-r. mar. jaune.

632. GIUSTINIANI (prince). Catalogue historique et raisonné de tableaux par les plus grands peintres, principalement des écoles d'Italie, qui composent la rare et célèbre galerie du prince Giustiniani, rédigé par Alex. Paillet et Hip. Delaroche, appréciateurs de tous objets d'arts. 1810. In-8, demi-rel. coins mar. orange, tête dorée.

633. GIUSTINIANI. Catalogue historique et raisonné de tableaux, par les plus grands peintres des écoles d'Italie, composant la rare et célèbre galerie Giustiniani, rédigé par H. Delaroche. 1812. In-8, demi-rel. mar. vert olive foncé, tête dorée.

634. GODEFROY. Catalogue raisonné des tableaux, diamants, bagues, bijoux et autres effets, provenant de la succession de feu M. Charles Godefroy, banquier et joaillier, par E.-F. Gersaint. Le lundi de la Quasimodo, 22 avril 1748. In-12, veau brun jaspé, tranche dorée.

Prix.

635. GODEFROY. Catalogue des tableaux, dessins, gouaches, estampes, composant le cabinet de feu M. Godefroy. H. Delaroche, expert. *Paris*, décembre 1813. In-8, demi-rel. mar. la Vallière.
Prix.

636. GOEREE Jan. Catalogue van een extra fraije Party Ingebondene Prentkonst..., Prenten... Teekeningen... *Amsterdam*, 1731. In-8, cartonné.

637. GOLDSMIDT (D^r). Collection de feu le docteur Goldsmidt de Francfort-sur-le-Mein. Première vente. Catalogue d'une collection de tableaux anciens par les meilleurs maîtres hollandais et flamands. 27 février 1869. Febvre, expert.

Goll. Voyez *Frankenstein*.

638. GOSSE. Catalogue des curiosités du cabinet de M. Gosse. Lundi 11 avril 1774. In-12, demi-rel. mar. brun.
Prix.

639. GOSSELLIN. Catalogue des monnaies grecques et romaines, composant la collection de feu M. P.-F.-J. Gossellin, officier de la Légion d'honneur, membre de l'Institut... 7 mars 1864 et jours suivants. Rollin et Feuardent, experts. Frontispice gravé. Grand in-8, demi-rel. mar. la Vallière.

640. MAC GOUAN (John). Catalogue of the extensive cabinet of original drawings, by John Mac Gouan, esq. *Londres, chez Th. Philipe.* Janvier 1804. In-8, demi-rel. mar. vert.
Prix et noms d'acquéreurs.

641. GOUNOD. Catalogue de tableaux, etc., qui composaient le cabinet de feu M. Gounod, par F.-L. Regnault-Delalande. 23 février 1824. In-8, cartonné.

642. GOYET (Eugène). Catalogue des tableaux, esquisses et études de M. Eugène Goyet, de feu son père, et des tableaux anciens, dessins, qui composaient le cabinet de M. Eugène Goyet. 24, 25 et 26 juin 1857. Grand in-8, demi-rel. mar. la Vallière.

643. GRAMONT (duc de). Catalogue de tableaux originaux de maîtres renommés des écoles d'Italie, des Pays-Bas et de France, qui composent le cabinet d'un amateur, par Pierre Remy. 16 janvier 1775. In-12, demi-rel. mar. rouge.
Prix et noms.

644. GRANDCHAMPS (de). Catalogue d'une nombreuse col-

lection d'estampes anciennes et modernes, etc..., du cabinet de feu M. Houzé de Grandchamp, par L.-F. Regnault de la Lande. 12 juin 1809. In-8, cartonné.

645. GRANDCHAMP (de). Catalogue des estampes, tableaux, etc., délaissés par feu M. Houzé de Grandchamp. 6 juillet 1809 et jours suivants. *A Lille.* Grand in-8, cartonné.

646. GRAND-PRÉ. Catalogue d'une rare et précieuse collection de tableaux, etc., par J^{as} Langlier et A. Paillet, composant la curiosité particulière de feu Pierre Grand-Pré et les articles de son commerce. Le 16 février 1809 et jours suivants. In-8, demi-rel. mar. vert.

Prix.

647. GRAVELLE (de). Catalogue des estampes de M. de Gravelle. 8 mai 1752. Grand in-12, demi-rel. veau fauve.

Prix.

648. GRAY (James). Catalogue des tableaux formant la collection de M. James Gray. 30 et 31 mars 1868. Horsin-Déon, expert. Grand in-8, demi-rel. mar. la Vallière.

649. GREENWOOD (John), esq. A Catalogue of a collection of ancient pictures... formed by a distinguished amateur... of the late John Greenwood, esq. *Londres, chez Phillips*, avril 1849. In-8, demi-rel. mar. brun, exempl. relié sur brochure.

650. GREUZE. Catalogue de tableaux et dessins de Greuze, provenant de la succession de sa fille, mademoiselle Caroline Greuze, rédigé par T. Thoré, l'un des directeurs de l'Alliance des Arts. 25 et 26 janvier 1843. In-8, demi-rel. mar. pourpre.

651. GRIVAUD DE LA VINCELLE. Catalogue des antiquités égyptiennes, grecques, romaines et gauloises, monuments modernes, tableaux, dessins, manuscrits et livres imprimés qui composent la collection de feu M. Grivaud de la Vincelle, garde du Livre de la Pairie... par L.-J.-J. Dubois. 21 avril 1820 et jours suivants. In-8, demi-rel. mar. la Vallière.

652. GRIMOD DE LA REYNIÈRE. Supplément du Catalogue du citoyen Lareynière composé de... par le citoyen Lebrun. 3 avril 1793. In-8, demi-rel. coins mar. rouge, tête dor.

Prix et noms.

653. GRIMOD DE LA REYNIÈRE. Catalogue des tableaux, pastels, gouaches... du cabinet de feu M. Grimod de la Reynière... 21 août 1797. A.-J. Paillet, expert. In-8, demi-rel. coins mar. rouge, tête dor.

Quelques prix.

654. GRIOIS (général). Catalogue d'une nombreuse collection de dessins anciens des maîtres des écoles d'Italie, d'Allemagne, de Flandre, de Hollande et de France, provenant du cabinet de M. le général baron G. (Griois). 22 avril 1841 et jours suivants. Defer, expert. In-8, demi-rel. mar. vert foncé.

655. GROOT (Jan de). Catalogus van een fraaye verzameling kunstige Schilderyen... in veele Jaaren byeen verzameld en nargelaaten, door wylen den Kunst-Minnaar den heer Jan de Groot. 10 December 1804. *Amsterdam*. In-8, veau fauve.

656. GROS. Catalogue de tableaux des écoles hollandoise, flamande et françoise, dessins de Fragonard, Robert et autres ; bronzes, porcelaines, provenans du cabinet de M. Gros, peintre. 14 avril 1778 et jours suivans... Par J.-B.-P. Le Brun, peintre.. Petit in-8, cartonné.

Prix et noms.

657. GROS (baron). Catalogue des tableaux, esquisses, dessins et croquis de M. le baron Gros, peintre d'histoire... suivi d'une notice des objets composant son cabinet particulier... 23 novembre 1835 et jours suivants. Dubois, Pieri, Bénard et C. Paillet, experts. In-8, demi-rel. mar. pourpre.

Prix.

658. GROS (baron). Notice des estampes anciennes et modernes encadrées, en feuilles et en recueils, et des livres... faisant partie du cabinet de feu M. le baron Gros... Piéri Bénard, Dubois et C. Paillet, experts. 2 décembre 1835 et jours suivants. Grand in-8, demi-rel. mar. pourpre.

Prix.

659. GROSE (Francis), esq. A Catalogue of all the valuable and capital collection of prints books, of prints and drawings, of that eminent collector Francis Grose, esq. 10 February 1770. *Londres*. In-8, demi-rel. mar. rouge.

660. GROSVENOR (lord) et M. AGAR. The Catalogue of a select and valuable assemblage of capital paintings, the sole property of a nobleman, being part of the collection of the late Earl Grosvenor and part of the collection of the late Welbon Ellis Agar, esq... *Londres*. 27 juin 1807. Peter Coxe, expert. In-4, demi-rel. mar. vert clair.

Prix.

661. GROSVENOR (Earl) and AGAR. A Catalogue of valuable paintings of the italian, flemish, dutch, french and english masters ; the property of a nobleman (Earl Grosve-

nor and Agar collection)... The 2ᵈ of July 1812. *London*. Peter Coxe, expert. In-4, demi-rel. mar. violet.

662. GROSVENOR HOUSE. Catalogue of the collection of pictures at Grosvenor House belonging to His Grace the Duke of Westminster, K. G. *London*, 1874. In-4, demi-rel. coins mar. bleu, tr. dor.

663. GRUEL. Catalogue de quelques tableaux, dessins de grands maîtres, choix précieux d'estampes, bas-reliefs, etc., après le décès de M. Gruel. 16, 17 et 18 avril 1811. In-8, cartonné.

664. GRUNLING Catalogue d'estampes, dessins, tableaux et autres objets d'art, de M. J. Grünling. 3 novembre 1818. Catalogue d'une collection d'estampes anciennes et modernes de toutes les écoles, de J. Grünling. 20 avril 1818. Cabinet de J. Grünling. La partie des dessins originaux, état détaillé et raisonné des pièces qui la composent ; le tout rangé par ordre alphabétique, précédé d'une idée générale sur les dessins originaux et d'un avertissement, suivi d'une table des vacations, par J. Grünling. *Vienne*, 1823. Ens. 3 catalogues réunis en 1 vol. Petit in-8, cartonné.

665. GUASTALLA (Dʳ). Catalogue d'une belle réunion d'objets d'art et de curiosité ; objets en fer, faïences italiennes..... le tout provenant du cabinet de M. le Dʳ M. G. (Guastalla), de Florence. 14 janvier 1867 et jours suivants. Ch. Mannheim, Rollin et Feuardent, experts. In-8, demi-rel. mar. jaune.

666. GUDIN. Mobilier, tableaux anciens, objets d'art et de curiosité du château Beaujon, résidence de M. Gudin, peintre. 22, 23 et 24 mars 1866. Horsin-Déon, Arondel, experts. In-8, demi-rel. mar. vert.

667. GUEFFIER (de). Catalogue de tableaux précieux des trois écoles qui composaient le cabinet de feu M. de Gueffier, par A.-J. Paillet. 1ᵉʳ mars 1791 et jours suivants. In-8, demi-rel. coins mar. bleu, tête dorée.
Prix.

668. GUICHARDOT. Catalogue de la nombreuse collection d'estampes et de dessins anciens de M. Guichardot. Du 7 au 20 juillet 1875. In-8, br.
Prix et noms d'acquéreurs manuscrits.

669. GUIGNES (de). Catalogue des objets d'art et des curiosités de la Chine, qui composent le cabinet de feu M. de Guignes, ancien résident et consul général de France à la Chine, correspondant de l'Institut. 12 janvier 1846 et

jours suivants. Roussel, expert. In-8, demi-rel. mar. violet.

Prix et noms.

670. GUIGNES (de). Catalogue d'une belle collection de tableaux de maîtres de premier ordre, des écoles flamande, hollandaise et allemande... qui composent le cabinet de M. de Guignes, ancien résident et consul général de France à la Chine... 17 janvier 1846. Defer, expert. In-8, demi-rel. mar. rouge.

Quelques prix et noms.

671. GUILLAUME II, roi des Pays-Bas. Description de la galerie des tableaux de S. M. le Roi des Pays-Bas avec quelques remarques sur l'histoire des peintres et sur les progrès de l'art par C.-J. Nieuwenhuys. 1843. Grand in-8, mar. pourpre, tr. dor.

672. GUILLAUME II. Catalogue des tableaux anciens et modernes de diverses écoles, dessins et statues, formant la galerie de feu S. M. Guillaume II, roi des Pays-Bas... *La Haye*, 12 août 1850 et jours suivants. J. de Vries, C.-F. Roos, J.-A. Brondgeest, experts. In-8, cuir de Russie, tête dor.

Prix et noms.

673. GUILLON. Catalogues des diverses collections de livres, tableaux, gravures, cartes géographiques, etc., etc., délaissées par M. Charles-Gérard-Hubert Guillon, en son vivant notaire à Ruremonde. *S. l.*, 1874-75. In-8, br.

674. GUILLOT (Jacob). Catalogus van een extra fraaye Verzaameling van Prenten en Portraitten Behoorende tot de Vaderlandsche Historie... alles... negelaaten door den Wel. Edelen Heere Jacob Guillot. *Amsterdam*, 26 octobre 1778. Hendick de Winter, Bern. de Basch, J. Yver, experts. In-8, demi-rel. mouton rouge.

Prix et noms.

675. GUIZOT. Vente aux enchères publiques d'un tableau, œuvre remarquable de Esteban Murillo... (appartenant à M. Guizot). 1er mai 1874. Haro, expert. Grand in-8, demi-rel. mar. pourpre.

676. GULCHER (Jacob). Catalogus van eenige uitmontende Fraaije Schilderijen... nagelaten bij wylen der Wel. Ed. Geb. Heer Jacob Gulcher... *Amsterdam*, 20 novembre 1843. Petit in-8, demi-rel. mar. rouge.

Prix et noms.

677. GUYOT. Catalogue de tableaux, gouaches et dessins,

estampes anciennes et modernes, planches gravées, etc., après le décès de M. Guyot, graveur et marchand d'estampes. Lundi 14 novembre 1808 et jours suivants. In-8, cartonné.

Haas. Voyez *Mechel* (Ch. von).

678. Haberton (lord). Catalogue de tableaux anciens et modernes, la plupart provenant de la collection célèbre de lord Haberton, pair d'Angleterre. 27 avril 1866. Febvre, expert. In-8, demi-rel. mar. jaune.

Prix.

679. Hacquin. Catalogue de tableaux des écoles anciennes et modernes provenant de la collection de M. Hacquin, attaché au Musée royal et pensionnaire de S. M. 1er et 2 mars 1830. Henry, expert. In-8, demi-rel. mar. bleu.

Prix et quelques noms.

680. Hadfield and Burrowes. A descriptive Catalogue of the large collection of pictures, made by MM. Hadfield and Burrowes... 10th of May 1785. (*London.*) In-4, demi-rel. mar. rouge, gravures.

681. Hagley Hall (Lord Lyttelton's Pictures). Catalogue of pictures, at Hagley Hall. *Worcestershire.* 1834. Stourbirdge. In-8, cartonné, toile gris brun.

682. Halifax (Earl of). A Catalogue of a genuine collection of italian, french, flemish and dutch pictures formerly collected by the late Earl of Halifax, deceased, and brought from his villa the Green House, at Hampton Court. *Londres*, 24 et 25 juin 1808. In-4, demi-rel. mar. vert clair.

683. Hamilton (Robert), esq. A Catalogue of pictures of the entire property of Robert Hamilton, esq. *Londres, chez Edward Foster.* Mars 1832. In-4, demi-rel. mar. rouge.

684. Hampden (viscountess). A Catalogue of the valuable assemblage of italian bronzes... the property of the viscountess Hampden... *Londres, chez Christie, Manson et Christie.* Avril 1834. In-4, demi-rel. mar. bleu.

685. Hampden (viscountess). A Catalogue of the very valuable collection of... pictures the property of the viscountess Hampden... *Londres, chez MM. Christie, Manson and Christie.* Avril 1834. In-4, demi-rel. mar. bleu.

Hankey (Thomas). Voyez *Bernard* (John).

686. Harcourt (vicomte d'). Catalogue de la belle et riche collection de tableaux anciens des écoles française, italienne, flamande, hollandaise et allemande, formant le cabinet

de feu M. le vicomte d'Harcourt. 31 janvier 1842 et jours suivants. A. Wéry, expert. Grand in-8, demi-rel. mar. pourpre.

Quelques prix.

687. HARCOURT (vicomte d'). Catalogue de tableaux, aquarelles et dessins par M. Decamp, composant la collection de feu M. le vicomte d'Harcourt. 22 mars 1851. Laneuville, expert. Grand in-8, demi-rel. mar. bleu.

688. HARCOURT (marquis d'). Catalogue de tableaux anciens et modernes, parmi lesquels on remarque des œuvres de Terburg, Jacques Ruysdael, Philippe de Champaigne, J.-B. Oudry, D. Teniers... trois tableaux et huit aquarelles à la sépia, par Decamps, composant la collection du marquis d'Ha... (Harcourt). 2 avril 1873. Féral, expert. Grand in-8, demi-rel. mar. rouge.

Prix.

689. HARDENBROEK de BILJOEN (baron de). Catalogue des objets d'art et de curiosité, faïences italiennes; faïences de Delft... tableaux anciens, estampes composant l'importante collection de feu M. le baron de Hardenbroek de Biljoen, chambellan honoraire de S. M. le roi des Pays-Bas... 20 avril 1872 et jours suivants. Ch. Mannheim, Féral, Demont, experts. Grand in-8, demi-rel. mar. vert.

690. HARMAN. Catalogue of... pictures of Jeremiah Harman. Mai 1844. In-4, demi-rel. mar. rouge, tr. dor.

Prix.

691. HARRACH (comte). Catalogue d'une magnifique collection d'estampes anciennes et modernes des diverses écoles provenant du cabinet de M. le comte *** (Harrach), de Vienne. 25 février 1867 et les douze jours suivants. Clément, expert. Grand in-8, demi-rel. mar. vert olive.

692. HASSELAAR (Pieter Cornelis). Catalogus van een uitmuntend kabinetje Schilderyen... Teckeningen en Prenten... Prent-Werken... rariteiten alles nagelaaten by wylen den wel Edele heere M. Pieter Cornelis Hasselaar. *Amsterdam*, 28 novembre 1797 et jours suivants. Jacob Posthumus, Philippus van der Schley... etc., expert. In-8, demi-rel. mar. bleu.

Prix et noms.

693. HAUBERSART (comte d'). Catalogue de 4 beaux tableaux par Jacques Ruysdael, Jean van Huytenbasch, Ludolf Backuysen, Gérard Berckeyden... après décès de M. le comte d'Haubersart, ancien conseiller d'État... 14 janvier 1869. Dhios, expert. In-8, demi-rel. mar. bleu clair.

Hauteville (Coulet d'). Voyez *Coulet.*

694. HAUTERIVE (d'). Catalogue des estampes, etc., du cabinet de feu M. le comte d'Hauterive, par Duchesne aîné et Dubois. Lundi 2 avril 1832 et jours suivants. In-8, cartonné.

Prix.

695. HAWKINS (Walter), esq. Catalogue of a valuable assemblage of miscellanneous articles... formed by the late Walter Hawkins, esq. *Londres, chez Sotheby et John Wilkinson.* Juillet 1862. In-8, demi-rel. mar. raisin de Corinthe.

Exemplaire réglé avec les prix et les noms d'acquéreurs.

696. HAYES (Mme). Catalogue de tableaux des trois écoles, après le décès de Mme Hayes. 18 décembre 1766. Pierre Rémy, expert. In-12, demi-rel. mar. violet clair.

Prix.

697. HAZARD (James). Catalogue raisonné de l'excellente et nombreuse collection d'estampes et de dessins qui composaient le cabinet de feu M. James Hazard, gentilhomme anglais, rédigé et mis en ordre par et sous la direction de M. J.-T. Sas, négociant. *Bruxelles,* 15 avril 1789 et jours suivants. 1er vol., estampes ; 2e vol., dessins. In-8, demi-rel. coins mar. vert olive.

Prix.

698. HÉDOUIN père. Catalogue d'une belle collection de tableaux anciens des écoles française, hollandaise et flamande... composant le cabinet de M. P. Hédouin père. 10 et 11 décembre 1866. Barre, expert. (2e partie) Dessins anciens et modernes... 27 décembre 1866. Même expert. In-8, demi-rel. mar. vert clair.

Prix aux tableaux.

699. HEEMSKERK. Catalogue d'un très-beau et magnifique cabinet de tableaux... le tout rassemblé avec beaucoup de soins et de dépenses par feu M. Jean-Henri van Heemskerk... laissé en dernier lieu par Mme la douairière van Heemskerk, sa veuve. 29 et 30 mars 1770. *A Amsterdam,* In-8, demi-rel. mar. rouge.

700. HEINECKEN (baron de) et autres. Catalogue raisonné de tableaux, dessins et estampes des meilleurs maîtres d'Italie, des Pays-Bas, d'Allemagne, d'Angleterre et de France qui composent différents cabinets (baron de Heinecken et autres...) par Pierre Rémy. 12 décembre 1757 et 13 février 1758. In-12, demi-rel. basane, front. gravé.

701. HELFFENSTORFFER. Catalogue d'une belle collection d'estampes anciennes et modernes, de dessins originaux

et livres d'art de feu M. J.-B. de Helffenstorffer. 1ʳᵉ et 2ᵉ parties. ... octobre 1837 et jours suivants. Astaria et Cᵉ, experts. In-8, demi-rel. mar. rouge.

702. HÉLIE. Catalogue d'une nombreuse collection de tableaux des écoles anciennes et modernes..... provenant du cabinet de feu M. Hélie fils, architecte. 18 et 19 novembre 1836 (Simonet). In-8, demi-rel. mar. bleu.

703. HÉLIE. Catalogue de tableaux des trois écoles (tableaux et dessins modernes provenant de M. Hélie, architecte). Novembre 1836. In-8, demi-rel. mar. rouge.

704. HELSLEUTER (van), etc. Catalogue de tableaux, dont quarante-quatre proviennent du célèbre cabinet de M. van Helsleuter, d'Amsterdam, et les autres de diverses collections. Pluviôse an X (25 janvier 1802). In-8, cartonné.
Prix.

705. HENDERSON (John). Catalogue of the valuable library... prints, drawings, pictures, gems, bronzes, antiquities..... coins and medals..... of the late John Henderson, esq. *Londres, chez Sotheby.* 18, 19 et 20, 23 à 26 février 1830. Grand in-8, demi-rel. coins veau fauve.
Prix et noms.

706. HENDRIK (Graaf Jan). Catalogus van de Wydvermearde en alom bekende kabinetten met rariteiten en kostbaarheeden..... porcelynen..... schilderyen..... nagelaten by Wylen den Hoog Edele gebooren Herr Jan Hendrick... *Amsterdam,* 25 octobre 1769 et jours suivants. J. Posthumus, J. Lambert, J. Lambers de Jorje, P. Posthumus, exp. Petit in-8, demi-rel. coins mar. noir.
Prix et noms.

707. HENNEQUIN. Notice de tableaux, dessins, esquisses, croquis et planches gravées, de feu M. Hennequin, peintre d'histoire, et d'autres tableaux des diverses écoles anciennes et modernes. Lundi 18 et mardi 19 avril 1836 (George). In-8, demi-rel. mar. rouge.

708. HENNEVILLE (baron d'). Catalogue d'estampes, portraits et sujets relatifs à l'histoire de France, depuis François Iᵉʳ jusqu'à Louis XIV et principalement les règnes d'Henri IV et Louis XIII faisant partie de la collection de feu M. le baron d'Henneville. 23-26 février 1858. Vignères, expert. In-8, demi-rel. mar. bleu.
Prix et quelques noms.

709. HENRY. Catalogue de tableaux italiens, flamands, hollandais, allemands et français, composant l'intéressante

collection de feu M. Henry, commissaire expert, du Musée royal, par George..... Lundi 23, mardi 24 et mercredi 25 mai 1836. In-8, demi-rel. mar. pourpre.

Prix.

710. HENRY (Mlle). Catalogue de tableaux par différents maîtres des trois écoles figures, et bustes en marbre..... etc., composant le cabinet de M. *** (Mlle Henry). 10 et 11 décembre 1807. Petit in-8, demi-rel. mar. rouge.

Prix.

711. HERCOLANI (Filippo). Versi e prose sopra una serie di eccellenti pitture, posseduta dal signor marchese Filippo Hercolani, principe del S. R. I. *In Bologna*, 1780. In-4, demi-rel. basane rouge.

712. HÉRIS. Catalogue d'une riche collection de tableaux des écoles flamande et hollandaise recueillie, par M. Héris, de Bruxelles..... 25 et 26 mars 1841. Ch. Paillet, expert. In-8, demi-rel. mar. vert clair, tête dorée.

Prix et noms.

713. HERRENSCHWAND. Catalogue d'une riche et nombreuse collection de tableaux..... qui composent le cabinet de M. D. Herrenschwand, de Berne. Le mercredi 24 janvier 1810 et jours suivants. In-8, demi-rel. mar. rouge.

Prix.

714. HERTZ. Catalogue of the collection of assyrian, babylonian, egyptian, greek, etruscan, roman, indian, peravian and mexicain antiquities, formed by B. Hertz... *London*, 1851. In-4, demi-rel. mar. pourpre.

Planches gravées.

715. HESME. Catalogue de tableaux et de dessins des diverses écoles composant le cabinet de M. Hesme, de Villeneuve-sur-Yonne... 3 et 4 mars 1856. Horsin-Déon, expert, In-8, demi-rel. mar. bleu.

716. HEYBROEK (Jan Willem). Catalogus van eene fraaje Verzameling Welgeconditioneerde Boeken en Prentwerken... Schilderyen..... Teekeningen, crayonnen en miniaturen... nagelaten door wylen den heere Jan Willem Heybroek. *Rotterdam*, 9 juin 1788 et jours suivants. J. Burgvliet, A. Bothal, experts. In-8, demi-rel. mar. vert foncé.

Prix et noms.

717. HIBBERT (Georges), esq. A Catalogue of drawings by old masters.... Georges Hibbert, esq. *Londres, chez Christie et Manson.* Juin 1833. In-8, demi-rel. mar. vert.

Prix et noms d'acquéreurs.

718. Hick (Benjamin), esq. A Catalogue of the valuable well known and much admired collection of paintings... by the late proprietor Benjamin Hick, esq. *Manchester, chez T. Winstanley and sons.* Febvrier 1843. In-4, demi-rel. mar. marron.

719. Hillary (sir William). A Catalogue of the very valuable collection of important pictures..... bronze..... antique busts..... and various other articles of taste and virtue lately forming the collection of sir William Hillary Bart. *Londres*, 24 et 25 juin 1808. In-4, demi-rel. mar. orange.

Hippisley. Voyez *Stuart Hippisley*.

720. Hirsch (baron Albert de). Catalogue des objets d'art et de curiosité, camées et intailles..... 20, 21, 22, 23 et 24 avril 1869. Rollin et Feuardent, Ch. Mannheim, experts. Grand in-8, demi-rel. mar. la Vallière.

721. Hobday. A Catalogue of the works of british and french artists composing M. Hobday's Gallery of modern Art. 53 Pall Mall. 1828. In-8, demi-rel. mar. rouge.

722. Holbach (M. le baron d'). Catalogue de tableaux des trois écoles; estampes, vases, porcelaines, etc., formant le cabinet de M. le baron d'Holbach. Lundi 16 mars 1789. In-8, demi-rel. mar. rouge.

Prix et quelques noms.

723. Holbach (baron d'). Catalogue des tableaux, dessins et gravures, objets d'art, tabatières, médailles dépendant de la succession de M. le baron d'Holbach. 6 et 7 mai 1861. Dhios, expert. Petit in-8, demi-rel. mar. rouge.

724. Hoofman (Mlle). Catalogue du cabinet excellent en tailles-douces, etc., délaissé par feu Mlle M. Hoofman (dessins et estampes). *Harlem,* 9 juin 1846 et jours suivants. A. Engesmet, expert. In-8, demi-rel. coins mar. vert, tête dorée.

725. Hooghe (Jacques de). Catalogue d'une très-grande et riche collection d'estampes des plus fameux maîtres et d'une belle collection de dessins et de tableaux, le tout recueilli avec grand soin et dépenses par feu sieur Jacques de Hooghe. Lundi 14 juin 1773. *Anvers.* In-8, cartonné.

Prix.

726. Hope. (Succession de M. W.-W. Hope.) Catalogue d'une belle réunion de tableaux et dessins anciens et modernes..... 12 juin 1855. Rondel, expert. In-8, demi-rel. mar. bleu.

727. Hope (Henry). A Catalogue of the highly distinguished and very celebrated collection of italian, french, flemish and dutch pictures the genuine property of Henry Hope, esq. deceased. *Londres*, 27 juin 1816 et jours suivants (Christie). In-4, demi-rel. coins mar. noir.
Prix.

728. Hope (William). Catalogue de tableaux anciens des écoles flamande, hollandaise et française provenant de la galerie de M. W. Hope. 11 mai 1858. Rondel, expert. Grand in-8, demi-rel. coins mar. pourpre, tête dorée.
Prix.

729. Horsin-Déon. (Première vente.) Catalogue des tableaux anciens des différentes écoles formant la collection de M. Horsin-Déon, peintre. 26 et 27 mars 1868. Horsin-Déon, expert. Grand in-8, demi-rel. mar. vert clair.
Prix et quelques noms.

730. Houdetot (de). Catalogue de la première partie de la belle collection de tableaux anciens, etc..... comprenant la galerie de feu M. le comte de Houdetot. Lundi 12 décembre 1859 et jours suivants. In-4, cartonné.
Prix et quelques noms d'acquéreurs.

731. Hoppe. Catalogue d'une belle collection de tableaux, pastels, miniatures, dessins, gouaches estampes et différents autres objets de curiosité, composant le cabinet de feu M. de Hoppe. *Vienne*, le 8 janvier 1822. — Catalogue des tableaux et dessins des maîtres célèbres des différentes écoles ainsi que des divers ouvrages d'art, etc., qui composent le cabinet de feu M. J.-M. de Birckenstock. Mars 1811. — Catalogue d'une collection d'estampes et dessins de (feu Reich). *Vienne*, 2 avril 1861. Ens. 3 cat. réun. en 1 vol. pet. in-8, cart.

Houzé de Grandchamp. Voyez *Grandchamp.*

732. Hue. Catalogue d'un choix de jolis tableaux provenant des cabinets de MM. J. Fr. et Al. Hue, peintres. 5 janvier 1838 (Gérard, expert). In-8, demi-rel. mar. vert foncé.

733. Huet (Paul). Catalogue des tableaux, esquisses, études, dessins, par feu Paul Huet. 15 et 16 avril 1878. Ch. Pillet-Brame. Grand in-8, broché.
Exempl. en grand papier, 8 eaux-fortes.

734. Hulin (Mme). Vente, après cessation de commerce de Mme Hulin, d'une belle et nombreuse collection de tableaux et dessins modernes. Lundi 8 décembre 1834 et jours suivants. (Schroth.) In-8, demi-rel. mar. vert.

735. Huin. Catalogue d'un choix très-précieux d'estampes, etc., après le décès de M. Huin, par F.-L. Regnault-Delalande. Lundi 3 décembre 1821 et jours suivants. In-8, cartonné.
Prix et noms des acquéreurs.

736. Hulse (Richard). A Catalogue of the truly capital and higly valuable collection of pictures..... the genuine property of the late Richard Hulse, esq. of Blackheath, dec..... *Londres, chez Christie.* 21 mars 1806 et jours suivants. In-4, demi-rel. bleu foncé, tête dorée.
Prix.

737. Hultem (van). Catalogue raisonné de la précieuse collection de dessins et d'estampes formant le cabinet de M. Ch. van Hultem. Lundi 8 juin 1846 et jours suivants. Grand in-8, demi-rel. mar. bleu.

738. Humann. Catalogue de la précieuse collection d'objets d'art et haute curiosité..... composant le cabinet de feu M. Humann. 8, 9, 10, 11, 12, 13 et 15 février 1858. Mannheim, expert. Grand in-8, demi-rel mar. rouge.

739. Humble (John). A Catalogue of the very capital choice and valuable collection of italian, french, flemish and dutch pictures formed at great expence in the course of several years by John Humble, esq..... *Londres,* 11 avril 1812 (Christie). In-4, demi-rel. mar. vert.
Prix.

740. Hume (sir Abraham). A descriptive Catalogue of a collection of pictures..... 1824. Grand in-4, dos et coins mar. la Vallière, doré en tête.

741. Huquier. Catalogue des tableaux, gouaches, dessins en feuilles et sous verre, estampes, livres et autres curiosités du cabinet de M***. 1771. 2° vente. 9 novembre 1772. In-12, veau marbré.
Prix.

742. Huybrecuts (P.-J.). Catalogue de tableaux anciens de premier ordre des écoles flamande et hollandaise, composant la collection de M. P.-J. Huybrechts. 4 avril 1868. E. Barre, expert. Grand in-8, demi-rel. mar. la Vallière.
Prix.

743. Ibbot (Henry). A Catalogue of the valuable and extensive collection of prints, consisting principally of british portraits, the property of the late Henry Ibbot, esq..... *Londres, chez Sotheby.* 2 février 1818 et jours suivants. In-8, demi-rel. coins veau fauve.
Prix et noms.

744. IDSINGA. Catalogus van eene Verzameling voortreffelijke Schilderijen... Teekeningen... Prenten..... alles en alleen bijeen verzameld door den Wel-Ed. Geb. Heer J. van Idsinga. *Amsterdam*, le 2 novembre 1840. In-8, demi-rel. mar. rouge.

745. IMBARD. Catalogue de tableaux, dessins, etc.... provenant du cabinet de feu M. E.-F. Imbard, par Duchesne aîné. Le 28 novembre 1831 et jours suivants. In-8, cartonné.

Prix.

746. INGRES. Catalogue des tableaux, dessins et œuvres en cours d'exécution dépendant de la succession de M. Ingres. 27 avril 1867. F. Petit, expert. Vente de 90 tableaux, dessins, aquarelles et études, provenant de l'atelier de M. Ingres. 6 et 7 mai 1867. Haro, expert. Grand in-8, demi-rel. coins mar. vert olive, tête dorée.

Prix.

747. INGOUF. Catalogue d'estampes anciennes et modernes, recueils, livres, planches gravées, quelques tableaux et dessins, après le décès de M. François-Robert Ingouf. Lundi 8 mars 1813. In-8, cartonné.

748. INGRES. Catalogue des tableaux, études peintes, dessins et croquis de J.-A.-D. Ingres, peintre d'histoire, sénateur, membre de l'Institut, exposés dans les galeries du palais de l'École impériale des Beaux-Arts. 1867. In-8, mar. rouge, tranche dorée.

749. JACKSON. A Catalogue of the first part of the extensive and valuable collection of italian, french, flemish and dutch pictures, of M. Jackson of Chelsea..... *Londres*, 7 et 8 avril 1807 (Christie). In-4, demi-rel. mar. orange.

Quelques prix.

750. JACQMIN. Catalogue d'une riche collection de coquilles, etc., tableaux, dessins, etc., provenant de la succession de feu M. Jacqmin. Lundi 26 avril 1773. In-12, demi-rel. mar. rouge.

Prix.

Jacques II, roi d'Angleterre. Voyez *Charles I*er.

751. JANZÉ (vicomte de). Catalogue des objets d'art et de haute curiosité, antiques et de la Renaissance, médailles, composant la collection de feu M. le vicomte de Janzé. 16 avril 1866 et jours suivants. Rollin et Feuardent, Ch. Mannheim, Clément, experts. 2e partie : Tableaux, estampes anciennes, lithographies, livres à figures et catalogues.

Vente 24, 25 et 26 avril 1866. Clément, expert. In-8, demi-rel. mar. vert olive.

Prix à la 2° partie.

752. JECKER. Notice des estampes anciennes et modernes formant le cabinet de feu M. Louis-Joseph Jecker, rédigée par M. Ch. Le Blanc. 11 novembre 1851. In-8, demi-rel. mar. vert clair.

Prix et quelques noms.

753. JECKER. Catalogue de tableaux capitaux des écoles italienne, espagnole, flamande, hollandaise et française provenant de la collection de feu M. Jecker. 10 novembre 1851. François, expert. In-8, demi-rel. mar bleu.

754. JOLIVARD. Catalogue du cabinet de M. J***. Tableaux modernes, dessins et aquarelles, estampes anciennes, objets d'art et curiosités. 20 et 21 décembre 1861. F. Petit, Clément, experts. Grand in-8, demi-rel. mar. la Vallière.

Prix et noms.

755. JOMBERT père. Catalogue de tableaux, sculptures, dessins, estampes, livres et autres objets curieux du cabinet de M*** (Jombert père), par F.-C. Joullain. 15 avril 1776 et jours suivants. Petit in-12, demi-rel. mar. bleu.

Prix.

756. JONG (Daniel de). Catalogue de tableaux, suivi d'une indication des dessins et estampes, composant le cabinet de feu M. Daniel de Jongh. *A Rotterdam*, le lundi 26 mars 1810 et jours suivants. In-8, demi-rel. veau fauve.

757. JONGH. (Daniel de). Catalogus van eene fraaije verzameling Schilderijen, etc., alles nagelaten door wijlen den wel edelen heer Daniel de Jongh. 26 maart 1810. *Rotterdam*. In-8, demi-rel. mar. orange.

758. JOULLAIN. Catalogue de tableaux peints par des maîtres très-renommés dans les trois écoles, par Pierre Remy. (Vente Joullain.) 3 avril 1781 et jours suivants. Grand in-12, demi-rel. mar. rouge.

Prix et noms.

759. JOULLAIN. Catalogue de quelques tableaux, dessins et d'une nombreuse et belle collection d'estampes, provenant de la succession de M. Joullain. Lundi 17 mai 1779. In-8, demi-rel. mar. rouge.

On y a joint une pièce manuscrite concernant l'abbé de Tressan.

760. JOURDAN. Catalogue d'une collection de tableaux et bronzes de toutes proportions, appartenant à M. Jourdan.

4 avril 1803. A.-J. Paillet et H. Delaroche, experts. Grand in-12, demi-rel. mar. bleu.

761. Jourdan. Catalogue d'estampes, sujets religieux, et par les maîtres des écoles allemande, flamande, hollandaise et française..... formant le cabinet de M. J***. 2 et 3 mai 1862. Vignères, expert. In-8, demi-rel. mar. brun.
Prix et noms.

762. Journu-Aubert, comte de Tustal. Catalogue de tableaux et autres objets de curiosité provenant de M. Journu-Aubert, comte de Tustal. 23 avril 1816. H. Delaroche, expert. In-8, demi-rel. mar. bleu.

763. Jousselin. Catalogue de tableaux anciens et modernes études et esquisses peintes, dessins anciens et gravures... qui composaient le cabinet de M. Jousselin, artiste peintre, économe du Musée du Louvre. 15 et 16 avril 1858. Vignères, expert. In-8, demi-rel. mar. bleu.

764. Joyant. Catalogue de tableaux et dessins anciens et modernes, d'estampes, recueils et ouvrages à figures... qui composent le cabinet et la bibliothèque de M. Jules Joyant. 22 mars 1855 et jours suivants. Defer, expert. In-8, demi-rel. mar. rouge.
Quelques prix.

765. Julienne (de). Catalogue raisonné des tableaux, dessins et estampes, et autres effets curieux, après le décès de M. de Julienne, etc... 1767. In-8, veau jaspé, front.
Prix et noms des acquéreurs.

766. Kaïeman. Catalogue de la belle et riche collection de dessins anciens... de feu M. Kaïeman, conseiller à la cour d'appel et membre du conseil communal de Bruxelles. 1re partie, 26 avril 1858 et jours suivants. 3e partie, 2 mars 1859 et jours suivants. Blaisot, expert. In-8, demi-rel. veau antique.

767. Kalkbrenner. Catalogue de la précieuse collection de tableaux de feu M. Frédéric Kalkbrenner. 14 janvier 1850. Ferd. Laneuville, expert. Grand in-8, demi-rel. mar. bleu.

768. Karcher (de). Catalogue d'estampes du cabinet de feu le chevalier de Karcher... par Duchesne aîné. 24 janvier 1825. In-8, cartonné.

769. Kat (Herman de). Catalogue de la galerie de tableaux anciens et modernes de feu M. Herman de Kat de Dordrecht. 2 et 3, 7 et 8 mai 1866. MM. Lamme, F. Petit, experts. In-8, demi-rel. mar. la Vallière.
Prix et quelques noms.

770. KAT (Herman de). Catalogue de la collection de dessins anciens et modernes, galeries, livres à figures et sur les arts et première partie des gravures et eaux-fortes de toutes les écoles de feu M. Herman de Kat... *Rotterdam*, 4 mars 1867 et jours suivants. A.-J. Lamme et Dirk, A. Lamme, experts. In-8, demi-rel. mar. vert clair.

771. KHALIL-BEY. Catalogue des tableaux anciens et modernes qui composent la collection de S. Exc. Khalil-Bey. 16, 17 et 18 janvier 1868. Haro, expert. Grand in-8, demi-rel. coins, mar. pourpre, tête dorée.

Prix.

772. KIRSCHBAUN (Chevalier de). Catalogue de la collection de tableaux, dessins, sculptures... de feu M. le chevalier de Kirschbaun, conseiller d'Etat... *Munich*, 3 mars 1851 et jours suivants. In-8, demi-rel. veau fauve.

773. KLIJN. Catalogus van eene fraaije Verzameling gekleurde en orgekleurde Teekeningen, door oude en Hedendaagsche meesters... alles... nagelaten door... den Heer Hendrik Harmen Klijn. *Amsterdam*, 27 mai 1856. C.-F. Roos, Gerrit de Vries, Jz W.-J.-M. Engelbert, experts. Petit in-8, demi-rel. mar. violet.

774. KNOTT (George). Catalogue of the very celebrated collection of pictures the works of the most distinguished modern english painters formed by George Knott, esq., deceased... *Londres*, 26 avril 1845. Christie and Manson. Grand in-8, demi-rel. mar. pourpre.

Prix aux tableaux anglais modernes.

775. KNYFF. 44 tableaux, études et esquisses par le chevalier Alfred de Knyff. 13 avril 1876. Ch. Pillet et Haro. Br. grand in-8, 6 figures gravées à l'eau-forte.

776. KOSLOFF (Dʳ). Catalogue des tableaux anciens des différentes écoles formant la collection du docteur Kosloff, de Saint-Petersbourg. 16 et 17 mars 1866. Horsin-Déon, expert. In-8, demi-rel. mar. vert.

777. KOERTEN. Catalogue d'un magnifique cabinet de papier de coupe, par feu demoiselle Johanna Koerten, épouse de feu M. Adriaan Blok, découpé en papier avec les ciseaux, avec l'Album relatif à la découpure, etc.... *Amsterdam*, 17... In-8 cartonné.

778. KOUCHELEFF-BESBORODKO. Catalogue de 43 tableaux de maîtres anciens provenant de la collection de M. le comte Koucheleff-Besborodko. 5 juin 1869. Durand-Ruel,

expert. Grand-in-8, demi-rel. coins mar. rouge, tête dorée, eaux-fortes.

Prix.

779. KRAETZER (Eugène). Catalogue de tableaux anciens composant la collection de M. Eugène Kraetzer, de Mayenne. 31 mars 1869. Kohlbacher et Féral, experts. Grand-in-8, demi-rel. mar. groseille.

Prix.

780. KYMLI. Catalogue de tableaux des écoles d'Italie, des Pays-Bas et de France, dessins et estampes qui composaient la collection de M. Kymli. Lundi, 22 février 1813. In-8, cartonné.

781. LABORIE. Catalogue des objets d'art et de haute curiosité, du moyen âge, de la Renaissance et des temps modernes, composant la précieuse collection de M. E. Laborie. 11, 12, 13, 14 et 15 février 1867. Ch. Mannheim, expert. In-8, demi-rel. mar. la Vallière.

782. LACHNICKI. Catalogue de la collection de tableaux de M. Lachniki. 15 juin 1867. Horsin-Déon, expert. Grand in-8, demi-rel. mar. la Vallière.

Prix.

783. LAFITTE. Catalogue de la collection de tableaux des écoles d'Italie, de Flandre, de Hollande et de l'école française moderne; figures, bustes....... le tout formant le cabinet de M. Jacques Lafitte. 15 décembre 1834 et jours suivants. Charles Paillet, expert. In-8, demi-rel. mar. rouge.

Prix.

784. LAFITTE. Catalogue de tableaux, etc.... du cabinet de feu M. Louis Lafitte.... par Duchesne aîné. Jeudi 18 décembre 1828 et jours suivants. In-8, cartonné.

785. LAFOND. Catalogue de tableaux anciens des différentes écoles, tableaux modernes, esquisses...... après le décès de M. Lafond, peintre d'histoire. 4, 5, 6 février 1835 et jours suivants. In-8, demi-rel. mar. rouge.

Lafontaine. Voyez *Varroc* et *Lafontaine.*

786. LAFONTAINE. Catalogue d'une riche collection de tableaux, etc.... par Henry et Laneuville, etc.... 28 mai 1821 et jours suivants. In-8, demi-rel. mar. violet.

787. LAFONTAINE. Catalogue de tableaux capitaux des écoles de Hollande, de Flandre, d'Italie et de France, de M. P.-J. Lafontaine, ancien commissaire-expert des musées royaux.

8 avril 1855. Ch. Paillet, expert. In-8, demi-rel. mar. rouge.

Prix.

788. LA FOREST (l'abbé de). Notice d'un cabinet de tableaux des meilleurs maîtres; d'un superbe clavecin peint par Lesueur, pour la reine Anne d'Autriche; d'un très-beau Christ en ivoire et de plusieurs estampes (cabinet de M. l'abbé de la Forest). 6 avril 1784. Paillet, expert. Gr. in-12, demi-rel. mar. vert foncé.

789. LAGOY (marquis de). Catalogue de dessins anciens et originaux de toutes les écoles provenant du cabinet de feu M. le marquis de Lagoy. Jeudi 17 avril 1834 et jours suivants. Pierre Bénard, expert. In-8, demi-rel. mar. vert.

Prix et quelques noms.

790. LAGRENÉE. Notice de tableaux, etc.... provenant de feu M. Anthelme-François Lagrenée. Lundi 9 juillet 1832. in-8, cartonné.

791. LA HAYE (la). Catalogue de tableaux, bronzes, marbres et dessins du cabinet de feu M. de la Haye. 1754. In-8, demi-rel. mar. bleu.

Prix.

792. LAINÉ. Catalogue d'une collection de dessins et estampes provenant, en partie, du cabinet de M. Lainé, de Versailles, par J.-B. Glomy. 1776. In-12, cartonné.

793. LAINÉ. Catalogue de tableaux, dessins, estampes encadrées en feuilles et recueils, et autres objets de curiosité, provenant du cabinet de M. L*** (Lainé, peintre en miniature). 19 avril 1784 et jours suivants. Joullain, expert. Grand in-12, demi-rel. mar. rouge.

794. LAINÉ. Catalogue d'une nombreuse collection d'estampes et de dessins du cabinet de feu M. de Lainé, de Lausanne, rédigé par G. Delande. 15 avril 1839 et jours suivants. In-8, demi-rel. mar. vert foncé.

795. LALIVE (de). Catalogue historique du cabinet de peinture et de sculpture françoise de M. Lalive, introducteur des ambassadeurs, honoraire de l'Académie royale de peinture. 1764. Mar. rouge, tr. dor. front.

Prix et noms des acquéreurs de la vente faite en 1770.

796. LA LIVE DE JULLY (de). Catalogue raisonné des tableaux de différentes écoles, etc. et autres objets qui composent le cabinet de M. de la Live de Jully. Lundi 5 mars 1770 et jours suivants. In-12, demi-rel. mar. rouge.

Prix.

797. Lambert (Charles). A Catalogue of the very choice and valuable cabinet of Pictures, formed with great taste and judgment, by Charles Lambert, esq. F. A. S..... *Londres*, 7 mars 1812 (Christie). In-4, demi-rel. mar. vert clair.

798. Lambert (le chevalier) et M. Du... — Catalogue de tableaux capitaux et d'objets rares et curieux..... le tout provenant des cabinets de M. le chevalier Lambert et de M. Du..., par J.-B. Le Brun. 1787. In-8, demi-rel. coins mar. violet, tête dorée.

Prix et noms.

799. Lambertye (marquis de). Catalogue de tableaux modernes composant la collection de M. le marquis de L*** (Lambertye). 4 février 1865. F. Petit, expert. In-8, demi-rel. mar. brun.

800. Lambertye (comte de). Catalogue des tableaux modernes dépendant de la collection de M. le comte de *** (Lambertye). 17 décembre 1868. Haro, expert. Gr. in-8, demi-rel. mar. groseille.

Prix.

801. La Mésangère. Catalogue du cabinet de feu M. La Mésangère... Lundi 18 juillet 1831 et jours suivants. In-8, cartonné.

802. Landais. Catalogue de tableaux modernes provenant de la collection de M. Landais. 2 mars 1874. Durand-Ruel, expert. Grand in-8, demi-rel. mar. tête de Maure.

803. Landon. Notice des tableaux, exécutés par C.-P. Landon, etc... Samedi 18 novembre 1826. In-8, cartonné.

804. Laneuville. Catalogue d'une précieuse collection de tableaux des trois écoles, la plupart capitaux et tous du meilleur choix... (Vente Laneuville.) 15 et 16 novembre 1813. Petit in-8, demi-rel. mar. rouge.

Prix.

805. Laneuville (Ferdinand). Catalogue de tableaux par Philippe Wouvermens, Goya, Greuze, etc., aquarelles, dessins, gravures..... dépendant de la succession de feu M. Ferdinand Laneuville, expert. 9 mai 1866. Dhios, expert. In-8, demi-rel. mar. pourpre.

806. Langlès. Notice d'une collection d'estampes, etc., composant le cabinet de M. Langlès... par Bénard. Lundi 15 et mardi 16 mars 1824. In-8, cartonné.

Prix et noms des acquéreurs.

807. Langlier. Catalogue d'une collection de tableaux des

trois écoles provenant du cabinet de M***. 17 mars 1812. In-8, cartonné.

Prix et noms.

808. LANSDOWNE (marquis of). A Catalogue of a valuable assemblage of pictures sold by order of the assignees of M. Michael Bryan, also a select and truly capital collection of chiefly cabinet..... the genuine property of a collector distinguished for his taste..... and five capital original pictures..... the property of the late marquis of Lansdowne. *Londres*, 25 et 26 mai 1810. (*Christie*.) In-4, demi-rel. mar. vert clair.

809. LAPERLIER. Collection de M. Laperlier. Tableaux et dessins de l'école française du xviiie siècle et de l'école moderne..... 11, 12 et 13 avril 1867. F. Petit, Ch. Mannheim, experts. Grand in-8, demi-rel. mar. vert olive.

Prix.

810. LAPEYRIÈRE. Catalogue d'une collection précieuse et du plus beau choix de tableaux, etc., composant le cabinet de M. L*** (Lapeyrière). Lundi 14 avril 1817 et jours suivants. In-8, demi-rel. maroquin bleu.

Prix et noms des acquéreurs.

811. LAPEYRIÈRE. Catalogue de tableaux précieux, etc., formant le cabinet de M. Lapeyrière... par Henry. 19 avril 1826 et jours suivants. In-8, demi-rel. maroquin rouge, doré en tête.

Prix.

812. LA ROCHEFOUCAULD-LIANCOURT (duc de). Catalogue d'une intéressante collection de tableaux anciens et modernes, des écoles flamande et française, de dessins, estampes, médailles et statues, formant le cabinet de feu M. le duc de la Rochefoucauld-Liancourt. 20 juin 1827 et jours suivants. Roland, Lancuville aîné, experts. In-8, demi-rel. mar. vert.

813. LASSAY (marquis de). Supplément au Catalogue d'une belle collection de tableaux et bustes en marbre dont la majeure partie provient du célèbre cabinet de M. le marquis de Lassay..... par Joullain fils. 22 mai 1775. In-8, demi-rel. veau vert foncé.

814. LASSUS. Catalogue des livres, dessins, estampes et tableaux, composant le cabinet de feu M. J.-B.-A. Lassus, architecte de Notre-Dame de Paris et de la Sainte-Chapelle..... 3 mars 1858 et jours suivants. In-8, demi-rel. mar. rouge.

815. LAURENCEL (de). Catalogue de tableaux précieux des

écoles anciennes et modernes, dessins, gravures et lithographies, armes, armures..... de M. de Laurencel, ex-conservateur de Mme la duchesse de Berry. 10, 11 et 12 janvier 1831. Laneuville aîné, expert. In-8, demi-rel. mar. bleu foncé.

Prix.

816. LAURENT. Catalogue des tableaux, etc., provenant de la succession de M. François-Nicolas Laurent. Vendredi 29 mai 1829. In-8, cartonné.

817. LAURENT-RICHARD. Catalogue des tableaux composant la collection Laurent Richard. 7 avril 1873. Durand-Ruel, expert. Grand in-8, demi-rel. coins mar. bleu, tête dorée.

Prix.

818. LAURENT-RICHARD. Catalogue des tableaux composant la collection Laurent-Richard. 7 avril 1873. Durand-Ruel, expert. Grand in-8, demi-rel. coins mar. jaune safran, tête dorée. Nombreuses eaux-fortes et photographies.

Prix.

819. LAURENT-RICHARD. Catalogue de tableaux modernes et de tableaux anciens, composant la collection Laurent-Richard. 23-24 mai 1878. Ch. Pillet, Durand-Ruel, George, Petit, Féral. Gr. in-8, broch.

Exemplaire en grand papier, 53 eaux-fortes.

820. LAVAL (de). Catalogue d'une belle collection de tableaux, etc., après le décès de M. de Laval. 18 septembre 1832 et jours suivants. In-8, cartonné.

821. LA VALLIÈRE (de). Catalogue des tableaux précieux des plus grands maîtres des écoles flamande et hollandoise, qui composent le cabinet de M. le duc de la Vallière. Mercredi 21 février 1781 et jours suivants... sous la direction de A. Paillet. In-8, demi-rel. maroq. rouge.

Prix.

822. LAWRENCE (sir Thomas). A Catalogue of the..... valuable collection of modern drawings, a few paintings..... of sir Thomas Lawrence. *Londres, chez M. Christie.* 17 juin 1830. In-4, demi-rel. dos et coins de maroq. vert, doré en tête.

823. LAWRENCE. The Lawrence Gallery. 1835-1836. *London.* 10 expositions successives des dessins appartenant à sir Thomas Lawrence...
1re exposition, mai   1835, 100 dessins de Rubens.
2°   —   juillet   —   100   —   Van Dyck et Rembrandt.

R.

3ᵉ exposition, août — 100 dessins de Poussain et C. Lorain.
4ᵉ — janvier 1836 : 100 — Parmezan et Corrèze.
5ᵉ — février — 100 — J. Romain, Primatice, L. de Vinci et P. del Vaga.

<small>Cette 5ᵉ exposition manque dans l'exemplaire.</small>

6ᵉ — mars 1836, 100 dessins des Carrache.
7ᵉ — avril — 100 — de Zucchero, A. del Sarto, Polidoro et F. Bartolomeo.
8ᵉ — mai — 100 — d'A. Dürer et Titien.
9ᵉ — juin — 100 — de Raphaël.
10ᵉ — juillet — 100 — de Michel-Ange.
In-8, demi-rel. mar. rouge.

Ces expositions ont été faites par les soins des frères Woodburn, acquéreurs de la collection de dessins de Lawrence.

824. LE BARBIER. Catalogue des tableaux, dessins, etc...., de feu M. Le Barbier... par Piéri Bénard. Lundi 27 novembre 1826 et jours suivants. In-8, cartonné.

Prix.

825. LE BAS. Catalogue de tableaux, sculptures, dessins, estampes, etc., provenant de la succession de feu M. Le Bas. Décembre 1783. Frontispice. In-8, demi-rel. veau vert.

826. LE BAS (Hippolyte). Catalogue des œuvres de feu Hippolyte Le Bas et des tableaux et dessins... qui formaient son cabinet. 2, 3 et 4 décembre 1867. F. Petit, expert. In-8, demi-rel. mar. vert clair.

827. LE BLANC (l'abbé). Catalogue d'une belle collection de tableaux qui composent le cabinet de M. l'abbé Le Blanc. Mercredi 14 février 1781. Par J.-B.-P. Le Brun. In-8, demi-rel. coins mar. rouge, tête dorée.

Prix.

828. LEBLANC (Charles). Catalogue de dessins anciens et modernes des écoles allemande, anglaise, flamande, germanique..... de M. Charles Leblanc.... Les 3, 4, 5 et 6 décembre 1866. Vignères, expert. In-8, demi-rel. mar. vert olive.

829. LE BŒUF. Catalogue raisonné d'une très-belle collection de tableaux des écoles d'Italie, de Flandre, de Hollande et de France ; pastels, miniatures, etc., provenant

du cabinet de M***. Mardi 8 avril 1783. In-8, cartonné.

Prix et noms.

830. LE BRUN. Catalogue d'une très-belle collection de tableaux de maîtres très-renommés des différentes écoles, rassemblés par un artiste (J.-B.-P. Le Brun.) Lundi 20 décembre 1773 et jours suivants. (P. Rémy.) Grand in-12, demi-rel. mar. vert.

Prix et noms.

831. LE BRUN. Catalogue de tableaux des trois écoles, dessins, terres cuites, bronzes, marbres, meubles de Boule, porcelaines, etc., et autres objets de curiosité. Lundi 19 janvier 1778. In-8, demi-rel. maroq. brun.

Prix.

832. LE BRUN. Catalogue d'objets rares et curieux du plus beau choix..... provenant du cabinet de M. Le Brun. Lundi 11 avril 1791 et jours suivants. In-8, demi-rel. maroquin brun.

Prix et noms des acquéreurs.

833. LE BRUN (J.-B.-P.). Vente d'une collection de tableaux capitaux et du plus beau choix des trois écoles, statues de marbre, bronzes... et autres objets provenant de voyages faits tant en Italie qu'en Flandre... par J.-B.-P. Le Brun. 15 avril 1811 et jours suivants. Petit in-8, demi-rel. coins, mar. vert clair, tête dorée.

Prix.

834. LEBRUN. Catalogue d'une collection de tableaux capitaux, etc., de feu J.-B.-P. Le Brun... rédigé par feu Alex. Paillet... 23 mai 1814 et jours suivants. In-8, demi-rel. veau.

835. LEBRUN. Catalogue d'une nombreuse collection de tableaux des trois écoles, dessins, bronzes..... par M. Roux. (Vente après décès de Lebrun.) 27 décembre 1814 et jours suivants. In-8, demi-rel. maroq. rouge.

Prix.

836. LE CAMPION. Vente d'un fonds de planches, etc... après le décès du sieur Le Campion. Le mardi 22 mai et jour suivants 1792. In-8, cartonné.

Prix et noms des acquéreurs.

837. LE CARPENTIER. Catalogue des objets d'art et de curiosité, tableaux anciens composant la collection de feu M. Le Carpentier. Du lundi 14 mai 1866 au 2 juin suivant. Ch. Mannheim, expert. In-8, demi-rel. mar. vert olive.

838. Lechi. Galerie Lechi, à Brescia (1866.) Planche gravée. In-8, demi-rel. mar. pourpre.

839. Leclerc. Notice de tableaux, etc., formant la collection laissée par feu M. Leclerc. Jeudi 5 janvier 1832. In-8, cartonné.
Prix.

840. Le Doux. Catalogue d'une précieuse collection de tableaux, bronzes, marbres, etc., provenant du cabinet de M. Le Doux. Lundi 24 avril 1775. In-8, demi-rel. maroq. vert.
Prix.

841. Ledru. Catalogue d'une collection de tableaux anciens, italiens, flamands et français..... composant le cabinet de feu M. Ledru. Mercredi 18 décembre 1833 et jours suivants. In-8, demi-rel. mar. vert.

842. Leembruggen (Gérard). Catalogue de tableaux, dessins anciens et modernes des écoles hollandaise, flamande, italienne et française... composant la collection de feu M. Gérard Leembruggen *Amsterdam*, 5 mars 1866 et jours suivants. In-8, demi-rel. mar. rouge.

843. Lefort (Paul). Catalogue de la collection de dessins anciens des maîtres espagnols, flamands, français, hollandais et italiens..... composant le cabinet de M. Paul Lefort, collaborateur de la Gazette des Beaux-Arts..... 28 et 29 janvier 1869. Blaisot, expert. Grand in-8, demi-rel. mar. vert olive.

844. Légère. Catalogue de figures, bustes de bronze, vases de marbre, porcelaines anciennes de différents genres et autres effets de curiosité composant le magasin de Légère. 15 décembre 1784 et jours suivants. Julliot fils, expert. Grand in-12, demi-rel. coins mar. pourpre.

845. Legrand. Catalogue de tableaux italiens, espagnols, hollandais, flamands et français, bustes et figures en marbre..... après cessation de commerce de M. Legrand. 21 novembre 1827. Ch. Paillet, expert. Grand in-12, demi-rel. maroq. bleu clair.

846. Lehon (comtesse). Catalogue de précieux tableaux, dessins et aquarelles des écoles italienne, flamande, hollandaise et française et de très-belles tabatières et bonbonnières..... composant la belle collection de Mme la comtesse Lehon. Pour cause d'expropriation..... 2 et 3 avril 1861. MM. Mannheim, F. Laneuville, experts. In-8, demi-rel. mar. pourpre, coins.
Prix et noms aux tableaux et dessins.

847. Le Lorrain. Catalogue d'une collection de tableaux et de dessins. etc., du cabinet de M. Le Lorrain, peintre du roi et de l'impératrice de Russie. 20 mars et jours suivants 1758. In-8, cartonné.

Prix et noms des acquéreurs. Exemplaire de Mariette.

848. Lélu. Catalogue d'une collection nombreuse de tableaux et d'esquisses, dessins et estampes, livres et autres objets, après le décès de M. Pierre Lélu. Mardi 23 avril 1811. In-8, cartonné.

849. Lemaitre. Catalogue des tableaux anciens formant la précieuse collection de M. Lemaître, trésorier-payeur général à Laon. 5 mars 1874, Féral, expert. Grand in-8, demi-rel. mar. brun.

Prix.

850. Le Masson. Catalogue de tableaux etc... composant le cabinet de M. L. Le Masson. Mercredi 10 mars 1830. In-8, cartonné.

851. Lemoyne. Catalogue de tableaux, dessins, etc., du cabinet de feu Pierre-Hippolyte Lemoyne... par Duchesne aîné. Lundi 19 mai 1828 et jours suivants. In-8, cartonné.

Prix.

852. Lempereur. Catalogue d'une riche collection de tableaux, de peintures à gouazze, etc... du cabinet de M*** (Lempereur). Le lundi 24 mai 1773 et jours suivants. In-8, veau fauve, tr. dorée.

(Prix et noms des acquéreurs.)

853. Lenglier (madame). Catalogue de tableaux des écoles florentine, romaine, etc., de Flandre, de Hollande, d'Allemagne et de France. Gouaches, miniatures, etc., après le décès Mme Lenglier. Lundi, 10 mars 1788. In-8, demi-rel. maroq. brun.

854. Lennep (Aarnoud van). Catalogus van een fraay Cabinetje uitmuntende Schilderyen door de Vermaardste Nederlandsche meesters... nagelaten by... Aarnoud van Lennep. *Amsterdam*, 24 juillet 1792 et jours suivants. Jac. Posthumus, Corn. Twisk, Jan Yver, etc. In-8, demi-rel. mar. rouge.

855. Lenoir (Alexandre). Catalogue des antiquités et objets d'art qui composent le cabinet de M. le chevalier Alexandre Lenoir, fondateur du musée des monuments français... 11 décembre 1837 et jours suivants. Théret, expert. In-8, demi-rel. mar. pourpre.

Quelques prix.

856. Lenoir (Alexandre). Catalogue de tableaux, dessins, gravures.... objets d'arts et de curiosité faisant partie de la belle collection de M. le chevalier Alexandre Lenoir... par continuation les 5 et 6 février 1838. Théret, expert. In-8, demi-rel. mar. rouge.

857. Lenoir (Mme veuve). Catalogue des diamants, bijoux, pierres gravées, éventails, matières précieuses..... tableaux anciens, aquarelles, dessins dépendant de la succession de Mme veuve Lenoir. 18 mai 1874 et jours suivants. Ch. Mannheim et Féral, experts. Grand in-8, demi-rel. mar. vert.

Quelques prix.

858. Lenoir-Dubreuil. Catalogue des tableaux précieux des trois écoles..... et de 27 portraits en émail par Petitot. Expert, M. H. Delaroche. *Paris*, février 1821. In-4, demi-rel. maroq. raisin de Corinthe.

Prix au crayon.

859. Lenormant (Charles). Catalogue de tableaux et dessins vendus après décès de M. Charles Lenormant, membre de l'Institut, 15 mars 1860. Dhios, expert. In-8, demi-rel. mar. rouge.

860. Le Poittevin (Eugène). Catalogue des tableaux, études terminées, esquisses, dessins et croquis de feu Eugène Lepoittevin, et des gravures et lithographies, faiences... armes, meubles... objets variés qui composaient son atelier. 9 avril 1872 et jours suivants. (F. Petit et Ch. Mannheim, experts.) Grand in-8, demi-rel. mar. violet foncé.

861. Le Rouge. Catalogue d'une collection précieuse de tableaux, etc... après le décès de Mme Le Rouge. 27 avril et jours suivants 1818. In-8, demi-rel. maroquin bleu.

862. Le Roux de Lincy. Catalogue d'une collection de livres et d'estampes concernant l'histoire de France et tout particulièrement l'histoire de Paris, provenant du cabinet de M. L. R. de L... (Le Roux de Lincy), rédigé par Léon Techener fils. 19 novembre 1855 et jours suivants. In-8, demi-rel. veau antique.

863. Leroy (d'Étiolles). Galerie de feu le docteur Leroy d'Étiolles. Tableaux anciens. 21 et 22 février 1861. Febvre, expert. Grand in-8, demi-rel. mar. rouge, coins.

864. Leroy (Étienne). Catalogue de la belle collection de tableaux des écoles flamande et hollandaise, formée pour M. le comte de C***, d'Anvers, par M. Etienne Leroy, de

Bruxelles..... 18 et 19 avril 1842. Ch. Paillet, expert. Grand in-8, demi-rel. mar. brun.

865. LE ROY LADURIE. Catalogue des objets d'art et de curiosité, serrures de xv⁰ et xvi⁰ siècles ; verrous provenant des châteaux d'Ecouen, d'Anet et autres..... composant l'intéressante collection de feu M. Le Roy Ladurie. 24 et 25 janvier 1873. Ch. Mannheim, expert. Grand in-8, demi-rel. mar. rouge.

Prix.

866. LE SUEUR. Catalogue de tableaux des trois écoles, gouaches, dessins et estampes, composant le cabinet de M. Le Sueur, peintre, par A.-J. Paillet. 22 novembre 1791 et jours suivants. Petit in-8, demi-rel. mar. brun.

867. LETHIÈRES. Catalogue d'un choix précieux de tableaux, etc., formant le cabinet de M. Lethières, etc.... Mardi 24 novembre 1829 et jours suivants. In-8, demi-rel. maroquin vert.

Prix.

868. LE TOURNEUR. Catalogue d'une belle collection de tableaux des trois écoles anciennes et modernes, bronzes, pendules, ivoire, gravures..... 7, 8 et 9 février 1831. Roux (du Cantal), expert. In-8, demi-rel. vert foncé.

Prix.

869. LEYDEN (van). Catalogue de la célèbre collection de tableaux de M. van Leyden, d'Amsterdam. Septembre 1804. In-8, demi-rel. maroq. violet.

Prix et noms.

870. L'HOMME. Catalogue de tableaux des écoles italienne, hollandaise, flamande et française, dessins..... provenant du cabinet de M. L'Homme, ancien agent de change. Lundi 24 et mardi 25 mars 1834. Charles Paillet. In-8, demi-rel. mar. rouge.

Prix et noms.

871. LIECHTENSTEIN. Description des tableaux et des pièces de sculpture que renferme la galerie de Son Altesse François Joseph, chef et prince régnant de la maison de Liechtenstein, etc., etc... *Vienne*, 1780. Grand in-8, demi-rel. maroquin vert, front.

872. LIEL (comte de). Catalogue de tableaux anciens des diverses écoles composant la collection de M. le comte de Liel. 23 et 24 avril 1869. Haro, expert. Grand in-8, demi-rel. mar. orange.

873. LIENART. Notice de tableaux anciens, etc..... après décès de M. Lienart. Mardi 26 mars 1833. In-8, cartonné.

874. LIGNE (de). Catalogue raisonné des dessins originaux... qui faisaient partie du cabinet de feu le prince Charles de Ligne, par Adam Bartsch. *A Vienne*, 1794. In-8, demi-rel. maroquin vert.

875. LIGOSSI. Catalogue raisonné of the Ligossi gallery of pictures, etc... *Londres*, 1ᵉʳ juin 1839. In-8, cartonné.

876. LIMBORCH (Henrik van). Catalogus van een Aonzienlike partije konstige en zeer aangename Schilderyen als mede van Tekeningen..... Prentkonst..... nagelaten door wylen den konstschilder Henrik van Limborch. *La Haye*, 17 septembre 1759 et jours suivants. In-8, demi-rel. veau brun.

Prix.

Linden (van der). Voyez *Slingeland*.

877. LISSINGEN. Catalogue de tableaux de premier ordre des écoles hollandaise et flamande composant la remarquable collection de M. le chevalier J. de Lissingen, de Vienne. 16 mars 1876. Ch. Pillet et Féral. Grand in-8, br. 12 figures gr. à l'eau-forte.

Exemplaire EN GRAND PAPIER DE HOLLANDE; avec les prix d'adjudication et les noms des acquéreurs, manuscrits.

878. LISTE CIVILE. Liquidation de l'ancienne liste civile et du domaine privé. Catalogue de tableaux modernes par Oswald Achenbach, Adolphe Leleux... et de quelques tableaux anciens.... le tout ayant décoré les chalets impériaux de Vichy. 29 avril 1873. Grand in-8, demi-rel. mar. vert.

879. LITTLEJOHN. A Catalogue of Dʳ Littlejohn's collection of paintings...... 4th of april 1728. (*London.*) In-4, demi-rel. mar. rouge.

880. LIVRY (Hippolyte de). Catalogue des tableaux composant le cabinet de M. Hippolyte de Livry, par C.-P. Landon. 2 février 1814 et jours suivants. Henry, expert. In-8, demi-rel. mar. rouge.

881. LOCHIS. *Pinacoteca e villa Lochis*. La Pinacoteca e la villa Lochis alla Crocetta di Mozzo presso Bergama. *Milan*, 1846. In 4, cartonné.

882. LOCHIS (comte). Catalogue d'objets d'art et de curiosités provenant en partie de la collection de feu le comte Lochis, de Bergame. 4 et 5 février 1867. Dhios et Carle Delange, experts. In-8, demi-rel. mar. pourpre.

883. Lochis (comte). Catalogue de 11 tableaux de premier ordre de maîtres italiens du xvi° siècle, provenant de la galerie du comte Lochis, de Bergame. 3 avril 1868. Dhios, expert. Photographies. Grand in-8. demi-rel. mar. bleu.

Prix et noms.

884. Lock (W.). A Catalogue of valuable collection of prints and drawings of the late W. Lock, esq...... *Londres, chez Sotheby*, mai 1821. In-8, demi-rel. mar. vert.

885. Locquet (Pieter). Catalogus van een uitmuntend kabinet met konstige Schilderyen door de beste italiaansche... alles in veele Jaaren by een verzameld en nagelaaten door wylen den Wel Ed. Heer Pieter Locquet. 22 september 1783. *Amsterdam.* In-8, demi-rel. mar. bleu.

Prix et noms.

886. Locquet (Pieter). Catalogus van zeer fraaye rariteyten. .... alles in veele Jaaran by een verzamelt en Ragelaaten door den Wel Edele Heer Pieter Locquet. 22 september 1783. *Amsterdam.* In-8, demi-rel. mar. bleu.

Prix et noms.

887. Loewenstein. Catalogue of the celebrated collection of works of art and vertu, known as the Vienna museum, the property af Mrs. Löwenstein brothers of Frankfort-on-the-Maine. *Londres*, 12 mars 1860 et jours suivants. *Christie, Manson and Woods.* Grand in-8, demi-rel. coins mar. la Vallière, tête dorée. Nombreuses photographies et lithographies.

888. Logette. Catalogue raisonné de la rare et précieuse collection d'estampes, etc., de feu M. Logette, négociant, par F.-L. Regnault-Delalande. Mardi 6 mai et jours suivants, 1817. In-8, demi-rel. mar. brun, doré en tête.

Prix et noms des acquéreurs.

889. Looz (comtesse de). Catalogue d'une belle et nombreuse collection de tableaux des écoles anciennes et modernes, pendules anciennes, une Vénus en marbre, porcelaines et autres objets de curiosité. (Collection de Mme la comtesse de Looz, de Florence). 21 juin 1825 et jours suivants. Roux (du Cantal), expert. In-8, demi-rel. mar. bleu.

890. Lopez Cepero. Catalogue de tableaux anciens de la galerie de feu Son Excellence M. Lopez Cepero, de Séville, parmi lesquels des œuvres capitales par Murillo. 14 février 1868. Febvre, expert. In-8, demi-rel. mar. pourpre.

891. Loridon de Ghellinck. Catalogue d'une très-belle et riche collection de tableaux..... qui composent le cabinet de M. T. Loridon de Ghellinck. *A Gand*, 1790. Grand in-8, demi-rel. mar. rouge, frontisp.

892. Louirette. Collection Louirette. Catalogue d'objets de premier ordre de la Chine et du Japon... 1er et 2 mars 1864. Par continuation, 21 et 22 avril 1864. Febvre, expert. In-8, demi-rel. mar. pourpre.

Quelques prix.

893. Louirette. Catalogue d'objets de premier ordre de la Chine et du Japon, émaux cloisonnés.... (appartenant à M. Louirette). 25 et 26 mars 1867. Febvre, expert. In-8, demi-rel. mar. brun.

894. Louirette. Catalogue d'une belle collection d'objets de la Chine et du Japon, émaux cloisonnés, porcelaines, bronzes..... le tout appartenant à M. Louirette. 16 décembre 1872. Ch. Mannheim, expert. Grand in-8, demi-rel. mar la Vallière.

895. Louirette. Catalogue de beaux objets de la Chine, très-belles et anciennes porcelaines de la Chine; grands vases, brûle-parfums...... chimères, éléphants, etc., en émail cloisonné de la Chine.... le tout appartenant à M. Louirette. 26 avril 1873. Ch. Mannheim, expert. Grand in-8, demi-rel. mar. la Vallière.

896. Louis-Napoléon (prince). Catalogue of the furniture, pictures, etc... of his highness the prince Louis-Napoléon Bonaparte... On Monday, may 21 1849 and following day. *London (Christie and Manson)*. In-8, demi-rel. mar. violet foncé.

897. Louis-Philippe (le roi). Domaine d'Orléans. Catalogue de tableaux modernes, portraits historiques, dessins, gouaches, pastels, statues et bustes.... provenant des collections du feu roi Louis-Philippe. 28 avril 1851 et jours suivants. Defer, expert. Grand in-8, demi-rel. mar. violet foncé.

898. Louis-Philippe. Catalogue de livres provenant des bibliothèques du feu roi Louis-Philippe. Du n° 543 au n° 639 sont inventoriés les dessins de la collection Standish. 6 décembre 1852 et jours suivants. Potier, Defer, experts. In-8, demi-rel. mar. rouge.

Quelques prix aux dessins.

899. Louis-Philippe. Catalogue des tableaux formant la célèbre galerie espagnole de S. M. feu le roi Louis-Philippe.

Londres, 6 et 7 mai, 13 et 14 mai, 20 et 21 mai 1853. *Christie et Manson*. — Catalogue des tableaux formant la célèbre collection Standish, léguée à S. M. feu le roi Louis-Philippe par M. Frank Hall Standish. *Londres*, 27 et 28 mai 1853. *Christie et Manson*. Grand in-8, demi-rel. coins, cuir de Russie, tête dorée.

900. LOUSBERGS. Catalogue d'une collection choisie d'estampes, délaissée par M. François-Xavier Lousbergs. De la main à la main jusqu'au 1er septembre 1809. *Gand*. (*Vente publique* 5 *novembre* 1811 *et jours suivants*.) In-8, demi-rel. veau antique.

Luc (comte du). Voyez *Du Luc*.

901. LUCAS. Catalogue des recueils d'estampes du cabinet de feu M. Lucas, cizeleur ordinaire du Roy, composez des pièces les plus estimées des meilleurs maîtres de France, d'Italie, de Flandres, etc. Bonnes épreuves et d'une condition parfaite. Lundy 25 octobre 1728. In-4, cartonné.

902. LUCCA (duke of). Catalogue of a portion of the gallery of..... duke of Lucca. *Londres, chez Christie et Manson*. Juillet 1840. In-8, demi-rel. mar. vert.

Prix et noms d'acquéreurs.

903. LUCCA (duke of). Catalogue of... pictures... of his royal highness the duke of Lucca. 5 juin 1841. *Philips, London*. Grand in-8, demi-rel. mar. rouge, tête dorée.

Prix.

Lyttelton (lord). Voyez *Hagley Hall*.

904. MABERLY (Joseph). Catalogue of the entire and very choice collection of engravings, the property of Joseph Maberly, esq.... *Londres*, 26 mai 1851 et les quatre jours suivants. J. Leigh Sotheby, John Wilkinson, experts. In-8, demi-rel. mar. violet.

905. MACFARQUHAR (Colin). A Catalogue of the valuable and choice collection of prints and books of prints of the late Mr. Collin Mac-Farquhar of Edinburgh. King street, Covent Garden (*Londres*), 11 mai 1796. In-8, demi-rel. veau fauve.

Prix.

906. MACKENSIE (Frederick), esq. Catalogue of a valuable assemblage of drawings, sketches and engravings.... of collection of the late Frederick Mackensie, esq....., etc. *Londres, chez S. Sotheby et John Wilkinson*, mars 1855. In-8, demi-rel. mar. pourpre.

Exemplaire réglé avec les prix et les noms des acquéreurs.

907. MACQUERON (Mme). Catalogue des articles de haute curiosité consistant, savoir : en magnifiques meubles de Boule enrichis de bronzes, laques et pierres de rapport, porcelaines de Chine et du Japon, de Saxe, de Sèvres et des Indes... Provenant du cabinet de feu Mme Macqueron. 10 avril 1821. Ch. Paillet, expert. In-8, demi-rel. mar. rouge.

908. MACRET. Notice de quelques tableaux, dessins, etc... le tout provenant de la succession de feu M. Macret. Mardi 13 et mercredi 14 janvier 1784. Grand in-8, cartonné.

909. MAGNAN DE LA ROQUETTE. Catalogue de tableaux des diverses écoles, dessins et estampes... objets d'art et de curiosité... le tout provenant du beau cabinet de feu M. Magnan de la Roquette, d'Aix... 22 novembre 1841 et jeurs suivants. C. Paillet et Roussel, experts. In-8, demi-rel. mar. bleu.

910. MAGNONCOURT (de). Description des vases peints et des bronzes antiques qui composent la collection de M. de M*** (Magnoncourt), par J. de Witte... 1839. Grand in-8, demi-rel. mar. brun, planche gravée.

Prix et noms.

911. MAGNONCOURT (de). Notice des vases étrusques faisant partie du cabinet de M. de Magnoncourt qui seront vendus après la collection de médailles... 22 mars 1841 et jours suivants. Alphonse Lhéric, expert. In-8, demi-rel. veau vert foncé.

Prix.

912. MAGNONCOURT (comte de). Catalogue d'une collection d'estampes anciennes et modernes... provenant du cabinet de M. le comte de *** (Magnoncourt). 18 janvier 1847. Defer, expert. In-8, demi-rel. mar. la Vallière.

913. MAHON. Catalogue d'une belle collection de faïences italiennes... faïences de Perse... objets variés, composant le cabinet de M. L. M. (Mahon). Tableaux anciens et modernes... Brascassat, Troyon. 15 et 16 avril 1872. Ch. Mannheim et Féral, experts. Grand in-8, demi-rel. mar. pourpre.

Prix.

914. MAILLÉ (duc de). Catalogue de tableaux anciens et modernes... porcelaines de vieux Sèvres, de Chine et du Japon... de M. le duc de Maillé, pair de France... 19 et 20 avril 1837. Bon, expert. Grand in-12, demi-rel. mar. vert foncé.

915. Maillet du Boullay. Catalogue de tableaux provenant en partie da la collection de M. D*** B*** (Maillet du Boullay). 8 mai 1869. Francis Petit, expert. Photographies. — Catalogue de tableaux anciens parmi lesquels on remarque deux belles compositions allégoriques de Boucher... (appartenant à M. Maillet du Boullay), 22 janvier 1870. Féral, expert. Grand in-8, demi-rel. mar. groseille.
Prix.

916. Mailly (marquis de). Notice de quelques estampes capitales faisant partie d'une nombreuse collection recueillie par feu M. le marquis de Mailly. Lundi 5 décembre 1774. In-12, cartonné.

917. Maisiat. Catalogue de joli choix de tableaux et de dessins flamands, hollandais et français, Ostade, Teniers, Jordaens, Pillement et de Boissieu, appartenant à M. Maisiat, de Lyon. 14 mai 1862. Blaisot, expert. In-8, demi-rel. mar. rouge.
Prix et noms aux dessins.

918. Maison (marquis). Catalogue de tableaux, objets d'art, curiosités, mobilier. 10, 11 et 12 janvier 1869. Horsin-Déon, F. Petit, Ch. Mannheim, experts. Photographies. Grand in-8, demi-rel. mar. groseille.
Prix.

919. Malcolm. Descriptive Catalogue of the drawings by the old master forming the collection of John Malcolm of Poltallock, esq. *Londres,* 1869. In-4, cartonné.

920. Malenfant. Catalogue d'effets très-curieux provenant du cabinet de défunt M. Malenfant, ancien valet de chambre du Roi. 12 juillet 1773 et jours suivants. In-12, cartonné.
Prix.

921. Malfait (de Lille). Catalogue de bons tableaux anciens composant la galerie de M. Malfait de Lille... 19 décembre 1864. Grand in-8, demi-rel. mar. rouge.

922. Malmaison (galerie de la). Notice d'une très-belle collection aussi nombreuse que variée d'objets d'art antiques et modernes, statues en marbre, colonnes, vases, tables, cheminées, mosaïques, pierres gravées... meubles et riches atours de toilette de femme, le tout provenant du château et de la galerie de la M*** (Malmaison). 24 mars 1819 et jours suivants. In-8, demi-rel. mar. rouge.

923. Man (Charles de). Catalogue d'une belle collection de tableaux délaissés par feu M. Charles de Man. *Anvers,* 9 septembre 1816. In-8, demi-rel. mar. rouge.

924. MANFRIN. Galleria Manfrin. *Venise*, 1867. In-4, demi-rel. mar. rouge.

925. MANGLARD. Catalogue d'une collection de dessins, tableaux et estampes du cabinet de feu M. Manglard, peintre de l'académie de Saint-Luc. 1762. In-12, demi-rel. mar. brun.

Prix.

926. MANNHEIM (de Vigneux de). Catalogue de tableaux flamands et hollandais, venant d'Allemagne, formant la collection de M. de Vigneux de Mannheim. Mercredi, 7 août 1776. In-8, demi-rel. mar. brun.

927. MARCILLE. Première vente. Catalogue d'une importante collection de tableaux anciens... de M. Marcille. 12 et 13 janvier 1857. Febvre, expert. Suite de la première vente 14 et 15 janvier 1857. Fin de la première vente, 16 et 17 janvier 1857. Grand in-8, demi-rel. mar. rouge.

928. MARCILLE. Catalogue d'un grand nombre de dessins de l'école française, Wateau, Boucher, Greuze, Prud'hon, Géricault, etc... du cabinet de M. Marcille. 4 mars 1857 et les trois jours suivants. Defer, expert. In-8, demi-rel. mar. pourpre.

929. MARCILLE. Catalogue de tableaux et dessins formant la collection de feu M. Camille Marcille. 6 au 9 mars 1876. Ch. Pillet et Féral, experts. In-8, br. 7 fig. gr. à l'eau-forte.

Exemplaire EN GRAND PAPIER DE HOLLANDE, avec les prix d'adjudication et les noms des acquéreurs, manuscrits.

930. MARCK (van der). Catalogus van een uitmuntenden Overheerlyk kabinet konstige Schilderyen, etc., alles in veele jaaren byeen versamelten nagelaaten door wylen den Wel. Ed. Gestrenge heer M. Johan van der Marck, OEgids. 25 août 1773. *A Amsterdam*. In-8, demi-rel. veau rouge.

Prix et noms.

Trois volumes, savoir :

1er volume : tableaux. 2º volume : dessins. 3º volume : estampes.

931. MARCOTTE GENLIS. Catalogue des tableaux anciens et modernes, marbres, objets d'art et de curiosité, gravures encadrées provenant du cabinet de M. Marcotte Genlis, par suite de son décès. 17 et 18 février 1868. F. Petit, Dhios et Ch. Mannheim, experts. In-8, demi-rel. mar. vert.

932. MARCUS (Nicolaas). Catalogus van een fraaij kabinet Teekeningen zoo geklemde als Ongeklemde... Prent-Kort... alles nagelaten door wylen den Heer Nicolaas Marcus. *Amsterdam*, 15 mars 1779 et jours suivants. Ph. van der Schley, Corn. Ploos van Amstel, Hend. de Winter, J. Yver, experts. In-8, demi-rel. mouton rouge.

Prix et noms.

933. MARCUS (N.). Catalogue d'un riche et précieux cabinet d'estampes des plus fameux maîtres italiens, françois, flamands, hollandois et anglois... recueillies avec beaucoup de choix par M. Marcus. *Amsterdam*, 26 novembre 1770 et jours suivants. Petit in-8, demi-rel. veau fauve.

Prix et noms.

934. MARIETTE. Catalogue d'estampes des plus grands maîtres italiens, flamands et françois, de divers recueils d'estampes... et autres traités sur les arts, dépendant de la succession de M. Mariette... par F. Basan, graveur. (Les estampes doubles du cabinet Mariette.) 1er février 1775 et jours suivants. In-8, cartonnage gris.

935. MARIETTE. Catalogue raisonné des différents objets de curiosité dans les sciences et arts qui composaient le cabinet de feu M. Mariette, contrôleur général de la grande Chancellerie de France, honoraire amateur de l'Académie royale de peinture et de celle de Florence, par F. Basan, graveur. 1775. Front. et planches. En tête un dessin de la Belle. In-8, grand papier, mar. rouge, tr. dor. (*Derome*).

Superbe exemplaire, on y trouve outre les prix et les noms des acquéreurs, le détail et les prix de tous les articles divisés et vendus à part.
Exemplaire en GRAND PAPIER DE HOLLANDE.

936. MARIN. Catalogue d'une belle collection de tableaux d'Italie, de Flandres, de Hollande et de France, dessins estampes... provenant du cabinet de feu M. Marin. 22 mars 1790. Lebrun jeune et Saubert, experts. In-8, demi-rel. coins mar. orange, tête dor.

Prix.

937. MARIO. (Collection de M. Mario.) Catalogue de dessins anciens et modernes, estampes, provenant des plus célèbres cabinets. 19, 20, 21 et 22 juin 1867. Milhès, expert. In-8, demi-rel. mar. rouge.

Marismas (marquis de Las). Voyez *Aguado*.
Marlborough (duke of). Voyez *Blenheim palace*.

938. MARMONTEL. Catalogue des tableaux et dessins qui composent la collection de M. Marmontel. 11, 12, 13 et

14 mai 1868. Brame, Durand-Ruel, experts. Grand in-8, demi-rel. mar. la Vallière.

939. MAROLLES. Catalogue de livres d'estampes et de figures en taille-douce, avec un dénombrement des pièces qui sont contenues. Fait à *Paris* en l'année 1666 par de Marolles, abbé de Villeloin. In-12, veau.

940. MAROLLES. Catalogue de livres d'estampes et de figures en taille-douce, avec un dénombrement des pièces qui y sont contenues. Fait à *Paris* en l'année 1672 par M. de Marolles, abbé de Villeloin. Petit in-12, basane.

941. MARRON. Catalogue d'une collection considérable de portraits, etc..., faisant partie du cabinet de feu M. Marron. 5 décembre 1832 et jours suivants par Piéri Bénard. In-8, cartonné.

942. MARSHALL. Catalogue of the... collection of engravings... of Julian Marshall, esq. *A Londres*, juin 1864. In-4, demi-rel. mar. brun, tr. dor.

Prix et noms des acquéreurs.

943. MARTELLI. Catalogue de la collection d'estampes anciennes du cabinet de M. Martelli, de Florence. Première partie : 22 mars 1858 et jours suivants. Deuxième partie : 26 et 27 mars 1858. Clément, expert. Livres relatifs aux beaux-arts. 19 avril 1858 et jours suivants. Potier, expert. In-8, demi-rel. veau fauve, dos orné à la Padeloup.

Prix et noms aux estampes.

944. MARTIN. Catalogue d'estampes... etc... de M. Martin père... par F.-L. Regnault-Delalande. Lundi 20 mai et les cinq jours suivants. 1816. Grand in-8, cartonné.

Quelques prix et noms d'acquéreurs.

945. MARTIN l'aîné. Notice sur un tableau peint par Martin l'aîné en 1715 et provenant du cabinet de M. Le Blanc, ministre de la guerre et de la marine sous le Régent... livres sur les arts. 6 mai 1859. Henri Cousin, expert. In-8, demi-rel. mar. vert.

946. MARTINENGO. Catalogue d'un petit choix d'estampes et de dessins de toutes les écoles provenant de la collection de feu M. Martinengo de Wurtzbourg. 21 et 22 janvier 1859. Le Blanc, expert. Grand in-8, demi-rel. mar. bleu.

Prix et noms.

947. MARTINENGO Catalogue de bons tableaux anciens et de dessins en partie de l'école française du XVIIIe siècle et autres, provenant de la succession de M. le conseiller d'E-

tat Martinengo de Wurtzbourg (Bavière). 20 et 21 mai 1859. Rouillard, expert. In-8, demi-rel. mar. pourpre.

948. MARTINI. Catalogue d'une précieuse collection de tableaux des écoles flamande et hollandaise appartenant à M. Martini. 22 mars 1844. In-8, demi-rel. mar. brun, tête dor.

Prix et quelques noms.

949. MASSARD. Catalogue d'estampes, etc., après le décès de M. Massard père... par F.-L. Regnault-Delalande. Mercredi 29 mai 1822 et jours suivants. In-8, cartonné.

Prix et noms des acquéreurs.

950. MASSÉ (Egmont). Catalogue des tableaux, dessins, objets d'art et de curiosité composant la collection de M. Egmont Massé, conservateur du musée de Strasbourg. Muller, commissaire priseur. *Strasbourg*, février 1864. In-8, demi-rel. mar. rouge.

951. MASSIAS (baron). Catalogue des tableaux de la belle galerie de M. le baron Massias. 14 décembre 1824 et jours suivants. Laneuville, expert. In-8, demi-rel. mar. bleu.

952. MATHERON (André). Catalogue des pierreries, bijoux, tableaux, estampes et autres curiosités de la succession du sieur André Matheron, ancien marchand joaillier à Paris. 18 octobre 1745 et jours suivants. Grand in-12, demi-rel. mar. brun.

953. MATHIEU DE FAVIEN. Catalogue de tableaux capitaux et de premier ordre, principalement de l'école espagnole, dont huit du célèbre Murillo. ..... 11 avril 1837. (Ch. Paillet, expert). In-8, demi-rel. mar. violet foncé.

Prix.

954. MAUREL (Maximin). Catalogue de la dernière partie de la collection d'estampes de M. Maximin Maurel. *Marseille*, 1855.

955. MAURICE. Catalogue d'objets de curiosité, antiques et modernes, qui composaient le cabinet de feu M. Maurice. Mercredi 8 novembre 1820 et jours suivants. In-8, cartonné.

Quelques prix.

956. MAYER D'AVEMANN (C.). Catalogue de tableaux formant la collection de M. C. Mayer d'Avemann. 25 janvier 1855. Ferd. Laneuville, expert. In-8, demi-rel mar. vert lumière.

Prix.

R.

957. Mayor. Catalogue de [dessins anciens des écoles d'Italie, de France, d'Allemagne et des Pays-Bas arrivant de l'étranger (et appartenant à M. Mayor de Londres). 3 mars 1842. Ch. Paillet, expert. In-8, demi-rel. mar. rouge.

Quelques prix.

958. Mayor. A brief chronologial Description of a collection of original drawings and sketches by the most celebrated masters of the different schools of Europe..... formed by and belonging to M. Mayor, the result of upwards of forty years experience and research. *London,* 1871. Grand in-8, demi-rel. mar. bleu.

959. Mayor. A brief chronological Description of a collection of original drawings and sketches, by the most celebrated masters of the different schools of Europe..... formed and belonging to the late M. Mayor. *London,* 1874. Grand in-8, cart. vert.

960. Mazens. Catalogue des tableaux, dessins, aquarelles, anciens et modernes, composant le cabinet de feu M. Mazens. 18 mai 1859. Horsin-Déon, expert. In-8, demi-rel. mar. rouge.

961. Mechel (Chr. von) und Haas. Catalogue der bedeutenden Sammlung von Kupferstichen, Kupferwerken, Kunstbüchern..... aus der Chr. v. Mechel und Haas'schen Verlassenschafft zu Basel..... *Leipzig,* 15 février 1854 et jours suivants. In-8, demi-rel. mar. la Vallière.

Prix imprimés.

962. Mecklembourg (baron de). Catalogue des tableaux de la collection de feu M. le baron de Mecklembourg. 11 décembre 1854. Febvre, expert. Grand in-8, demi-rel. coins mar. pourpre, tête dorée.

963. Mecklembourg (baron de). Notice des tableaux de Meindert Hobbema ayant fait partie de la collection de M. le baron de Mecklembourg. 5 mai 1859. Febvre, expert. In-8, demi-rel. mar. pourpre.

964. Mecklembourg (baron Henry de). Catalogue des tableaux anciens des écoles hollandaise, flamande et allemande, composant la collection de feu M. le baron Henry de Mecklembourg. 12 mars 1870. Grand in-8, demi-rel. mar. groseille.

Prix.

965. Meffre. Catalogue de tableaux anciens des écoles hollandaise, flamande, allemande, italienne et française

qui composent la collection de M. Meffre. 9 et 10 mars 1863. Febvre, expert. In-8, demi-rel. mar. vert.

Quelques prix.

966. MEFFRE. Catalogue de tableaux anciens des écoles hollandaise, flamande et française de la collection de M. Meffre. 24 mars 1865. Febvre, expert.

— Catalogue de tableaux anciens des écoles hollandaise..... parmi lesquels le Baptême de l'eunuque, par Claude Lorrain, et de quelques tableaux modernes. 1er mai 1865. Febvre, expert.

— Collection Meffre. Catalogue de tableaux anciens des écoles..... parmi lesquels des œuvres importantes par Ruisdael Hobbema..... dépendant de la succession de Meffre aîné. Febvre, expert. In-8, demi-rel. mar. rouge.

967. MEGRET. Catalogue de quelques dessins et d'une belle collection d'estampes, provenant de la succession de feu M. Megret. Lundi 20 janvier 1783. In-8, cartonné.

968. MENARS (de). Catalogue des différents objets de curiosités dans les sciences et arts, qui composent le cabinet de feu M. le marquis de Ménars..... par F. Basan et F.-Chr. Joullain. Février 1782. In-8, demi-rel. mar. bleu, front. planches.

Prix et noms des acquéreurs.

969. MERELLE. Catalogue de dessins, estampes en feuilles et en volume, divers ustensiles à l'usage de la peinture après le décès du sieur Merelle. Lundi 27 janvier 1783. In-8, cartonné.

Prix.

970. MERLE (comte de). Catalogue des tableaux qui composent le cabinet de M. le comte de Merle. Lundi 1er mars 1784. In-8, demi-rel. mar. rouge.

Prix et noms.

971. MERLIN (comte). Notice de quinze tableaux provenant de la succession de M. le comte Merlin..... 14 juin 1839. (George, expert.) In-8, demi-rel. mar. rouge.

Prix.

972. MERTON. Catalogue de tableaux importants de maîtres anciens provenant des célèbres galeries Pommersfelden, Delessert, etc..... 24 mars 1874. Durand-Ruel, Dhios et George, experts. Grand in-8, demi-rel. mar. rouge.

Prix.

973. MERVAL (de). Catalogue de tableaux, peintures à gouache, bas-reliefs, une très-belle pendule qui joue diffé-

rents airs de flûte, de porcelaines, qui composent le cabinet de M. de Merval. Lundi 9 mai 1768. In-12, demi-rel. mar. rouge.

Mesteil, des Andelys. Voyez *Poussin.*

974. MEYER. Catalogue de tableaux modernes importants formant la galerie d'un amateur de Vienne (M. Meyer, banquier). 27 et 28 avril 1866. F. Petit, expert. In-8, demi-rel. mar. jaune.

Prix.

975. MEYNIER. Catalogue des tableaux, etc..... provenant du cabinet et des ateliers de feu M. Meynier. 26 novembre 1831 et jours suivants. In-8, cartonné.

976. MEYNTS. Catalogus van eene verzameling uitmuntende fraaije schilderijen..... nagelaten bij wijlen den Wel. Ed. Heer Anthony Meynts. 15 juillet 1823. *Amsterdam.* In-8, demi-rel. mar. rouge.

Prix.

977. MICHALON. Catalogue de la riche collection de tableaux de feu Michalon, sculpteur en portraits, premier coiffeur du roi et de S. A. R. le duc d'Angoulême, par Henry..... 30 mars 1818 et jours suivants. In-8, demi-rel. mar. pourpre.

978. MICHEL DE TRETAIGNE (baron). Collection de feu le baron Michel de Tretaigne. Catalogue des tableaux modernes. 19 février 1872. F. Petit, expert. Grand in-8, demi-rel. coins mar. bleu, tête dorée, nombreuses eaux-fortes.

Prix et noms.

979. MILLIN. Notice d'estampes, etc...., après le décès de M. Millin. Lundi 15 et mardi 16 février 1819. In-8, cartonné.

980. MIONNET (Alliance des Arts). Catalogue des antiquités, bronzes, plâtres, soufres, médailles, estampes et dessins, provenant du cabinet de feu M. E.-T. Mionnet. 25 et 29 décembre 1842. In-8, demi-rel. mar. pourpre.

981. MIRBEL (Mme de). Notice d'une vente de tableaux, miniatures, aquarelles...., après le décès de Mme de Mirbel, peintre de miniatures. 22 décembre 1849. Defer, expert. In-8, demi-rel. mar. rouge.

982. MOENET. Notice d'une vente de dessins, etc...., après le décès de M. Moenet. Mercredi 8 et jeudi 9 février 1832. In-8, cartonné.

983. MOITTE. Catalogue de tableaux, dessins, etc...., fait

après le décès de feu Pierre-Étienne Moitte..... Mardi 14 novembre 1780 et jours suivants. In-8, demi-rel. mar. rouge.

984. MOITTE (Mme). Notice de quelques tableaux, dessins et estampes; galeries de Florence, figures, bas-reliefs; petits blocs de marbre blanc; ustensiles de peinture, après le décès de Mme Moitte. 20 et 21 août 1807. In-8, cartonné.

985. MOLEWATER. Catalogus van een uitmuntende Verzameling Teckeningen en Kunstprenten..... nagelaten door den voornamen kunstminnaer den Heer Bastiaen Molewater. *Rotterdam*, 14 novembre 1753 et jours suivants. In-8, demi-rel. mar. bleu.

Prix et noms.

986. MOLTENO (Anthony). A Catalogue of the entire and truly valuable collection of drawings of M. Antony Molteno..... *Londres, chez Christie*, 4 juin 1817. In-4, demi-rel. mar. bleu.

Prix.

987. MONBRUN (comte de). Catalogue des tableaux précieux des écoles italienne, flamande et française, objets d'art et de curiosité..... composant la collection de M. le comte de Monbrun. Le 4 février 1861 et jours suivants. Mannheim et Leneuville, experts. In-8, demi-rel. mar. rouge.

Prix aux tableaux.

988. MONI (Izack de). Catalogus eener fraije verzameling van konstige en plaisante Schildergen..... nagelaten door den Heer Izack de Moni. *Leyden*, 17 avril 1784. Delfos, expert. In-8, demi-rel. mar. vert foncé, tête dorée.

989. MONSIAU. Catalogue des tableaux, études, dessins, gravures, objets d'art..... dépendant de la succession de M. Monsiau, peintre d'histoire, membre de l'ancienne Académie de peinture. 30 août 1837 et jours suivants. Théret et Defer, experts. In-8, demi-rel. mar. violet foncé.

990. MONTCALM (marquis de). Catalogue de la seconde et plus importante partie de la belle collection de tableaux de M. le marquis de Montcalm, de Montpellier. 25 mars 1850. Ferd. Laneuville. Grand in-8, demi-rel. coins mar. violet, tête dorée.

991. MONTEBELLO (duchesse de). Catalogue de la riche et importante collection d'objets d'art et curiosités porcelaines anciennes de Chine, du Japon, de Saxe et de Sèvres... 2 février au 3 avril 1857. Mannheim, expert. — Tableaux,

dessins, estampes. 6 avril 1857. Defer, expert. In-8, demi-rel. mar. pourpre.

992. MONTESQUIOU (marquis de). Catalogue d'une très-belle collection de tableaux, d'Italie, de Flandres, de Hollande et de France; de terres cuites, etc., formant le cabinet de M. le marquis de *** (Montesquiou), par J.-P.-B. Lebrun. Mardi 9 décembre 1788. In-8, demi-rel. mar. bleu.

993. MONTIGNOL. Notice d'une collection de tableaux des diverses écoles, bronzes, marbres, porcelaines..... provenant du cabinet de M. *** (Montignol). 22 et 23 mars 1816. Destouches, expert. Grand in-12, cartonnage rouge.

Prix et noms.

994. MONMERQUÉ (de). Catalogue de tableaux, dessins et gravures provenant du cabinet de M. de Monmerqué..... par suite de son décès. 17 et 18 mai 1861. Clément, expert. In-8, demi-rel. mar. brun.

Prix et noms.

Montredon. Voyez *Bourlat de Montredon.*

995. MONTRIBLOND. Catalogue de tableaux, bronzes, etc..... qui composent le cabinet de M. de Montriblond, par A.-J. Paillet et P.-F. Julliot fils. Le lundi 9 février 1784 et jours suivants. In-8, demi-rel. mar. brun.

Prix et noms des acquéreurs.

996. MONTVAL (de). Catalogue d'une collection de tableaux, dessins, estampes, morceaux de sculpture..... le tout provenant de la succession de feu M. Bataille de Francès Montval. 8 janvier 1828 et jours suivants (Henry et Blaisot, experts). Petit in-8, demi-rel. mar. pourpre.

997. MONVILLE (de). Catalogue d'objets d'art et de curiosité de la Renaissance, consistant en meubles sculptés, des plus riches et du meilleur goût; objets en faïence de Faenza..... composant le cabinet de M. de Monville. 7 mars 1837 et jours suivants. (Roussel, expert.) In-8, demi-rel. mar. vert clair.

Prix.

998. MONVILLE (de). Catalogue de la précieuse collection de bronzes italiens des XVe et XVIe siècles..... composant la collection de M. B. de M***. 24 et 25 janvier 1861. Roussel, expert. In-8, demi-rel. mar. brun.

999. MONVILLE (de). Catalogue d'objets d'art et de curiosité, porcelaines de la Chine et du Japon, bronzes de la Renaissance..... composant la collection de M. de Monville. 12 et 13 février 1866. Carle Delange, expert. In-8, demi-rel. mar. vert.

1000. MOREAU-WOLSEY. (Succession Moreau-Wolsey.) Catalogue de tableaux anciens; beau triptyque, par Hemling sur la mise à prix de 30,000 fr. 23 et 24 mars 1869. Febvre, expert. Grand in-8, demi-rel. mar. orange.

1001. MOREL-FATIO. Catalogue des tableaux, études, esquisses, aquarelles, dessins et croquis laissés par feu L. Morel-Fatio, peintre du ministère de la marine et des colonies, conservateur du musée de la marine, officier de la Légion d'honneur. 21 et 22 décembre 1871. Francis Petit, expert. Grand in-8, demi-rel. mar. pourpre.

1002. MORET. Catalogue de tableaux anciens, provenant de la galerie du cardinal Fesch et composant celle de M. Moret. 12 février 1857. Febvre, expert. Grand in-8, demi-rel. mar. rouge.

1003. MORET. Catalogue d'une collection de tableaux de maîtres dont une partie provient de la célèbre collection du cardinal Fesch vendus par suite du décès de M. Moret, artiste-peintre. 28 et 29 avril 1859. Febvre, expert. In-8, demi-rel. mar. vert foncé.

Morghen et Volpato. Voir *Volpato* et *Morghen.*

Mornington (comte de). Voyez *Wellesley* (lord).

1004. MORNY (comte de). Catalogue d'une précieuse collection de tableaux des écoles française, flamande et hollandaise formant le cabinet de M. le comte de M*** (Morny). 24 mai 1852. Ferd. Laneuville, expert. Grand in-8, demi-rel. coins, mar. vert lumière, tête dorée.

Prix et quelques noms.

1005. MORNY (de). Catalogue des tableaux, etc., composant les collections de feu M. le duc de Morny. Mercredi 31 mai 1865 et jours suivants. In-4, demi-rel. mar. vert, planches.

Prix et noms d'acquéreurs.

1006. MOSSELLMANN. Catalogue de la collection des tableaux anciens et modernes, dessins et aquarelles... composant le cabinet de M. A. M*** (Mossellmann). 4 et 5 décembre 1849. Ferd. Laneuville, expert. In-8, demi-rel. mar. rouge.

Prix.

1007. MOURIAN. Catalogue de la riche collection de dessins anciens composant le cabinet de M. A. Mourian, ancien capitaine au service de Belgique. 11 et 12 mars 1858. Vignères, expert. Planches gravées. Grand in-8, demi-rel. mar. rouge.

Prix.

1008. MUILMAN. Catalogue du cabinet de tableaux délaissés par M. Henri Muilman. 12 et 13 avril 1843. *Amsterdam*, in-8, demi-rel. mar. brun.

Prix et noms.

1009. MULGRAVE (comte de). A Catalogue of a small collection of capital pictures the property of the late Earl of Mulgrave. *Londres*, chez Christie et Manson. Avril 1838. In-4, demi-rel. mar. bleu.

Prix au crayon.

1010. MULLER (Charles-Henri). Catalogue d'estampes anciennes et modernes des meilleurs graveurs français et étrangers... composant le cabinet artistique de M. Charles-Henri Muller, graveur d'histoire. 1er et 2 mars 1847. Defer, expert. In-8, demi-rel. mar. rouge.

Prix.

1011. MÜNDLER (Otto). Catalogue de tableaux anciens des écoles italienne, hollandaise, flamande et française. 27 novembre 1871. Febvre et Warneck, experts. — Catalogue de la deuxième vente. 75 dessins par Robert Alt de Vienne. Tableaux anciens de diverses écoles. 29 novembre 1871. Febvre, expert. — Catalogue de la troisième vente. Objets de curiosité. Tableaux anciens de différentes écoles. 30 novembre 1871. Febvre, expert. Grand in-8, demi-rel. mar. pourpre foncé.

Prix aux deux premières ventes.

1012. MUNOZ, comte del RETAMOSO. Catalogue des tableaux anciens des écoles espagnole, flamande, hollandaise et italienne faisant partie de la galerie de M. P. Munoz, comte del Retamoso, par Horsin-Déon. 1re partie, 27 juin 1867. Grand in-8, demi-rel. mar. vert clair.

1013. MUNRO, esq. Catalogue of the collection of ancient and modern engravings, ancient drawings... of the late H. A. J. Munro, esq. *Londres*, chez Christie, Manson et Woods, avril 1868. In-8, demi-rel. mar. rouge.

Exemplaire réglé avec les prix et les noms d'acquéreurs.

1014. MUSIGNY (de). Catalogue d'une jolie collection de tableaux et dessins modernes et de quelques tableaux anciens... provenant du cabinet de feu M. de Musiguy. 7 et 8 mars 1843. Schroth, expert. In-8, demi-rel. mar. pourpre.

1015. MUSNIER. Notice d'une collection d'estampes... du cabinet de feu M. Musnier, par Duchesne aîné. Mercredi 25 mars 1829. In-8, cartonné.

1016. NAGEL (baron). A Catalogue of the genuine, capital

and valuable collection of select and beautiful cabinet pictures... the property of His Excellency the baron Nagel, ambassador from the States of Holland... 21 march 1795. *London* (M. Christie). In-4, demi-rel. veau fauve.

Prix.

1017. NAGELL (van). Catalogue de tableaux, etc., composant la collection de feu M. A.-W.-C. baron van Nagell van Ampsen, etc... 5 septembre 1851. *A la Haye*. In-8, cartonné.

1018. NAIGEON. Notice d'une vente des tableaux, dessins, estampes anciennes et modernes... après le décès de M. Naigeon... ancien conservateur du musée du Luxembourg. Lundi 15 et mardi 16 avril 1833. (Remoissenet.) In-8, demi-rel. mar. rouge.

1019. NAPIER. Catalogue of the works of art forming the collection of Robert Napier, of West Shandon, Dumbartonshire, mainly compiled by J.-C. Robinson. *London*, 1865, in-8, cart. angl.

1020. NAPOLÉON (prince). Importante Collection d'antiquités grecques, romaines et égyptiennes. Objets d'art et de curiosité (appartenant au prince Napoléon). 23, 24, 25 et 26 mars 1868. Carle Delange et Charles Mannheim, experts. Grand in-8, demi-rel. mar. pourpre.

1021. NAPOLÉON (prince). Catalogue of works of art from the collections of His Imperial Highness the prince Napoleon... *Londres*, 9 mai 1872 et les deux jours suivants. *Christie, Manson and Woods*. Grand in-8, demi-rel. mar. violet foncé.

Prix.

1022. NARBONNE (comte de). Catalogue d'une précieuse collection de tableaux modernes et d'aquarelles, et de quelques tableaux anciens, formant le cabinet de M. le comte de N*** (Narbonne). 24 et 25 mars 1851. F. Laneuville, expert, Grand in-8, demi-rel. mar. la Vallière.

Prix.

1023. NARISCHKINE. Catalogue d'objets d'art et de curiosité, émaux champlevés. ., émaux de Limoges..., provenant en partie de la collection de M. E. Laborie et appartenant à M. Narisckine. 20 et 21 mai 1867. Ch. Mannheim, expert. In-8, demi-rel. mar. jaune.

1024. NARISCHKINE (B.). Catalogue de tableaux modernes et anciens provenant de la collection de M. B. Narischkine. 4 mai 1868. F. Petit, expert, Grand in-8, demi-rel. mar. la Vallière.

1025. NARISCHKINE. Catalogue des tableaux anciens des écoles flamande, hollandaise, italienne, espagnole et française, objets d'art... composant la collection de S. E. M. E. Démétry Narischkine, premier grand-veneur de S. M. l'empereur de Russie. 24 et 25 mai 1872. (Dhios et George, A. Mannheim, experts.) Grand in-8, demi-rel. mar. violet foncé.

Nan et Bellenger. Voir *Bellenger et Nan*.

1026. NEPVEU (Isaac). Catalogus van een fraay kabinet met gecouleurde en ongecouleurde Teekeningen... Prenten... Prent-Werken... nagelaaten door wylen den Heere Isaac Nepveu. *Amsterdam*, 23 février 1784. Ph. van der Schley, Cor. Ploos van Amstel, Hend. de Winter, J. Yver, experts. In-8, demi-rel. mouton rouge.

Prix et noms.

1027. NEYMAN. Catalogue du cabinet de M. Neyman, par F. Basan. Juin 1776. In-8, veau fauve, tr. d. front. et planches.

Prix.

1028. NICOLAS. Catalogue de tableaux, gouaches, dessins et estampes de maîtres anciens et modernes, planches gravées, etc., après le décès de M. Nicolas. Lundi 3 novembre 1806. In-8, cartonné.

1029. NIEL (Jules). Catalogue des estampes anciennes et modernes parmi lesquelles un très-bel œuvre de Ch. Meryon, dessins et tableaux composant la collection de feu M. J. Niel, bibliothécaire du ministère de l'intérieur. 18 et 19 mars 1873. Clément, expert. Grand in-8, demi-rel. mar. bleu.

1030. NIEUHOFF (Nicolas). Catalogus van een uitmuntenden overheerlyk kabinet konstige schilderyen, etc....... alles met veel moeite, en kunde byeen verzameld, en nagelaten door wylenden heer Nicolas Nieuhoff. *Amsterdam*, 14 avril 1777. In-8, demi-rel. coins mar. la Vallière, tête dorée.

Prix Frontispice.

1031. NIEUWENHUYS. Catalogue d'une petite partie de tableaux apportés de l'étranger par M. Nieuwenhuys, de Bruxelles. 7 novembre 1808 et jours suivants. Clisorius, expert. Petit in-8, demi-rel. mar. brun.

Prix.

1032. NIEUWENHUYS. A Catalogue of the very splendid collection of... pictures of monsieur Nieuwenhuys.., 10 mai 1833. In-8, demi-rel. mar. bleu.

Prix.

1033. NOBLESSE. Catalogue des recueils d'estampes et dessins du cabinet de feu M. Noblesse, dessinateur ordinaire du Roy, composé des pièces les plus estimées des meilleurs maistres de France, d'Italie et autres, en bonnes épreuves et d'une condition parfaite. Lundy 25 avril 1729. In-4 cartonné.

1034. NOEL (Jules). Catalogue de 30 tableaux peints par Jules Noel. F. Petit, expert. *Paris*, mars 1860. In-8, demi-rel. mar. bleu.

<small>Exemplaire monté sur onglets auquel on a ajouté des gravures au trait de tous les tableaux figurant dans cette vente.</small>

1035. NOGARET (de). Catalogue d'une belle collection de tableaux des écoles d'Italie, de Flandre, de Hollande et de France, dessins... provenant du cabinet de M. *** (de Nogaret), par J.-B.-P. Le Brun, peintre. Lundi 18 mars 1782 et jours suivants. In-8, demi-rel. mar. pourpre.

<small>Prix et noms.</small>

1036. NOLIVOS. Catalogue d'objets d'art et de haute curiosité, antiques, du moyen âge et de la Renaissance, tableaux et dessins provenant en grande partie de la précieuse collection de M. de Nolivos. 19 et 20 janvier 1866. Photographies. M. M. Manheim, experts. Grand in-8, demi-rel. mar. vert clair.

1037. NORBLIN DE LA GOURDAINE. Notice de dessins, estampes, etc... après le décès de M. J.-P. Norblin de la Gourdaine. Vendredi 14 mai 1830. In-8, cartonné.

1038. NORBLIN (L.-P.-M.). Catalogue des dessins et estampes, tableaux, curiosités, livres et autographes composant la collection de M. L.-P.-M. Norblin. 5 février 1855 et jours suivants. Guichardet, Mannheim, Aubry, experts. In-8, demi-rel. mar. violet.

<small>Prix et quelques noms.</small>

1039. NORBLIN (E.). Catalogue d'un beau choix d'estampes anciennes des écoles italienne, allemande, flamande, hollandaise et française et de dessins provenant du cabinet de M. E. N*** (Norblin). 1er et 2 mars 1858. Blaisot, expert. In-8, demi-rel. mar. rouge.

<small>Prix et quelques noms.</small>

1040. NORBLIN (E.). Catalogue de la belle collection de dessins anciens appartenant à M. E. N... (Norblin). 16 et 17 mars 1860. Grand in-8, demi-rel. mar. la Vallière.

1041. NORBLIN fils. Catalogue d'une belle collection de dessins anciens et modernes des écoles française, hollandaise et italienne formant la collection d'un amateur distingué

(M. Norblin), cat. rédigé par V. Loutrol. 30 janvier 1863. Clément, expert. In-8, demi-rel. mar. rouge.

Prix et noms.

1042. NORTHWICK. A Catalogue of the magnificent and celebrated gallery of pictures of the right hon. lord Northwick. Mai 1838. *Londres.* In-4, demi-rel. mar. rouge.

1043. NORTWICK (lord). Catalogue of the late lord Nortwick's... collection. Vente à Cheltenham par les soins de Phillips, 26 juillet 1859. In-4, mar. rouge, filets, dos orné, doré en tête. (*Dupré*).

En tête une lithographie représentant la résidence de lord Nortwick à Cheltenham : Thirlestane house. Les prix, les noms des acquéreurs et quelques notes brèves sont de la main de M. Reiset, directeur des musées nationaux.

1044. NOURRI. Catalogue d'une belle collection de tableaux, etc... provenant du cabinet de M. Nourri, par J. Folliot et F. Delalande. 24 février 1785. In-8, demi-rel. mar. vert.

Prix et noms des acquéreurs.

1045. NOVELLARA. A Catalogue of a genuine, capital and highly valuable collection of pictures, being the greater part of the well-known collection of the Novellara. March the 3^d 1804. *London* (Christie). In-4, demi-rel. mar. bleu.

1046. NULL (van der). Catalogue raisonné d'une collection choisie... de feu M. van der Null. Octobre 1824. *Vienne.* In-8, cartonné.

1047. NYON. Catalogue de tableaux, etc., composant la collection de feu M. Nyon. Mercredi 11 et jeudi 12 avril 1832. In-8, cartonné.

1048. NYON. Catalogue de tableaux, dessins anciens et modernes... composant la collection de feu M. Nyon, ancien libraire. Lundi 23 et mardi 24 décembre 1833 (Henry). In-8, demi-rel. mar. vert.

Odemaer et Spruyt. Voir *Spruyt* et *Odemaer.*

1049. ODEVAERE. Catalogue d'une belle collection de tableaux, esquisses, grisailles... délaissés par M. J. Odevaere en son vivant peintre de S. M. le Roi des Pays-Bas. *Bruxelles,* le 26 juin 1834 et jours suivants. In-8, demi-rel. mar. rouge.

1050. ODIER (Mme James). Collection de Mme James Odier. Tableaux anciens. 25 mars 1860. A. Couteaux, expert. In-8, demi-rel. mar. pourpre.

1051. ODIOT. Catalogue de tableaux anciens et modernes et

d'objets de curiosité, provenant du cabinet de M. Odiot père. 3 mars 1845 et jours suivants. Ch. Paillet et Roussel, experts. In-8, demi-rel. la Vallière.

1052. ODIOT. Catalogue de tableaux anciens et modernes, objets d'art et de curiosité... dépendant de la succession de feu M. Odiot. 25 et 26 mars 1869. F. Petit et Charles Mannheim, experts. Grand in-8, demi-rel. mar. groseille.
Prix.

1053. OLMADE. (Collection Olmade de Toulouse.) Tableaux anciens parmi lesquels on remarque un très-beau portrait de la duchesse de Bourgogne, par Detroy. — Magnifique buste en marbre de Mme Vigée-Lebrun, par Augustin Pajou. 7 et 8 décembre 1868. Féral, expert. Grand in-8, demi-rel. mar. la Vallière.

1054. OPPENHEIM. (Galerie Oppenheim.) Catalogue des tableaux de l'école moderne. 22 avril 1877. Ch. Pillet et Manheim et autres. Grand in-8 br. 25 figures gr. à l'eau-forte.

1055. ORANGE (d'). Description de la collection des tableaux qui ornent le palais de S. A. Mgr le prince d'Orange. *Bruxelles*, 1837. In-8. cartonné.

1056. ORLÉANS (le duc d'). Catalogue de pierres gravées du cabinet de feu S. A. Mgr le duc d'Orléans, premier prince du sang. 1786. In-8, veau fauve très-clair, tranche dorée.

Orléans (duc d'). Voyez *Palais-Royal*.

1057. ORLÉANS (duc d'). Catalogue des tableaux modernes composant la galerie du feu Prince Royal, bronzes d'art et bronzes dorés, tentures en brocart de Lyon..., porcelaines... et curiosités diverses, le tout appartenant à S. A. R. Mme la duchesse d'Orléans. 18, 19 et 20 janvier 1853. Defer et Denière, experts. Grand in-8, demi-rel. coins mar. violet, tête dorée.

1058. OSTERWALD (J.-F. d'). Catalogue d'un choix de tableaux, de gouaches et de dessins d'habiles artistes des écoles modernes d'Angleterre, de Suisse et de France ; du cabinet de M. J. F. d'Osterwald, par F.-L. Regnault-Delalande. Lundi 22, mardi 23 et mercredi 24 décembre 1823. In-8, demi-rel. veau bleu.
Quelques prix.

1059. OSTERVALD. Catalogue d'une belle collection de tableaux et dessins modernes, provenant du cabinet de M. Ostervald, par Pieri Bénard. Lundi 19 décembre 1825 et jours suivants. In-8, cartonné.
Prix et noms des acquéreurs.

1060. OTTLEY. A Catalogue of pictures from the Colonna, Borghese and Corsini palaces, etc., etc., purchased in Rome in the years 1799 and 1800 (by M. Ottley), new on exhibition and sale by private contract, 1801. In-4, demi-rel. coins mar. brun, tête dorée.

1061. OTTLEY. Catalogue of engravings of William Young Ottley. esq. *London*, 10 juillet 1837. In-4, demi-rel. mar. rouge. tr. dor.

1062. OUDAAN (Michiel). Naamlyst van het Beroemd en zeer uitmuntend kabinet Teekeningen, crayonnen en miniaturen... Prentkonst.... Schilderyen...... boetseersels. alles... verzameld door... den Heer Michiel Oudaan. *Rotterdam*, 3 novembre 1766 et jours suivants. In-8, demi-rel. mar. vert.

1063. OUDRY (Alphonse) (Galerie de feu M. Alphonse Oudry), ingénieur des ponts et chaussées. Catalogue de tableaux anciens des écoles italienne, espagnole, hollandaise et flamande. 16 et 17 avril 1869. Febvre, expert. Grand in-8, demi-rel. mar. groseille.

Prix.

1064. OUDRY (Alphonse) (Galerie de feu M. Alphonse Oudry, ingénieur des ponts et chaussées). Deuxième vente : Catalogue de tableaux anciens des écoles italienne, espagnole, hollandaise et flamande. 19 et 20 avril 1869. Febvre, expert. — Troisième et dernière vente. Catalogue d'objets d'art et de curiosité, belles bordures. 22 et 23 avril 1869. Febvre, expert. Grand in-8, demi-rel. mar. bleu foncé.

1065. OUTHOORN (baron d'). Catalogue de tableaux, par Meissonnier, Decamps, Marilhat, Diaz et Plassan, et de meubles, bronzes, porcelaines de Sèvres..... par suite du décès de M. le baron d'Outhoorn. 3 février 1870. Petit et Mannheim, experts. Grand in-8, demi-rel. mar. la Vallière.

Prix.

1066. OVERLOOPE (van). Catalogue d'une très-belle collection de tableaux choisis de plusieurs grands maîtres, de feu M. Simon-Pierre van Overloope. Le 7 may 1770 et jours suivants. *A Bruges*. In-8, demi-rel. mar. rouge.

Catalogue de livres de feu M. Simon-Pierre Van Overloope. Le 10 may 1770 et le jour suivant, à *Bruges*.

1067. OXFORD (Edward Earl of). A Catalogue of the collection of the right honourable Edward earl of Oxford... of capital pictures... etc. *Londres, chez M. Cock.* 8 mars 1741-2.

En tête du catalogue une gravure de Vertue représente les plus beaux objets de la collection Harleyn.
Prix et noms d'acquéreurs.

A Catalogue of greek, roman and english coins... and medals of the right honourable Edward earl of Oxford. *Londres, chez M. Cock,* 18 mars 1741-2. In-4, demi-rel. dos et coins de mar. vert doré en tête.

Prix et noms d'acquéreurs.

1068. OZANNE ET COINY. Catalogue d'objets d'art des cabinets de feu M. Ozanne, ancien ingénieur de la marine, et de feu M. Coiny, dessinateur et graveur, précédé d'une notice historique sur chacun de ces deux artistes, par F.-L. Regnault-Delalande. 1811. In-8, demi-rel. mar. pourpre.

1069. PAGIN (Jean). Cabinet et bibliothèque de feu Jean Pagin. Tableaux, dessins, estampes, curiosités. 13 janvier 1844 et jours suivants. In-8, demi-rel. mar. pourpre.

1070. PAGUET. Catalogue des objets d'art et de haute curiosité composant la collection de feu M. Paguet, de Metz.... 8 et 9 février 1867. Dhios, expert. In-8, demi-rel. mar. bleu clair.

1071. PAIGNON-DIJONVAL. Cabinet de M. Paignon-Dijonval. Etat détaillé et raisonné des dessins et estampes... rédigé par M. Bénard, par les soins et aux frais de M. Morel de Vindé. 1810. In-4, demi-rel. veau.

1072. PAILLET. Catalogue d'une jolie collection de tableaux, la plupart des maîtres des écoles flamande et hollandaise ; dessins précieux et autres objets, appartenant à M. Paillet. 30 janvier 1782 et jours suivants. Le Brun, expert. In-8, demi-rel. mar. pourpre.

1073. PAILLET. Catalogue d'une collection de tableaux capitaux des trois écoles ; gouaches, dessins, estampes, porcelaines, etc., provenant du cabinet et fonds de commerce de feu Alex. Paillet. Le 2 juin 1814 In-8, demi-rel. mar. vert.

Prix et noms.

1074. PAJOU. Notice de tableaux, etc., après décès de M. Pajou. Lundi 12 et mardi 13 janvier 1829, par M. Merlin. In-8 cartonné.

1075. PALAIS-ROYAL. Description des tableaux du Palais-Royal, avec la vie des peintres à la tête de leurs ouvrages, dédiée à M⁀ le duc d'Orléans, premier prince du sang. 1727. In-8, veau.

1076. PALLARD DE B***. Catalogue d'une collection de dessins et aquarelles du premier ordre composant le cabinet de M. Pallard de B. Le mercredi 18 juin 1834. In-8, demi-rel. mar. rouge.

1077. PALLIÈRE. Catalogue de la précieuse collection d'estampes, des tableaux, etc., qui composaient le cabinet de feu M. Etienne Pallière, peintre, par F.-L. Regnault-Delalande. Le lundi 20 mars et jours suivants, 1820. In-8, demi-rel. mar. bleu.

Prix.

1078. PANGE (Thomas de). Catalogue des tableaux, pastels, etc., qui composaient le cabinet de M. Thomas de Pange, chevalier, marquis de Pange. Le lundi 5 mars 1781 et jours suivants, par N.-F.-J. Boileau. In-8 cartonné.

Prix et noms des acquéreurs.

1079. PANNÉ (Ph.). A Catalogue of the very capital, valuable and highly important collection of italian, french, flemish and dutch pictures of the late Ph. Panné, esq. *Londres*, 26 mars 1819 et jours suivants. (Christie.) In-4, demi-rel. mar. pourpre.

1080. PANTON (Thomas). A catalogue of the valuable collection of italian, french, flemish and dutch pictures, the property of... the late Thomas Panton, esq. *Londres*, 9 et 10 mars 1810. (Christie.) In-4, demi-rel. mar. vert clair.

Quelques prix.

1081. PAPIN. Catalogue de tableaux des principaux maîtres des écoles anciennes, hollandaise, flamande et française, et de l'école moderne, composant la précieuse collection de feu M. R. Papin. 28 et 29 mars 1873. Féral, Durand-Ruel, experts. In-4, demi-rel. coins mar. pourpre, tête dorée.

Prix. Eaux-fortes.

1082. PARCENT (comte de). Catalogue des tableaux anciens composant la collection de M. le comte de Parcent de Valence. 25 avril 1870. Durand-Ruel, expert. Grand in-8, demi-rel. mar. la Vallière.

1083. PARGUEZ. Catalogue de lithographies, œuvres de Bonington, Charlet, Decamps, Delacroix, Devéria, Géricault, Ingres, Prud'hon, Horace Vernet... (collection Parguez), cat. rédigé par Burty. 22, 23 et 24 avril 1861. Vignères, expert. In-8, demi-rel. mar. brun.

Prix et noms.

1084. PARISEZ. Catalogue des tableaux formant la collection de M. Parisez. 25 janvier 1868. Horsin-Déon, expert. Grand in-8, demi-rel. mar. la Vallière.

1085. PARKE (John). A Catalogue of the genuine collection of valuable paintings, the productions of the most celebrated masters, the sole property of John Parke, esq..... *Londres*, chez P. Coxe, 8 mai 1812 et jours suivants. In-4, demi-rel. mar. brun, tête dorée.

Prix.

1086. PASQUIER (docteur). Catalogue de tableaux de diverses écoles formant la collection de M. le docteur Pasquier, et dont la majeure partie a figuré dans des cabinets de premier ordre. 1823. In-8, demi-rel. mar. bleu.

Prix.

1087. PASTORET (marquis de). Catalogue de tableaux..... provenant de la galerie de feu M. le marquis de P*** (Pastoret). 2 mai 1867. Dhios, expert. In-8, demi-rel. mar. jaune.

Prix.

1088. PATER. Catalogue de deux tableaux par Pater, provenant de la collection A. Schaffhauser de Cologne. 20 avril 1868. Grand in-8, demi-rel. mar. la Vallière.

Prix et noms.

1089. PATUREAU. Catalogue de la belle et riche collection de tableaux anciens des écoles flamande, hollandaise et française, formant la galerie de M. Théodore Patureau. 20 et 21 avril 1857. Étienne Leroy et F. Laneuville, experts. Lithographies. In-4, demi-rel. coins, mar. rouge, tête dorée.

Prix et noms.

1090. PATUREAU. Quelques notes sur la collection de tableaux de M. Théodore Patureau, par Étienne Leroy. *Bruxelles*, 1859. A mettre à côté du catalogue Patureau. 20 et 21 avril 1857. In-8, demi-rel. mar. rouge.

1091. PATURLE. Collection Paturle. Tableaux modernes. 28 février 1872. F. Petit, expert. Grand in-8, demi-rel. coins mar. pourpre, tête dorée, eaux-fortes.

Prix et noms.

1092. PAU DE SAINT-MARTIN. Catalogue de tableaux et dessins des écoles d'Italie, de Hollande et de France, anciennes et modernes, estampes montées et en feuilles, gouaches, miniatures, aquarelles, marbres, bronzes..... le tout provenant des cabinet et atelier de feu M. Pau de Saint-Martin, ancien peintre. 2 octobre 1820 et jours suivants. Ch. Paillet, expert. In-8, demi-rel. mar. noir.

1093. PAUWELS (François). Catalogue de tableaux des plus grands maîtres des écoles d'Italie, de Flandres et de Hollande, la plupart de première classe; délaissés par feu François Pauwels, en son vivant maître brasseur. 22 août 1803. *Bruxelles*, in-8, demi-rel. maroq. rouge.

1094. PEILHON. Catalogue raisonné des tableaux du cabinet de feu M. Peilhon, secrétaire du roi. Lundi 16 mai 1763. In-12, demi-rel. maroq. violet, frontispice.

Rrix.

1095. PELEGUER. Catalogue de tableaux anciens des écoles allemande, italienne et principalement de l'école espagnole... dépendant de la collection de feu M. Peleguer, président de l'Académie des beaux-arts de Saint-Ferdinand à Madrid... 9 et 18 décembre 1867. Milhès, expert. Grand in-8, demi-rel. mar. jaune.

Quelques prix.

1096. PEMBROKE. Catalogue de tableaux, etc... Lundi 30 juin 1862. In-4, demi-rel. maroquin brun.

Prix.

1097. PERCIER (Charles). Notice de dessins, modèles d'orfèvrerie religieuse, militaire, nobiliaire, ordres et armoiries françaises et étrangères, exécutés par C. Percier, architecte, pour Biennais, orfèvre de Napoléon Ier..... 24 décembre 1859. Vignères, expert. In-8, demi-rel. mar. bleu.

1098. PERCY (baron). Catalogue des armures et armes diverses composant la collection formée originairement par feu M. le baron Percy et complétée par M. D***. 18 janvier 1830 et jours suivants. Roussel, expert. In-8, demi-rel. mar. rouge.

1099. PEREIRE. (Galerie de MM. Pereire.) Catalogue des tableaux anciens et modernes des diverses écoles. 6, 7, 8 et 9 mars 1872. F. Petit expert. Grand in-8, demi-rel. coins mar. orange, tête dorée, nombreuses eaux-fortes.

Prix et noms.

1100. PEREIRE (MM.). Catalogue de tableaux anciens des diverses écoles et principalement de l'école espagnole, provenant de l'ancien musée espagnol au Louvre ; de la galerie Coevelt de Londres..... (et appartenant à MM. Pereire). 30 et 31 janvier 1868. Febvre, expert. Grand in-8, demi-rel. mar. la Vallière.

1101. Périer (Casimir). Catalogue de tableaux des écoles espagnole, italienne, hollandaise, flamande et française, d'objets d'art et de curiosités provenant de la collection de feu M. Casimir Périer, ancien président du Conseil. 18 avril 1838 et jours suivants. La Neuville aîné, expert. In-8, demi-rel. mar. rouge.

Quelques prix.

1102. Périer (Paul). Catalogue d'une précieuse collection de tableaux des écoles française, flamande, hollandaise, italienne et espagnole..... appartenant à M. Paul Périer. 16 et 17 mars 1843. In-8, demi-rel. cuir de Russie, tête dorée.

Prix et noms.

1103. Périer. Catalogue de tableaux et dessins de l'école moderne et de quelques tableaux de l'école ancienne, formant la collection de M. Paul Périer. 19 décembre 1846. Ferd. Laneuville, expert. In-8, demi-rel. coins mar. rouge, tête dorée.

1104. Pérignon père. Catalogue des tableaux et des dessins provenant de la collection de M. A.-N. Pérignon père, ancien commissaire-expert des musées royaux. 17 et 20 mai 1865 pour les dessins et 22 et 23 mai pour les tableaux. Horsin-Déon, expert. Grand in-8, demi-rel. mar. vert.

1105. Perregaux (comte). Catalogue raisonné des tableaux de diverses écoles composant la précieuse galerie de feu M. le comte Perregaux, par George..... 8 et 9 décembre 1841. In-8, demi-rel. peau de truie, tête dorée.

Prix et noms.

1106. Perrier. Notice de quelques tableaux, etc.... Après le décès de M. Perrier. Jeudi 2 et vendredi 3 novembre 1820. In-8, cartonné.

1107. Perrier. Catalogue d'une jolie collection de tableaux, etc. composant le cabinet de M. Perrier. 14 novembre 1832. In-8, cartonné.

1108. Perrin. Catalogue de tableaux, etc... de feu M. Perrin. 27 novembre 1831 et jours suivants. In-8, cartonné.

1109. Persigny (duc de). Catalogue de tableaux anciens.

4 avril 1872. — 2° vente. Tableaux anciens.... portraits décorant le château de Chamarande. 10 et 11 mai 1872. Horsin-Déon, expert. Grand in-8, demi-rel. mar. tête de Maure.

Prix à la première vente.

1110. Petit (Didier), de Lyon, Catalogue..... des objets de curiosité du moyen âge et antiquités... composant le cabinet de M. Didier Petit. *Paris*, mars et avril 1843. Roussel, expert. In-8, demi-rel. mar. brun clair,

Prix.

1111. Picart (Bernard). Catalogue d'une belle partie de planches de cuivre gravées la plupart par Bernard Picart, lesquelles se vendront, avec toutes les estampes, au plus offrant à Paris, le ..... juin 1838, etc.... *A Amsterdam*, 1738, in-8, cartonné.

1112. Piérard. Catalogue de la belle et riche collection de tableaux anciens des écoles flamande, hollandaise et française formant la galerie de feu M. Piérard, de Valenciennes. 20 et 21 mars 1860. Ét. Le Roy et F. Laneuville, experts. Gr. in-8, demi-rel. mar. bleu.

Prix et noms.

1113. Pieri-Bénard. Catalogue d'une vente d'estampes anciennes, gravées à l'eau-forte et au burin..... qui composaient le fonds de commerce de M. Pieri-Bénard... 1er octobre 1838 et jours suivants. Defer, expert. In-8, demi-rel. mar. rouge.

1114. Pillot. Catalogue de tableaux, etc...., composant le cabinet de M. Pillot. Mardi 10 février 1818 et jours suivants. In-8, cartonné.

1115. Pils (J.). Catalogue des aquarelles, tableaux, études et esquisses par J. Pils, composant la collection de M. B***. 25 avril 1808. Durand-Ruel, expert. Gr. in-8, demi-rel. mar. jaune.

1116. Pilté. Catalogue des tableaux de maîtres anciens, hollandais, flamands et français composant la collection de feu M. Pilté. 10 avril 1873. Dhios et George, experts. Gr. in-8, demi-rel. mar. brun.

Prix.

1117. Pinel-Grandchamp (Mme). Catalogue de bons tableaux des écoles anciennes, et un très-beau de Michel Weersteegh en 1792, qui composaient le cabinet de Mme Pinel-Grandchamp. 13 mars 1850. Defer, expert. In-8, demi-rel. mar. rouge.

1118. Piombo (Sébastien del). La célèbre Madone, chef-d'œuvre de Sébastien del Piombo, tableau de quatre figures à mi-corps. 15 avril 1868. Haro, expert. In-4, demi-rel. mar. la Vallière.

1119. Piot (Eugène). Catalogue d'une collection d'estampes anciennes.... livres à figures anciens et modernes sur les beaux-arts... provenant du cabinet de M. Eug. P... (Piot). 12, 13 et 14 avril 1847. Defer, expert. In-8, demi-rel. mar. pourpre.

Prix.

1120. Piot (Eugène). Catalogue des objets d'art et d'antiquités, des tableaux, dessins et médailles des xve et xvie siècles de la collection de Eug. Piot. 25 avril 1864 et jours suivants. Roussel, Rollin et Feuardent, experts. Gr. in-8, demi-rel. mar. rouge.

Prix et noms.

1121. Piringer. Catalogue d'estampes, etc... après le décès de M. Piringer... par Th. Potrelle. Vendredi 1er juin 1827 et jours suivants. In-8 cartonné.

Prix.

1122. Pitschaft. Catalogue de la collection de tableaux de feu George Pitschaft. 11 avril 1811. In-8 cartonné.

1123. Platteborse. Catalogue d'un très-beau cabinet de tableaux délaissé par feu M. J. Platteborse. Mardi 19 juillet 1774 et jours suivants... sous la direction de F. de Roy. *A Bruxelles*. In-8, demi-rel. mar. rouge.

1124. Plastis (marquis A.-M.). Catalogue des tableaux anciens provenant du palais Manfrin, de Venise, et appartenant à M. le marquis A. M. Plastis, de Padoue. 13 et 14 mai 1870. Dhios et George, experts. Gr. in-8, demi-rel. mar. rouge.

Ploos van Amstel. Voy. *Amstel.*

1125. Poggi. Catalogue raisonné des estampes anciennes et principalement des œuvres d'Albert Dürer et de Rembrandt, et de quelques dessins, qui composaient la collection de feu M. A.-C. de Poggi... par P.-F. Defer. Lundi 29 février 1836 et jours suivants. In-8, demi-rel. mar. rouge.

1126. Poinsot. Notice de porcelaines anciennes de Chine et du Japon, telles que : vases, cassolettes, jardinières, plats, compotiers de très-belle qualité, montés et non montés... dépendant de la succession de feu M. Poinsot, président de chambre à la cour impériale. 25 et 26 février 1861. MM. Mannheim, experts. In-8, demi-rel. mar. la Vallière.

1127. POLIGNAC (cardinal de). État et description des statues, tant colossales que de grandeur naturelle, et de demi-nature, bustes.... et demi-bustes... et autres ouvrages antiques... trouvés à Rome, assemblés et apportés en France par M. le cardinal de Polignac : à vendre, en total ou par parties, dans les temps qui seront indiqués. 1742. Petit in-8, demi-rel. coins mar. bleu, tête dorée.

1128. POLLET. Catalogue de vingt aquarelles peintes par Pollet. 7 avril 1869. P. Petit, expert. Gr. in-8, demi-rel. mar. la Vallière.

1129. POLONCEAU (de). Catalogue d'une collection de tableaux originaux des trois écoles qui composaient le cabinet de M. de P***. Lundi 26 février 1787 et jours suivants de relevée. In-8 cartonné.

1130. POMMERSFELDEN. Catalog der graflich von Schönborn'schen Bilder-Gallerie zu Pommersfelden. *Wurzburg*, 1857. In-8, demi-rel. coins mar. vert, tête dorée.

1131. POMMERSFELDEN. Catalogue inédit des tableaux de la galerie du comte de Schœnborn, à Pommersfelden, par Otto Mündler. 1861. Gr. in-8, demi-rel. mar. brun.

1132. POMMERSFELDEN. (Galerie de Pommersfelden.) Catalogue de la collection de tableaux anciens du château de Schœnborn. — 1re partie, 17 et 18 mai 1867. — 2e partie, 22, 23 et 24 mai 1867. Haro, expert. Gr. in-8, mar. vert olive bronzé, tranche dorée.
Prix et noms.

1133. POMMERSFELDEN. Catalogue des tableaux anciens des différentes écoles formant la collection du comte de L*** (Lépine) (tableaux retirés de la vente Pommersfelden). 15 avril 1868. Haro, expert. Grand in-8, demi-rel. mar. jaune.
Prix.

1134. POMMIER et DUBOIS. Catalogue de tableaux des trois écoles composant la collection de M.*** (Pommier et Dubois). 27 mai 1816. In-8, demi-rel. mar. vert.
Prix.

1135. POMPADOUR (marquise de). Catalogue des tableaux originaux de différents maîtres, miniatures, dessins et estampes de feu Mme la marquise de Pompadour. Lundi 28 avril 1766. In-12, demi-rel. mar. rouge.
Prix.

1136. Ponce. Catalogue de tableaux, etc..., du cabinet de feu M. Ponce. 12 décembre 1831 et jours suivants. In-8, cartonné.

Prix.

1137. Poncelet. Catalogue d'objets d'art et de curiosité des xi°, xii°, xiii°, xv° et xvi° siècles, émaux de Limoges, ivoires, armes... tableaux anciens... composant la collection de M. Poncelet, d'Auxerre. 26 et 27 mars 1873. Émile Barre, expert. Gr. in-8, demi-rel. mar. pourpre.

1138. Poniatowski (prince). Catalogue of the very celebrated collection of antique gems of the prince Poniatowski, deceased. *Londres*, 29 avril 1839 et jours suivants. Christie and Masson. Gr. in-8, demi-rel. mar. bleu.

Prix et noms.

1139. Poniatowski (Pierre-J.). Catalogue d'une précieuse réunion de 24 tableaux anciens des écoles italienne, hollandaise et française composant la collection du prince J. Poniatowski. 25 mars 1867. E. Barre, expert. In-8, demi-rel. mar. bleu.

Prix.

1140. Pons (docteur). Catalogue d'une belle collection d'estampes anciennes... livres à figures, lithographies, composant la collection de feu M. le docteur Pons, d'Aix. 25 mars 1872 et jours suivants. Clément, expert. Gr. in-8, demi-rel. veau brun clair.

1141. Pontchartrain (de). Catalogue des tableaux, des bustes et autres ouvrages de sculpture en marbre, et des bronzes, du cabinet de M. le comte de Pontchartrain. 1747. In-8, demi-rel. mar. vert.

Prix.

1142. Poole (James). A Catalogue of a choice and valuable selection of capital paintings, the property of James Poole, esq... *Londres*, 22 mars 1813. (Peter Coxe.) In-4, demi-rel. mar. vert clair.

1143. Pope. Catalogue des tableaux des écoles de Flandre, de Hollande et de France.... par M. Le Brun, après le décès de M. Pope. 30 janvier 1792 et jours suivants. In-8, demi-rel. mar. rouge.

Prix.

1144. Portland. A Catalogue of the Portland museum, lately the property of the duchess dowayer of Portland, deceased. 24 the of april 1786 and the thirtyseven following days. In-4, demi-rel. mar. rouge.

1145. Posonyi (Alexandre). Catalogue d'une collection extraordinaire d'estampes, de dessins et de sculptures d'Albert Dürer, formée par Alexandre Posonyi, à Vienne. *Munich,* 11 novembre 1867 et les deux jours suivants. Maillinger, expert. Gr. in-8, demi-rel. mar. vert clair.

1146. Poterlet. Catalogue de dessins anciens et modernes, estampes, lithographies, marbres, terres-cuites, ivoire et autres objets de curiosité du cabinet de M. Poterlet.... 7 décembre 1840 et jours suivants. Defer, expert. In-8, demi-rel. mar. rouge.

1147. Potier. Catalogue raisonné des tableaux, dessins et estampes des plus grands maîtres, qui composent le cabinet de feu M. Potier. 1757. In-12, demi-rel. veau.

Prix.

1148. Potowski. Catalogue d'une collection nombreuse d'estampes, etc..., du cabinet de M. le comte V... D... (Potowski), par F.-L. Regnault-Delalande. Mercredi 9 février 1820 et jours suivants. In-8, demi-rel. mar. bleu.

1149. Poullain. Catalogue raisonné des tableaux, dessins, etc..., qui composaient le cabinet de feu M. Poullain.... suivi d'un Abrégé historique..... par J.-B.-D. Le Brun. Mercredi 15 mars 1780 et jours suivants. In-8, mar. brun, tr. dor. front.

Prix et noms des acquéreurs.

1150. Pourtalès-Gorgier. Description des tableaux faisant partie des collections de M. le comte de Pourtalès-Gorgier, par J.-J. Dubois. 1841. In-4, demi-rel. mar. rouge.

1151. Pourtalès-Gorgier. Catalogue des tableaux anciens et modernes, dessins qui composent les collections de feu M. le comte de Pourtalès-Gorgier. 27 mars 1865 et jours suivants. Ferd. Laneuville, expert. — Objets d'art et de haute curiosité, antiques, du moyen âge et de la Renaissance. 6 février 1865 et jours suivants. Roussel, Mannheim, experts. — Médailles. 27, 28 février et 1er mars 1865. Rollin et Feuardent, experts. Gravures au burin et à l'eau-forte. Grand in-8, maroquin orange, tête dorée.

Prix et noms.

On a ajouté à cet exemplaire diverses estampes provenant de la Gazette des Beaux-Arts, telles que le portrait de Hals par Lagaillermi, la Sainte Famille de Jean Bellin, par Gaillard, etc., belles épreuves.

1152. Poussin. (Succession de M. Mesteil, avocat aux Andelys.) Vente d'un magnifique tableau de M. Poussin et d'estampes gravées d'après ses compositions. 18 avril 1868. Blaisot, expert. Grand in-8, demi-rel. mar. orange.

1153. Pradier. Notice d'une vente d'objets d'art, statues en marbre et en bronze, modèles et statuettes en plâtre, tableaux anciens et modernes... après décès de M. James Pradier, statuaire, membre de l'Institut... 26 juillet 1852 et jours suivants. Defer, exp. Grand in-8, dem.-rel. mar. bleu.

1154. Praun (de). Description du cabinet de M. Paul de Praun à Nuremberg, par Christophe-Théophile de Murr. 1797. In-8, veau marbré.

1155. Préaux. Catalogue de la précieuse collection d'objets d'art, d'antiquités et curiosités..., composant le cabinet de M. Préaux. 9, 10 et 11 janvier 1850. Roussel, expert. Grand in-8, dem.-rel. mar. la Vallière.

1156. Preuil (du). Catalogue d'une collection de tableaux du plus beau choix des trois écoles, provenant du cabinet de M. D. P... Lundi 25 novembre 1811. In-8, demi-rel. mar. bleu.

Prix et noms.

1157. Prevost. Catalogue raisonné d'estampes anciennes et modernes de peintres et de graveurs célèbres... Quelques recueils, livres à figures et sur les arts, tableaux et dessins, du cabinet de M. Prevost, dessinateur et graveur, par F.-L. Regnault-Delalande... 1809 (?). In-8, demi-rel. mar. rouge.

1158. Price (Uvedale), esq. Catalogue of most valuable collection of ancient drawings... by the late Uvedale Price, esq... *Londres, chez Sotheby et J. Wilkinson.* Mai 1854. In-8, demi-rel. mar. rouge.

Exemplaire réglé, avec les prix et les noms d'acquéreurs.

1159. Prousteau. Catalogue de tableaux originaux des trois écoles, bronzes, estampes... et autres effets du cabinet de M. Prousteau, capitaine des gardes de la Ville. 5 juin 1769 et jours suivants..., par P. Remy. In-12, cartonné.

Prix.

1160. Prud'hon. Notice de tableaux, dessins, gouaches et pastels, exécutés par feu M. P.-P. Prud'hon, peintre d'histoire, membre de l'Institut de France et chevalier de la Légion d'honneur. Ch. 13 mai 1823. Paillet, expert. In-8, mar. rouge, tranche dorée.

1161. Prudhon. Exposition des œuvres de Prudhon au profit de sa fille. École des Beaux-Arts. Mai 1874. In-12, demi-rel. coins mar. bleu, tête dorée.

1162. Prudhon. Catalogue d'une collection précieuse de

tableaux, etc..., formant le cabinet de M. Prudhon fils. Vendredi 18 et samedi 19 décembre 1829. In-32, demi-rel. mar. rouge.

1163. Pujol (Abel de). Catalogue des tableaux, dessins, esquisses et croquis laissés par Albert de Pujol et des tableaux et dessins anciens et modernes qui garnissaient son atelier. 7 décembre 1861. F. Petit, expert. In-8, demi-rel. mar. rouge.

1164. Pujol. Catalogue d'une intéressante collection de tableaux et de dessins anciens et modernes, objets d'art et de curiosité..., formant la collection de M. Pujol, de Toulouse. 7 et mars 1864. F. Laneuville, expert. In-8, demi-rel. mar. rouge.

1165. Purling (John). A Catalogue of the renowned and valuable collection of italian, venetian, flemish and dutch pictures, late the property of John Purling, esq., deceased... *Londres*, 16 février 1801 et jours suivants. M. White, expert. In-4, demi-rel. coins mar. rouge.

Prix.

1166. Puten (Van). Notice d'un choix de dessins précieux, etc..., du cabinet de feu M. Van Puten, par Duchesne aîné. Lundi et mardi 14 et 15 décembre 1829. In-8, cartonné.

Prix.

1167. Quarles van Ufford (le chevalier). Collection de feu M. le chevalier L.-J. Quarles van Ufford... Tableaux anciens, dessins et aquarelles. *Harlem*, 23 et 24 mars 1874. Van Pappelendam et Schooten, experts. Grand in-8, demi-rel. mar. tête de Maure.

1168. Quatremère de Quincy. Catalogue d'objets d'art, antiquités égyptiennes, grecques et romaines, vases grecs, terres cuites, figurines en bronze..., composant le cabinet de feu M. Quatremère de Quincy, en son vivant membre de l'Institut, secrétaire perpétuel de l'Académie des Beaux-Arts. 22 avril 1850. Defer, expert. In-8, demi-rel. mar. violet foncé.

Quelques prix.

1169. Queudeville. Catalogue de la rare et précieuse collection de tableaux italiens, flamands, allemands et français des XIII°, XIV°, XV° et XVI° siècles..., provenant du cabinet de feu M. Queudeville. 29, 30 et 31 mars 1852. François, expert. Grand in-8, demi-rel. mar. violet foncé.

1170. Quentin de Lorangère. Catalogue raisonné des diverses curiosités du cabinet de feu M. Quentin de Lorangère. (A la fin :) Table alphabétique des noms des peintres, avec quelques courtes notices par le E.-F. Gersaint. 1744. In-12, veau.

1171. QUINTO (comtesse de). Catalogue d'une riche collection de tableaux de l'école espagnole et des écoles d'Italie et de Flandre, appartenant à Mme la comtesse de Quinto. 1862. In-8, demi-rel. mar. rouge.

1172. RABASSE. Catalogue de tableaux, etc.., après le décès de M. Rabasse. Jeudi 23 avril 1829 et jours suivants. In-8, cartonné.

Prix.

1173. RACHEL (Mlle). Catalogue des objets mobiliers dépendant de la succession de Mlle Rachel... 1° Garde-robe, guipures et dentelles. 12, 13 et 14 avril 1858 ; — 2° Porcelaines, objets d'art. 16 et 17 avril 1858 ; — 3° Vins fins, 17 avril 1858 ; — 4° Argenterie, bijoux et diamants. 19, 20 et 21 avril ; — 5° Bijoux et costumes de théâtre. 23 et 24 avril ; — 6° Livres. 26 et 27 avril ; — 7° Mobilier. 28 et 29 avril 1858. Grand in-8, demi-rel. mar. la Vallière.

Prix aux bijoux.

1174. RADIX DE SAINTE-FOIX. Notice de 6 tableaux, provenant de l'ancien cabinet de M. Radix de Sainte-Foix. 5 mai 1817. Ch. Paillet, expert. In-8, demi-rel. mar. vert.

1175. RACINE fils. Catalogue détaillé par numéro des estampes qui se vendront à la suite des livres de feu M. R... 17... In-8, cartonné.

Prix et noms.
Exemplaire de Mariette.

1176. RADSTOCK (lord). A Catalogue of the very noble collection of italian, french flemish, and dutch pictures of the right honourable admiral lord Radstock, deceased. *Londres*, 12 et 13 mai 1826. Christie. In-4, demi-rel. coins mar. pourpre foncé, tête dorée.

Quelques prix.

1177. RADZIWILL (prince). Catalogue des tableaux anciens composant la collection de M. le prince Radziwil. (Cat. général.) 16 au 24 mai 1865. P. Laneuville. — Catalogue de la 1re partie des tableaux anciens des écoles italienne, flamande et française, composant la collection de M. le prince Radziwill. 23 mai 1865. F. Laneuville, expert. Prix de cette partie. In-8, demi-rel. mar. rouge.

1178. Radziwill (prince). (Collection du prince Sigismond Radziwill.) Catalogue de tableaux anciens des écoles française et hollandaise. 26 février 1866. Barré, expert. — Catalogue des tableaux anciens des écoles italienne, espagnole, française et hollandaise, composant la 2ᵉ partie de la collection du prince Sig. Radziwill. 22 et 23 mars 1866. Barré, expert. In-8, demi-rel. mar. vert.

Prix.

1179. Raffet. Catalogue. Aquarelles, dessins et sépias, par Raffet. 21 avril 1860. F. Petit, expert. In-8, demi-rel. mar. rouge.

1180. Raffet. Catalogue de dessins, aquarelles, études peintes et croquis de Raffet, ainsi que des armes, costumes, plâtres et objets divers, composant son atelier. Les 10, 11 et 12 mai 1860. F. Petit, expert. In-8, demi-rel. mar. rouge.

1181. Raguse (duchesse de). Catalogue des tableaux des écoles française, hollandaise et flamande, formant la collection de Mᵐᵉ la maréchale duchesse de Raguse. 14 et 15 décembre 1857. Mennechet, expert. In-8, demi-rel. mar. la Vallière.

Prix.

1182. Ramp. Catalogue d'une belle collection de verrerie vénitienne du xvıᵉ siècle, verrerie allemande émaillée des xvıᵉ et xvııᵉ siècles, et verres de Bohême taillés... de M. Ramp, ancien négociant de Cologne. Les 6 et 7 janvier 1851. Roussel, expert. In-8, demi-rel. mar. rouge.

1183. Randon de Boisset. Catalogue des livres et des tableaux du cabinet de feu M. Randon de Boisset. *Paris,* 1777. 2 vol. in-12, mar. rouge, fil. tr. dor. (*Armoiries.*)

Bel exemplaire. Le Catalogue des livres est De Bure, celui des curiosités de Remy. Les prix sont marqués à l'encre rouge. Le Catalogue des livres est en double.

1184. Randon de Boisset. Catalogue des tableaux et dessins précieux des maîtres célèbres des trois écoles, figures, estampes et autres objets, du cabinet de feu M. Randon de Boisset. 27 février 1777. In-12, mar. rouge, avec armoiries d'un prince de la maison de Bourbon, doré sur tranches.

Prix et noms.

1185. Raoul-Rochette. Catalogue de belles estampes anciennes et modernes et quelques tableaux et dessins du cabinet de M. Raoul-Rochette, membre de l'Institut. 14 avril 1855. Defer, expert. In-8, demi-rel. mar. rouge.

1186. Rapp (comtesse). Notice de tableaux, dessins, estampes en recueil, armes précieuses, riche mobilier et livres. 15 juin 1838 et jours suivants. Ch. Paillet, expert. In-8, demi-rel. mar. rouge.

1187. Rattier. Catalogue des objets d'art et de haute curiosité, composant la collection de feu M. Rattier. 21, 22, 23 et 24 mars 1859. Mannheim et Rollin, experts. In-8, demi-rel. mar. rouge.

1188. Rayneval (comte de). Notice de tableaux, la plupart de l'école espagnole, provenant de la succession de M. le comte de Rayneval, pair de France, ambassadeur de France à Madrid. 16 avril 1838 et jours suivants. Ch. Paillet, expert. In-8, demi-rel. mar. vert foncé.

Quelques prix.

1189. Redouté. Catalogue de tableaux, dessins, croquis, ébauches, estampes et lithographies... de M. Redouté, peintre de fleurs du cabinet de la reine. Le 23 juillet 1840 et jours suivants. Vallée, expert. In-8, demi-rel. mar. vert.

1190. Regnault. Exposition de trois tableaux dans une des salles du palais national des sciences et des arts, par le chevalier Regnault, membre de l'Institut national. An VIII (1800). In-8, demi-rel. mar. bleu.

1191. Regnault. Catalogue de tableaux, etc., de M. le baron Regnault. Lundi 1er mars 1830 et jours suivants. Paillet, expert. In-8, cartonné de bleu.

Prix.

1192. Regnault (Henri). Œuvres de Henri Regnault, exposées à l'école des Beaux-Arts. Mars 1872. In-12, demi-rel. coins mar. la Vallière foncé, tête dorée.

1193. Regnault (Henri). Catalogue des tableaux, aquarelles et dessins, composant la vente après décès de Henri Regnault. 5 et 6 avril 1872. Haro, expert. In-8, demi-rel. coins mar. rouge, tête dorée.

Prix et quelques noms.

1194. Regnault-Delalande. Catalogue de dessins, gouaches et aquarelles, des grands maîtres des trois écoles, encadrés et en feuilles; estampes anciennes et modernes... livres à figures, notes manuscrites, livres sur les arts, collection de catalogues curieux..., composant le cabinet de feu M. Regnault-Delalande, peintre et graveur. 28 février et 1er mars 1825. Pérignon, expert. In-8, demi-rel. mar. bleu.

1195. REISET. Description abrégée des dessins appartenant à M. Frédéric Reiset. 1850. In-8, demi-rel. mar. brun.

1196. REISET (Jacques). (Collection de feu M. Jacques Reiset.) Tableaux anciens et modernes, lithographies, œuvres de Charlet... objets d'art et curiosités. 29 et 30 avril 1870. F. Petit et Ch. Mannheim, experts. Grand in-8, demi-rel. mar. la Vallière foncé.

Prix et quelques noms.

1197. REMBRANDT. Catalogue d'une collection magnifique d'estampes, à l'eau-forte, composant l'œuvre presque complète de Rembrandt van Rhyn... provenant d'un amateur distingué, décédé à Amsterdam vers l'an 1847. *Amsterdam*, 31 mars 1852. In-8, demi-rel. mar. rouge.

1198. RENDLESHAM (lord). The Catalogue of that important selection of capital paintings, the property of the right honourable lord Rendlesham at Foley House... *Londres*, 20 juin 1806. (Peter Coxe.) In-4, demi-rel. coins mar. rouge.

Prix.

1199. RENOUARD (Jules). Catalogue de tableaux modernes dont 15 par MM. Horace Vernet et Hersent pour les Œuvres de Molière, dessins par Prudhon, Girodet, Granet. 19 mai 1855. Defer, expert. In-8, demi-rel. mar. bleu.

1200. RÉVIL. Catalogue de la collection d'estampes, recueillies par M. N. Révil, rédigé par Piéri-Bénard. 1830. In-8, demi-rel. mar. vert, front.

Prix.

1201. RÉVIL. Catalogue raisonné de la rare et précieuse collection d'estampes, chefs-d'œuvre de la gravure du XVe au XIXe siècle, provenant du cabinet de M. R*** (Révil.) 25 mars 1838 et jours suivants. Defer, expert. In-8, demi-rel. mar. rouge.

Prix.

1202. RÉVIL. Catalogue d'une belle collection de tableaux et dessins originaux des grands maîtres des écoles italienne, allemande, flamande, hollandaise et française, objets de curiosité et bronzes antiques, composant le cabinet de M. R*** (Révil). 29 mars 1842 et jours suivants. Roussel et Defer, experts. In-8, demi-rel. mar. vert olive, tête dorée.

Prix et quelques noms.

1203. RÉVIL. Catalogue d'une belle et rare collection d'objets d'art, antiquités, médailles, tableaux et dessins, estampes, composant le cabinet de M. N. Révil. 24 février 1845 et les cinq jours suivants. Roussel et Defer, experts. Grand in-8, demi-rel. coins peau de truie, tête dorée.

Prix et quelques noms.

1204. REYNE. Catalogue des dessins anciens et modernes des différentes écoles, provenant en partie de la collection de feu M. Reyne, ancien directeur de l'école de peinture d'Avignon. 30 janvier 1873. Ch. Rouillard, expert. Grand in-8, demi-rel. mar. pourpre.

1205. REYNARD. Notice d'une vente d'une collection d'estampes, d'ornements pour l'orfèvrerie, la bijouterie, la damasquinerie, la serrurerie... après le décès de M. R... (O. Reynard), dessinateur d'ornements, et de M. B..., peintre en miniature et ancien marchand d'estampes. 16, 17 et 18 novembre 1848. Defer, expert. In-8, demi-rel. mar. bleu.

Quelques prix.

1206. RHONÉ (Evrard). Catalogue de la belle et riche collection de tableaux anciens et modernes des écoles flamande, hollandaise et française, formant la galerie de feu M. Evrard Rhoné, à Paris. 6, 7 et 8 mai 1861. E. Leroy et F. Laneuville, experts. — Catalogue d'objets d'art et de curiosité, provenant de la belle collection de feu M. Rhoné. 13 mai 1861 et jours suivants. Mannheim, expert. Grand in-8, demi-rel. mar. rouge.

1207. RIBEYRE (marquis de). Catalogue des tableaux anciens importants des écoles française, flamande et italienne, composant la collection de feu M. le marquis de Ribeyre. 26 mars 1872. Emile Barre, expert. Grand in-8, demi-rel. mar. vert.

Prix.

1208. RICARD. Catalogue de tableaux, dessins, aquarelles et autres objets trouvés dans l'atelier de Gustave Ricard. 20 juin 1873. Durand Ruel, expert. Grand in-8, demi-rel. mar. rouge.

1209. RICHARD (Théodore). Catalogue des tableaux anciens et modernes, des études, dessins et gravures, livres d'art, formant le cabinet et l'atelier de M. Théodore Richard, par Horsin-Déon. 19, 20 et 22 mars 1858. Grand in-8, demi-rel. mar. pourpre.

1210. RICHARD DE LEDAN. Catalogue d'une collection nombreuse de tableaux de maîtres d'Italie, des Pays-Bas et de

France, qui composaient le cabinet de feu M. Richard de Ledan, ancien lieutenant-colonel d'infanterie...., par F.-L. Regnault-Delalande. 3 décembre 1816 et jours suivants. In-8, demi-rel. veau antique.

1211. RICHELIEU. Le Chasteau de Richelieu, ou l'Histoire des dieux et des héros de l'antiquité, avec des réflexions morales, par M. Viguier. Seconde édition. *Saumur*, 1681. In-12, veau, tr. dor.

1212. RICHELIEU (duc de). Catalogue de tableaux, portraits, miniatures, gouaches, estampes, bustes, porcelaines, etc., qui composaient le cabinet de feu M. le duc de Richelieu. Jeudi 18 décembre 1788. In-8, demi-rel., mar. rouge.

1213. RICHSON (Charles). A Catalogue of a very select and valuable collection of pictures the entire property of Charles Richson, esq. *Londres, Sothehy and son.* 29 mars 1832. In-4, demi-rel. mar. violet.

1214. RIGAL. Catalogue raisonné des estampes du cabinet de M. le comte Rigal, par F.-L. Regnault-Delalande. 1817. In-8, demi-rel. mar. vert.

Prix et noms des acquéreurs,

1215. RINECKER (docteur). Catalogue de tableaux anciens des diverses écoles composant la collection de M. le docteur Rinecker, professeur à l'Université de Wurzbourg. 30 et 31 mars 1868. Haro, expert. Grand in-8, demi-rel. mar. la Vallière.

Prix.

1216. RINUCCINI. Galleria Rinuccini. Catalogo dei quadri appertenenti alle scuole italiane. *Florence*, mai 1852. In-8, demi-rel. mar. rouge.

1217. RIOU. Notice d'une collection de tableaux de différents maîtres des écoles flamande et française, provenant du cabinet de M. Riou. 5 février 1816. Alp. Giroux, expert. Pet. in-8, demi-rel. mar. rouge.

1218. ROBELOT. Catalogue du cabinet de M. Robelot, de Bordeaux, ancien contrôleur principal des contributions directes, composé d'estampes anciennes et modernes, au nombre de plus de 14,000 pièces..., de 1,200 dessins environ et de quelques bons tableaux... Première partie, du 6 au 11 décembre 1847. Deuxième partie, du 10 au 15 janvier 1848. Vallée, Defer, experts. In-8, demi-rel. mar. bleu.

1219. ROBERT. Notice des dessins anciens des diverses écoles, provenant de la succession de M. R*** (Robert, de

Versailles.) 28 novembre 1860. Le Blanc, expert. In-8, demi-rel. mar. bleu.

Prix et noms.

1220. ROBERT-DUMESNIL. Catalogue d'estampes, etc., du cabinet de M*** (Robert-Dumesnil), par Duchesne aîné. 30 et 31 janvier 1826. In-8, cartonné.

Prix.

1221. ROBERT-DUMESNIL (comte MIOT). Catalogue d'une collection d'estampes, etc., provenant du cabinet de M. le comte M... (Miot-Robert-Dumesnil), par Duchesne aîné. Lundi 24 mars 1828 et jours suivants. In-8, cartonné.

Prix.

1222. ROBERT-DUMESNIL. Catalogue d'une collection d'estampes anciennes, gravées à l'eau-forte par des peintres et au burin par des graveurs des écoles d'Italie, d'Allemagne, des Pays-Bas et de France, provenant du cabinet de feu M. de B***, d'Arras (Robert-Dumesnil). 6 et 7 avril 1835. Defer, expert. In-8, demi-rel. mar. rouge.

1223. ROBERT-DUMESNIL. Catalogue des estampes de Rembrandt, de Ferdinand Bob, de Jean Livens, de Jean-Georges van Vliet, de Rodermont et de leurs imitateurs, colligées par M. A.-P.-F. Robert-Dumesnil. *Londres.* Les 12, 13 et 14 avril 1836. Grand in-8, demi-rel. mar. pourpre.

Prix.

1224. ROBERT-DUMESNIL. Catalogue des estampes des écoles allemande, flamande, hollandaise et anglaise, colligées par M. A.-P.-F. Robert-Dumesnil. *Londres.* 1837. In-8, demi-rel. mar. bleu.

1225. ROBERT-DUMESNIL. Catalogue des estampes des écoles d'Italie et d'Espagne et des dessins tant de ces écoles que des écoles germaniques, colligés par M. A.-P.-F. Robert-Dumesnil. *Londres.* 1828. In-8, demi-rel. mar. bleu.

Quelques prix.

1226. ROBERT-DUMESNIL. Vente d'une collection d'estampes anciennes gravées à l'eau-forte et au burin, par des peintres et graveurs des écoles d'Italie, d'Allemagne, des Pays-Bas et de France, par suite du décès de M. P***, peintre (Robert-Dumesnil). 21 et 22 février 1839. Defer, expert. In-8, demi-rel. mar. vert foncé.

1227. ROBERT-DUMESNIL. Catalogue d'une collection d'estampes anciennes, par des graveurs et d'après des peintres des écoles d'Italie, d'Allemagne, des Pays-Bas et de France, provenant du cabinet de M. V*** de Lille (Robert-Dumesnil). 21 et 22 février 1842. Defer, expert. In-8, demi-rel. mar. bleu.

1228. Robert-Dumesnil. Catalogue d'une collection d'estampes anciennes, gravées au burin, à l'eau-forte et en bois, par des maîtres de l'école française et de quelques spécimens de choix des autres écoles, provenant du cabinet de M. R.-D***. 3 avril 1843 et jours suivants. Defer, expert. In-8, demi-rel. mar. bleu.

Prix.

1229. Robert-Dumesnil. Catalogue d'une collection d'estampes anciennes, provenant du cabinet de M. R.-D***, d'un supplément d'estampes et d'une collection de 80 bons dessins des écoles flamande et hollandaise. 25 mars 1844 et jours suivants. Defer, expert. In-8, demi-rel. mar. brun.

1230. Robert-Dumesnil. Catalogue d'une vente d'estampes anciennes, par des graveurs de l'école française et de quelques spécimens des graveurs des autres écoles, d'un choix de dessins de maîtres anciens, provenant du cabinet de M. R.-D***. 7, 8 et 9 avril 1845. Defer, expert. In-8, demi-rel. mar. rouge.

1231. Robert-Dumesnil. Catalogue d'estampes anciennes à l'eau-forte et au burin, provenant de la collection de M. R.-D... 20 et 21 avril 1854. Defer, expert. In-8, demi-rel. mar. rouge.

1232. Robert-Dumesnil. Catalogue d'une collection d'estampes anciennes par des peintres et graveurs français des XVIIe, XVIIIe et XIXe siècles, de l'œuvre de Jean Le Paultre..., du cabinet de M. R.-D... 4 décembre 1854 et les trois jours suivants. Defer, expert. In-8, demi-rel. mar. bleu.

1233. Robert-Dumesnil. Catalogue d'estampes anciennes à l'eau-forte et au burin par divers peintres et graveurs aux XVIe, XVIIe et XVIIIe siècles, parmi lesquels on remarque les œuvres de Androuet Ducerceau, A. Mellan, du cabinet de M. R. D... 26 et 27 novembre 1855. Defer, expert. In-8, demi-rel. mar. rouge.

1234. Robert-Dumesnil. Catalogue d'estampes anciennes, principalement des maîtres français..., une œuvre très-remarquable de Jacques Callot..., provenant de la colleclection M. R. D. 11 mars 1856 et les deux jours suivants. Defer, expert. In-8, demi-rel. mar. bleu.

Prix et noms.

1235. ROBERT-DUMESNIL. Catalogue d'estampes anciennes et portraits, provenant de la collection de M. R.-D... 17 et 18 décembre 1856. Defer, expert. In-8, demi-rel. mar. violet foncé.

1236. ROBERT-DUMESNIL. Catalogue d'estampes anciennes et d'un bel œuvre d'Etienne de La Belle..., provenant du cabinet de M. R.-D... 12 et 13 avril 1858. Vignères, expert. In-8, demi-rel. mar. pourpre.

Prix et noms.

1237. ROBERT-DUMESNIL. Catalogue d'une collection d'estampes, d'après les maîtres de l'école de Fontainebleau, provenant du cabinet de M. R.-D... 26 mars 1862. Clément, expert. In-8, demi-rel. mar. brun.

Prix et noms.

1238. ROBERT-LEFÈVRE. Catalogue des tableaux, portraits, études, esquisses de M. Robert-Lefèvre, peintre de portraits et d'histoire, chevalier de la Légion d'honneur; et de tableaux anciens et modernes, miniatures, formant l'ensemble de son cabinet. 7 mars 1831 et jours suivants. Deboy et Pérignon, experts. In-8, demi-rel. mar. la Vallière.

Prix.

1239. ROBINSON (J.-C.). Catalogue de tableaux et de dessins anciens, composant la collection de M. J.-C. Robinson, ex-conseiller d'art (art referee) du musée de Kensington, à Londres. 7 et 8 mai 1868. Febvre, expert. Grand in-8, demi-rel. mar. la Vallière foncé.

Prix et quelques noms aux tableaux.

1240. ROBIT. Catalogue d'une riche collection de tableaux... le tout provenant du célèbre cabinet du citoyen Robit, rédigé par A. Paillet et H. Delaroche. Lundi 21 mai 1801. In-8, demi-rel. mar. rouge, doré en tête.

Prix et noms.

1241. ROCHARD. (Collection Rochard.) Catalogue de tableaux anciens des écoles italienne, hollandaise, flamande et française. 13 et 14 décembre 1866. Febvre, expert. — (2ᵉ partie.) Estampes et dessins... 18 décembre 1866. Rochoux, expert. In-8, dem.-rel. mar. brun.

1242. ROCHÉ. Catalogue de tableaux, la plupart des écoles flamande et hollandaise, et provenant de la collection de feu M. Roché, ancien architecte, à Orléans. 7 et 8 avril 1837. George, expert. In-8, demi-rel. mar. vert.

1243. ROCHEBOUSSEAU (marquis de la). Catalogue de tableaux de premier ordre, anciens et modernes, composant la galerie de M. le marquis de la Rocheb. (Rochebousseau). 5 mai 1873 et jours suivants. Durand-Ruel, Féral, experts. In-4, demi-rel. coins mar. rouge, tête dorée.
Prix.
Nombreuses eaux-fortes.

1244. RODES (marquise Théodule de). Catalogue de tableaux anciens des écoles flamande et hollandaise de feu madame la marquise Théodule de Rodes. 30 mai 1868. E. Leroy, F. Petit, experts. In-8, demi-rel. mar. bleu clair.
Prix.

1245. RODIER. Notice de tableaux, etc..., composant le cabinet de feu M. le baron Rodier... 28 janvier 1833. in-8, cartonné.

1246. ROEDERER (comte). Notice de tableaux des diverses écoles, dessins, gouaches et estampes..., le tout formant le cabinet de M. le comte de Rœderer. 7 mars 1836. Ch. Paillet. In-8, demi-rel. mar. pourpre.
Prix aux tableaux.

1247. ROEHN (Alphonse). (Vente après décès.) Catalogue de tableaux anciens et modernes des différentes écoles, dessins, gravures..., composant l'atelier de M. Alphonse Roëhn. Lundi 13 et mardi 14 mars 1865. Horsin-Déon, expert. Grand in-8, demi-rel. mar. pourpre.

1248. ROEHN (Adolphe). (Vente après décès.) Catalogue des tableaux anciens des différentes écoles, dessins, gravures, livres à figures... composant la collection de M. Adolphe Roëhn, peintre. 2 mars et jours suivants. Horsin-Déon, expert. Grand in-8, demi-rel. mar. la Vallière.
Prix.

1249. ROGER (baron). Catalogue d'une belle collection de dessins anciens et modernes des écoles d'Italie, des Pays-Bas et de France, de tableaux, estampes..., provenant du cabinet de feu M. le baron Roger. 23 décembre 1841 et jours suivants. Defer et Mannheim, experts. In-8, demi-rel. mar. vert, tête dorée.
Prix et noms.

1250. ROGER (baron). Catalogue d'une collection d'antiquités, vases peints, grecs, étrusques, romains, bronzes antiques, provenant du cabinet de feu M. le baron Roger. 16 mars 1842 et jours suivants. Mannheim, expert. In-8, demi-rel. mar. vert, tête dorée.

Quelques prix.

1251. ROGERS (Charles). Catalogue of the extensive cabine of capital drawings... by Charles Rogers. *Londres, chez Th. Philippe*. Avril 1779. In-8. demi-rel. maroq. brun.

Prix au crayon.

1252. ROGERS (Samuel). Catalogue of the celebrated collection of works of art and vertu comprising ancient and modern pictures drawings and engravings... antiquities... greek and roman coins... library... the property of the late Samuel Rogers, esq. *Londres, (chez Christie and Manson)*. Du 28 avril au 28 mai 1856. Grand in-8, demi-rel. coins mar. rouge.

Prix et noms.

1253. ROGERS (John). Catalogue of the very extensive and valuable collection of Pictures formed during a series of years by John Rogers, esq. deceased... *Londres*, 30 avril et 1ᵉʳ mai 1847. (*Christie and Manson.*) In-4, demi-rel. mar. violet foncé.

Prix.

1254. ROI D'ESPAGNE. A Catalogue of the magnificent collection of..... the king of Spain... *Londres, chez Stanley*. Mai 1832. In-4, demi-rel. maroq. bleu.

Quelques prix.

Roi des Pays-Bas. Voyez *Guillaume II.* Voyez aussi *Orange* (prince d').

1255. ROLLAND. Catalogue de tableaux, dessins, etc..., après cessation de commerce de M. Rolland. 22 mars 1830 et jours suivants. In-8, cartonné.

Prix.

1256. ROQUEPLAN. Catalogue des tableaux de Camille Roqueplan. Le 10 décembre 1855. Febvre, expert. In-8, demi-rel. mar. violet foncé.

Prix.

1257. ROSALBA CARRIERA. Catalogue d'une belle collection de pastels, esquisses, miniatures et dessins provenant de la famille de la célèbre Rosalba Carriera de Venise (et apportés à Paris par M. Eugène Piot). 31 mars 1856. Ferd. Laneuville, expert. In-8, demi-rel. mar. pourpre.

1258. Ronner (de). Catalogue de vente d'une très-belle collection d'estampes colligées par feu M. le conseiller Charles de Ronner, à Venise, par Maurice Sigismond Bermann. *Vienne* (Autriche), 31 mai 1848. Petit in-8, demi-rel. mar. bleu.

1259. Rosny (château de). Catalogue des tableaux, dessins, aquarelles, gouaches, estampes, lithographies, provenant du château de Rosny. Lundi 22 février 1836 et jours suivants (Charles Paillet). In-8, demi-rel mar. rouge.

1260. Rossi. Catalogue raisonné des estampes qui composaient le cabinet de M. Rossi, de Marseille, par F.-L. Regnault-Delalande. 16 avril 1822 et jours suivants. In-8, demi-rel. veau fauve.

Prix imprimés.

1261. Rossi. Notice d'une collection de dessins originaux des écoles italienne, flamande et française provenant du cabinet de M. R***. 4 février 1837 (Pieri-Bénard, expert). In-8, demi-rel. mar. violet foncé.

Prix et noms.

1262. Rossi (docteur). Catalogue d'une vente de bons tableaux anciens et modernes, de dessins, d'estampes, livres sur les arts, et catalogues, provenant du cabinet de M. le docteur Rossi. 26 et 28 mars 1847. Defer, expert. In 8, demi-rel. mar. violet foncé.

Prix aux estampes et livres.

1263. Rothpletz (E.). Catalogue de la collection de tableaux anciens de M. E. Rothpletz, à la vieille tour d'Aarau. *Aarau*, 1866. In-8, demi-rel. mar. rouge, tranche dorée.

Photographies.

1264. Rottiers (général). Catalogue d'une intéressante collection de tableaux anciens des écoles française, italienne, espagnole, flamande, hollandaise et allemande, formant le cabinet du général Rottiers. 4 et 5 décembre 1846. Alexis Wéry, expert. In-8, demi-rel. mar. bleu.

1265. Rougé (comte de). Catalogue de six tableaux parmi lesquels la mort de Socrate par L. David. 8 avril 1872. Férol, expert. Grand in-8, demi-rel. mar. la Vallière.

Prix.

1266. Rouillard. Catalogue de tableaux anciens et modernes, esquisses, ébauches, études, dessins anciens et modernes par des maîtres de toutes les écoles... qui composaient le cabinet et l'atelier de M. Rouillard, chevalier de la Légion d'honneur et peintre d'histoire, 21 février 1853 et jours suivants. Defer, expert. In-8, demi-rel. mar. pourpre.

1267. Rousseau (Théodore). Catalogue de la vente qui aura lieu par suite du décès de Théodore Rousseau. Du 27 avril au 2 mai 1868. Durand-Ruel : Brame, Clément, Rollin et Feuardent, experts. Grand in-8, demi-rel. mar. vert olive.

1268. Roussel. Catalogue raisonné des estampes, tableaux, bronzes, porcelaines et autres curiosités qui composent le cabinet de M. (Roussel). 13 mars 1769 et jours suivants, par les sieurs Glomy et Buldet, 1769. In-12, cartonné.

Prix.

1269. Roussel. Catalogue des objets d'art, de curiosité et d'ameublement, tableaux anciens dépendant de la succession de feu M. Roussel, expert. 13 avril 1866. Ch. Mannheim, expert. In-8, demi-rel. mar. la Vallière.

1270. Roux. Catalogue d'une collection de tableaux des trois écoles, etc., provenant du cabinet de M. Roux, par J.-B.-P. Lebrun. 18 mars 1811. Br. in-8.

Prix d'adjudication manuscrits.

1271. Roux. Catalogue des objets d'art et de haute curiosité, tableaux et pastels composant la précieuse collection de M. Roux, de Tours. 17, 18, 19 et 20 février 1868. Ch. Mannheim, expert. Grand in-8, demi-rel. mar. bleu clair.

1272. Rubempré (de). Catalogue d'une collection de tableaux, estampes et dessins, provenant de la vente du prince de Rubempré, faite à Bruxelles. *Paris*, juin 1765. In-8, demi-rel. maroquin brun.

Prix.

1273. Rubens. Inventaire faict après le décès de messire Pierre-Paul Rubens. *Anvers*, 1640. Manuscrit, petit in-4, demi-reliure maroquin.

1274. Rubens. Catalogue of the works of art in the possession of sir Peter Paul Rubens at the time of his decease (1640) together with tho letters from sir Balthazar Gerbier. For private circulation 1839. Petit in-8, cart. violet, tranche dorée.

1275. Rubens (œuvre de). Catalogue du cabinet d'estampes de M. *** formant une collection très-complète de l'œuvre de Rubens... *Bruxelles*. 23 et 24 novembre 1860 sous la direction de F. Heussner. In-8, demi-rel. mar. rouge.

1276. Ruggieri. Catalogue des livres rares et précieux composant la bibliothèque de M. E.-F.-D. Ruggieri (livres à figures). 3 mars 1873 et jours suivants. Adolphe Labitte, expert. Grand in-8, demi-rel. veau fauve.

1277. RUTXHIEL. Catalogue abrégé des dessins du cabinet de M. Rutxhiel, statuaire. Jeudi 11 avril 1833 (Henri). In-8, demi-rel. mar. pourpre.

1278. RUTXHIEL. Catalogue abrégé d'une belle collection de dessins anciens, de tableaux de l'école lombardo-vénitienne, estampes, livres à figures et recueils dépendant de la succession de M. Rutxhiel, statuaire... 27 novembre 1837. Remoissenet, expert. In-8, demi-rel. mar. pourpre.

Prix et noms.

1279. SABATIER. Catalogue des tableaux et autres objets de curiosité qui composaient le cabinet de feu M. Sabatier. 20 et 21 mars 1809. A Paillet. Hipp. Delaroche, experts. In-12, demi-rel. mar. vert foncé.

Prix,

1280. SABRAN (marquis de). Catalogue d'une collection de portraits, en miniature et à l'huile, d'hommes et femmes célèbres par les plus habiles maîtres anciens et modernes; collection de bronzes antiques, égyptiens, étrusques, romains et modernes; plus de 400 dessins de bons maîtres... du cabinet de M. le marquis de Sabran. 5 mars 1784. Paillet, expert. Grand in-12, demi-rel. coins mar. brun foncé.

1281. SAINT. Catalogue d'une belle collection de tableaux anciens et modernes, principalement de maîtres français aux XVIII° et XIX° siècles... dessins de Watteau et autres artistes de la même époque... d'estampes anciennes et modernes... composant le cabinet de M. Saint, peintre de miniature. 4 mai 1846 et les trois jours suivants. 11 mai et les trois jours suivants. Defer, expert. In-8, demi-rel. coins mar. bleu, tête dorée.

Prix et quelques noms.

1282. SAINT-AIGNAN (de). Catalogue d'une belle collection de tableaux originaux, etc..., qui composent le cabinet de feu M. le duc de Saint-Aignan. Lundi 17 juin 1776..., par J.-B.-P. Lebrun. Demi-rel. mar. bleu.

Prix et quelques noms d'acquéreurs.

1283. SAINT-CLOU (marquis de). Catalogue d'une belle collection de tableaux anciens des écoles italienne, espagnole, flamande et française appartenant à M. le marquis de Saint-C***. 11 et 12 avril 1864. In-8, demi-rel. mar. rouge.

1284. SAINT-CLOU (marquis de). Catalogue de tableaux anciens et quelques modernes formant la collection de feu M. le marquis de Saint-Clou. 12 et 13 février 1874. Féral, expert. Grand-in-8, demi-rel. mar. bleu.

Prix.

1285. SAINTE-FOIX (de). Catalogue raisonné de tableaux, marbres, etc. (du cabinet de M. de Sainte-Foix), par J.-B. P. Le Brun... Lundi 22 avril 1784 et jours suivants. In-8, demi-rel. mar. rouge.

Prix et noms des acquéreurs.

1286. SAINT-JULIEN (baron de). Catalogue d'une belle collection de tableaux, dessins, estampes, des écoles d'Italie, de Flandre, de Hollande et de France, miniatures, émaux par Petitot; figures de terre cuite, d'ivoire, de marbre et de bronze, vases et colonnes de porphyre... et autres objets de curiosité venant du cabinet de M. le le baron de *** (Saint-Julien). 14 février 1785 et jours suivants. L.-F. Saubert, expert. Grand in-12, demi-rel. mar. brun.

1287. SAINTE-MAURE (de). Catalogue des tableaux du cabinet de feu M. le comte de Sainte-Maure, premier écuyer du roi, etc... Mardi 27 mars 1764. In-12, demi-rel. mar. rouge.

1288. SAINT-ÈVE. Catalogue des planches gravées, dessins, esquisses, estampes, objets d'art et livres rares qui composent le cabinet de feu Jean-Marie Saint-Eve, ancien pensionnaire de l'École des Beaux-Arts à Rome. 9 et 10 avril 1857. Vignères, expert. In-8, demi-rel. mar. bleu.

1289. SAINT-MORYS (de). Catalogue de tableaux des trois écoles, etc..., le tout du cabinet de M. de S. M. (Saint-Morys), par A.-J. Paillet et Alphonse Milliotti. Février 1786. In-8, demi-rel. mar. rouge.

Prix et noms.

1290. SAINT-MORYS (comte de). Catalogue de tableaux des écoles d'Italie, de Hollande et de France, dessins et estampes en recueils, bustes, figures et bas-reliefs en bronze et en marbre... provenant du cabinet de feu M. le comte de Saint-Morys, maréchal de camp... 26 janvier 1818 et jours suivants. Ch. Paillet, expert. In-8, demi-rel. mar. vert clair.

1291. SAINT-PIERRE (vicomte de). Catalogue des objets d'art et de curiosité, bijoux, miniatures..., tableaux modernes et anciens composant la collection de M. le vicomte de S. P. (Saint-Pierre). 22 et 23 janvier 1872. F. Petit et Ch. Mannheim, experts. Grand in-8, demi-rel. mar. vert.

1292. SAINT-VICTOR (de). Catalogue d'une riche collection de tableaux, etc... qui composaient le cabinet de feu M. Robert de Saint-Victor, 26 novembre 1822 et 7 janvier 1823. Grand in-8, demi-rel. mar. vert, doré en tête.

Prix et noms des acquéreurs.

1293. SAINT-YVES (Charles Léoffroy de). Catalogue raisonné du cabinet de feu M. Charles Léoffroy de Saint-Yves. 1805. In-8, demi-rel. mar. rouge.

Prix.

1294. SALAMANCA (marquis de). Catalogo de la galeria de cuadros de la posesion de Vista-Alegre, de propiedad del Exc. S. marqués de Salamanca. (1860?) In-8, demi-rel. basane bleue.

1295. SALAMANCA (marquis de). Catalogue des tableaux anciens des écoles espagnole, italienne, flamande et hollandaise composant la galerie de M. le marquis de Salamanca. 3, 4, 5 et 6 juin 1867. Et. Leroy, Febvre, experts. Grand in-8, mar. bleu, tranche dorée.

Prix et noms.

1296. SALERNE (prince de). Catalogue de la très-belle et très-célèbre galerie de tableaux et de la collection d'antiquités de feu S. A. R. le prince de Salerne. [Naples, 19 avril 1852 et jours suivants. In-8, demi-rel. mar. rouge.

1297. SALLÉ. Notice d'une collection de jolis tableaux des écoles d'Italie, de Hollande et de France, pierres gravées, bijoux, bronzes..., le tout après cessation de commerce du sieur Sallé. 28 avril 1817 et jours suivants. Ch. Paillet, expert. In-8, demi-rel. mar. noir.

1298. SALLIER. Catalogue d'une collection de tableaux formant la galerie de M. Sallier. *Aix,* novembre 1831. In-8, demi-rel. mar. vert.

1299. SAN-DONATO (galerie de). Catalogue de 23 tableaux des écoles flamande et hollandaise, provenant de la célèbre galerie de San-Donato à Florence (Anatole Demidoff). 18 avril 1868. F. Petit, expert. Grand in-8, mar. la Vallière, tranche dorée.

Planches gravées à l'eau-forte.
Prix et noms.

1300. SAN-DONATO. Collections de San Donato (Anatole Demidoff). Tableaux, marbres, dessins, aquarelles et miniatures. 21 février au 10 mars 1870. Francis Petit, expert. Grand in-8, demi-rel. coins mar. rouge, tête dorée.

Eaux-fortes.
Prix.

1301. SAN-DONATO. Collection de San-Donato (Anatole Demidoff). Objets d'art. En six ventes successives, du 22 mars au 28 avril 1870. Ch. Mannheim, expert. Grand in-8, demi-rel. coins, mar. rouge, tête dorée.
Photographies.

1302. SANTARELLI (Emilio). Catalogue d'une collection d'estampes, ornements et livres à figures, provenant du cabinet de M. Emilio Santarelli, professeur de sculpture à Florence, rédigé par W. Drugulin. Leipzig, 27 novembre 1871 et jours suivants. In-8, demi-rel. veau fauve.
Prix.

1303. SAUVAGEOT. Catalogue d'objets d'art, curiosités, tableaux, dessins et miniatures. M. Charles Sauvageot, conservateur honoraire des musées impériaux, le 3 mai 1860. Roussel, Laneuville, Clément, experts. In-8, demi-rel. mar. rouge.

1304. SAUVETERRE (de). Catalogue de tableaux.... provenant du cabinet de feu M. le comte de Sauveterre, par J. Folliot et F. Delalande. Lundi 21 mars 1785. In-8, demi-rel. mar. vert.

1305. SAVALETE DE BUCHELAY. Catalogue raisonné des minéraux, cristallisations, cailloux, jaspes, agates arbroisées, pierres fines montées et non montées..... porcelaines et autres effets curieux de la succession de M. Savalete de Buchelay, gentilhomme ordinaire du roi et l'un des fermiers généraux de Sa Majesté. 25 juin 1764 et jours suivants. Pierre Remy. In-12, demi-rel. mar. rouge.
Fronstispice gravé.
Prix.

1306. SCARISBRICE (Charles). Catalogue of the very important and extensive collection of pictures by ancient and modern masters, the property of that distinguished amateur Charles Scarisbrice, esq., deceased. *Londres*, 10 mai 1861 et jours suivants. *Chrisrie, Manson and Woods*. Grand in-8, demi-rel. mar. vert.
Quelques prix.

Schaffausen, de Cologne. Voyez *Pater*.

Schamp. 1840. Voyez *Aveschoot*.

1307. SCHARF. Catalogue de 24 tableaux anciens et modernes et 2 aquarelles dépendant de la collection de M. Scharf, de Vienne. 18 mars 1876. Ch. Pillet et Féral. Br. gr. in-8, 4 figures gravées à l'eau-forte.

1308. SCHEFFER (Ary). Catalogue des œuvres de Ary Scheffer exposées au profit de la caisse de secours de l'Association des Artistes peintres, sculpteurs, architectes et dessinateurs, 26, boulevard des Italiens. 1859. Grand in-8, demi-rel. mar. bleu.

1309. SCHEFFER (Ary). Catalogue de tableaux anciens et modernes des diverses écoles, de dessins et de gravures, livres à figures provenant de l'atelier de M. Ary Scheffer, peintre d'histoire, membre de l'Institut, etc. 15 et 16 mars 1859. Ferd. Laneuville, Clément, experts. In-8, demi-rel. mar. pourpre.

1310. SCHERBATOFF (prince). Catalogue de tableaux capitaux des écoles flamande, hollandaise, italienne et française provenant en partie du cabinet du prince Sch..... de Russie. 6 et 7 mars 1838. Ch. Paillet, expert. In-8, demi-rel. mar. bleu foncé.

Prix et quelques noms.

1311. SCHNEIDER. Catalogue des tableaux anciens, dessins et aquarelles composant la collection de feu M. Schneider. 6 et 7 avril 1876. Ch. Pillet, Escribe et Haro. Grand in-8, br. papier vélin fort, 22 figures gr. à l'eau-forte.

Exemplaire avec des notes, les prix d'adjudication et les noms des acquérenrs manuscrits.

Schœnborn (comte de). Voyez *Pommersfelden*.

1312. SCHOREL (van). Catalogue des tableaux, peintures à gouache, miniatures, dessins, estampes, médailles, etc., provenant du cabinet de M. van Schorel, seigneur de Wilryck. *Anvers*, 7 juin 1774. In-8, demi-rel. v. rouge.

Schwanberg (de). Voyez *Amman de Schwanberg*.

Prix et noms.

1313. SEDELMEYER. Tableaux modernes. 30 avril, 2 mai 1877. Ch. Pillet et Fr. Petit. Gr. in-8 br.

28 eaux-fortes.

1314. SELLE (de). Catalogue des effets curieux du cabinet de feu M. de Selle, par P. Remy. *Paris, Didot,* 1761. (*Une figure de Saint-Aubin, gr. en* 1757.) — Catalogue raisonné des tableaux du cabinet de feu M. Peillon. 16 mai 1763. *Paris,* 1763. — Catalogue de tableaux précieux, miniatures et gouaches, etc., etc., et autres objets curieux et rares qui composent le cabinet de feu M. Blondel de Gagny, par P. Remy. *Paris,* 1776. Ens. 3 cat. réunis en 1 vol. pet. in-8 cart. non rog.

Prix manuscrits.

1315. SELLE(de). Catalogue des effets curieux du cabinet de feu M. de Selle, trésorier général de la Marine, composé

de tableaux de différens maîtres des trois écoles, etc....
1761. In-12, demi-rel.

Prix.

1316. SENSANO (marquis de). Catalogue d'une belle collection de tableaux tout récemment apportés d'Italie (par le marquis de Sensano). Lundi 28 et mardi 29 avril 1834. Henry, expert. In-8, demi-rel. mar. vert.

1317. SÉRÉVILLE (de). Catalogue d'une collection précieuse de tableaux des trois écoles composant le cabinet de M. de S.... Mercredi 22 janvier 1812. A. Paillet, expert. In-8, demi-rel. mar. vert.

Prix.

1318. SERRÉ. Catalogue de tableaux, etc..., après le décès de M. Serré. Vendredi 27 et samedi 28 mars 1829. In-8 cartonné.

Prix.

1319. SERRUR. Catalogue des tableaux, esquisses, études, dessins et croquis laissés par M. Serrur, peintre d'histoire, et des tableaux anciens.... formant sa collection particulière. 15 et 16 janvier 1876. Horsin-Déon, expert. In-8, demi-rel. mar. vert.

1320. SERVAD. Catalogue d'un cabinet de tableaux précieux, presque tous par les plus célèbres maîtres flamands et hollandois, parmi lesquels se trouvent quelques maîtres italiens et françois. Le tout rassemblé, avec connaissance et grand soin, par M. Servad. 25 juin 1778. Corn. Ploos van Amstel, Henri de Vinter, Jean Yver, experts. In-12, cartonnage, papier peigne.

Prix.

1321. SETTALA. Museo o galleria adunata dal sapere e dallo studio del sig. canonico Manfredo Settala, nobile milanese, etc... *Tortona*, 1666. In-8, demi-rel. coins mar. bleu, tête dorée.

Planche gravée à l'eau-forte.

1322. SEVENNE (de). Catalogue de tableaux, etc..., de M. de Sevenne. 31 janvier et 1er février 1831, par Petit et Couturier. In-8 cartonné.

1323. SHUGBOROUGH HALL.,. The Splendid Property of every denomination appertaining to Shugborough Hall..... Expensive Furniture.... a collection of pictures, of the highest class.... *Shugborough Hall*, près de Stafford, 1er août 1842 et jours suivants. George Robins. Pet. in-4, demi-rel. mar. bleu clair.

Prix aux tableaux.

1324. SHREWSBURY (Earl of). Catalogue of the magnificent contents of Alton Towers the princely seat of the earls of Shrewsbury. Christie and Manson, at the Towers, on Monday, july 6, 1857, and twenty-nine following days. Grand in-8 cart. rouge.

1325. SIBTHORP (colonel). Catalogue of the choice collection of works of art and vertu and a portion of the service of plate of the late colonel Sibthorp, M. P. *Londres,* 9 avril 1856 et jours suivants. Christie and Manson. Gr. in-8, demi-rel. mar. pourpre.

1326. SICKINGEN. Description d'un recueil choisi des tableaux du délassement de feu M. le comte Guillaume de Sickingen... Janvier 1819. *Vienne.* In-8, demi-rel. veau bleu.

1327. Verzeichniss der Gemähldesammlung aus der Verfassenplatz der Herrn criminal Rath, D. Siegler zu Franckfurt am Mayn. *Franckfurt am Mayn,* 1817. In-12, br.
Titre manuserit.
Exemplaire avec les prix d'adjudication manuscrits.

1328. SILVESTRE (de). Catalogue raisonné d'objets d'art du cabinet de feu M. de Silvestre. 1810. In-8, demi-rel. mar. rouge, doré en tête.
Prix.

1329. SILVESTRE (baron de). Catalogue. Collection de tableaux, dessins anciens de grands maîtres... d'estampes anciennes... objets de curiosité... qui composaient le cabinet de M. le baron de Silvestre, membre de l'Institut. 4, 5 et 6 décembre 1851. Defer, expert. In-8, demi-rel. mar. rouge.
Prix.

1330. SIGNOL. Catalogue des objets d'art et de curiosité de la Renaissance et du moyen âge... appartenant à M. Signol, marchand de curiosités. 17, 18, 19 et 20 décembre 1866. In-8, demi-rel. mar. la Vallière.

1331. SIMON. Catalogue de la collection de dessins, estampes anciennes et modernes, livres à figures et sur les arts... composant le cabinet de feu M. Simon. 10 mars 1862 et jours suivants. Clément, expert. Grand in-8, demi-rel. coins mar. brun, tête dorée.
Prix et noms.

1332. SIMON (Victor). Catalogue des objets d'art et d'antiquité composant la collection de feu M. Victor Simon, conseiller à la Cour impériale de Metz... 12 et 13 février 1868. Dhios, expert. In-8, demi-rel. mar. orange.

1333. Sinson. Catalogue d'estampes, tableaux... qui composaient le cabinet de feu M. Sinson. Expert, Regnault-Delalande. *Paris*. Décembre 1814. In-8, demi-rel. mar. bleu.

1334. Sirot. Catalogue de tableaux, etc..., de feu Mme Sirot. Le mardi 21 et mercredi 22 mai 1833. In-8, demi-rel. mar. vert.

Prix.

1335. Slingeland (van) Catalogus van een uitmuntend cabinet konstige en plaisante schilderyen... in veele jaaren met moeite en kosten by-een verzameld, en nagelaaten door wylen den wel-edelen heer Johan, van der Linden van Slingeland. Le 22 août 1785 et jours suivants. Grand in-8, demi-rel. mar. vert.

Prix.

1336. Slodtz. Catalogue de tableaux..., après le décès de MM. *** (Slodtz). Mercredi 22 septembre 1773 et jours suivants. In-12, demi-rel. mar. rouge.

Prix.

1337. Smeth van Alphen (Sietel de). Catalogus van het kabinet schilderijen nagelaten door den hoog edelen gestrengen heer M. Pieter de Smeth van Alphen... Augustus 1810. *Amsterdam*. In-8, demi-rel. mar. vert.

Prix et noms.

1338. Smeth van Alphen. Catalogue du cabinet de tableaux, délaissé par feu M. Pierre de Smeth d'Alphen... Mercredi et jeudi 1er et 2e jours du mois d'août 1810. *Amsterdam*. In-12, demi-rel. mar. vert.

Prix et noms.

1339. Smitt (Coenraad). Catalogus van een kostbaar en wyduitgestreckt kabinet van gekleende en ongeklende eekeningen alle door de voornamste hollandsche masters... prent-konst... medailles... alle... nagelaaten door Wylen den heer Coenraad Smitt. *Amsterdam*, 4 décembre 1780. In-8, demi-rel. mouton rouge.

Prix et noms.

1340. Snyers (Pierre). Catalogue d'un cabinet choisi consistant en tableaux, dessins, estampes, esquisses... de tous les maîtres principaux tant de l'Italie que des Pays-Bas, assemblés avec beaucoup de peine et de dépenses par le fameux peintre Pierre Snyers. *Anvers*, 22 août 1752. Grand in-12, cartonnage pap. peigne.

1341. Solirène. Catalogue d'une collection précieuse de tableaux, etc..., composant le beau cabinet de M. Solirène. Mercredi 11 mars 1812. In-8, demi-rel. mar. rouge.

Prix et noms des acquéreurs.

1342. SOLIRÈNE (le chevalier de). Catalogue de tableaux précieux... formant le cabinet de M. le chevalier de Solirène. 19, 20 et 21 avril 1829. Henri, expert. In-8, demi-rel. dos et coins de mar. vert, doré en tête, relié en brochure.

Prix.
Avec un supplément de 16 pages.

1343. SOLTYKOFF (prince). Catalogue des objets d'art et de haute curiosité composant la célèbre collection du prince Soltykoff... 8 avril 1861 et jours suivants. Roussel, Caran, Juste, experts. In-8, demi-rel. mar. violet, coins, tête dorée.

Planche gravée.
Prix et noms.

1344. SOMMARIVA (comte de). Catalogue de la galerie du comte de Sommariva comprenant la collection de tableaux de l'école d'Italie, celle des peintres de l'école française... 18 février 1839 et jours suivants. Ch. Paillet, expert. In-8, demi-rel. mar. pourpre.

Prix et noms.

1345. SOULT (maréchal). Catalogue raisonné des tableaux de la galerie de feu M. le maréchal général Soult, duc de Dalmatie. 19, 21 et 22 mai 1852. George et Ferd. Laneuville, experts. Grand in-8, demi-rel. coins mar. citron, tête dorée.

Prix.

1346. SOULT (maréchal). Catalogue de tableaux provenant de la galerie de feu M. le maréchal général Soult, duc de Dalmatie. 17 avril 1867. Horsin-Déon, expert. Grand in-8, demi-rel. mar. la Vallière.

Prix.

1347. SPENCER (lord). Catalogue of a superb cabinet of drawings... of nobleman (lord Spencer)... *Londres, chez Th. Philipe*, juin 1811. In-8, demi-rel. mar. brun.

1348. SPENCER (lord). Catalogue of the pictures at Althorp House, in the county of Northampton, with occasional notices, biographical or historical. 1851. In-8, cartonnage toile verte.

1349. SPRUYT ET ODEMAER. Catalogue de tableaux rares et curieux, etc..., composant toute la propriété de M. Charles Spruyt..., suivi d'une collection de tableaux délaissés par feu M. François-Guillaume-Joseph Odemaer. Mardi 3 octobre et jours suivants, 1815. *A Gand*. In-8, demi-rel. mar. violet.

1350. STACPOOLE (duc de). Notice des tableaux, tapisseries, objets d'art et d'ameublement, livres français et anglais, etc..., de M. le duc de Stacpoole. 1, 2 et 3 mars 1852. F. Laneuville, Mannheim, experts. Grand in-8, demi-rel. mar. violet foncé.

1351. STAFFORD (marquis of). (Voyez aussi Bridgewater.) Catalogue raisonné of the pictures belonging to the most honourable the marquis of Stafford in the gallery of Cleveland house... by John Britton, F. S. A. *London*, 1808. Grand in-8, demi-rel. mar. vert.

1352. STAFFORD (marquis de). Catalogue of the pictures belonging to the marquis of Stafford at Cleveland house. 1812. *London*. In-12, demi-rel. mar. brun.

1353. STEENHUYSE (comte de). Catalogue de tableaux anciens des écoles flamande, hollandaise, espagnole et française formant le cabinet de feu M. le comte d'Hane de Steenhuyse et de Leuwerghem à Gand... et de feu la douairière d'Hoop van Alstein à Gand. *A Paris*, 27 mars 1860. E. Leroy et F. Laneuville, experts. Grand in-8, demi-rel. mar. vert clair.

1354. STEVENS. Catalogue d'une belle collection de tableaux des écoles italienne, flamande, hollandaise et française formant le cabinet de M. Stevens. 1er mars 1847 et jours suivants. Simonet, expert. In-8, demi-rel. mar. violet foncé.

1355. STEVENS (Auguste). Catalogue de tableaux anciens des écoles flamande et hollandaise composant la galerie de feu M. Auguste Stevens, amateur... 1er et 2 mai 1867. E. Leroy et Febvre, experts. In-8, demi-rel. mar. vert olive.

Prix.

1356. STEYAERT. (Alliance des Arts.) Catalogue de tableaux de premier ordre, composant la galerie de M. Steyaert de Bruges, rédigé par T. Thoré. 14 mars 1843. In-8, demi-rel. mar. rouge.

1357. STOECKL. Première et seconde partie du catalogue de la belle et intéressante collection d'estampes et autres ouvrages d'art délaissés par feu M. F.-X. Stoeckl... *Vienne*, 26 novembre 1838 et jours suivants. Astaria et Cie, experts. In-8, demi-rel. mar. rouge.

R.

Stowe Catalogue. Voyez *Buckingham* (duke of).

1358. STRANGE. A descriptive Catalogue of a collection of pictures, selected from the roman, florentine, lombard, venetian, neapolitan, flemish, french and spanish schools.. collected... by Robert Strange... *London*, 1769. Petit in-8, veau brun.

1359. STRAUSS. Catalogue d'une importante réunion de vases et ustensiles du culte catholique... (apportés par Strauss). Roussel, expert. Mars 1851. In-4, demi-rel. mar. rouge.

On a ajouté des lithographies représentant les principaux objets de cette vente. (Exemplaire Sauvageot.)

« La vente n'a pas eu lieu. Les objets ont été achetés par M. l'archevêque de Paris pour le Pape au moyen d'une souscription organisée par M. le Cte de Montalembert . »

1360. STRAWBERRY HILL. Strawberry Hill the renowned seat of Horace Walpole. M. George Robins is honoured by having been selected... to sell by public competition the valuable contents of Strawberry Hill. *A Strawberry Hill*, 25 avril 1842 et jours suivants. In-4, demi-rel. coins mar. bleu, figures.

Prix et noms imprimés.

1361. STROGANOFF. Catalogue raisonné des tableaux qui composent la collection du comte A. de Stroganoff. *A Saint-Pétersbourg*, 1800, *de l'Imprimerie impériale*. In-8, demi-rel. mar. rouge.

1362. STROGANOFF (de). Catalogue raisonné des tableaux qui composent la collection du comte A. de Stroganoff. *A Saint-Pétersbourg*, 1793. In-8, demi-rel. mar. orange.

1363. STUART. Catalogue of the exquisite cabinet of pictures of the honourable lady Stuart... *Londres*, mai 1841. In-4, demi-rel. mar. rouge, tr. d.

Prix.

1364. STUART HIPPISLEY (sir John) Bar. Catalogue of the fine and well-known collection of engravings, etchings and drawings... formed by the late sir John Stuart Hippisley, Bar., etc... *Londres, Sotheby, Wilkinson et Hodge.* Mai 1868. In-8, demi-rel. mar. noir.

Exemplaire réglé avec les prix et les noms d'acquéreurs.

1365. SUERMONDT. Galerie Suermondt à Aix-la-Chapelle, par W. Bürger, avec le catalogue de la collection par le docteur Waagen, directeur du musée de Berlin, traduit par W. B. 1860. In-8, demi-rel. mar. rouge.

1366. SUERMONDT. Trente-quatre tableaux modernes, ainsi

qu'un paysage par Meindert Hobbema, provenant en partie de la précieuse collection de feu M. Suermondt. Ch. Pillet et Feral. 1877. In-8, grand papier broché.

3 eaux-fortes de Flameng et Jacquemart.

1367. SULLIVAN (sir Richard). A Catalogue of a small, but capital, select, and highly valuable assemblage of italian, french, flemish and dutch pictures, of distinguished merit; the genuine property of, and purchased at a most liberal expence, by sir Richard Sullivan, Bart., Dec... *Londres*, 9 avril 1808 (Christie). In-4, demi-rel. mar. pourpre.

1368. SURUGUE (de). Vente des tableaux, estampes et planches gravées après le décès de M. de Surugue, membre de l'Académie royale de peinture, laquelle se fera le 21 mai 1772. In-8, cartonné.

Prix.

1369. SURVILLE. Catalogue de tableaux modernes composant la collection de M. Surville. 11 avril 1856. Emmanuel Weyl, expert. In-8, demi-rel. mar. violet foncé.

Prix.

1370. SUSSY (de). Catalogue des tableaux, etc., de M. le baron de Sussy. 13 mars 1832 et jours suivants. In-8, cartonné.

Prix.

1371. SUVÉE. Catalogue de tableaux et esquisses, miniatures et dessins, estampes, recueils divers, terre cuite, biscuit, bronze, empreintes en plomb et en soufre, statues, figures, etc., de M. Surée. 4, 5, 6 et 7 novembre 1807. In-8, cartonné.

1372. SUZANI. Catalogue d'une collection de tableaux de l'école italienne provenant de la galerie Suzani de Mantoue. 28 février 1868. Horsin-Déon, expert. In-8, demi-rel. mar. la Vallière.

1373. SWEBACH. Catalogue de tableaux, dessins, etc., composant le cabinet et mobilier pittoresque de feu M. Swebach. Lundi 5 avril 1824 et jours suivants. Grand in-8, cartonné.

Prix.

1374. SWEDEN (princess of). Catalogue of a very valuable and well conditioned collection of pictures by ancient masters the greater part of which were formerly in possession of the princess Sophie Albertina of Sweden. *Londres*, 17 juillet 1866. Christie Manson and Woods. Grand in-8, demi-rel. mar. violet foncé.

1375. SYKES. A Catalogue of the second part of M. Sykes's extraordinary collection of original and other pictures... 16 of november 1724 and the four following days... London... In-4, demi-rel. veau fauve.

1376. SYKES. A Catalogue of the highly valuable collection of prints, the property of the late sir Mark Masterman sykes. Bart... etc. 29 th of march. 1824. *Londres.* In-4, demi-rel. veau rouge, front.

Prix.

1377. SZARVADY (Frédéric). Catalogue de tableaux anciens et modernes parmi lesquels on remarque dans l'École ancienne des œuvres importantes de Lucas Cranach, Botticelli, Boucher, Breughel, Fragonard.,... dans l'école moderne, Cabat, Corot, Jules Dupré, Jadin..... aquarelles et dessins formant la collection de M. Fréd. Szarvady. 21 février 1874. Féral, expert. Petit in-4, demi-rel. mar. tête de Maure.

1378. TABLEAUX (anciens). Collection Salamanca. *Pillet et Haro*, 1875. Collection Edwin Cliff. *Pillet et Feral*, 1875. Succession Koucheleff, 1875. Collection Ed. de Los Reyes. *Pillet et Haro*, 1875. 4 broch. gr. in-8.

Avec les prix.

1379. TABLEAUX peints par Dilephard Daubigny, etc. Vente le 6 avril 1875. *Charles Pillet et Feral*. Grand in-8, broché, eaux-fortes.

1380. TABLEY (lord de). A Catalogue of the very choice collection of modern pictures, which have constituted the very distinguished and universally admired gallery of that accomplished and truly spinted patron of the arts, the R. Hon. lord de Tabley.... *Londres*, 7 juillet 1827. (*Christie*). In-4, demi-rel. mar. vert.

Prix et noms.

1381. TACOLI CANACCI (marquis). Catalogue raisonné ou description exacte de plusieurs excellents tableaux des plus célèbres écoles de peinture d'Italie, de Flandre, etc., qui existent dans un recueil appartenant à M. le marquis Alphonse Tacoli Canacci à Florence. *A Parme, de l'imprimerie royale.* 1796. In-4, demi-rel. mar. pourpre.

1382. TAK (Jan). Catalogus van een uitmuntende Verzameling gekouleurde en ongekouleurde Tekeningen... nagelaten door den Weledelen Heer Jan Tak... medicinæ doctor... te Leyden. *Harlem*, 18 et 11 octobre 1780. Vincent van der Vinne, expert. In-8, demi-rel. mar bleu foncé, tête dorée.

1383. TALLARD (duc de). Catalogue raisonné des tableaux, sculptures, tant de marbres que de bronze, dessins et estampes des plus grands maîtres, porcelaines anciennes, meubles précieux, bijoux, et autres effets qui composent le cabinet de feu M. le duc de Tallard. 1756. In-12, veau, tranche dorée.

Prix et noms.
Exemplaire de Mariette contenant de nombreuses notes de sa main.

1384. TALLARD (duc de). Catalogue de la vente des tableaux, estampes, etc., du cabinet de feu M. le duc de Tallard, 1756, In-8, demi-rel. maroq. brun.

Manuscrit.
Prix et notes.

1385. TALLEYRAND (de). Catalogue de tableaux de premier ordre..., par Henry. 7 et 8 de juillet 1817. In-8, demi-rel. maroquin vert.

Prix.

1386. TALLEYRAND (prince de). A Catalogue of collection of pictures of the prince de Talleyrand. *Londres, chez Christie et Manson*. Juin 1833. In-4, demi-rel. maroq. vert.

Prix.

1387. TARDIEU. Notice des planches gravées, estampes, etc., après le décès de M. Jacques-Nicolas Tardieu. Lundi. 7 novembre et jours suivants. 17... In-8, demi-rel. maroquin rouge.

1388. TARDIEU. Catalogue d'une riche collection des tableaux des écoles hollandaise, flamande et française, formant le cabinet de M. Tardieu fils... 31 mars 1841 et jours suivants. Simonet, expert. In-8, demi-rel. mar. pourpre.

Prix et noms.

1389. TARDIEU. Catalogue d'une riche collection de tableaux des écoles flamande, hollandaise et française, provenant des collections les plus célèbres (et appartenant à M. Tardieu). 4 février 1851. Simonet et Ferdinand Laneuville experts, planches gravées au trait. Grand in-8, demi-rel. mar. rouge.

1390. TARDIEU. Catalogue d'une belle collection de tableaux anciens et modernes des écoles flamande et hollandaise appartenant à la succession de feu M. Jean-André Tardieu, amateur. 10 et 11 mai 1867. E. Leroy, Febvre experts. In-8, demi-rel. mar. bleu clair.

1391. TARDIEU (Alexandre). Catalogue d'estampes anciennes et modernes, recueils d'estampes... dessins et livres, composant le cabinet et la bibliothèque de M. Alexandre Tardieu, graveur d'histoire.,. 11 nov. 1844 et jours suivans. Defer, expert. In-8, demi-rel. mar. rouge.

<small>Prix et noms.</small>

1392. TAUNAY. Catalogue des tableaux précieux de Taunay, etc... Lundi 28 février et mardi 1er mars 1831. In-8, cartonné.

1393. TAUNAY. Catalogue de tableaux de feu Taunay, membre de l'Institut... mercredi 3 juin 1835. In-8, demi-rel. mar. vert foncé.

1394. TAUNAY. Catalogue des tableaux précieux de Taunay, peintre, chevalier de la Légion d'honneur et membre de l'Institut... 28 février et 1er mars 1831. Debry et Pérignon, experts. In-8, demi-rel. mar. vert.

<small>Quelques prix.</small>

1395. TAYLOR (baron). Catalogue of the miscellaneous collection of engravings and drawings from the portfolios of M. le baron J. Taylor... *Londres*, 17 juin 1853. S. Leigh Sotheby et John Wilkinson. In-8, demi-rel. mar. vert.

1396. TEALDO. Catalogue d'estampes anciennes des écoles... livres à figures, cabinets, galeries, portraits formant la collection de M. Tealdo. 14, 15, 16, 17 février 1859. Vignères, expert. In-8, demi-rel. veau antique.

<small>Quelques prix et noms.</small>

1397. TENIERS. Notice d'un tableau capital de David Teniers fils. 16 février 1857. Gérard, expert. In-8, demi-rel. mar. pourpre.

1398. TERNAUX-ROUSSEAU. Catalogue de tableaux, etc., après le décès de M. Ternaux-Rousseau. Mardi 1er et mercredi 2 février 1831. In-8, cartonné.

1399. TERRAY (l'abbé). Catalogue d'une très-belle collection de tableaux, sculptures en marbre, bronze, plomb doré, terre cuite, etc., de porcelaine ancienne et de Sèvres, et de meubles précieux par Boule; provenant de la succession de feu M. l'abbé Terray, ministre d'État et secrétaire, commandeur des ordres de Sa Majesté. 20 janvier 1779. Joullain fils, expert. In-12, cartonnage papier peigne.

Tersan. Voyez Campion de Tersan.

1400. TERSMITTEN. Catalogue du cabinet de feu M. Henri Tersmitten... renfermant une collection très-considérable de dessins et d'estampes. Lundi 23 septembre 1754 et jours suivants. *A Amsterdam*, 1754. In-12, veau antique.

Prix et noms des acquéreurs.

1401. THANE (Thomas). Catalogue of the first portion of the collection of engravings and original drawings belonging to the late Thomas Thane, esq... *Londres*, 25 mai 1846 et jours suivants. (*S. Leigh Sotheby and C°*.) In-8, demi-rel. mar. la Vallière.

1402. THANE (Thomas), esq. Catalogue of the pictures and framed drawings... the property of the late Thomas Thane, esq. *Londres, chez Sotheby et C°*. Juin 1846. In-8, demi-rel. mar. raisin de Corinthe.

Exemplaire réglé avec les prix et les noms d'acquéreurs.

1403. THEIS (baron de). Catalogue des objets d'art et de haute curiosité, émaux de Limoges, faïences italiennes... émaux et objets dits byzantins... composant la collection de feu M. le baron de Theïs. 6 mai 1874 et jours suivants. Ch. Mannheim, Dhios et Georges, Rollin et Feuardent, experts. Grand in-8, demi-rel. veau fauve.

1404. THÉVENIN. Catalogue d'une collection de précieux tableaux, etc., composant le cabinet de Mlle Thévenin. Lundi 20 décembre 1819. In-8, cartonné.

Prix et noms des acquéreurs

1405. THIBAULT (William). Catalogue de tableaux anciens formant la collection de M. William Thibaud et provenant pour la plus grande partie de la galerie du cabinet Fesch. 21 avril 1868. Horsin-Déon, expert. Grand in-8, demi-rel. mar. la Vallière foncé.

1406. THIBEAUDEAU (comte). Cabinet du comte Thibeaudeau. Première vente : Dessins et tableaux modernes, objets d'art... 9 mars 1857. Febvre, expert. — Deuxième vente : Tableaux anciens des diverses écoles. 13 et 14 mars 1857. Laneuville, expert. — Troisième vente : Catalogue de la belle collection de dessins recueillie par feu M. le comte Adolphe Thibeaudeau, rédigé par M. Ch. Le Blanc. 20, 21, 22, 23, 24 et 25 avril 1857. — Quatrième vente. Livres imprimés et manuscrits. 18, 19, 20, 22 et 23 mai 1859. Potier, expert. — Cinquième vente : Estampes. Ch. Le Blanc, expert. 18, 19, 20, 22 et 23 mai 1857. — Sixième vente : Tableaux anciens. 20 février 1858. Ferd. Laneuville, expert. Grand in-8, demi-rel. veau antique.

Prix et noms aux dessins, aux livres et aux estampes.

1407. THIÉBAULT (général). Catalogue d'une précieuse collection de tableaux italiens, flamands et français, la plupart formant le cabinet de M. le lieutenant-général baron Th. (Thiébault). 25 et 26 février 1817. Petit in-8, demi-rel. mar. vert.

Prix.

1408. Thielens (Louis). Catalogue d'une riche collection de tableaux des écoles anciennes et modernes, flamande, hollandaise et française, meubles de Boule... le tout formant le fonds de commerce de M. Louis Thielens, marchand de tableaux. *Bruxelles*, 24 mai 1842 et jours suivants. In-8, demi-rel. mar. rouge.

1409. Thiers. Estampes anciennes provenant du cabinet de M. *** (Thiers), pièces de diverses écoles... portraits... 18, 19 et 20 février 1861. Rochoux, expert. In-8, demi-rel. mar. bleu foncé.

Thiers (baron de). Voyez *Crozat, baron de Thiers*.

1410. Thorel. Catalogue raisonné d'estampes rares et précieuses, anciennes et modernes, et quelques beaux dessins du cabinet de M. Th... (Thorel). 5 et 6 décembre 1853. Defer, expert. In-8, demi-rel. mar. bleu.

Prix et noms.
A la fin de ce catalogue, on trouve la liste des catalogues rédigés par Defer, de 1831 à 1853.

1411. Thurn (comte). Catalogue des tableaux originaux de premier rang des auteurs les plus classiques choisis dans la collection du comte François Thurn et Valsassine, chambellan de S. M. I. et R... *Vienne*, 1824. In-4, demi-rel. mar. pourpre.

1412. Thyssen. Catalogue de tableaux originaux... composant le cabinet de M. Thyssen, d'Amsterdam. Febvre, expert. *Paris*, décembre 1856. In-8, demi-rel. mar. brun.

Prix au crayon.

1413. Tiberghien. Catalogue de la belle collection de tableaux, etc., de feu M. P.-F. Tiberghien... 22 mai 1825, et jours suivants. *A Bruxelles*. In-8, demi-rel. veau fauve.

Prix et noms des acquéreurs.

1414. Tiepolo (Dominique). Catalogue d'une collection d'estampes anciennes d'après et par des peintres et graveurs des écoles d'Italie, d'Allemagne... de dessins, d'anciens livres curieux sur les sciences et les arts... provenant de la succession de Dominique Tiepolo, peintre vénitien. 10, 11, et 12 novembre 1845. Defer, expert. In-8, demi-rel. violet foncé.

Tiepolo (Plafond de). Voyez *Palais Barbaro*.

1415. Timbal. Catalogue d'une intéressante réunion d'objets d'art et de curiosité de la Renaissance, bronzes d'art, sculptures, terre cuite, bois, ivoire, cire... tableaux anciens des écoles italienne et hollandaise provenant en grande partie d'une collection célèbre (celle de M. Timbal). 21 et 22 février 1873. Ch. Mannheim, expert. Grand in-8, demi-rel. mar. vert.

Prix.

1416. TITZINGH et MARTUCHI. Catalogue d'objets d'art et d'industrie chinoise, tels que tableaux à l'huile, un grand nombre de peintures à gouache, en recueils et en feuilles, bronzes, filigrane d'argent, sculptures sur pierres dures et tendres, sur bois, ivoire, etc., provenant des voyages de MM. Tintzing, ancien ambassadeur hollandais et Martuchi... 25 avril 1827 et jours suivants. Sallé, expert. In-8, demi-rel. mar. pourpre.

Prix et noms des acquéreurs.

1417. TOLOZAN. Catalogue d'une riche collection de tableaux, dessins, etc., le tout rassemblé avec autant de goût que de dépense par feu Claude Tolozan... rédigé par A. Paillet et H. Delaroche. 4 ventôse an IX (23 février 1801). In-8, demi-rel. mar. bleu, doré en tête.

1418. TONDU (Eugène). Catalogue d'une importante collection d'objets d'art et de curiosité... provenant du cabinet de M. Eugène Tondu. 29 avril 1865. Mannheim, expert, — Catalogue d'une importante collection de tableaux anciens et de quelques-uns de l'école moderne... du cabinet de M. Eugène Tondu. 10, 11, 12, 13, 14 et 15 avril 1865. Febvre, expert. — Catalogue de dessins anciens et modernes... du cabinet de feu M. Eugène Tondu. 24, 25 et 26 avril 1865. Febvre, expert. In-8, demi-rel. mar. la Vallière.

1419. TONNELLIER. Catalogue de tableaux et autres objets de curiosité provenant du cabinet de feu M. Tonnellier. Vendredi 28 novembre 1783. In-8, cartonné.

Prix.

1420. TONNEMAN (Jérôme). Catalogue d'un magnifique cabinet de tableaux, pastels, dessins, mignatures et estampes des plus célèbres maîtres, et divers morceaux très-curieux de sculpture en ivoire et autres raretés. Lundi 21 octobre 1754. *Amsterdam*, In-12, demi-rel. mar. brun.

Prix.

1421. TONNEMAN (Jeronimus). Catalogus van 't uitmuntend kabinet Schilderyen, Craionnen Teekeningen, Miniaturen, en Printen, etc...October 1754. *Amsterdam*. In-8, demi-rel. mar. brun, tête dor.

Prix.

1422. Torcy (comte de). Catalogue de tableaux anciens et modernes provenant de la collection de M. le comte de Torcy. Ch. Paillet, expert. *Paris*, avril 1840. In-8, demi-rel. mar. vert.

Prix.

1423. Torcy (comte de). Catalogue de la collection de tableaux anciens... composant le cabinet de M. le comte de Torcy. H. Cousin, expert. *Paris*, mars 1857. In-8, demi-rel. mar. brun.

Gravures au trait.

1424. Tournemine (Charles de). (Alliance des Arts.) Catalogue de tableaux et dessins de l'école moderne provenant de la collection de M. Ch. de T. (Tournemine), peintre. 1er février 1847. In-8, demi-rel. bleu foncé.

1425. Tournemine (Charles de). Catalogue de tableaux, aquarelles et dessins... par feu Ch. de Tournemine, conservateur-adjoint du musée national du Luxembourg... 2, 3 et 4 février 1873. Féral, expert. Grand in-8, demi-rel. mar. rouge.

Quelques prix.

1426. Townshend (lord Charles). A Catalogue of the very select and choice collection of pictures of... lord Charles Townshend. *Londres, chez Christie et Manson*. Avril 1835. In-8, demi-rel. mar. bleu.

Prix.

1427. Trabuchi (de). Catalogue d'une collection de tableaux anciens de différentes écoles et de gravures avant la lettre... de M. de Trabuchi. 24 décembre 1846. Rathelo, peintre, expert. In-8, demi-rel. mar. violet foncé.

1428. Trinquesse. Catalogue de trois tableaux importants et deux portraits, par L.-R. Trinquesse, dépendant de la succession de MM. Trinquesse. 3 juin 1874. Féral, expert. Grand in-8, demi-rel. mar. pourpre.

1429. Tronchain. Notice de tableaux, dessins, sous verre et en feuilles, groupes et figures en bronze... et autres objets curieux; après le décès de M. Tronchain, trésorier du Marc-d'or, etc... 10 février 1785 et jours suivants. A.-J. Paillet, expert. Grand in-12, demi-rel. mar. tête de Maure.

1430. Tronchin. Catalogue de tableaux du cabinet de feu

François Tronchin, des Délices, conseiller d'Etat de la République de Genève. 2 germinal an IX (1801) et jours suivants. Petit in-8, demi-rel. veau vert.

Quelques prix.

1431. Trouchu. Catalogue d'une belle collection de tableaux originaux des trois écoles, gouaches... provenant du cabinet de M. *** (Trouchu). Mercredi 12 janvier 1780 et jours suivants... Par J.-B.-P. Le Brun, peintre. In-8, demi-rel. mar. bleu.

Prix.

1432. Trouard. Catalogue d'une belle collection de tableaux originaux de grands maîtres des différentes écoles; dessins aussi originaux, figures, bronzes, vases, etc., etc., qui composaient le cabinet de M. ***. Lundi 22 février 1779. In-8, demi-rel. mar. bleu.

1433. Troyon. Catalogue de la vente qui aura lieu par suite du décès de C. Troyon. 22 janvier 1866 au 1er février (en trois parties). F. Petit, expert. In-8, demi-rel. mar. brun clair.

1434. Troyon mère (Mme). Catalogue de tableaux et études de Troyon, objets d'art et de curiosité... 29, 30 et 31 mai 1872. Francis Petit et Ch. Mannheim, experts. Grand in-8, demi-rel. mar. pourpre.

1435. Truchsess Gallery. Summary Catalogue of the pictures now exhibiting and on sale at the Truchsessian Gallery. Juin 1804. In-8, demi-rel. mar. pourpre.

1436. Truchsess. A Catalogue of the first part of that magnificent and truly capital collection of pictures, wel known as forming the Tuchsessian Gallery... 27 of march 1806. *London (Mess. Skinner, Dyke and C^o.)* In-4, demi-rel. mar. vert foncé.

1437. Tschirschky. Catalog der von dem verstorbenen herrn Friedrick Julius V. Tschirschky... gesammelten Aetzungen oder Radirungen... *Leipzig*, 14 juin 1854 et jours suivants. In-8, demi-rel. mar. bleu.

Prix imprimés.

1438. Tufialkin (prince). Catalogue de tableaux anciens et modernes, de dessins, pastels, miniatures, fixés, mosaïques... composant le cabinet de M. le prince Tufialkin. 2, 3 et 5 mai 1845. Defer, expert. In-8, demi-rel. mar. violet.

Tugny (de) et *Crozat*. Voyez *Crozat* et *de Tugny*. 1751.

1440. Turenne (de). Catalogue des tableaux, etc., provenant du cabinet de M. le vicomte de Turène (*sic*), par Duchesne aîné. Mardi 14 et mercredi 15 juin 1831. In-8, cartonné.

Prix.

1441. TURENNE (comte de). Catalogue d'une précieuse collection de tableaux anciens des maîtres allemands, flamands et hollandais... d'objets de curiosité... de M. le général comte de Turenne, ancien pair de France... 17, 18 et 19 mai 1852. Defer et Roussel, experts. In-8, demi-rel. mar. pourpre.

1442. TURMEAU. Catalogue d'une collection d'objets d'art... tableaux et dessins anciens... gravures... composant le cabinet de feu M. Turmeau, architecte. 25 et 26 février 1850. Couet Francisque, expert. In-8, demi-rel. mar. la Vallière.

1443. UILENBROEK. Catalogue d'une considérable et magnifique partie de dessins.., d'estampes et divers corps d'ouvrages complets... outre un beau cabinet de tableaux des plus fameux maîtres; le tout de la succession de feu M. Gosuinus Uilenbroek. *Amsterdam*, 23 octobre 1741. Petit in-8, demi-rel. mar. vert foncé.

Prix.

1444. URSEL (duc d'). Catalogue raisonné des estampes du cabinet de feu M. le duc d'Ursel... rédigé par P.-M. Bénard. 1806. In-8, demi-rel. mar. la Vallière.

1445. UZIELLI. Catalogue of the various works of art forming the collection of Matthew Uzielli, esq... by J.-C. Robinson... *London*, 1860. Grand in-8, cartonnage toile verte.

Estampes diverses.

1446. VAFFLARD. Catalogue des ouvrages de M. Vafflard, etc... jeudi 5 et vendredi 6 avril 1832, par M. Bonnefons de Lavialle, Pérignon et de Boys. In-8, cartonné.

1447. VALENTI (cardinal). Catalogus van de chislderyen uit de vermaarde galerye van wylen zyn Eminentie de cardinael Valenti, etc... 18 May 1863. *Amsterdam*. In-8, demi-rel. mar. vert.

Prix.

1448. VALLARDI. Catalogo di quadri appartenenti a Giuseppe Vallardi, dallo stesso descritti, illustrati con brevi annotazioni. *Milan*, 1830. In-8, demi-rel. mar. rouge.

1449. VALLARDI. Disegni di Leonardo da Vinci posseduti da Giuseppe Vallardi, dal medesimo descritti ed in parte illus-

— 173 —

trati. *Milano*, 1855. Portrait. In-8, demi-rel. coins mar. vert, tête dorée.

1450. VALLARDI. Catalogue de tableaux anciens, fresque et dessins des écoles italienne et flamande, provenant de la célèbre collection Vallardi, de Milan. 20 mars 1857. Ferd. Laneuville, expert. Grand in-8, demi-rel. mar. rouge.

1451. VALLARDI. Catalogue de la belle collection d'estampes anciennes des diverses écoles... composant le cabinet de M. le chevalier A.-D. de Turin (Vallardi). 23, 24, 25 février 1860. Clément, expert. Grand in-8, demi-rel. mar. bleu.

Prix.

1452. VALLARDI. Catalogue des tableaux, cartons, estampes, dessins de maîtres des écoles italienne et flamande, objets d'art et curiosités composant le cabinet de M. le chevalier A.-D. de Turin, provenant en partie de la célèbre collection Vallardi de Milan. 10 décembre 1860 et jours suivants. Dhios et Clément, experts. Grand in-8, demi-rel. mar. rouge.

1453. VALLÉE-DESNOYERS. Notice de tableaux... composant le cabinet de M. Vallée-Desnoyers... H. Delaroche, expert. *Paris*, mars 1819. In-8, demi-rel. mar. la Vallière.

Prix au crayon.

1454. VALOIS (de). Catalogue des bronzes et autres curiosités antiques tant égyptiennes que grecques, romaines et gauloises... et autres effets curieux du cabinet de feu M. de Valois, antiquaire du Roi et pensionnaire de l'académie des Belles-Lettres. 1748. Gersaint, expert. In-12, demi-rel. mar. vert clair.

1455. VALOIS (de). Catalogue raisonné d'une précieuse collection d'estampes, du cabinet de feu Charles de Valois, par Franç.-Léand. Regnault. 23, 24, 25, 26, 27 et 28 frimaire an X (14, 15... 19 décembre 1801). Grand in-8, demi-rel. mar. rouge, doré en tête.

Prix et noms des acquéreurs.

1456. VALOIS (A.). Catalogue d'une jolie collection de tableaux, dessins et gravures, ayant formé le cabinet de feu M. A. Valois, ancien président de la Société des amis des arts de Lyon. 29 avril 1858. Ferd. Laneuville, expert. In-8, demi-rel. mar. vert foncé.

1457. VALORI (marquis de). Catalogue des tableaux anciens, miniatures, dessins, sculptures formant la collection de M. le marquis de Valori Rusticchelli. 16, 17 et 18 avril

1866. Horsin-Déon, Blaisot, experts. In-8, demi-rel. mar. vert.

1458. Van Couwenberg (Michiel). Catalogue van eene uitmuntende verzameling gekouleurde en ongekouleurde Teekeningen... alsmede eenige konstige schilderyen... nagelaten door wylen den heere Michiel van Couwenberg. *Rotterdam*, 28 septembre 1789 et jours suivants. P. en J. Holsteyn, experts. In-8, demi-rel. mar. la Vallière.

1459. Van Cuyck. Catalogue des tableaux anciens et modernes et des objets d'art et de curiosité composant la collection de feu M. Paul van Cuyck. 7, 8, 9 et 10 février 1866. F. Petit et Ch. Mannheim, experts. In-8, demi-rel. mar. vert.

Prix aux tableaux.

1460. Vandael. Notice de tableaux, dessins et aquarelles, croquis, ébauches.., de M. Vandael, peintre, 19 et 20 mai 1840. Ch. Paillet, expert. In-8, demi-rel. mar. bleu.

1461. Van den Zande. Catalogue de la riche collection d'estampes et de dessins composant le cabinet de feu M. F. van den Zande, officier de la Légion d'honneur, ancien administrateur des douanes, rédigé par F. Guichardot. 30 avril 1855 et jours suivants. Grand in-8, demi-rel. veau antique.

Prix.

1462. Van der Dussen. Catalogus van fraaye schilderyen door, etc., alles byeen versamelden, nagelaten door wylen den hoog edelen heere Jan Lucas van der Dussen. 31 octobre 1774. *A Amsterdam*. Grand in-8, demi-rel. veau rouge.

1463. Van der Dussen. Catalogue du magnifique cabinet de feu M. Jean Lucas van der Dussen. Ce cabinet renferme une belle collection de tableaux des plus célèbres maîtres hollandois et un recueil considérable de dessins et d'estampes... *Amsterdam*, 31 octobre 1774 et jours suivants... In-8, demi-rel. coins, cuir de Russie.

A la suite de ce catalogue se trouve la vente des doubles de Mariette, du 1er fév. 1775.

Avec prix.

1464. Van der Eyk (Pieter). Catalogus eener fraije verzamoling van geer konstige schilderyen... nagelaten door den heer Pieter van der Eyk. *Leyden*, 28 novembre 1769. In-8, demi-rel. mar. bleu, tête dorée.

Prix.

1465. Van der Lely (W.). Catalogus van een fraai kabinet

schilderyen tekeningen en prenten... alles... naargelaaten door Wylen den Wel Ed. Gestrengen Heer en M. W. van der Lely... *Amsterdam*, 14 décembre 1772 et jours suivants. Ph. van der Schley, expert. Petit in-8, demi-rel. mouton rouge.

Prix et noms.

1466. VAN DER LELY (Jacob.) Catalogus eener verzameling ven konstige en plaisante schilderyen van voornaane meesters... nagelaaten door M. Jacob van der Lely... *Delft*, 5 avril 1796. J. de Groot, expert. In-8, demi-rel. mar. vert.

Prix et noms.

1467. VAN DER POT. Catalogue d'une riche collection de tableaux formée par feu M. Gerard van der Pot de Groeneveld, de Rotterdam. *Rotterdam*, 6 juin 1808 et jours suivants. G. van Nymegen, N. Muys, G. van Leen, experts. Petit in-8, demi-rel. coins mar. noir.

Prix.

1468. VAN DER SCHRIECK. Catalogue de la riche et nombreuse collection de tableaux anciens et modernes des écoles flamande, hollandaise et allemande composant la magnifique galerie de feu M. Désiré van der Schrieck... *Louvain*, 8 avril 1861 et jours suivants. Étienne Leroy, expert. Grand in-4, demi-rel. coins mar. bleu, tête dorée.

Lithographies.

1469. VANDEUL (de). Catalogue des anciennes porcelaines de Saxe, de Sèvres et de Chine; beaux groupes, figurines... composant la eollection de feu M. de Vandeul. 11 12 et 13 mars 1872. Charles Mannheim, expert. Grand in-8, demi-rel. mar. la Vallière.

1470. VAN DE VELDE (Frans). Catalogus van een uitmuntend habinet gekleurde en ongekleurde door do woornaamste nederlandsche meesters... verzameld en nagelaten door wylen den heer Frans van de Velve. *Amsterdam*, 16 janvier 1775 et jours suivants. Gr. Ploos van Amstel, Hend. de Winter, Jan Yver. Isaac Schut, experts. In-8, demi-rel. mouton rouge.

Prix et noms.

1471. VAN DE VELDEN (Jacob). Catalogus van een fraay kabinet met konstige teekeningen... verder een fraay kabinet van prent-konst... Nagelaten door de heer Jacob van de Velden. 1er volume. *Amsterdam*, 3 décembre 1781 et jours suivants. In-8, demi-rel. mouton rouge.

Prix et noms.

1472. Van de Velden (Jacob). Catalogus van een fraaye verzameling van schilderyen, alle door nederlandsche meesters... Nagelaaten door de heer Jacob van de Velden. 2° volume. *Amsterdam*, 3 décembre 1781. In-8, demi-rel. mouton rouge.

Prix et noms.

1473. Van Eyck. Notice raisonnée sur un magnifique triptyque, école de Jean van Eyck. 6 décembre 1856. Ferd. Laneuville, expert. In-8, demi-rel. mar. vert foncé.

1474. Vanloo (Louis-Michel). Catalogue des tableaux du cabinet de feu M. Louis-Michel Vanloo, par Fr. Bazan. 1772. In-8, demi-rel. mar. rouge.

1475. Van Oordt. Catalogus van eene fraaije verzameling schilderijen door oude en hedendaagsche meesters, teekeningen... prenten... nagelaten door... J.-F. van Oordt. *Rotterdam*, 11 décembre 1856 et jours suivants. A.-J. Lamme, expert. In-8, demi-rel. mar. rouge.

Prix et noms.

1476. Van Os. Catalogue d'objets d'art, curiosités, tableaux, dessins, belles estampes, du cabinet de M. Van Os. 20, 21 et 22 janvier 1851. Roussel et Defer, experts. In-8, demi-rel. mar. rouge.

1477. Van Os. Catalogue de la belle collection d'estampes et de dessins anciens et modernes, provenant du cabinet de M. Van Os, ancien peintre de fleurs. Le 2 décembre 1861 et jours suivants. Clément et Dhios, experts. Grand in-8, demi-rel. mar. rouge.

Prix et noms.

1478. Van Saœghem. Catalogue d'une belle collection de tableaux anciens, des écoles flamande, hollandaise et française, formant le cabinet de M. Van Saœghem, de Gand. *Bruxelles*, 2 et 3 juin 1851. E. Le Roy, expert. In-8, demi-rel. coins mar. la Vallière, tête dorée.

1479. Van Schorel. Catalogue des tableaux, peintures à gouache, miniatures, dessins, estampes, provenant du cabinet de M. Van Schorel, seigneur de Wilryck. *Anvers*, 7 juin 1774 et jours suivants.

Prix et noms.

1480. Van Spyk (Paulus). Catalogus van een uitmuntend kabinet schilderyen... nagelaten door wylen den heere

Paulus van Spyk. *Leyden,* 23 avril 1781. In-12, demi-rel. mar. vert.

1481. Van Valkenburg. Catalogus van een fraaje verzameling... prenten, konstige tekeningen... schilderyen... nagelaten door wyle den Wel-Ed. Gestr. Heer en M. W. van Valkenburg. *Harlem,* 17 mai 1784 et jours suivants. Petit in-8, demi-rel. mar. bleu.

1482. Van Zurendaal (Johannes). Catalogus van een zeer fraaye veramelig konstige en plaisante schilderyen van voorname meesters...nagelaten door wylen der konst lievenden Johannes van Zurendaal. *Leyden,* 25 juin 1785. Petit in-8, demi-rel. mar. bleu.

1483. Varange (baron de). Catalogue d'une précieuse collection de tableaux anciens et modernes, des écoles française, flamande et hollandaise, composant le cabinet de feu M. le baron de Varange. 26 et 27 mai 1852. Ferd. Laneuville, expert. Grand in-8, demi-rel. mar. la Vallière.

1484. Varange (baron de). Catalogue de tableaux très-précieux des premiers maîtres des écoles flamande et hollandaise et de quelques tableaux de l'école française, de M. le baron de... (Varange)... Le samedi 25 avril 1857. Ferd. Laneuville, expert. Grand in-8, demi-rel. veau vert.

1485. Varroc et Lafontaine. Catalogue d'une riche collection de tableaux des diverses écoles, tant anciennes que modernes, et la plupart de maîtres très-célèbres; rédigé par MM. Henry et Laneuville, suivi par la notice d'une très-belle collection d'objets de luxe et de curiosité... groupes et figures... coupes en agate et en émail... meubles exécutés par Boule et Riesener... Notice faite par M. Coquille. Pour les tableaux, 28 mai 1821 et jours suivants. Pour les curiosités, 29 mai et les deux jours suivants. In-8, demi-rel. coins mar. pourpre, tête dorée.

Prix.

1486. Catalogue des tableaux, figures de bronze, de marbre et de terre cuite, par le Quesnoy et autres maîtres; des porcelaines et autres effets curieux du cabinet de M***, par P. Remy. Lundi, 17 janvier 1774. In-12, demi-rel. mar. bleu.

Prix.

1487. Vassal de Saint-Hubert. Catalogue de tableaux, dessins et estampes... après le décès de M. Vassal de Saint-Hubert... par Pierre Remy. Le jeudi 24 avril 1783. In-12, demi-rel. mar. rouge.

Prix et noms.

— 178 —

1488. Vasserot. Catalogue d'une belle collection de tableaux... formant le cabinet de M. C. V*** (Vasserot). 18 et 19 février 1845. In-4, cartonné.

Prix.

1489. Vaudémont (princesse de). Catalogue des tableaux, dessins, gravures, meubles et objets divers en laque, bronzes, marbres, porcelaines de Chine, du Japon, de Saxe... qui composent la magnifique et nombreuse collection de feu madame la princesse de Vaudémont, 25, 26 et 27 mars 1833 et jours suivants. Laneuville aîné. expert. In-8, demi-rel. mar. la Vallière.

1490. Vaudreuil (de). Catalogue raisonné d'une très-belle collection de tableaux... qui composaient le cabinet de M. le comte de Vaudreuil, par J.-B.-P. Le Brun. Le mercredi 24 novembre 1784 et jours suivants. In-8, mar. rouge, tr. dor.

Prix et noms des acquéreurs.

1491. Vaudreuil (de). Catalogue d'une très-belle collection de tableaux d'Italie, de Flandres, de Hollande et de France; provenant du cabinet de M*** (de Vaudreuil.) 26 novembre 1787. *Paris, Le Brun,* 1787. In-12 de 80 pp. dérel.

Prix manuscrits.

1492. Vautier (Mme Abel). Catalogue de la belle collection de tableaux anciens des diverses écoles, provenant de la succession de Mme Abel Vautier. 9, 10 et 11 décembre 1863. Horsin-Déon et Roussel, experts. In-8, demi-rel. mar. vert.

1493. Vence (de). Catalogue des livres, tableaux, dessins et estampes de feu M. le comte de Vence, lieutenant-général des armées du Roy, etc. — Livres. Juillet 1760. — Catalogue raisonné des tableaux, dessins, estampes et autres effets curieux du cabinet de feu M. le comte de Vence. Novembre 1760. In-8, veau fauve, tr. dor. Portrait.

Prix et noms.

1494. Ventenati de Pomposi. Notice d'une très-belle collection de statues et bustes antiques des plus beaux temps de la Grèce et de l'Italie, fresques et tableaux magnifiques, composant la collection de M. L. V. de P.(Ventenati de Pomposi). 14 juillet 1819. Frédéric Boudin, expert. In-8, demi-rel. mar. rouge.

1495. Verbelen. Catalogue d'une belle et nombreuse collection de tableaux des meilleurs maîtres, recueillis par M. Guillaume Verbelen, autrefois marchand de tableaux à Bruxelles... 8 octobre 1833. *Bruxelles*. In-8, demi-rel. mar. rouge.

1496. De Verhulst (Gabriel-François-Joseph). Catalogue d'une riche et précieuse collection de tableaux des meilleurs et plus célèbres maîtres des trois écoles qui composent le cabinet de feu messire Gabriel-François-Joseph de Verhulst. 16 juillet 1779. *Bruxelles*. Petit in-4, demi-rel. mar. bleu.

Frontispice. — Prix et noms.

1497. Véron. (Collection de M. Véron.) Tableaux et dessins anciens et modernes. 17 et 18 mars 1858. F. Petit, expert. Grand in-4, demi-rel. mar. rouge.

1498. Verschuuring. Catalogus van een fraay kabinet gekleurde en ongekleurde tekeningen door de eerste en beste italiaansche, fransche, nederlandsche en hollandsche meesters zedert veele Jaaren by een verzamelt en nagelaaten door wylen den heere Hendick Verschuuring.... In S' Gravenhage. *Amsterdam*. 28 janvier 1771. In-8, demi-rel. mouton rouge.

Prix et noms.

1499. Versteegh. Catalogue du cabinet de tableaux, etc., délaissé par feu M. Dirk Versteegh. Lundi 3 novembre 1823. *A Amsterdam*. In-8, demi-rel. mar. brun.

1500. Verstolk de Soelen. Catalogue du célèbre cabinet de dessins, laissé par feu Son Excellence M. Jean Gisbert baron Verstolk de Soelen, ministre d'Etat... *Amsterdam*, 22 mars 1847 et jours suivants. J. de Vries, A. Brondgeest et C.-F. Roos, experts. — Cabinet de gravures appartenant au même. Vente en deux parties. 1re, 28 juin 1847 ; 2me, 26 octobre 1847. In-8, demi-rel. coins mar. rouge, tête dorée.

Prix et noms aux dessins.

1501. Verstolk de Soelen. Catalogue de la troisième partie du célèbre cabinet de gravures de l'école hollandaise, de l'ancienne et moderne école allemande et de l'école anglaise, par des artistes renommés... de feu Son Excellence M. Jean Gisbert, baron Verstolk de Soelen, ministre d'État. *Amsterdam*, 31 mars 1851 et jours suivants, In-8, demi-rel. mar. rouge.

Prix et noms.

1502. Vervier (C. A.). Catalogue de la première partie de tableaux anciens composant la collection de M. C.-A. Vervier... de Gand. 16 mars 1866. Dhios, expert. In-8, demi-rel. mar. vert.

1503. Vèze (baron Ch.). Catalogue de la curieuse et intéressante collection composant le cabinet de feu M. le baron Ch. de Vèze. 5 mars 1855 et jours suivants. Vignères, expert. In-8, demi-rel. veau fauve.

Prix. — Portrait à l'eau-forte.

1504. Vianelli (Giovanni). Catalogo di quadri esistenti in casa del signor Dⁿ Giovanni Dⁿ Vianelli, canonico della cattedrale di Chioggia. 1790. *In Venezia*. In-4, demi-rel. basane verte.

Fronstispice.

1505. Viardot (Louis). Catalogue d'une collection de tableaux anciens de maîtres provenant du cabinet de M. X*** (L. Viardot). 27 mars 1857. Febvre, expert. In-8, demi-rel. mar. bleu.

1506. Viardot (Louis). Catalogue des tableaux anciens et dessins formant la belle collection de M. Louis Viardot. 1ᵉʳ avril 1863. F. Laneuville, expert. In-8, demi-rel. mar. vert.

1507. Vidal. Catalogue des tableaux anciens, dessins, miniatures et objets d'art de feu M. Vidal, ancien premier violon de la chapelle de Charles X.... 3, 4 et 5 février 1868. Febvre, expert. In-8, demi-rel. mar. vert foncé.

1508. Vien. Catalogue des tableaux, dessins sous verre et en feuilles, quelques estampes, etc., composant le cabinet et les études de feu Joseph-Marie Vien, membre du Sénat conservateur, comte de l'Empire.... rédigé par Alex. Paillet. 17 mai 1809 et jours suivants. In-12, demi-rel. mar. pourpre.

Prix et noms.

1509. Vigier. Catalogue des tableaux, quelques estampes et curiosités de feu M. Vigier. 14 et 15 mai 1818. Élie, exp. In-8, demi-rel. mar. noir.

Vigneux (de) de Manheim. Voyez *Mannheim*.

1510. Vilain XIV (comte Ph.). Catalogue de tableaux anciens et modernes.... provenant de la mortuaire de M. le comte Philippe Vilain XIV et de M. le comte de R... Étienne Le Roy, expert. *Paris*, avril 1857. In-4, demi-rel. mar. vert.

Prix.

1511. Villafranca (comte de), duc de Parme. Catalogue d'une belle collection de tableaux anciens des différentes écoles, suite intéressante de peintures des xvᵉ et xvɪᵉ siècles.... très-beau meuble... belles pièces d'horlogerie.....

objets variés. M. le comte de V*** (Villafranca, duc de Parme). 19 mars 1873 et jours suivants. Féral, Ch. Mannheim, experts. Gr. in-8, demi-rel. mar. tête de Maure.

Quelques prix.

1512. Villars (de). Catalogue des tableaux composant la collection de M. F. de Villars. 13 mars 1868. Haro, exp. Gr. in-8, demi-rel. mar. vert clair.

Prix.

1513. Villeminot. Catalogue des tableaux, dessins, etc., composant la collection de feu M. Villeminot, par Alex. Paillet. Lundi 25 mai 1810 et jours suivants. In-8, demi-rel. mar. rouge.

1514. Villenave. Catalogue de dessins des grands maîtres.... composant le cabinet de M. Villenave. Thoré, expert. *Paris*, novembre 1842. In-8, demi-rel. mar. brun.

Prix et noms d'acquéreurs.

1515. Villenave. Catalogue d'une nombreuse collection d'estampes et dessins anciens des maîtres de toutes les écoles... de portraits... au nombre de plus de 30,000... de tableaux et portraits historiques..... provenant du cabinet de M. Villenave. 1er février 1848 et les quatre jours suivants. Defer, Théret père, experts. In-8, demi-rel. mar. violet clair.

1516. Villenave (Théodore de). Catalogue des tableaux anciens et modernes composant la collection de feu Théodore de Villenave. 1re vente, 16 mars 1868. 2e vente, 18, 19 et 20 mars 1868. Dhios, expert. In-8, demi-rel. mar. la Vallière.

1517. Villers. Catalogue d'une collection capitale provenant du cabinet de M. Villers, etc., par J.-B.-P. Lebrun. 30 mars 1812. In-8, demi-rel. mar. violet.

Prix.

1518. Villette (marquis de). Catalogue de tableaux de différents bons maîtres des trois écoles, de figures, bustes, estampes, après le décès de M. le marquis de Villette père; par Pierre Remy. 1766. In-12, demi-rel. mar. rouge.

Frontispice.
Prix.

1519. Villette (marquis de). Catalogue de tableaux des écoles française et flamande, dessins, pastels, gravures, curiosités, meubles anciens, porcelaines, provenant de la succession de M. de Villette... 15 et 16 novembre 1865, au château de Villette, [près Pont-Sainte-Maxence (Oise).

F. Laneuville, expert. In-8, demi-rel. mar. pourpre.

Prix principaux.

1520. VILLOT (Frédéric). Catalogue de miniatures, dessins et estampes de diverses écoles anciennes et modernes, et principalement école française du xviiie siècle, faisant partie du cabinet de M. F. V. 16, 17 et 18 mai 1859. Vignères, expert. In-8, demi-rel. mar. rouge.

Quelques prix.

1521. VILLOT. Catalogue de tableaux anciens et modernes par Paul Véronèse, Titien, Tiepolo.... miniatures par Hall, Fragonard, Dumont...; dessins et aquarelles par Bonington, Charlet, Delacroix.... provenant du cabinet de M. F. V. (Frédéric Villot). 25 janvier 1865. F. Laneuville, expert. In-8, demi-rel. mar. rouge.

Prix.

1522. VILLOT (F.). Catalogue de tableaux, aquarelles, dessins, croquis, études, planches gravées à l'eau-forte par Eugène Delacroix, provenant du cabinet de M. F. V. (Villot). F. Petit, expert. 11 février 1865. In-8, demi-rel. mar. rouge.

Prix et noms.

1523. VILLOT (Frédéric). Dessins, aquarelles et miniatures. 6 décembre 1875. Ch. Pillet et Féral. — Estampes anciennes et modernes, portraits. 9 au 11 décembre 1875. M. Delestre et Vignères. — Catalogue des tableaux modernes composant la collection de feu M. Ed.-L. Jacobson, de la Haye. 28 et 29 avril 1876. Ch. Pillet et Durand-Ruel. — Collection de M. P. Tesse. Tableaux anciens et modernes. 11 mars 1876. Ch. Pillet et Féral. Ensemble, 4 cat. br.

Prix d'adjudication manuscrits.

1524. VINCENT (E.). Catalogue de tableaux, gouaches, miniatures et dessins de l'école française du xviiie siècle, parmi lesquels on remarque notamment 10 tableaux de Boilly, formant la collection de M. E. V. (Vincent). 22 février 1872. Féral, expert. Gr. in-8, demi-rel. mar. rouge.

Prix.

1525. VIS BLOKHUYSEN (D.). Catalogue de la collection de feu M. D. Vis Blokhuysen, de Rotterdam, membre de l'Académie royale des beaux-arts des Pays-Bas. Tableaux anciens des écoles hollandaise et flamande. 1er et 2 avril 1870. Francis Petit, Disk, A. Lamme, experts, Gr. in-8, demi-rel. coins mar. vert olive, tête dorée.

Prix.

1526. Vischer (Pierre). Catalogue des livres d'heures, dessins et estampes formant le cabinet de feu M. Pierre Vischer de Bâle; rédigé par M. Ch. Le Blanc. 19 avril 1852 et jours suivants. In-8, demi-rel. mar. bleu.

Prix.

1527. Visconti. Catalogue du cabinet de feu M. Visconti, architecte de S. M. l'Empereur, se composant d'une riche collection d'émaux... tableaux, dessins, estampes. 13 mars 1854 et les trois jours suivants. Roussel, Defer, experts. In-8, demi-rel. mar. rouge.

Vista-Alegre. Voyez *Salamanca* (marquis de).

1528. Volpato et Morgen. Catalogue d'un bon choix d'estampes, etc., du cabinet et des planches de fonds de MM. Volpato et Morghen. Mercredi 6 novembre 1822 et jours suivants. In-8, cartonné.

1529. Vos (de). Catalogus van het.... kabinet teckeningen, etc... nagelaten door wijlen den weledelen heer Jacob de Vos. 30 octobre 1833. (*Amsterdam.*) In-8, demi-rel. mar. rouge.

Prix et noms des acquéreurs.

— Catalogue der schilderijen, etc.... Jacob de Vos, etc... 2 juillet 1833, à *Amsterdam*. In-8, demi-rel. mar. rouge.

Prix et noms des acquéreurs.

1530. Vos (Jacob de). Catalogue de tableaux des meilleurs peintres de l'ancienne école hollandaise comme de la moderne, formant la collection de feu M. Jacob de Vos, membre de l'Institut royal des Pays-Bas... *Amsterdam*, 2 juillet 1833. Grand in-12, demi-rel. coins mar. vert, tête dorée.

Prix.

Vouge. Voyez *de Vouge*.

1531. Vriesse (de). Catalogue d'une belle collection d'estampes anciennes, eaux-fortes et dessins... collection de feu M. de Vriesse. 13, 14, 15 et 16 mars 1854. Vignères, expert. In-8, demi-rel. mar. bleu.

Prix.

1532. Waldeck (baron de). Catalogue de la majeure partie des estampes qui composent l'œuvre de Marc-Antoine, d'Augustin Vénitien et de Marc de Ravenne, appartenant à M. S. de P.... (le baron de Waldeck). 19 mai 1863. Blaisot, expert. Gr. in-8, demi-rel. mar. bleu.

1533. WALLACE (Richard). Catalogue d'un précieux cabinet de tableaux modernes, dessins, aquarelles, gouaches et pastels.... 2 et 3 mars 1857. Ferd. Laneuville, expert. In-8, demi-rel. mar. pourpre.

1534. WALLACE Sir Richard).... Catalogue of the collection of paintings, bronzes, decorative furniture and other works of art, but for exhibition in the Bethnal green Branch of the South Kensington Museum by Sir Richard Wallace, baronet. *Londres*, juin 1872. In-8, demi-rel. mar. bleu.

135. WALPOLE. Ædes Walpoliana, or a description of the collection of pictures at Houghton-Hall in Norfolk, the seat of the right Honourable Sir Robert Walpole earl of Oxford. *London*, 1747. In-4, fig. mar. brun.

Walpole (Horace). Voyez *Strawberry-Hill.*

1536. WALRAVEN (Isaac). Catalogus van een ongemeen en overhelreyk habinet schilderijen.... teekmingen... alles... nagelaten door wylen den heer Isaac Walraven. *Amsterdam*, 14 octobre 1765 et jours suivants. Hendrik de Winten, expert. — 2° partie. Prent-kroust... prent-werken. 18 nnovembre 1765. In-8, demi-rel. mar. pourpre.

Frontispices gravés.
Quelques prix.

1537. WALSH PORTER. A Catalogue of the magnificent collection of.... pictures... of the late Walsh Porter. *Londres, chez Christié*, 14 avril 1810. In-4, demi-rel. dos et coins de mar. la Vallière foncé, doré en tête.

Prix et noms d'acquéreurs.

1538. WANSTEAD HOUSE. — Second sale Wanstead House, Essex. — A Catalogue of the superb Gobelin tapestry... a few fine paintings... bronzes, choice books... and numerous other effects. *Wanstead House* (comté d'Essex), 9 septembre 1822 et jours suivants. Robins., exp. In-4, demi-rel. mar. pourpre.

1539. WATELET. Catalogue de tableaux, dessins montés et en feuilles, pastels.... Le tout provenant du cabinet de feu M. Watelet, conseiller du Roi, receveur général des finances d'Orléans.... par A.-J. Paillet. 12 juin 1786 et jours suivants. In-12, demi-rel. coins mar. vert, tête dorée.

Frontispice gravé.

1540. WATKINS BRETT (John), esq. Catalogue of the valuable collection of pictures and works of art.... of that eminent connoissenr John Watkins Brett, esq. *Londres, chez*

Christie, Manson et Woods, avril 1864. In-8, demi-rel. mar. brun.

Exemplaire réglé avec les prix et les noms d'acquéreurs.

1541. WATSON TAYLOR. Catalogue of the magnificent assemblage of property at Erlestoke Mansion... accumulated... at an enormous expense... by George Watson Taylor, esq. M. P.... *Erlestoke Park*, 9 juillet 1832 et les vingt jours suivants. George Robins. In-4, demi-rel. coins mar. vert foncé, tête dorée.

Frontispice lithographié.

1542. WATSON TAYLOR. A Catalogne of the very distinguished collection of italian, french, flemish, dutch and english pictures of the finest class of George Watson Taylor, esq.... *Londres*, 13 juin 1823. Christie. In-4, demi-rel. coins mar. pourpre foncé, tête dorée.

Prix et noms.

1543. WEBER (Hermann). Catalogue de la superbe collection d'estampes anciennes... laissées par feu M. Hermann Weber, à Bonn. *Leipzig*, 1re partie, 17 septembre 1855; 2° partie, 28 avril 1856. R. Weigel, expert. In-8, demi-rel. mar. rouge.

Prix imprimés.

1544. WEBER DE TRUENFELS. Catalogue de tableaux anciens et modernes des écoles flamande et hollandaise composant la galerie de feu M. Weber de Truenfels, amateur, à Anvers. 8 avril 1867. Francis Petit, Étienne Leroy, experts. In-8, demi-rel. mar. pourpre.

Prix.

1545. WEEB. Collection de M. Weeb, constructeur de navires à New-York. Catalogue de tableaux anciens, parmi lesquels les meilleurs maîtres flamands et hollandais. 13 janvier 1868. Fcbvre, expert. In-8, demi-rel. mar. bleu clair.

1546. WEEBB. Catalogue d'une charmante collection de dessins, etc.... Lundi 6 et mardi 7 février 1832. In-8, cartonné.

1547. WEEBB. Notice de tableaux et dessins au lavis peints par Bonington, et quelques tableaux italiens et flamands, collection formée par M. W. (Weebb). 23 et 24 mai 1837. Ch. Paillet, expert. In-8, demi-rel. mar. vert foncé.

1548. C. et WEEBB. Catalogue d'une belle collection de dessins... provenant du cabinet de MM. C. et W. (Weebb).

Jeudi 15 et vendredi 16 mars 1832, par Petit et Schroth. In-8 cartonné.

1549. WEEBB. Catalogue d'une belle collection de dessins, etc., provenant du cabinet de M. W.. (Weebb), esq. Lundi 9 et mardi 10 avril 1834. In-8 cartonné.

1550. WEEBB. Catalogue d'une magnifique collection de dessins, etc.... provenant du cabinet d'un amateur. Vendredi 15 et samedi 16 février 1833. In-8 cartonné.

1551. WEEBB. Catalogue d'une magnifique collection de tableaux, etc., formant le cabinet de M. W... (Weebb). Mardi 12 et mercredi 13 mars 1833 par Petit. In-8, cartonné.

1552. WEEBB. Catalogue d'une jolie collection de dessins français et anglais provenant du cabinet de W. (Weebb). Mardi 25 févrer 1834. (Schroth.) In-8, demi-rel. mar. rouge.

1553. WEBB. Vente d'une belle collection de tableaux anglais, de dessins et aquarelles, de nos premiers artistes, provenant du cabinet de M. W. (Weebb). (Schroth.) Lundi 9 et mardi 10 février 1835. In-8, demi-rel. mar. rouge.

1554. WELLESLEY (lord). Catalogue d'une belle et riche collection de tableaux, etc., provenant de lord Wellesley, comte de Mornington. 15 juin 1846, et jours suivants à Ixelles. In-8, demi-rel. maroquin brun.

1555. WELLESLEY (docteur). Catalogue of the memorable cabinet of drawings by the old masters and collection of engravings, formed with profound taste and judgement by the late Rev. doctor Wellesley. *Londres*, 25 juin 1866 et les treize jours suivants. Sotheby, Wilkinson et Hodge. In-8, demi-rel. mar. la Vallière.

Prix et noms.

1556. WERTHEIMBER. Catalogue des tableaux et dessins de l'école moderne, tableaux et dessins des écoles anciennes et marbres composant le cabinet de M. *** (Wertheimber). 7 et 8 décembre 1871. F. Petit, expert. Grand in-8, demi-rel. mar. pourpre.

Prix.

1557. WERFF (Arend van der). Catalogus van het kabinet schilderijen zoo als het zelve is nagelaten door den heere Arend van der Werff van Zuidland, te Dordrecht. 31 Julij 1811. Dordrecht. In-8, demi-rel. maroq. rouge.

Prix et noms.

1558. WESEL (de). Catalogue de la riche et belle collection de tableaux, délaissés par feu Monseigneur J.-F. de Vinck de Wesel... Mardi 27 avril 1813 à *Anvers*. In-8, demi-rel. maroquin brun.

1559. WEST (Benjamin. A Catalogue raisonné of the unequalled collection of historical pictures..... the late Benjamin West, esq..... *Londres chez, M. Georges Robins*, 22, 23, 25 mai 1829. In-4, demi-rel. maroquin bleu.

1560. WEST (Benjamin). A Catalogue of the truly capital collection of..... pictures.... by Benjamin West..... *Londres, chez Christie*, 23 juin 1820. In-4, demi-rel. maroq. pourpre.

Prix et noms d'acquéreurs aux dessins et gravures.

1561, WESTALL (R). Catalogue of the genuine and important collection of valuable pictures, of high class, the entire and genuine property of R. Westall, esq. R. A..... *Londres*, 11 et 12 mai 1827. (Phillips). In-8, demi-rel. mar. rouge.

Prix.

1561 *bis*. WESTALL (Richard), esq. Catalogue of Pictures of the italian and spanish schools... of Richard Westall, esq. *Londres, chez Phillips*. Avril 1832. In-4, demi-rel. maroq. brun.

Westminter (Duke of). Voyez *Grosvenor House*.

1562. WEYER. Catalog der Sammlung von Gemalden alterer Meister des Herrn Johann Peter Weijer Stadtbaumeister A. D. und Ritter des Leopold Orden. *Coln*, 1859. In-8, demi-rel. coins mar. vert, tête dorée.

Frontispice gravé.

1563. WHITEFOORD (Caleb). A Catalogue of the capital, extensive and very valuable collection of chiefly italian pictures and choice specimens of... sir Joshua Reynolds; the genuine property of the late Caleb Whitefoord, esq. F. R. and A. L. Dec. *Londres*, 4 et 5 mai 1810. (Christie.) In-8, demi-rel. mar. orange.

Quelques prix.

1564. WILHORGNE. Catalogue de la précieuse collection de tableaux anciens formant le cabinet de M. Wilhorgne, de Rouen. 6 avril 1868. Horsin-Déon, expert. In-8, demi-rel. mar. vert clair.

1565. WILLET WILLET (John). The Catalogue of the magnificent gallery of paintings, the property of John Willet, esq. *Londres*, 31 mai 1813 et jours suivants (Peter Coxe). In-4, demi-rel. coins mar. rouge.

Prix.

1566. WILSON (Andrew). The Catalogue of the most valuable and important selection of original paintings, the property of M. Andrew Wilson, purchased by him and brought to England from Palaces of the first consequence and Genoa... The 6 th of May 1807. *London* (Peter-Coxe.) In-4, demi-rel. mar. vert.

1567. WILSON. Catalogue des tableaux anciens et modernes et des tapisseries faisant partie de la collection de M. D. W*** (Wilson). 21 mars 1873. Haro, expert. Grand in-8, demi-rel. mar. vert.

Prix.

1568. WILSON (John W.). Catalogue d'une très-belle collection de tableaux comprenant des œuvres remarquables des principaux maîtres des école anglaise, école française ancienne et moderne, écoles flamande et hollandaise (appartenant à M. John W. Wilson). 27 et 28 avril 1874. In-4, demi-rel. coins. mar. la Vallière foncé, tête dorée.

Prix. — Nombreuses eaux-fortes.

1569. WINCKELMAN. Catalogue d'une très-belle collection de tableaux... de feu M. Jacques Winckelman. *Bruges*, le 4 mai 1770. In-8, demi-rel. maroquin rouge.

1570. WINNEN. Catalogue des tableaux anciens des différentes écoles formant la collection de la famille Winnen, de *Bruxelles*. 12 mars 1866. Horsin-Déon, expert. In-8, demi-rel. mar. la Vallière.

1571. WIT (Jacob de). Catalogus van een uitmuntend kabinet schilderyen, teekeningen... *Amsterdam*, 1755. Grand in-8, demi-rel. maroq. vert.

Prix et noms.

1572. WITSEN (Jonas). Catalogus van een fraay kabinet Schilderyen... te ekeningen... moderne medailles... rariteyten... alles nagelaaten by wylen den Wel Edele gestrenge Heer Jonas Witsen... *Amsterdam*, 16 août 1790 et jours suivants. In-8, demi-rel. coins mar. la Vallière, tête dorée.

Prix et noms.

1573. WOODBURN (Samuel). Catalogue of the first and most important portion of the highly valuable collection of italian, german, flemish and duteh pictures of the highest class, formed by Samuel Woodburn, esq., deceased..... *Londres*, 12 et 25 juin 1853 *(Christie and Manson)*. Grand in-8, demi-rel. mar. violet foncé.

Prix.

1574. WOODBURN (Samuel). Catalogue of the highly interesting and important collection of drawings by ancient masters and english artists ; comprising the entire collection with the exception of the Lawrence drawings, the property of that well-known judge of the fine arts Samuel Woodbrun, esq., deceased. *Londres*, 16 juin 1854 et jours suivants. *Christie and Manson.* In-8, cart. rouge.

1575. WOODBURN (Samuel). Catalogue of the valuable and important collection of drawings by the old masters, formerly in the collection of the late sir Thomas Lawrence... and more recently the property of... Samuel Woodburn, esq., deceased... *Londres (Christie, Manson and Woods).* 4 juin 1860 et jours suivants. — Pictures. Vente 9 et 11 juin 1860. Grand in-8, demi-rel. coins mar. violet, tête dorée.

Prix et noms aux dessins.

1576. WOODHOUSE (John). A Catalogue of the well-known and truly valuable collection of pictures... of John Woodhouse. *Londres, chez Christie*, 14 février 1801. In-4, demi-rel. mar. vert.

Prix.

1577. WOLTERBECK. Catalogue d'une très-belle collection d'estampes, à l'eau-forte et gravées au burin, de feu M. Wolterbeck. 6 mai 1845. *Amsterdam*, in-12, cartonné.

Exemplaire interfolié de papier blanc, avec les prix d'adjudication et les noms des acquéreurs, manuscrits, en regard de chaque page.

1578. WURTEMBERG (prince Paul de). Catalogue d'une précieuse collection de tableaux des écoles italienne, espagnole, flamande et française, de S. A. R. le prince Paul de Wurtemberg, le 21 juillet 1852. F. Laneuville, expert. Grand in-8, demi-rel. mar. bleu.

1579. WYN-ELLIS. Catalogue of the highly important collection of modern pictures, chiefly of the early english school, formed by that well-known amateur, Wynn-Ellis. *London,* May 1876. 4 part. en 4 br. in-8.

Exemplaire avec les prix d'adjudication et les noms des acquéreurs, manuscrits.

1580. YAKOUNTSCHIKOFF (Michel). Catalogue des tableaux de l'école moderne composant la collection de feu M. Michel Yakountschikoff, de Saint-Pétersbourg. 22 avril 1870. Francis Petit, expert. Grand in-8, demi-rel. mar. la Vallière.

1581. YMÉCOURT (d'). Catalogue d'une collection de tableaux anciens de maîtres... bons dessins anciens dont plusieurs très-importants, par Claude Lorrain, Ostade, Watteau et autres... le tout composant le cabinet d'un amateur (M. d'Ymécourt). Febvre, expert. Grand in-8, demi-rel. mar. la Vallière.

Quelques prix et noms.

1582. YVER (Pierre). Catalogus van een fraay cabinet schilderyen... in veele jaaren by een verzameld door wylen den heer Pierre Yver. 31 maart 1788. *Amsterdam.* In-8, demi-rel. mar. vert.

1583. ZACHARY (M. M.), esq. A Catalogue of the cabinet of very exquisite pictures... etc., the property of M. M. Zachary, esq. *Londres chez Christie et Manson.* Mars 1838. In-4, demi-rel. mar. rouge.

1584. ZAMACOÏS. Catalogue des tableaux, études et aquarelles de feu Zamacoïs, tableaux et aquarelles par divers artistes; costumes, armes, meubles et curiosités qui composaient son atelier. 15, 16 et 17 avril 1872. F. Petit et Ch. Mannheim, experts. Grand in-8, demi-rel. mar. violet foncé.

Prix.

1585. ZIEGLER. Catalogue de tableaux anciens et modernes, études, esquisses, ébauches, dessins, aquarelles et estampes et livres, de M. Ziegler, peintre d'histoire... 10 mars 1857. Defer, expert. In-8, demi-rel. mar. bleu.

1586. ZIEM. Catalogue de 34 aquarelles par Ziem. 21 décembre 1898. Durand-Ruel, expert. Grand in-8, demi-rel. mar. la Vallière.

ANONYMES AVEC INITIALES

PAR ORDRE ALPHABÉTIQUE.

1587. A***. Notice d'estampes, etc... après le décès de M. A***, par Ch. Potrelle. Lundi 2 avril 1827 et jours suivants. In-8, cartonné.

1588. C^{en} A... Catalogue raisonné d'un choix très-précieux d'estampes des plus célèbres artistes... du cabinet du citoyen A..., précédé de réflexions sur l'art de la gravure. An VI (1797). In-8, cartonné.

1589. M. A***. Notice d'un choix précieux de dessins du cabinet de M. A***, par F.-L. Regnault-Delalande. Mercredi 28 avril 1819. In-8, demi-rel. mar. brun.

Prix et noms des acquéreurs.

1590. M. A***. Catalogue d'une collection nombreuse composant le cabinet intéressant de tableaux des trois écoles de M. A***. 17 janvier 1803. A.-J. Paillet et H. Delaroche, experts. In-12, demi-rel. mar. tête de More.

Prix.

1591. M. A***. Catalogue d'une collection de portraits et de quelques pièces historiques provenant du cabinet de M. A***. 1re partie. 22 et 23 janvier 1858. Le Blanc, expert. In-8, demi-rel. mar. bleu.

Prix.

1592. Vte d'A... Catalogue des anciennes tapisseries des Gobelins, de Beauvais et d'Aubusson, meubles de salon Louis XV et Louis XVI couverts en tapisserie... le tout dépendant de la succession de M. le vicomte d'A... 17 février 1873. Dhios et George, experts. Grand in-8, demi-rel. mar. rouge.

1593. MM. Jac. Al... et Alex. Jos. Bar... Catalogue d'un choix précieux d'estampes, etc... provenant de MM. Jac. Al... et Alex. Jos. Bar... par F.-L. Regnault-Delalande. Lundi 24 et mardi 25 novembre 1823. Grand in-8, cartonné.

Prix et noms des acquéreurs.

1594. M. A. D. Catalogue d'une jolie collection de tableaux et dessins, etc., après le départ de M. A. D. Lundi 26 et mardi 27 mars 1832, par d'Herbanne et Schroth. In-8, cartonné.

1595. A. D. Catalogue de dix tableaux anciens de maîtres italiens, deux œuvres importantes. La Vierge au coussin vert... provenant de la collection A. D*** de Brescia. 21 avril 1869. Dhios et George, experts. Grand in-8, demi-rel. mar. la Vallière.

Le Chevalier *A. D.* de Turin. Voyez *Vallardi*.

1596. M. A. H***. Catalogue des tableaux anciens et modernes, aquarelles composant la collection de M. A. H***. 10 février 1873. Haro, expert. Grand in-8, demi-rel. mar. vert.

Prix.

1597. M. B***. Catalogue de la collection de tableaux provenant du cabinet de M. B***, se composant à peu près de l'œuvre complet de M. le baron Gros... 21 et 22 mai 1828. In-8, demi-rel. mar. rouge.

1598. M. B***. Notice de dessins anciens des écoles d'Italie, des Pays-Bas et de France, et dessins modernes, estampes

— 192 —

et recueils provenant du cabinet de M. B***. 2 et 3 décembre 1839. Defer, expert. In-8, demi-rel. mar. rouge.

1599. M. B***. Catalogue d'une collection d'estampes de choix, provenant du cabinet de M. B***. Mardi 12 juillet 1774, par Joullain fils. In-12, cartonné.

1600. M. B***. Catalogue des tableaux des trois écoles, quelques gouaches et dessins, belle pendule, secrétaire et divers autres objets du cabinet de M. B***. Lundi 10 avril 1786. In-8, demi-rel. mar. vert.

1601. M. B***. Catalogue de tableaux et dessins modernes, bustes en marbre et statuettes en terre cuite provenant du cabinet de M. B***. 30 mars 1855. F. Petit, expert. Grand in-8, demi-rel. mar. violet foncé.

1602. M. de B***. Vente aux enchères publiques par suite du décès de M. de B*** d'un très-beau portrait d'homme par Girodet-Trioson et un portrait d'homme par Duvivier. 3 mars 1873. Féral, expert. Grand in-8, demi-rel. mar. pourpre.

1603. Marquis de B*** et baron de P***. Catalogue de tableaux anciens au nombre desquels on remarque des œuvres de Beger, Bisot, Boilly, Brokenburg... 12 et 13 mai 1873. Féral, expert. Grand in-8, demi-rel. mar. tête de Maure.

1604. Mme la comtesse de B***. Catalogue de tableaux et dessins anciens et modernes des diverses écoles formant la collection de Mme la comtesse de B***. 24 mars 1858. Horsin-Déon, expert. In-8, demi-rel. mar. rouge.

1605. B**. Catalogue des tableaux précieux des trois écoles composant le cabinet de M. B*** amateur, habitant une province de France. 3 décembre 1827. Pérignon, expert. In-8, demi-rel. coins mar. vert lumière, tête dor.

1606. M. B***. Vente d'une belle collection de tableaux du meilleur choix des écoles italienne, hollandaise, flamande et française... formant le cabinet de M. B***. 3 et 4 février 1820. Laneuville, expert. In-8, demi-rel. mar. noir.

1607. Mme B... Catalogue de tableaux et de dessins, etc., après le décès de Mme *** par F.-L. Regnault-Delalande. Lundi 23 novembre et jours suivants. 1818. In-8, cartonné.
Prix.

1608. M. B***. Catalogue de tableaux et dessins, etc., provenant du cabinet de M. B***. Lundi 21 février 1825 et jours suivants. In-8, cartonné.

1609. M. B...e. Notice d'une collection d'estampes anciennes et modernes provenant du cabinet de M. B...e, par Pieri Bénard. Lundi 12 décembre 1825. In-8, cartonné.

Prix et noms des acquéreurs.

1610. M. B***. Catalogue d'une jolie collection de tableaux et dessins modernes provenant du cabinet de M. B... 30 et 31 janvier 1837. Schroth, expert. In-8, demi-rel. mar. vert.

1611. M. B***. Catalogue des tableaux anciens et modernes provenant de collections célèbres, objets d'art et d'ameublement dépendant de la succession de M. B***. 26, 27 et 28 février 1874. Féral et Ch. Mannheim, experts. Petit in-4, demi-rel. mar. tête de Maure.

Prix aux tableaux.

1612. M. B***. Catalogue d'une vente de tableaux des écoles anciennes de dessins, estampes et recueils, faisant partie du cabinet de M. B***. Lundi 19 décembre 1836. Defer, expert. In-8, demi-rel. mar. vert.

Prix.

1613. B*** (J.-A.-L.). Catalogue d'une belle collection de tableaux des écoles hollandaise et flamande, pierres gravées... curiosité ancienne et moderne, rapportés des voyages d'Italie et de Hollande par J.-A.-L. B***. 18, 19 et 20 décembre 1816. Ch. Paillet, expert. In-8, demi-rel. mar. violet foncé.

1614. M. B***. Catalogue de tableaux et dessins modernes composant la collection de M. B***. 12 avril 1866. F. Petit, expert. In-8, demi-rel. mar. jaune.

1615. Baron B. de F***. Catalogue de tableaux anciens provenant en partie du château de C*** appartenant à M. le baron B. de F***,... 21 avril 1873. Féral, expert. Grand in-8, demi-rel. mar. bleu.

1617. Mme Bl***. Tableaux anciens. Collection de Mme Bl***. 3 mai 1876. *Ch. Pillet et Haro.* Grand in-8, br. 5 figures gravées à l'eau-forte.

1618. M. C.-P. Bla... Notice d'un choix d'estampes... provenant du cabinet de M. C.-P. Bla... par F.-L. Regnault-Delalande. Vendredi 9 mai 1823. In-8, cartonné.

Prix et noms des acquéreurs.

1619. MM. Br***. Catalogue d'une magnifique collection de dessins et aquarelles, la plupart de R.-P. Bonington, et de quelques tableaux provenant du cabinet de MM. Br***.

R. 13

Schroth, expert. Samedi 27 décembre 1834. In-8, demi-rel. mar. rouge.

1620. M. Breb*** et M. M***. Catalogue d'une collection de tableaux anciens et modernes... 26 et 27 mars 1866. Febvre, expert. Grand in-8, demi-rel. mar. vert foncé.

1621. M. C***. Catalogue des objets composant le cabinet de M. C***. Samedi 18 et dimanche 19 décembre 1830. In-8, cartonné.

1622. M. C. (Par continuation de la vente de M. C*** de Chantilly.) Catalogue de tableaux des diverses écoles de dessins anciens et modernes... 4 et 5 février 1851. Defer, expert. In-8, demi-rel. mar. violet.

Quelques prix.

1623. M. C***. Catalogue d'une belle collection d'estampes.., etc..., du cabinet de M. C*** par Pieri Bénard. Lundi 27 décembre 1824 et jours suivants. In-8, cartonné.

Prix et noms des acquéreurs.

1624. M. C***. Catalogue d'une riche et belle collection de tableaux anciens et modernes des trois écoles et quelques pièces de haute curiosité provenant du cabinet de M. C***, amateur, de Lyon. 15, 16 et 17 novembre 1831. Hue, expert. In-8, demi-rel. mar. rouge.

1625. C. C. Catalogue des objets d'art et de curiosité, belles faïences italiennes et françaises, vitraux remarquables du XVIe siècle, terres cuites par Clodion... composant la collection de M. C. C. 22 et 23 mai 1872. Ch. Mannheim, expert. Grand in-8, demi-rel. mar. pourpre.

1626. C*** (comte de). Catalogue d'une collection de tableaux de différents maîtres des écoles italienne, flamande et française... provenant du cabinet de M. le comte de C***. 23 et 24 décembre 1816. Laneuville, expert. In-8, demi-rel. mar. bleu foncé.

1627. M. C***. Notice de tableaux de différentes écoles, dessins et estampes... 30 novembre 1840. Ch. Paillet, expert. In-8, demi-rel. mar. rouge.

1628. Comte de C***. Catalogue d'une collection de tableaux de différents maîtres... provenant du cabinet de M. le comte de C***. Lundi et mardi 23 et 24 décembre 1816. In-8, cartonné.

1629. M. Chev... Catalogue de jolis tableaux dont quelques-uns fort précieux provenant du cabinet de M. Chev...

2 mars 1850. F. Laneuville, expert. Grand in-8, demi-rel. mar. la Vallière.

1630. Comte DE C*** d'A... Catalogue d'une intéressante collection de tableaux anciens en partie de l'école française composant le cabinet de M. le comte de C*** d'A... 1ᵉʳ décembre 1868. Barre, expert. In-8, demi-rel. mar. la Vallière.

1631. Duc DE C***. Catalogue d'une belle collection de tableaux anciens des écoles italienne, espagnole, flamande, hollandaise, française et anglaise, appartenant à M. le duc de C***. 16 et 17 avril 1860. Ferd. Laneuville, expert. Grand in-8, demi-rel. mar. bleu.

1632. M. C. T. Catalogue de tableaux, dessins et estampes du cabinet de M. C. T., docteur en médecine. 27 août 1761. In-8, cartonné.
C. et W. Voyez *Weeb*.

1633. M. J.-W.-G. D***. Catalogue de tableaux anciens formant en partie la collection de J.-W.-G. D***, esq., de Londres. 25 février 1869. Féral, expert. Grand in-8, demi-rel. mar. groseille.
Prix.

1634. M. D***. Catalogue du précieux cabinet de M. D***, composé en grande partie de tableaux, gouaches et dessins de l'école française par... 6 février 1840 et jours suivants. Ch. Paillet, expert. In-8, demi-rel. mar. violet foncé.

*D****. Voyez *de Bertinval*.

1635. M. D***. Collection de M. D***. Tableaux et dessins. 16 février 1860. F. Petit, expert. In-8, demi-rel. mar. rouge.

1636. De la B*** (comtesse). Catalogue d'une belle réunion d'objets d'art, de curiosité et de riche ameublement..... par suite du décès de Mᵐᵉ la comtesse de la B***. 31 mars et 1ᵉʳ avril 1864. Mannheim, expert. In-8, demi-rel. mar. rouge.
Quelques prix.

1637. M. D***. Catalogue de tableaux des trois écoles, de terre cuite, dessins et estampes, qui composoient le cabinet de M. D***. 29 décembre 1766. Pierre Remy, expert. In-12, demi-rel. mar. violet.

1638. M. D***. Catalogue de vingt-quatre dessins de maîtres formant la collection de M. D*** et provenant du cabinet de feu M. Van den Zonde. 30 mars 1860. Vignères, expert. In-8, demi-rel. mar. rouge.

1639. M. D***. Catalogue de quelques tableaux, etc., du cabinet de M. D***, par F.-L. Regnault-Delalande. Mardi 6 et mercredi 7 mai 1823. In-8, cartonné.

1640. M. D***. Catalogue d'un choix précieux de tableaux et de dessins... du cabinet de M. D***, par F.-L. Regnault-Delalande. Mardi 3 février 1824 et jours suivants. In-8, cartonné.

1641. M. A. D***. Catalogue d'une belle collection d'estampes anciennes et modernes par les graveurs les plus célèbres de toutes les écoles du XVI° au XIX° siècle, superbes épreuves... et de quelques dessins anciens, composant le cabinet de M. A. D***, amateur belge. 28 avril 1845 et les deux jours suivants. Defer, expert. In-8, demi-rel. mar. rouge.

1642. M. D***. Catalogue d'une collection nombreuse d'estampes, etc., après le décès de M. D***. Mardi 13 novembre 1832 et jours suivants. In-8, cartonné.

1643. M. le baron D***. Catalogue de tableaux, etc., composant le cabinet de M. le baron D***. Lundi 29 novembre et jours suivants. In-8, cartonné.

1644. M. le baron D***. Catalogue d'une collection de tableaux, etc., provenant de la succession de M. le baron D***. Lundi 21 février 1831 et jours suivants. In-8, cartonné.

1645. M. Dev... Catalogue de quelques jolis tableaux de l'ancienne école française composant la seconde et dernière partie de la collection de M. Dev..., ancien officier supérieur d'état-major. 11 mars 1859. Ferd. Laneuville, expert. In-8, demi-rel. mar. rouge.

1646. M. D. S***. Collection d'objets d'art et de curiosité de M. D. S***, secrétaire d'ambassade, bronzes florentins et autres, faïences des XVI° et XVII° siècles et majoliques italiennes... 10 et 11 février 1873. Ch. Mannheim et Carle Delange, experts. Grand in-8, demi-rel. mar. pourpre. Prix.

1647. E. G***. Tableaux anciens et modernes et tableaux de l'école anglaise provenant de la collection E. G***. 20 avril 1876. *Escribe et Haro*... In-8, br. gr. in-8, 9 figures gravées à l'eau-forte.

1648. M. F***. Notice d'une collection de tableaux des écoles d'Italie et de France composant le cabinet de

M. F***. 12 février 1816 et jours suivants. Pérignon, expert. In-8, demi-rel. mar. la Vallière.

1649. M. F. F***. Catalogue d'une belle collection de tableaux et de dessins modernes provenant du cabinet de M. F. F***. 4 mars 1844 et jours suivants. Schroth, expert. In-8, demi-rel. mar. rouge.

1650. M. F. F***. Catalogue d'estampes anciennes et modernes par des graveurs célèbres aux XVIIe et XVIIIe siècles... œuvres de Van Dyck et d'Edelinck... de dessins dont plusieurs de Wateau du cabinet de M. F. F***. 18, 19 et 20 janvier 1858. Vignères, expert. Catalogue rédigé par Defer. In-8, demi-rel. mar. vert foncé.

Prix.

1651. F. L. Catalogue d'un choix de beaux tableaux de maîtres de premier ordre, flamands et hollandais provenant du cabinet de M. F. L. 14 mars 1846. Defer, expert. In-8, demi-rel. mar. brun foncé.

1652. G. DE F. Catalogue de tableaux, dessins et aquarelles français et anglais, provenant du cabinet de M. G. de F***. 16 et 17 avril 1833. Schroth, expert. In-8, demi-rel. mar. vert.

1653. M. G... Catalogue d'une collection d'estampes de graveurs célèbres des XVe, XVIe, XVIIe et XVIIIe siècles des écoles d'Allemagne, d'Italie, des Pays-Bas, de France et d'Angleterre, recueils divers, quelques tableaux et dessins du cabinet de M. G... Mercredi 1er avril 1807. In-8, cartonné.

1654. M. G***. Catalogue d'une collection de portraits dessinés d'acteurs et actrices contemporains, provenant du cabinet de M. G***, suivi d'une notice de dessins modernes... 24 décembre 1858. Le Blanc, expert. In-8, demi-rel. mar. la Vallière.

Prix et noms.

1655. M. G***. Catalogue de 30 tableaux des écoles italienne, espagnole, flamande et française du cabinet de M. G***. 30 mars 1855. Charles Leblanc, expert. Grand in-8, demi-rel. mar. bleu.

1656. M. Louis DE G***. Catalogue d'une collection de dessins de toutes les écoles provenant du cabinet de M. Louis de G***. 6 avril 1858. In-8, demi-rel. mar. bleu.

Prix et noms.

1657. G. DE L. et M. E. Catalogue des tableaux modernes de l'école française provenant des collections

G. de L. et M. E. 30 avril 1874. Haro, expert. Grand in-8, demi-rel. mar. tête de Maure.

1658. M. P. DE G. Catalogue de dessins et de quelques tableaux formant la collection de M. P. de G. 16 et 17 janvier 1840. (Pas de nom d'expert. Pierret, commissaire-priseur.) In-8, demi-rel. mar. rouge.

1659. Mlle DE G***. Notice de tableaux, etc., composant la collection de Mlle de G***. Jeudi 11 et vendredi 12 août 1831. In-8, cartonné.

1660. M. le comte A. DE G. Catalogue des tableaux, antiquités et autres effets curieux du cabinet de M. le comte A. de G. *Moscou*, vers 1800?. In-8, demi-rel. mar. brun.

1661. M. G. C***. Catalogue de tableaux anciens et modernes et dessins composant la collection de M. G. C***. 26 mars 1873. Durand-Ruel, expert. Grand in-8, demi-rel. mar. rouge.

1662. D'H***. Catalogue de tableaux et dessins provenant du cabinet de M. d'H***. 17, 18 et 19 mai 1830. In-8, demi-rel. mar. rouge.

Quelques prix.

1663. M. H. Catalogue d'objets d'art et de curiosité... tableaux, gravures et dessins. Ces objets ont longtemps décoré la Malmaison et proviennent en grande partie de la succession de M. H., banquier. 31 janvier 1842 et jours suivants. Roussel, expert. In-8, demi-rel. mar. violet foncé.

1664. M. H... Catalogue des tableaux anciens, principalement de l'école française, composant la collection de M. H. 14 février 1870. E. Barre, expert. Grand in-8, demi-rel. mar. la Vallière.

1665. H... Catalogue d'une riche et très-précieuse collection d'estampes modernes... le tout provient du cabinet du citoyen H..., par F.-L. Regnault. 17 nivôse et jours suivants, an IX. Grand in-8, cartonné.

Prix et noms des acquéreurs.

1666. M. H... Catalogue de tableaux... du cabinet de M. H... par F.-L. Regnault-Delalande. Lundi 31 mai et mardi 1er juin 1824. In-8, cartonné.

1667. M. H***. Catalogue d'une grande collection d'estampes, etc., provenant du cabinet de M. H***, par Pieri-Bénard. Lundi 21 mars 1825 et jours suivants. In-8, cartonné.

Quelques prix.

1668. M. H***. Catalogue de tableaux anciens et modernes dessins et aquarelles modernes composant la collection de M. H***. 9 mai 1862. Francis Petit, expert. In-8, demi-rel. mar. la Vallière.

1669. M. H***. Catalogue des objets d'art et d'ameublement, émaux de Limoges, faïences italiennes et françaises, beaux vitraux... tableaux anciens composant l'importante collection de M. H***. 13 avril 1874 et jours suivants. Ch. Mannheim et Féral, experts. Petit in-4, demi-rel. mar. rouge.

1670. M. J.-B. H. Catalogue de tableaux, dessins, etc... qui composaient le cabinet de M. J.-B. H. par F.-L. Regnault-Delalande. Mercredi 21 mars 1810 et jours suivants. In-8, cartonné.

1671. M. F. L. Catalogue des objets d'art... tableaux... très-beau portrait de lieutenant de hussards par Géricault, dessins, aquarelles et estampes composant la collection de M. F. L. 4 décembre 1872. Ch. Mannheim, expert. Très-grand in-8, demi-rel. coins mar. rouge, tête dor.

1672. H***. Tableaux modernes, collection H***. 20 avril 1875. *Ch. Pillet et Durand-Ruel.* Grand in-8, en feuilles, titre gravé et soixante-huit figures gravées à l'eau-forte.

Exemplaire en GRAND PAPIER.

1673. H. D***. Catalogue de dessins anciens de maîtres italiens, flamands, hollandais et français... composant la collection de M. H. D***. 6 mai 1868. Vignères, expert. In-8, demi-rel. mar. jaune.

1674. M. H. R***. Collection d'objets d'art et de curiosité de M. H. R***, cires des XVIe, XVIIe et XVIIIe siècles... dessins, miniatures, tableaux. 16 et 17 avril 1873, Dhios et George, experts. Grand in-8, demi-rel. mar. rouge.

1675. M. le chevalier DE J***. Catalogue de tableaux, dessins, etc., provenant du cabinet de M. le chevalier de J***. Lundi 10 et mardi 11 mars 1828, par Lacoste. In-8, cartonné.

Prix.

1676. Comte K***. Catalogue d'une collection de tableaux précieux et agréables des trois écoles.... provenant du cabinet de M. le comte K***. 9 février 1818 et jours suivants. Laneuville, expert. In-8, demi-rel. mar. la Vallière.

1677. Comte K***. Catalogue de tableaux modernes et d'un tableau par Murillo, composant la collection de feu M. le comte K***. 25 février 1870. Brame, expert. Grand in-8, demi-rel. mar. la Vallière.

1678. Comte DE L***. Catalogue des aquarelles et dessins modernes, provenant de l'album de M. le comte de L***. 25 mai 1872. Durand-Ruel, expert. Grand in-8, mar. rouge.

1679. M. L***. Catalogue d'une belle collection de tableaux des trois écoles, composant le cabinet de M. L*** à laquelle on a ajouté différents articles précieux... par A. Paillet et H. Delaroche. Lundi 28 brumaire an XIII (19 novembre 1804) et jours suivants. Petit in-8, demi-rel. mar. vert.

Prix et noms.

1680. M. L***. Catalogue de tableaux des écoles d'Italie, des Pays-Bas et de France; miniatures, gouaches, ivoires, dessins et estampes encadrés et en feuilles; livres, planches, etc., du cabinet de M. L***. 14 et 18 décembre 1807. In-8, cartonné.

1681. M. L***. Notice de tableaux, dessins et estampes... provenant du cabinet de M. L***, peintre, etc... Par F.-L. Regnault-Delalande. Lundi 26 et mardi 27 novembre 1810. In-8, cartonné.

1682. M. L***. Catalogue d'une jolie collection de tableaux, composant le cabinet de M. L***. 2 octobre 1821... par MM. Coutelier et Durand-Duclos. In-8, cartonné.

Prix et noms des acquéreurs.

1683. M. L***. Notice des tableaux, etc... du cabinet de M. L***. Mardi 15 et mercredi 16 décembre 1829. In-8, cartonné.

Prix.

1684. M. L***. Catalogue d'une collection de tableaux, etc., composant le cabinet de M. L***. Mercredi 5 décembre 1832 et jours suivants, par Bonefons de Lavialle et Henry. In-8, cartonné.

1685. M. DE L..s. Catalogue d'une belle collection de dessins et aquarelles, provenant du cabinet de M. de L..s. Mardi 31 janvier 1832, par Petit et Schroth. In-8, cartonné.

1686. Comte L***. Catalogue des objets d'art..., tableaux anciens... de la collection de M. le comte L***. 23 et 24 avril 1872. Dhios et George, experts. Grand in-8, demi-rel. mar. rouge.

1687. M. L***. Catalogue d'une collection de tableaux dont plusieurs capitaux des écoles d'Italie, d'Espagne, de Flandre, de Hollande et de France, provenant de la succession de M. L*** (Lebreton.) 14 et 15 mars 1842. Ch. Paillet, expert. In-8, demi-rel. mar. vert.

Prix et noms,

1688. M. L***. Catalogue d'une collection de 98 tableaux anciens des écoles hollandaise et flamande, parmi lesquels un tableau capital par Jean Both et un triptyque par Hemling, le tout composant la galerie de M. L***, de Cologne. 12 novembre 1866. Febvre, expert. In-8, demi-rel. mar. brun.

1689. M. La***. Catalogue de tableaux anciens et modernes, composant la collection de La***. 12 et 13 février 1868. F. Petit, Febvre, experts. In-8, demi-rel. mar. la Vallière.

1690. M. L. B***. Catalogue d'une magnifique collection de dessins de R.-P. Bonington, provenant du cabinet de feu M. L. B***. 17 et 18 avril 1837. Schroth, expert. In-8, demi-rel. mar. bleu foncé.

1691. M. DE L. C***. Catalogue d'une collection d'estampes anciennes et modernes par les meilleurs graveurs de tous les pays, du xve au xviiie siècle..., provenant du cabinet de M. L. C***. 9 mars 1846 et jours suivants. Defer, expert. In-8, demi-rel. mar. la Vallière.

1692. M. L.-D. V***. Catalogue des tableaux anciens des écoles française, italienne, espagnole, flamande et allemande, du cabinet de M. L.-D. V***. 10, 11 et 12 décembre 1846. Gérard, expert. In-8, demi-rel. mar. vert clair.

1693. M. L. L***. Collection de M. L. L***, de Londres. Catalogue de tableaux anciens des écoles hollandaise, flamande et italienne. 10 et 11 mai 1869. Febvre, expert. In-8, demi-rel. mar. jaune.

1694. M. de L***. Catalogue des tableaux modernes, dessins et aquarelles, provenant de la collection de M. de L***. 14 mai 1873. Haro, expert. Grand in-8, demi-rel. mar. rouge.

1695. L. M***. Catalogue de la collection d'estampes anciennes, composant le cabinet de M. L. M***. 21 et 22 mars 1852. Guichardot, expert. In-8, demi-rel. mar. pourpre.

Prix et noms.

1696. L.-M. de Q***. Précieuse collection de M. L.-M. de Q***. 20 tableaux modernes de premier ordre. 24 avril 1875. Ch. Pillet et Haro. In-8 br. 8 photographies.

1697. M. LE B***. Catalogue d'une vente de 200 bons tableaux anciens et modernes, bordures dorées, dessins, estampes... provenant du cabinet de M. Le B***, de Versailles. 26 décembre 1839 et jours suivants. Defer, expert. In-8, demi-rel. mar. rouge.

1698. Mme L. K***. Catalogue d'objets de haute curiosité en ivoires sculptés, bronzes... tableaux, dessins... provenant du cabinet de Mme L. K***. Lundi 20 mai 1833 et jours suivants. Roussel et Schroth. In-8, demi-rel. mar. pourpre.

Prix aux tableaux et dessins.

1699. M. L. T***. Catalogue raisonné d'une précieuse collection d'estampes anciennes et modernes, qui composaient le cabinet de M. L. T***. Lundi 5 avril 1813. In-8, cartonné.

Prix et quelques noms.

1700. Comte M***. Catalogue d'un choix de tableaux anciens et modernes, dont un très-beau de J.-B. Greuze, dessins... provenant du cabinet de M. le comte M***. 3 avril 1836 (1837 ?). Defer. In-8, demi-rel. mar. vert foncé.

1701. M. le comte M***. Catalogue de dix-huit tableaux anciens et d'un tableau d'Ingres, provenant de la succession de M. le comte M***. 4 février 1870. E. Barre, expert. Grand in-8, demi-rel. mar. la Vallière.

1702. M. M***. Notice de bonnes estampes... provenant de M. M***, par F.-L. Regnault-Delalande. Lundi 15 décembre 1823 et jours suivants. In-8, cartonné.

1703. M. M***. Notice de dessins de maîtres des trois écoles, estampes encadrées, en feuilles et en recueils, après le décès de feu M. M***. 31 mars et 1er avril 1806. In-8, cartonné.

1704. M. M***. Catalogue de tableaux, pastels, etc., du cabinet de M. M***, par L.-F. Regnault. Les jeudi 21 et vendredi 22 juillet 1808. In-8, cartonné.

1705. M. M***. Catalogue des tableaux, etc., après le décès de M. M***. Jeudi 16, vendredi 17 et samedi 18 février 1832. In-8, cartonné.

1706. D^E M***. Catalogue d'une collection d'estampes anciennes et modernes, gravées à l'eau-forte et au burin par les meilleurs artistes des écoles françaises et étrangères... provenant du cabinet de M. de M***. 19, 20 et 21 décembre 1853. Defer, expert. In-8, demi-rel. mar. rouge.

Prix et noms.

1707. M. M***. Catalogue d'estampes anciennes et modernes, ainsi que de dessins de l'école italienne et de beaux éventails du règne de Louis XV ; du cabinet de M. M***, Anglais, par Duchesne aîné. 3 juin 1835 et jours suivants. In-8, demi-rel. mar. rouge.

1708. M. M***. Catalogue d'une collection de bons tableaux anciens et modernes des écoles hollandaise, flamande et française... 10 mars 1866. Febvre, expert. In-8, demi-rel. mar. rouge.

1709. M. M*** (d'Amsterdam). Catalogue de bons tableaux anciens des diverses écoles, formant la collection de M. M***, d'Amsterdam. 28 et 29 mars 1866. Rouillard, expert. Grand in-8, demi-rel. mar. vert.

1710. M. M***. Catalogue de tableaux des premiers maîtres de l'école moderne au nombre desquels on remarque des œuvres de : Ingres, Decamps, Jules Dupré, J.-F. Millet... formant en partie la collection de M. M***, de Marseille. 30 avril 1874. Féral, expert. Grand in-8, demi-rel. mar. pourpre.

Prix.

1711. Baron DE M***. Catalogue d'une belle collection de dessins par J.-J. de Boissieu et par différents maîtres des diverses écoles, provenant de la collection de M. le baron de M***. 18, 19 et 20 avril 1866. Clément, expert. In-8, demi-rel. mar. bleu clair.

1712. M. D.-L. M***. Catalogue d'une belle collection de dessins des maîtres célèbres des écoles d'Italie, des Pays-Bas et de France ; estampes, portraits, tableaux, émail, par Petitot et divers objets de curiosité, qui composaient le cabinet de M. D.-L. M***. Lundi 29 décembre 1806. In-8, cartonné.

1713. M. J.-L. M***. Catalogue d'une belle et nombreuse collection de tableaux, etc., recueillis par M. J.-L. M***. Mardi 4 mai 1819. In-8, cartonné.

1714. M. M*** D'A***. Catalogue de tableaux anciens des écoles flamande et hollandaise, composant la précieuse collection de M. M*** d'A***. 18 février 1866. Barre, expert. In-8, demi-rel. mar. la Vallière.

1715. Comte D'O***. Catalogue d'une magnifique collection de tableaux... par suite du décès de feu M. le comte d'O***, ancien gentilhomme de Mgr le duc de Penthièvre... Lundi 23 novembre 1835 et jours suivants. Hue, expert. In-8, demi-rel. mar. rouge.

1716. M. Georges P***. Catalogue de tableaux des écoles hollandaise... dessins, aquarelles, de M. Georges P***. Les 29 et 30 novembres 1842. Ch. Paillet, expert. In-8, demi-rel. mar. bleu foncé.

1717. M. F. de P***. Catalogue des tableaux anciens des écoles italienne, espagnole, flamande, hollandaise et française, composant la collection de M. F. de P***. 15 février 1868. Dhios, expert. In-8, demi-rel. mar. la Vallière.

1718. O*** (Edw.). Tableaux anciens de la collection Edw. O***. 1877. — Tableaux anciens de l'école italienne. Ch. Pillet et Féral, 1877. 2 broch. gr. in-8.

Avec prix au crayon.

1719. M. P*** et M. D***. Catalogue d'estampes, la plupart richement encadrées, gouaches et dessins, provenant des cabinets de M. P***, graveur, et de M. D***, par F.-L. Regnault. Mardi 23 février 1808 et jours suivants. In-8, cartonné.

1720. M. R*** père. Catalogue d'un bon choix d'estampes, etc... provedant du cabinet de M. R*** père, par L.-F. Regnault-Delalande. 19 novembre 1821 et jours suivants. In-8, cartonné.

Prix.

1721. M. R*** père. Catalogue de bonnes estampes, etc..., provenant de M. R*** père. Par F.-L. Regnault-Delalande. Lundi 16 décembre 1822 et jours suivants. Grand in-8, cartonné.

Prix.

1722. M. DE R***. Catalogue d'une collection de tableaux de différents maîtres des écoles italienne, flamande et française... provenant de la collection de M. de R***. 22 avril 1817 et jours suivants. Laneuville, expert. In-8, demi-rel. mar. bleu.

1723. M. R***. Catalogue d'une belle collection d'estampes anciennes et modernes gravées à l'eau-forte et au burin... et de quelques dessins, provenant du cabinet de M. R***. 8 avril 1839 et jours suivants. Defer, expert. In-8, demi-rel. mar. vert clair.

1724. M. R. B***. Catalogue d'une belle collection de dessins et aquarelles des écoles française et anglaise, provenant du cabinet de M. R. B***. Les lundi 3 et mardi 4 février 1834. Schroth, expert. In-8, demi-rel. mar. vert.

1725. R. c. L***. Notice d'une belle collection de tableaux et dessins. 15 octobre 1832. In-8, cartonné.
Prix.

1726. M. DE SAINT-M***. Catalogue des objets d'art et de curiosité... tableaux anciens... composant la collection de M. de Saint-M***. 21 et 22 février 1867. Ch. Mannheim, expert. In-8, demi-rel. mar. vert clair.

1727. M. DE SAINT-R***. Catalogue de tableaux anciens des écoles française, hollandaise et flamande, composant la collection de M. de Saint-R***. 13 mars 1869. E. Barre, expert. Grand in-8, demi-rel. mar. jaune.

1728. M. S***. Catalogue de 46 tableaux de l'école moderne formant partie de la remarquable collection de M. S***. 31 mars 1874. Durand-Ruel, expert. Grand in-8, demi-rel. mar. la Vallière.

1729. M. S***. Catalogue des tableaux modernes composant en partie la collection de M. S***. 9 mai 1874. Durand-Ruel, expert. Grand in-8, demi-rel. mar. la Vallière.

1730. M. S***. Catalogue d'une collection de tableaux des écoles d'Italie, de Hollande et de France, statues... porcelaines de Sèvres, estampes,... provenant du cabinet de M. S***, ancien payeur général à Milan et après son décès. 10, 11 et 12 novembre 1817. Laneuville, Paillet, experts. In-8, demi-rel. mar. rouge.

1731. M. DE S***. Catalogue des faïences italiennes des fabriques de Gubbio, Urbino, Faenza, Deruta, Pesaro, Caffagiollo, etc... composant la collection de M. de S***. 10 mars 1873. Charles Mannheim, expert. Grand in-8, demi-rel. mar. pourpre.

1732. Baron DE S***. Catalogue de bons tableaux anciens et modernes, dessins et estampes en feuilles et volumes, recueils divers composant la collection de M. le baron de S***. 14 et 15 janvier 1822. Pérignon, expert. In-8, demi-rel. mar. noir.

1733. Chevalier DE S***. Catalogue d'un choix de belles estampes anciennes par les meilleurs graveurs du XV° au XVIII° siècle... 21 mai 1855 et les trois jours suivants. Defer, expert. In-8, demi rel. mar. rouge.

1734. M. S***. Catalogue de la belle collection d'estampes des maîtres peintres et graveurs, école française, XVIII° siècle, appartenant à M. S***. 1, 2, 3 et 4 décembre 1856. Vignères, expert. In-8, demi-rel. mar. pourpre.

1735. M. S... Catalogue de tableaux, dessins et aquarelles,

provenant de M. S... Lundi 29 et mardi 30 avril 1833. Schroth, expert. In-8, demi-rel. mar. bleu.

1736. M. de S***. Catalogue de beaux tableaux anciens des écoles française, flamande et anglaise composant la collection de M. de S***. 10 mai 1869. E. Barre, expert. Grand in-8, demi-rel. mar. la Vallière.

1737. M. Ch. S... Catalogue d'un beau choix d'estampes, etc... du cabinet de M. Ch. S... par F.-L. Regnault-Delalande. Mardi 11 mai 1819 et jours suivants. In-8, cartonné.

1738. M. T***. Catalogue de tableaux modernes provenant de la collection de M. T***. 24 décembre 1858. F. Petit, expert. In-8, demi-rel. mar. violet foncé.
Prix.

1739. M. T. DE J. Catalogue de livres... dessins des écoles anciennes, miniatures... objets d'art et de curiosité, le tout faisant partie de la bibliothèque et du cabinet de M. T. de J... *Rouen*, 21 avril 1841 et jours suivants. In-8, demi-rel. mar. vert.

1740. M. V***. Catalogue de tableaux anciens, aquarelles et dessins modernes, composant la collection de M. V*** de Saint-Pétersbourg. 24 avril 1862. F. Laneuville et F. Petit, experts. In-8, demi-rel. mar. la Vallière.

1741. M. V***. Catalogue de tableaux et dessins modernes composant la collection de M. V***. 14 avril 1866. Francis Petit, expert. In-8, demi-rel. mar. pourpre.

1742. V. J... Catalogue des tableaux modernes composant le cabinet de M. V. J... 24 avril 1857. F. Petit, expert. In-8, demi-rel. mar. rouge.
Prix.

1743. M. W. Catalogue d'estampes anciennes et modernes du plus beau choix et dans la plus parfaite conservation, par F. Basan, provenant du cabinet de M. W. Lundi 11 décembre 1786. In-8, demi-rel. basane violette.

1744. M. W... Catalogue de miniatures authentiques de Hall, Saint et autres, terres cuites de Clodion, tableaux... dessins... provenant du cabinet de M. W... 10 mai 1860. Vignères, expert. In-8, demi-rel. mar. rouge.

1745. DE W... Catalogue d'une riche collection de tableaux... du cabinet de W... *Marseille*, avril 1864. In-8, demi-rel. mar. rouge.

1746. W... Catalogue de tableaux modernes importants composant une partie de la collection de M. W... 11 avril 1877. *Ch. Audart et Emm. Barre.* Grand in-8, br.

Exemplaire en GRAND PAPIER.
7 fig. photographiées.

1747. MM. W. et M. Catalogue d'une jolie collection de tableaux, dessins et aquarelles, français et anglais, la plupart provenant des cabinets de MM. W. et N. 21 et 22 janvier 1836. Schroth, expert. In-8, demi-rel. mar. rouge.

1748. M. X***. Catalogue de tableaux anciens des écoles italiennes, allemandes et françaises, formant la collection de M. X***, ancien avocat général... 14 avril 1866. Carle Delange, expert. In-8, demi-rel. mar. vert clair.

1749. M. X***. Catalogue de tableaux modernes et de quelques objets d'art, entre autres un bas-relief de Michel-Ange Buonarroti, composant le cabinet de M. X***. 27 février 1857. Febvre, expert. In-8, demi-rel. mar. bleu foncé.

Prix.

1750. M. X*** Catalogue des tableaux anciens formant la collection de M. X***. 23 mai 1868. Horsin-Déon, expert. Grand in-8, demi-rel. mar. la Vallière foncé.

Prix.

1751. M. X***. Catalogue de meubles précieux des temps de Louis XVI dont quelques-uns par Riesener et autres garnis de bronzes ciselés par Gouthières, porcelaines de Sèvres, de Saxe, de Chine et du Japon... tableaux appartenant à M. X***. 25 mars 1873. Ch. Mannheim, expert. Grand in-8, demi-rel. mar. pourpre.

Quelques prix.

ANONYMES

PAR ORDRE CHRONOLOGIQUE

1752. A Catalogue of a fine collection of Paintings by some of the best Masters... of a Painter... 15 of april 1729 (*London*). In-4. demi-rel. mar. vert foncé.

1753. Catalogue des recueils d'estampes et de dessins Lundi 7 février 1729. In-4, cartonné.

1754. Catalogue d'Estampes. 1er mars 1730. In-4, cartonné.

1755. Catalogue d'estampes anciennes et modernes. Lundi 15 février 1734. In-4, cartonné.

1756. Catalogue d'une grande collection de tableaux des meilleurs maistres d'Italie, de Flandre et de France... par E.-F. Gersaint. 26 mars 1749 et jours suivants. Petit in-12, demi-rel. mar. brun, tête dorée.

1757. Catalogue d'une grande quantité de dessins et d'estampes des plus grands maistres des trois écoles, par Basan. Le 11 décembre 1758 et jours suivants. 1758. In-8, cartonné.

Prix et noms des acquéreurs.
Exemplaire de Mariette.

1758. Catalogue d'une grande collection de dessins et estampes des plus grands maîtres des trois écoles et aussi de plusieurs beaux tableaux, terres-cuites et bas-reliefs par Fr. Basan, graveur. Le jeudi 22 février et jours suivants. 1759. In-8, cartonné.

Prix et noms.
Exemplaire de Mariette.

1759. Catalogus van een fraaye Party Konstige en Plaisante Schilderyen van de eerste Beroemdste Nederlandsche en andere Meesters... *Amsterdam*, 12 avril 1759. Ph. van der Schley, expert. In-8, demi-rel. mar. la Vallière, tête dorée.

Prix.

1760. Catalogue de dessins, estampes et coquilles. Jeudi 13 décembre et jours suivants. 1759. In-12, cartonné.

1761. Catalogus van een voortreffelyk cabinet Teekeningen... als mede... Prenten. Alles sedert omtrent 40 Jaasen, vert gaderd... dor den Heer ***. *Amsterdam.* 14 sept. 1761 et jours suivants. Arnoldus. Dankmeyer, expert. In-8, demi-rel. maroq. orange foncé.

Frontispice gravé.
Quelques prix.

1762. Catalogue d'un magnifique cabinet de dessins des plus grands maîtres de toutes les écoles, de même qu'une très-belle collection d'estampes de choix; le tout rassemblé depuis près de quarante ans dans les ventes des plus célèbres cabinets de l'Europe par un fameux connaisseur et amateur M. ***. Lundi 14 septembre 1761. *Amsterdam.* In-8, veau marbré.

1763. Catalogue d'estampes et dessins des plus grands maîtres des trois écoles par F. Basan. 1761. In-8, cartonné.

1764. Catalogue d'une belle collection de dessins et estampes d'un très-beau choix de tous les meilleurs maîtres étrangers et français. Jeudi 4 février 1762. In-8, cartonné.

1765. Catalogue de dessins des trois écoles, d'un grand nombre de belles estampes en feuilles, dont plusieurs gravées à l'eau-forte, par les Carraches, Barroche et autres maîtres, anciens et modernes. 1762. In-12, cartonné.
Prix et noms.

1766. Catalogue de dessins et estampes des plus grands maîtres des trois écoles. Lundi 7 février 1763. In-8, demi-rel. maroq. rouge.

1767. Catalogue d'un cabinet de curiosités : plantes marines, madrépores, cristaux, coquilles, etc.; des dessins et estampes en feuille et sous verre par différents bons maîtres italiens, flamands, allemands, hollandais et français, par P. Remy. 21 novembre 1763. In-12, cartonné.

1768. Catalogue d'une collection de tableaux de très-bons maistres..... Ces tableaux font partie des effets abandonnés à une direction de créanciers. Lundi 16 janvier 1764. et jours suivants, 1763. In-12, demi-rel. maroquin bleu.

1769. Catalogue de tableaux, estampes, dessins, bronzes, figures de marbre, bustes et gaines de marbre, porcelaines..... du cabinet de M. ***. 19 juin 1764 et jours suirants. Petit in-12, demi-rel. mar. vert olive, tute dorée.

1770. Catalogue d'une grande quantité de planches gravées, dessins et estampes. Lundi 17 décembre 1764, par F. Basan, graveur. In-8, cartonné.

1771. Catalogue des tableaux, estampes, dessins, bronzes, etc., provenant du cabinet de M. l'abbé *****. Lundi, 2 décembre 1765. In-8, cartonné.

1772. Catalogue d'une belle collection de dessins et estampes du choix des meilleurs maistres... par F. Basan... 10 décembre 1765 et jours suivants. In-8, cartonné.
Prix et noms des acquéreurs.

— Supplément au catalogue du mois de décembre dernier. (17 février 1766).

— 2e et dernier supplément aux catalogues des ventes faites en décembre et février dernier. 22 avril 1766.
Prix et noms.

1773. Catalogue de dessins et estampes des meilleurs maîtres des trois écoles, par F. Basan. Mercredi 7 janvier 1767 et jours suivants. In-8, cartonné.
Prix.

R.

1774. Catalogue de tableaux de Dietricy et autres maîtres, et de plusieurs dessins et estampes encadrées et en volumes, des plus grands maîtres, par F. Basan. 17 mars 1767 et jours suivants. In-8, demi-rel. mar. vert foncé.

Prix et quelques noms.

1775. Catalogue de tableaux et dessins et d'un choix d'estampes des trois écoles, par Joullain fils. 1768. In-8, cartonné.

1776. Catalogue de tableaux et dessins et d'un choix d'estampes des trois écoles, par Joullain fils. 2 mars 1768. In-12, demi-rel. mar. violet.

Prix et noms.

1777. Catalogue d'une grande quantité de planches gravées par ou d'après différents grands maîtres. Mercredi 17 août 1768. In-8 cartonné.

1778. Catalogue raisonné des estampes, tableaux, bronzes, porcelaines, etc., qui composent le cabinet de M.... par les sieurs Glomy et Buldet, 1769. In-12 cartonné.

Prix.

1779. Catalogue des tableaux italiens, flamands et français, estampes des trois écoles, dont un recueil de plus de 350 morceaux, anciens d'épreuves et presque tous de choix, tant de Rembrandt van Rhin que d'après lui ; de dessins et de gouaches de différents maîtres. Lundi 17 avril 1769, par P. Remy. In-12, demi-rel. mar. bleu.

1780. Catalogue des tableaux, dessins originaux des trois écoles, estampes, terres cuites, bronzes, marbres, porcelaines, laques, provenant du cabinet de M. ***. Mercredi 10 février 1773. In-12, demi-rel. mar. rouge.

Prix.

1781. Catalogue de tableaux originaux... Lundi 19 et mardi 20 juillet 1773. In-12, demi-rel. mar. violet.

Prix.

1782. Catalogue de tableaux originaux de Ph. Wouwermans, etc...... après décès et venant de l'étranger... Samedi 11 décembre 1773. In-12, demi-rel. mar. rouge.

Prix.

1783. Catalogue d'une collection de tableaux hollandais, flamands, italiens et français, par Paillet. Le jeudi 17 février 1774. In-8, demi-rel. mar. marron.

Prix.

1784. Annonce de tableaux originaux venant de l'étranger. Lundi 2 mai 1774. In-12, demi-rel. mar. rouge.

Prix.

1785. Catalogue des tableaux originaux de différents bons maîtres des Pays-Bas qui composent le cabinet de M. ***, par Pierre Remy. Jeudi 5 et vendredi 6 mai 1774. In-12, demi-rel. mar. rouge.

Prix.

1786. Catalogue van een uytmuntend kabinet childeryen, door de eerste en beste italiannische, fransche... maesters.......... alles by een verzamelt door een voornaam lief hebber den Heer ***. *Amsterdam*, 8 juin 1774. In-8 cartonné.

1787. Catalogue de tableaux des meilleurs maîtres hollandais, flamands et français, peintures à gouasse, dessins et estampes, porcelaines de Sèvres, vases et sculpture en ivoire, par Paillet. Le 13 et 14 novembre 1775. In-8, demi-rel. mar. vert.

Prix.

1788. Catalogus van een fraay kabinet met tekenigen en prent-konst..... *Amsterdam*, 18 décembre 1775 et jours suivants. Cor. Ploos van Amstel, Hendrik de Vinter, Jean Yver, experts. In-8, demi-rel. mouton rouge.

Prix et noms.

1789. A descritive Catalogue of one of the most magnificent and pleasing collection of pictures ever brought into England. *London*, 8 th of 1776. In-4, demi-rel. mar. violet.

1790. Catalogus van een fraay kabinet met gecouleurde en ongecouleurde teekeningen...... prent-konst..... *Amsterdam*, 11 mars 1776 et jours suivants. Hend. de Winter, Bruno Tiedemen, Jean Yver, experts. In-8, demi-rel. mouton rouge.

Prix et noms.

1791. Vente d'estampes recueillies avec soins et dépenses par un amateur. Cette collection, qui est du plus beau choix, contient une œuvre très-ample du célèbre Rembrandt. Pièces capitales de Rubens, Van Dyck, Ostade, Visscher. 3 février 1778. In-8, cartonné.

1792. Naamlyst van een fraaije verzameling konstige schilderyen..... *Rotterdam*, 1er mars 1779. Laurens Constant et fils, experts. In-8, demi-rel. mar. pourpre.

Prix et noms.

1793. Catalogue d'une collection de tableaux, dessins et

d'estampes choisies, qui se vendront..... *à Berlin*, le 26 mars 1781 et jours suivants, *chez Haring*. In-12 cartonné.

1794. Catalogue d'une belle collection des trois écoles; dessins, estampes, bronzes, marbres, porcelaines anciennes... venant en partie du pays étranger. 9 avril 1781 et jours suivants. J.-B.-P. Le Brun, expert. In-8, demi-rel. mar. vert foncé.

1795. Catalogue d'une belle collection de dessins des trois écoles, tableaux, gouaches, bronzes, terres cuites, miniatures, pierres gravées et autres curiosités. 25 novembre 1782. Lebrun jeune, expert. Grand in-12, demi-rel. veau fauve.

1796. Catalogue d'une belle collection de tableaux des écoles d'Italie, de Flandre, de Hollande et de France, gouaches, terres-cuites, marbres, bronzes..... 3 décembre 1782 et jours suivants. J.-B.-P. Lebrun, expert. Gr. in-12, demi-rel. mar. tête de Maure.

1797. Répertoire de tableaux, dessins et estampes, ouvrage utile aux amateurs. Joullain. Première partie : tableaux. 1783. Gr. in-12, demi-rel. mar. vert, tête dorée.

1798. Catalogue de tableaux des trois écoles, gouaches, dessins, miniatures et autres curiosités, du cabinet de M. ***, par Lebrun jeune. 23 mars 1784 et jours suivants. Petit in-8, demi-rel. mar. brun.

1799. Catalogue d'une belle collection de tableaux des écoles de Flandre, de Hollande et de France; gouaches, dessins... Mercredi 14 avril 1784 et jours suivants. Par J.-P.-B. Le Brun, peintre. In-8, demi-rel. mar. pourpre.

Quelques prix et noms.

1800. Catalogue d'une collection de bons tableaux par différents maîtres des trois écoles; dessins, estampes encadrées, porcelaines et autres objets de curiosité, provenant du cabinet de M. ***. 26 avril 1784 et jours suivants. Joullain, expert. Gr. in-12, demi-rel. mar. rouge.

1801. Notice d'une collection de tableaux originaux de bons maîtres, belle figure de bronze d'après l'antique et de grandeur naturelle, beaux vases de bronze, bustes... et autres objets du cabinet de M. ****. 17 mai 1784. Paillet et Julliot fils, experts. Grand in-12, demi-rel. mar. vert foncé.

1802. Catalogue de tableaux originaux des grands maîtres des trois écoles, dessins montés et en feuilles après le décès de M. ***. 11 novembre 1784. Grand in-8, demi-rel. mar. pourpre.

1803. Catalogue de dessins des trois écoles, gouaches, miniatures, estampes montées et en feuilles, bronze, porcelaines et autres objets de curiosité du cabinet de M. ***. 7 janvier 1785 et jours suivants. Lebrun jeune, expert. Grand in-12, demi-rel. mar. brun.

1804. Notice de tableaux des trois écoles faits par de bons peintres et maîtres français ; le tout bien enborduré ; dessins, estampes, vases en albâtre, et autres objets. 19 janvier 1785 et jours suivants. Grand in-12, demi-rel. mar. tête de Maure.

1805. Notice d'une collection de tableaux de l'école flamande, très-bien conservée (*sic*). 1er février 1785. Grand in-12, demi-rel. mar. bleu.

1806. Catalogue de tableaux des écoles d'Italie, de Flandre, de Hollande et de France, gouaches, figures, etc... Lundi 24 avril et jours suivants, 1786. In-8, demi-rel. mar. brun.

1807. Catalogue d'une belle collection de dessins des trois écoles. 2 avril 1787 et jours suivants. Constantin, expert. In-8, demi-rel. mar. rouge.

1808. Notice d'une collection d'estampes de différents maîtres, toutes d'un très-bon choix, d'un très-bel optique à trois verres, provenant du cabinet de M***. 25 et 26 janvier 1788. In-8, cartonné.

1809. Catalogue de tableaux des écoles d'Italie, française, flamande et hollandaise la plus grande partie provenant de l'étranger. Jeudi 28 avril 1790 et jours suivants. A.-J. Paillet. In-8, demi-rel. mar. bleu.
Prix et noms.

1810. Catalogue d'une collection de tableaux, etc., le tout formant le cabinet d'un amateur, par M. Lebrun. Lundi 3 mai 1790 et jours suivants. In-8, demi-rel. mar. bleu.

1811. Catalogue de tableaux, dessins, etc., par A.-J. Paillet. Jeudi 22 mars 1792 et jours suivants. In-8, demi-rel. veau fauve.

1811 *bis*. Catalogue d'une précieuse collection de tableaux des grands maîtres des écoles françoise, flamande, hollandoise et allemande, gouaches et dessins sous verre... provenant des cabinets réunis de MM. ***. par A.-J. Paillet. Mardi 9 avril 1793 et jours suivants. In-8, demi-rel. mar. pourpre.
Prix et noms.

1812. Catalogue de quelques estampes encadrées, autres en feuilles et en volumes, anciennes et modernes, du cabinet du citoyen ***. 26 floréal an II, (jeudi 15 mai 1794). In-8, cartonné.

1813. A Catalogue of a most capital assemblage of valuable pictures... comprising the inestimable works of the most admirable masters, which will be exhibited for sale by private contract at M. Bryens Gallery. *Londres*, 27 janvier 1796. In-12, demi-rel. mar. pourpre.

1814. A Catalogue of a collection of pictures by esteemed masters... *Londres*, chez MM. Hutchins, Wells and Fisher, 16 février 1797. In-4, demi-rel. mar. olive.

Quelques prix au crayon.

1815. Collection précieuse de dessins par les plus grands maîtres des écoles d'Italie et de France, avec diverses études agréables de l'école flamande et hollandaise, le tout recueilli par un artiste étranger, avec autant de connaissance que de goût. *A cette partie intéressante et de première curiosité, on a joint les fameux cartons de* JULES ROMAIN, *qui ont fait pendant plusieurs années un des principaux ornements du Muséum, et dont la première exposition ou exhibition publique a eu lieu dans la galerie d'Apollon, le 28 thermidor an* V (13 août 1797). In-12 de 76 pp., br.

Prix d'adjudication manuscrits.

1816. Catalogue de tableaux des trois écoles provenant de différents cabinets d'amateurs... 11 prairial an VII (1799) et jours suivants... sous la direction des citoyens Paillet et H. Delaroche. Petit in-8, demi-rel. mar. bleu.

Quelques prix et noms.

1817. The Catalogue of a valuable collection of pictures... 12 of february 1801, *London* (Peter Coxe, Burrel and Foster). In-4, demi-rel. mar. rouge.

1818. ***. Notice d'une collection nombreuse d'estampes... du cabinet du citoyen ***, par F.-L. Regnault. 16, 17, 18 pluviôse *an X* (21 février 1801). In-8, cartonné.

Prix et noms des acquéreurs.

1819. Catalogue de tableaux par différents bons maîtres... le 16 germinal *an IX* et jours suivants (1801). In-8, demi-rel. veau brun.

1820. ***. Notice d'estampes encadrées et en feuilles, du cabinet du citoyen ***. 4 et 5 floréal *an IX*. In-8, cartonné.

1821. Notice de bons livres... dont la vente se fera le 11 frimaire *an X* (1802). In-8, cartonné.

1822. Catalogue of a valuable assemblage of capital pictures by the most eminent masters of the italian, flemish and french schools... which will be exhibited for sale by private contract, under the direction of M. Rigaud, R. A... *London*, 1802. In-8, demi-rel. mar. vert foncé.

1823. Catalogue de tableaux, etc... rédigé par A. Paillet et H. Delaroche. 30 messidor *an X* (Lundi 19 juillet 1802). In-8, demi-rel. mar. rouge.

<small>Prix et noms des acquéreurs.</small>

1824. Notice d'une collection de plus de quarante mille estampes... par F. Léand. Regnault. Jeudi 15 fructidor *an X* (1802). In-8, cartonné.

1825. Catalogue de tableaux, etc... rédigé par A. Paillet et H. Delaroche. 28 germinal *an XI* (18 avril 1803). In-8, demi-rel. mar. rouge.

<small>Prix.</small>

1826. The Catalogue of an uncommonly elect and highly valuable of important pictures and marbres... the second of June. 1804. *London (Peter Coxe, Burrel and Foster)*. In-4, demi-rel. mar. bleu foncé.

1827. A Catalogue of a most superb collection of capital Italian Pictures, recently consigned from Rome. March the second, 1804. *London* (M. Christie). In-4, demi-rel. mar. rouge.

1828. Catalogue raisonné d'une collection très-précieuse d'estampes anciennes et modernes des plus célèbres artistes, toutes encadrées très-richement, composant le cabinet d'un amateur. 1806. In-8, cartonné.

<small>Prix.</small>

1829. Catalogue de tableaux, miniatures, gouaches et dessins des trois écoles, estampes. marbres, porcelaines, etc., du cabinet de M. ***. Lundi 27 janvier 1806. In-8, cartonné.

1830. A Catalogue of a genuine and valuable collection of italian, flemish and dutch pictures collected at a very great expence... *Londres*, 17 avril 1806 (M. White). In-4, demi-rel. mar. orange.

<small>Quelques prix.</small>

1831. Catalogue of a small but exquisite assemblage of thirty-two cabinet pictures recently consigned from abroad... *Londres*, 26 avril 1806 (M. Christie). In-4, demi-rel. coins mar. noir.

<small>Prix.</small>

1832. A Catalogue of an elegant and valuable collection of italian, french, flemish and dutch cabinet pictures, formed by a gentleman on the continent, at a considerable expence..... *Londres*, chez Christie, 2 mai 1806 et jours suivants. In-4, demi-rel. mar. violet, tête dorée.

Quelques prix.

1833. Catalogue d'une collection d'estampes, galeries et cabinets, vues diverses, livres, catalogues d'estampes. 12 janvier 1807. In-8, cartonné.

Prix.

1834. A Catalogue of a truly valuable assemblage of italian, french, flemish and dutch pictures, including the reserved part of a much celebrated cabinet..... *Londres*, 19 et 20 février 1807. (Christie.) In-4, demi-rel. mar. vert clair.

Prix.

1835. A Catalogue of the extensive and highly valuable collection of original pictures of the most admired masters of Italian, spanish, french, flemish, dutch and english schools..... *Londres*, 26 février 1807 et jours suivants. (Christie.) In-4, demi-rel. mar. orange.

Quelques prix.

1836. A Catalogue of a collection of italian, french, flemish and dutch pictures, the genuine property of a Gentleman, brought from his seat in the county of Surrey... April 20 1807. *London* (M. Hermon). In-4, demi-rel. veau fauve.

1837. A Catalogue of a capital and most precious assemblage of superlatively fine italian, french, flemish and dutch pictures... june the 13 1807. *London* (Christie). In-4, demi-rel. maroq. bleu foncé.

1838. A Catalogue of a most capital and valuable collection of pictures, the choicest works of the great and celebrated masters..... June the 20 1807. *London* (Christie). In-4, demi-rel. veau fauve.

1839. A Catalogue of a most precious cabinet of choicest italian and dutch pictures chiefly the genuine property of an amateur of rank... *Londres*, 4 juillet 1807 (Christie). In-4, demi-rel. mar. orange.

Prix.

1840. A Catalogue of an extensive collection of italian, french, flemish and dutch pictures by the most favorite masters..... *Londres*, 17 et 18 juillet 1807 (Christie). In-4, demi-rel. mar. orange.

1841. Catalogue de tableaux par différents maîtres des trois écoles, figures et bustes en marbre, ouvrage antique, vases étrusques, lampes, etc., composant le cabinet de M. ***. Jeudi 10 et vendredi 11 décembre 1807. In-8, demi-rel. veau fauve.

1842. Catalogue d'estampes, vignettes et portraits, quelques tableaux, gouaches, dessins et autres objets, des cabinets de M. ... Lundi 23 mai 1808. In-8, cartonné.

1843. CAPITAL PICTURES. A Catalogue of an unique, genuine, and singularly valuable collection of cabinet pictures of the very first class and merit, late the property of a distinguished connoisseur, lately deceased..... *Londres*, 25 mai 1808 (Edwards). In-4, demi-rel. mar. pourpre.

1844. The Catalogue of a small but superb selection of important paintings..... *Londres*, 11 juin 1808 (Peter Coxe). In-4, demi-rel. mar. vert clair.

1845. Catalogue d'une réunion précieuse de tableaux par les plus grands maîtres des écoles d'Italie, de France, de Hollande et de Flandre, par A. Paillet et H. Delaroche. 14 et 15 décembre 1808. Petit in-8, demi-rel. mar. violet.

1846. Notice d'estampes anciennes et modernes, de quelques tableaux, gouaches et dessins, almanach émaillé, divers objets, par F.-L. Regnault. 13 et 14 décembre 1808. In-8, cartonné.

1847. Catalogue d'une réunion précieuse de tableaux par les plus grands maîtres des écoles romaine, florentine, vénitienne, lombarde, espagnole, napolitaine et génoise, rédigé par Paillet et Delaroche. 8 mars 1808. In-8, demi-rel. maroq. bleu.

Prix.

1848. Catalogue d'une réunion précieuse de tableaux par les plus grands maîtres des écoles d'Italie, de France, de Hollande et de Flandre ; ledit catalogue rédigé par A. Paillet et H. Delaroohe. 16, 17 et 18 janvier 1809. Petit in-8, demi-.el. mar. violet.

1849. Notice de 9 tableaux capitaux envoyés de la Hollande pour être vendus au comptant le 28 décembre 1809..... In-8, demi-reliure, maroquin pourpre.

1850. Catalogue de tableaux, etc., par Bénard. Lundi 11 décembre et jours suivans, 1809. In-8, cartonné.

1851. Original pictures from Spain. A Catalogue of a very extensive collection of chiefly genuine spanish pictures the actual property of a noble family in Spain. *Londres*,

16 mars 1810. Christie. In-4, demi-rel. mar. orange.
Prix et noms.

1852. Pictures, prints, coins and medals. A Catalogue of a small collection of genuine picture... A small cabinet of coins and medals... books and prints... *Londres*, 21 mars 1810. Withe. In-4, demi-rel. mar. orange.

1853. Catalogue de planches gravées, impressions d'icelles, etc., par F.-L. Regnault de Lalande. Mercredi 13 juin et jours suivants. 1810. In-8, cartonné.

1854. A Catalogue of a choice and highly valuable assemblage of exquisite cabinet dutch pictures... *Londres, chez Christie*, 3 juillet 1811. In-4, demi-rel. mar. vert, tête dorée.

1855. Catalogue d'une riche collection de tableaux des écoles d'Italie, de France, de Flandre et de Hollande... Lundi 9 décembre 1811 et les deux jours suivants. Petit in-8, demi-rel. mar. vert.

1856. A Catalogue of a truly valuable assemblage of pictures of superior merit, recently consigned from the continent. *Londres*, 23 mai 1812. Christie. In-4, demi-rel. mar. orange.

1857. A Catalogue of a select and singulary valuable collection of paintings, the property of a gentleman of fortune... The 12 of june 1812. *London, Peter Coxe*. In-4, demi-rel. mar. violet clair.

1858. Notice de quelques tableaux, estampes, etc., après le décès de M***, par F.-L. Regnault-Delalande. Jeudi 20 et vendredi 21 août 1812. In-8, cartonné.

1859. Catalogue de quelques tableaux, estampes, etc., après le décès de M***, par F.-L. Regnault-Delalande. Mardi 1er décembre et jours suivants. 1812. In-8, cartonné.

1860. Catalogue d'une collection de tableaux des écoles d'Italie, par H. Delaroche. 17 et 18 mars 1813. Petit in-8, demi-rel. mar. pourpre.
Prix et noms.

1861. A Catalogue of a highly valuable collection of pictures... etc... *Londres, chez M. Hermon.* 3 avril 1813. In-4, demi-rel. mar. brun.

1862. British gallery of pictures. Catalogue of an exhibition of paintings, in water colours, from the old masters... *Londres*, mai 1813. In-4, demi-rel. mar. pourpre.

1863. A Catalogue of a valuable collection of pictures consigned to this country a few years since by a foreign nobleman... *Londres*, 25 et 26 juin 1813. Christie. In-4, demi-rel. mar. orange.

<small>Quelques prix.</small>

1864. Catalogue d'une collection précieuse d'estampes, etc..., par F.-L. Regnault-Delalande. Mardi 12 juillet et jours suivants, 1874. In-8, cartonné.

1865. Catalogue d'une belle collection d'estampes... 19, 20 et 21 janvier 1815. Grand in-8, cartonné.

<small>Prix.</small>

1866. Cabinet and gallery pictures. A Catalogue of a collection of pictures by the most esteemed masters... the genuine property of a gentleman. *Londres*, 11 et 12 mai 1815. H. Phillips. In-8, demi-rel. mar. pourpre.

<small>Quelques prix.</small>

1867. Catalogue de tableaux des trois écoles, bronzes, gravures, pendules, candélabres, colonnes de granit... 11 et 12 décembre 1815. Roux, expert. In-8, demi-rel. mar. bleu.

1868. Catalogue d'une précieuse collection de tableaux des trois écoles, dessins, beaux bronzes, figures, colonnes, obélisques, tables et coupes... 10 et 11 janvier 1816. Coquille, expert. In-8, demi-rel. mar. noir.

1869. Catalogue d'une collection précieuse de tableaux des trois écoles, composant le cabinet de M***. 16 janvier 1816. Laneuville, expert. In-12, demi-rel. coins mar. vert olive foncé, tête dorée.

<small>Prix.</small>

1870. Catalogue d'une collection précieuse de tableaux. 29 janvier 1816. Pérignon, expert. In-8, demi-rel. mar. vert foncé.

<small>Prix.</small>

1871. Catalogue d'une collection de jolis tableaux des peintres anciens et modernes, différents objets de curiosité... provenant du cabinet de M. ***. 27 mars 1816. Paillet, expert. In-8, demi-rel. mar. la Vallière.

1872. Catalogue d'une collection de dessins et estampes, livres d'art, planches gravées, quelques tableaux... par Bénard. 17 juin 1816 et jours suivants. In-8, demi-rel. mar. vert foncé.

1873. A Catalogue of the fifth (sixth) (eighth) exhibition of ancient and modern pictures, on sale by commission at M. Woodburn. *London*, 1816-19. 3 br. pet. in-4.

<small>Prix d'adjudication manuscrits.</small>

1874. Notice de tableaux des trois écoles, composant le cabinet de M. ***. 28 et 29 octobre 1816. H. Delaroche, expert. In 8, demi-rel. mar. vert.

1875. Catalogue de tableaux précieux, figure antique, fort vase de porphyre, tapisseries des Gobelins. 7 mars 1817. Pérignon, expert. In-8, demi-rel. coins mar. bleu, tête dorée.

1876. Catalogue de tableaux des écoles d'Italie, de Flandre, de Hollande et de France, dessins, estampes.... 25 mars 1817 et jours suivants. Ch. Paillet, expert. In-8, demi-rel. mar. rouge.

1877. Catalogue d'une collection de tableaux anciens et modernes, formant le cabinet bien connu de M. ***. 31 mars et 1er avril 1817. Henry, expert. In-8, demi-rel. mar. rouge.

1878. Catalogue de tableaux précieux, recueils de gravures, bronzes, porcelaines et autres objets de curiosité. 27 mai 1817. Henry, expert. In-8, demi-rel. mar. bleu.

1879. Catalogue d'une réunion précieuse de tableaux des écoles italienne, espagnole, française et flamande. 20 octobre 1817 et jours suivants. Laneuville, expert. In-8, demi-rel. mar. bleu clair.

1880. Catalogue d'une collection de tableaux, etc... Vendredi 7 et samedi 8 novembre 1817. In-8, cartonné.

1881. Catalogue d'une collection de tableaux des différentes écoles. 4 et 5 décembre 1817. H. Delaroche, expert. In-8, demi-rel. mar. bleu.

1882. Catalogue de tableaux, etc... 22 et 23 de décembre 1817. In-8, cartonné.

1883. Catalogue de tableaux et dessins, provenant du cabinet de M. ***. Vendredi 9 et samedi 10 janvier 1818. In-8, cartonné.

1884. Catalogue de tableaux, gouaches et estampes. 12 et 13 janvier 1818. Ch. Elie, expert. In-8, demi-rel. mar. rouge.

1885. Catalogue d'une belle collection de tableaux de différents maîtres des écoles flamande, française et hollandaise, provenant du cabinet de M. ***. 23 mars 1818. Laneuville, expert. In-8, demi-rel. mar. violet foncé.

1886. Catalogue de tableaux précieux, dessins montés sous verres et en feuilles, estampes... 13 avril 1818 et jours suivants. Pérignon, expert. In-8, demi-rel. mar. pourpre.

1887. Catalogue de tableaux des trois écoles. 28, 29 et 30 septembre 1818. Henry, expert. In-8, demi-rel. mar. rouge.

1888. Notice de tableaux de diverses écoles, etc. Mardi 3 et mercredi 4 novembre 1818. In-8, cartonné.

1889. Notice d'estampes encadrées, etc... Le jeudi 19 novembre 1818 et jours suivants. In-8, cartonné.

1890. Notice de tableaux, dessins, etc. 1er et 2 février 1819. In-8, cartonné.

1891. A Catalogue of the valuable collection of original drawings... etc. *Londres, chez M. Sotheby*, 8 juin 1819. Petit in-4, demi-rel. mar. rouge.

<small>Quelques noms et quelques prix d'acquéreurs au crayon.</small>

1892. Catalogue d'une collection de tableaux des écoles hollandaise et flamande et de l'école française moderne, bustes et statues en marbre... provenant du cabinet de M. ***. 2 novembre 1819. Ch. Paillet, expert. In-8, demi-rel. mar. vert.

1893. Catalogue d'une charmante collection de tableaux, etc... Le lundi 6 et mardi 7 décembre 1819. Par Bonnafons de Lavialle et Henry. In-8, cartonné.

1894. Catalogue de tableaux et dessins. 8 et 9 décembre 1819. Henry, expert. In-8, demi-rel. mar. rouge.

1895. Catalogue d'une jolie collection de tableaux... composant le cabinet d'un amateur. 26 et 27 décembre 1820. Par M. Coutelier et Durand-Duclos. In-8, cartonné.

1896. Catalogue d'une jolie collection de tableaux... composant le cabinet d'un amateur... 13 novembre 1820 et jours suivants, par M. Coutelier. In-8, cartonné.

1897. Catalogue de tableaux et dessins, etc., le tout provenant du cabinet de M. ***. Le lundi 19, mardi 20 et mercredi 21 février 1821. In-8, cartonné.

1898. A Catalogue of a valuable and highly interesting collection of... pictures... etc... *Londres, chez Christie*. 30 avril et 1er mai 1821. In-4, demi-rel. mar. pourpre.

1899. Catalogue d'une riche collection de tableaux... etc... Experts, MM. Henry et Laneuville. *Paris*, mai et juin 1821. In-8, demi-rel. dos et coins mar. raisin de Corinthe, doré en tête. (*Dupré.*)

<small>Prix.</small>

1900. Notice de tableaux des écoles d'Italie, de Flandres, de Hollande et de France, bronze, porcelaines et autres objets de curiosité. 1ᵉʳ et 2 avril 1822. Henry, expert. In-8, demi-rel. mar. pourpre.

1901. Catalogue d'une belle collection de tableaux des trois écoles et de différents autres objets de curiosité... Mardi 9, mercredi 10 et jeudi 11 avril 1822. (Laneuville et Henry.) In-8, demi-rel. veau vert foncé.

Prix.

1902. Magnificent effects (and pictures) at Fonthill abbey, wilts. To be sold by auction, by M. Christie, october 1ʳˢᵗ, 1822, 3 part. en un vol. in-8, demi-rel. avec c. veau f. ant.

1903. Catalogue of a very select collection of paintings by masters of the italian, flemish, dutch, french and germann schools. *Manchester*, 30 octobre 1822. (Thomas Dodd.) In-4, demi-rel. mar. orange.

Quelques prix.

1904. A Catalogue of a very pleasing assemblage of drawings in water colours... by modern english artists... also a few by the old dutch masters. *Londres*, 25 février 1823. Christie. In-4, demi-rel. mar. vert.

Prix et noms.

1905. M. ***. Catalogue d'estampes encadrées du cabinet de M. ***, par F.-L. Regnault-Delalande. Mercredi 12 mars 1823 et jours suivants. In-8, cartonné.

Prix.

1906. Notice de tableaux, gouaches et dessins. 13 et 14 mars 1823. In-8, cartonné.

1907. Notice des tableaux des trois écoles, française, italienne et hollandaise, estampes encadrées, bronzes, objets d'art et de curiosité, meubles de Boule... 4 avril 1823. Laneuville, expert. In-8, demi-rel. mar. noir.

1908. Catalogue d'une riche et nombreuse collection de tableaux des meilleurs maîtres des écoles italienne, espagnole, hollandaise, flamande et française, provenant du cabinet de M. ***. 10, 11 et 12 novembre 1823. Laneuville, expert. In-8, demi-rel. mar. noir.

1909. Catalogue d'une riche et nombreuse collection de tableaux... par P. Roux. 2 décembre 1823 et jours suivants. In-8, cartonné.

1910. A Catalogue of an interesting and valuable collection of elegantly mounted drawings, in the portfolio, chiefly by modern artists... the property of a collector of taste...

Londres, 3 janvier 1824. Christie. In-4, demi-rel. mar. rouge.

<small>Prix et noms.</small>

1911. Catalogue de bonnes estampes... provenant de M. ***, par F.-L. Regnault-Delalande. Lundi 19 et mardi 20 janvier 1824. Grand in-8, cartonné.

<small>Prix.</small>

1912. Notice de vases, coupes, tables, colonnes et autres objets en porphyre de Suède, granits et porphyres orientaux et malachites. 22 janvier 1824 et jours suivants. In-8, demi-rel. mar. pourpre.

1913. A Catalogue of a beautiful collection of modern drawings, elegantly mounted and in the portfolio... *Londres*, 11 février 1824. Christie. In-4, demi-rel. mar. rouge.

<small>Prix et noms.</small>

1914. Notice de statues, bustes, bas-reliefs, bronzes, colonnes, tronçons, vases, urnes, tables en porphyre et autres marbres, etc., le tout provenant de la décoration de la maison de M.***, située rue de la Chaussée d'Antin (ci-devant rue du Mont-Blanc), au coin de celle Saint-Lazare. n° 70. 15 mars 1824 et jours suivants. In-8, demi-rel. mar, rouge.

1915. Catalogue d'une nombreuse collection de tableaux des écoles de France d'Hollande, d'Italie et d'Espagne... 7 avril 1824 et jours suivants. Roux (du Cantal), expert. In-8, demi-rel. mar. bleu.

1916. Catalogue de bonnes estampes... provenant de M.***, par F.-L. Regnault-Delalande. Mercredi 7 et jeudi 8 avril 1824. In-8, cartonné.

1917. Collection des pièces de Marc-Antoine, précédée d'un avis de Jos. Grünling. 15 novembre 1824. A *Leipsig*, in-32, cartonné.

1918. Notice d'une jolie collection de tableaux. Jeudi 23 décembre 1824 et vendredi. In-8, cartonné.

1919. A Catalogue of a matchless collection of original and authentic painted portraits, consisting of kings, queens, noblemen... *Londres*, 3 juin 1825 (Stewart). Grand in-8, demi-rel. mar. violet foncé.

1920. Catalogue d'une magnifique collection de tableaux des plus grands maîtres des écoles italienne, espagnole, flamande et allemande ; lesquelles proviennent des galeries les plus célèbres de Madrid, Séville, Valence et autres. 6 décembre 1825. In-8, demi-rel. mar. rouge.

1921. Notice des gravures, etc.., formant le cabinet de Madame ***. Jeudi 23 juin 1825 et le jour suivant. In-8, demi-rel. mar. brun.

1922. Catalogue d'estampes anciennes et modernes, ainsi que de quelques dessins du cabinet de M. ***, par Duchesne aîné. 30 et 31 janvier 1826. In-8, demi-rel. mar. pourpre.

Prix.

1923. Catalogue d'une belle collection d'estampes, etc., provenant du cabinet de M. ***, par Pieri-Bénard. Lundi 13 novembre 1826 et jours suivants. In-8, cartonné.

Prix.

1924. Catalogue de tableaux, etc... du cabinet de feu M. ***, par Ch. Potrelle. Lundi 4 décembre 1826 et jours suivants. In-8, cartonné.

Prix.

1925. Catalogue d'une collection de très-belles estampes, etc., par Ch. Potrelle. Lundi 15 janvier 1827 et jours suivants. In-8, cartonné.

Prix.

1926. Catalogue d'une collection de tableaux venant d'Italie... 6, 7 et 8 mars 1827. Pérignon, expert. In-8, demi-rel. mar. bleu.

1927. Catalogue d'une jolie collection de tableaux, etc... Lundi 9 et mardi 10 avril 1827. In-8, cartonné.

Prix.

1928. A Catalogue of a valuable selection of italian, french, flemish and dutch pictures... also a very select and precious assemblage of forty-four, chiefly highly finished flemish and dutch cabinet pictures the genuine property of a nobleman of high rank... *Londres*, 30 juin 1827 (Christie). In-4, demi-rel. mar. violet foncé.

1929. Catalogue d'estampes, etc.. par Duchesne aîné. 16 juillet 1827 et jours suivants. In-8, cartonné.

1930. Notice d'une jolie collection de tableaux, etc., après décès de M. ***. Lundi 28 janvier et jours suivants. In-8, cartonné.

1931. Catalogue de tableaux, etc... de M***. Jeudi 13 mars 1828 et jours suivants. In-8, cartonné.

1932. Catalogue de tableaux, dessins et estampes, compo-

sant les cabinets de MM. *** Lundi 24 et mardi 25 mars 1828, par Lacoste et Henry. In-8, cartonné.
Prix.

1933. Catalogue d'une charmante collection de tableaux... composant le cabinet bien connu de M..... Lundi 31 mars et mardi 1er avril 1828. In-8, cartonné.
Prix.

1934. Notice de tableaux, etc., provenant du cabinet d'un artiste. Lundi 17 et mardi 18 mars 1828. In-8, cartonné.
Prix.

1935. Catalogue de peintures chinoises et persanes, encadrées et en recueils, formant volumes, cahiers et rouleaux de bronzes, laques et porcelaines de la Chine.... 22 avril 1828 et jours suivants. In-8, demi-rel. mar. pourpre.

1936. Catalogue d'une collection intéressante de tableaux, etc... 13 et 14 octobre 1828. In-8, cartonné.

1937. Catalogue de tableaux, etc... Lundi 8 et mardi 9 décembre 1828. In-8, cartonné.
Prix.

1938. Catalogue d'une belle collection de tableaux et dessins anciens et modernes, provenant la plupart de la galerie Cambiazo (de Gênes); par C. Potrelle, appréciateur d'objets d'art. 16 et 17 janvier 1829. In-8, demi-rel. mar. pourpre.

1939. Catalogue de tableaux, etc... Lundi 9 et mardi 10 mars 1829. In-8, cartonné.

1940. Catalogue de tableaux, etc... Vendredi 13 et samedi 14 mars 1829. In-8, cartonné.

1941. Catalogue d'une jolie collection de tableaux et de dessins, etc... Lundi 30 et mardi 31 mars 1829, par Petit et Rinaut. In-8, cartonné.

1942. Catalogue de tableaux, etc... 18 et 19 mai 1829, par Petit et Henry. In-8, cartonné.

1943. Catalogue d'une collection intéressante de tableaux, etc... Lundi 9 novembre 1829 et jours suivants. In-8, cartonné.

1944. Catalogue d'une nombreuse et très-belle collection de portraits en émail, peints par le célèbre Jean Petitot, provenant de M. ***. 28, 29 décembre 1829. In-8, cartonné.

1945. Catalogue de tableaux, etc... du cabinet de M. ***. Lundi 18 et mardi 19 janvier 1830. In-8, cartonné.

R.   15.

1946. Catalogue of a collection of pictures from the Danost and other galleries... at the gallery of Le Petit Loune. *Londres,* février 1830. In-8, demi-rel. mar. bleu.

1947. Notice de lithographies, etc... par Duchesne aîné. Mercredi 10 et jeudi 11 février 1830. In-8, cartonné.

1948. Catalogue de dessins, estampes, etc., du cabinet de M. ***, par Duchesne aîné. 29 mars 1830 et jours suivants. In-8, cartonné.

Prix.

1949. Catalogue de belles planches gravées, etc., après cessation de commerce de M. ***. 17 janvier 1835 et jours suivants, par Bonnefons de Lavialle. In-8, cartonné.

Quelques prix.

1950. Catalogue d'une nombreuse collection d'estampes, par Duchesne aîné. Mardi 22 et mercredi 23 mars 1831. In-8, cartonné.

Prix.

1951. Catalogue d'une collection très-intéressante de tableaux anciens et modernes des écoles italienne, hollandaise et française, et de curiosités.... 28 et 29 mars 1831. Bon, expert. In-8, demi-rel. mar. rouge.

Quelques prix.

1952. Notice de tableaux, etc., après le décès de M. ***. Mardi 5 avril 1831. In-8 cartonné.

1953. Catalogue de tableaux, etc.... Jeudi 21 et vendredi 22 avril 1831. In-8 cartonné.

Prix.

1954. Fine pictures, marble basts, by Roubiliac, coins, etc. — A Catalogue of a valuable collection of original paintings and portraits formed by a connaisseur of great taste.... *Londres,* 25 novembre 1831 (*Ch. Warton*). In-4, demi-rel. mar. vert.

1955. Catalogue de tableaux de Demarne, de dessins de Carle Vernet, etc... Lundi 5 décembre 1831 et jours suivants. In-8, cartonné.

1956. Notice d'une jolie réunion de tableaux.... Lundi 19 et mardi 20 décembre 1831. In-8 cartonné.

1957. Notice de tableaux, etc.... Lundi 7 novembre 1831 et jours suivants. In-8, cartonné.

1958. Notice d'une collection intéressante de tableaux, etc... Mercredi 18 janvier 1832. In-8 cartonné.

1959. Catalogue d'une jolie collection de tableaux, etc....

après le décès de M..... 12 février 1832 et jours suivants. In-8 cartonné.

1960. Notice de tableaux, etc.... Lundi 28 et mardi 29 février 1832, par Bonnefons de Lavialle et Henry. In-8 cartonné.

1961. Catalogue de tableaux, etc... Mardi 28 et mercredi 29 février 1832, par Petit et Bon. In-8, cartonné.

1962. Catalogue d'une collection de bons tableaux, etc... Vendredi 9 et samedi 10 mars 1832. In-8, cartonné.

1963. Vente aux enchères publiques de planches gravées, etc... le 19 mars 1832. In-8, cartonné.
Prix.

1964. Catalogue d'une jolie collection de dessins provenant du cabinet de M. ***. Lundi 18 et mardi 19 mars 1832. In-8, cartonné.

1965. Notice d'un beau choix d'estampes, etc., provenant du cabinet de M. ***. 27 mars 1832. In-8, cartonné.
Prix.

1966. A Catalogue of a very choice collection of pictures... of the british school of art. *Londres, chez Edward Foster.* Mai 1832. In-4, demi-rel mar. vert.
Prix.

1967. Catalogue d'une intéressante et précieuse collection de tableaux, etc... Lundi 20 et mardi 21 août, par Bonnefons de Lavialle et Henry. 1832. In-8, cartonné.

1968. Catalogue d'estampes, etc. Vendredi 17 et samedi 18 août 1832. In-8, cartonné.

1969. Notice d'une vente de belles estampes, etc... Mercredi 17 octobre 1832. In-8, cartonné.
Prix.

1970. Notice d'une vente de tableaux, etc... Lundi 10 et mardi 11 décembre 1832. In-8, cartonné.

1971. Catalogue de beaux tableaux provenant la plupart de la Malmaison, etc... Jeudi 13 décembre 1832. In-8, cartonné.

1972. Catalogue d'une charmante collection de dessins, etc... Vendredi 14 et samedi 15 décembre 1832. In-8, cartonné.

1973. Catalogue d'une riche et précieuse collection de tableaux anciens, etc... Mardi 8 et mercredi 9 janvier 1833. In-8, cartonné.

1974. Catalogue de très-belles planches gravées, etc., par Potrelle... 14 janvier 1833 et jours suivants. In-8, cartonné.
Prix.

1975. Vente de tableaux, etc... Lundi 28 janvier 1833 et jours suivants par Bonnefons de Lavialle et Roussel. In-8, cartonné.

1976. Catalogue d'une fort belle collection de dessins, etc... provenant du cabinet d'un amateur. Jeudi 7 février 1833 et jours suivants. In-8, cartonné.

1977. Catalogue d'une belle collection de tableaux italiens, flamands et français des écoles anciennes et modernes et de quelques pièces de haute curiosité. 27 et 28 février 1833. Hue, expert. In-8, demi-rel. mar. la Vallière.

1978. Catalogue de tableaux, etc... Lundi 11 et mardi 12 mars 1833, par Petit et Girard. In-8, cartonné.

1979. Tableaux (The Eldin? Catalogue). (A Edimbourg?) 14, 15 et 16 mars 1833. In-8, demi-rel. mar. vert clair.
Quelques eaux-fortes.

1980. Catalogue de tableaux, etc... provenant du cabinet d'un amateur... Lundi 25 mars 1833 et jours suivants. In-8, cartonné.
Prix.

1981. Catalogue de dessins anglais, du premier ordre... Vendredi 10 mai 1833. In-8, demi-rel. mar. rouge.

1982. Catalogue d'une agréable collection de tableaux, etc... Lundi 25 et mardi 26 mars 1833. In-8, cartonné.

1983. Catologue d'une belle collection de tableaux des différentes écoles tant anciennes que modernes, la plupart récemment envoyés de l'étranger. Lundi 14 et mardi 15 avril 1834... sous la direction de M. Henry. In-8, demi-rel. mar. pourpre.

1984. A Catalogue of... prints of a nobleman of highrank... Auction by M. Phillips. Mai 1834. 2 vol. in-4, demi-rel. mar. rouge.
Prix.

1985. Catalogue d'une nombreuse collection de planches gravées sur cuivre... Lundi 26 octobre 1835 et jours suivants. In-8, demi-rel. mar. vert.
Quelques prix.

1986. Notice de quelques tableaux des écoles ancienne et moderne, de France et des Pays-Bas, meubles anciens...

Lundi 8 et mardi 9 février 1836. Ch. Paillet, expert. In-8, demi-rel. mar. vert.

<small>Prix aux tableaux principaux.</small>

1987. Notice de tableaux, dessins et estampes, monuments en marbre... provenant en partie du cabinet de M. ***. Lundi 28, mardi 29 et mercredi 30 mars 1836. Ch. Paillet, expert. In-8, demi-rel. mar. pourpre.

1988. Aehrenlese auf dem Felde der Kunst. Eine ausführliche Beschreibung von Originalhandzeichnungen und Nadelarbeiten der Maler Kupferstichen und in Holz geschnittenen Werken. *Leipzig*, 1836-1841. In-8, demi-rel. mar. brun foncé.

<small>2 tomes en 1 vol.... Planches gravées.</small>

1989. Catalogue d'une jolie collection de tableaux et de dessins modernes. 6 et 7 mars 1837. In-8, demi-rel. mar. rouge.

1990. Notice : 1° de 15 tableaux de Demarne formant collection ; 2° d'une suite de dessins de Boissieux ; 3° d'une réunion de quelques tableaux... 25 mai 1837. Ch. Paillet, expert. In-8, demi-rel. mar. vert foncé.

<small>Prix.</small>

1991. Notice descriptive d'une collection précieuse de 77 petits tableaux peints par les plus célèbres artistes, la plupart italiens et français... 18 et 19 décembre 1837. In-8, demi-rel. mar. pourpre.

1992. Notice d'une vente de tableaux, dessins anciens, et d'une collection de 4,000 estampes anciennes et modernes, recueil, etc. 11 novembre 1839 et jours suivants. Defer, expert. In-8, demi-rel. mar. rouge.

1993. Catalogue de tableaux anciens et modernes des trois écoles, statues en marbre, trépied en bronze... vases étrusques et antiquités provenant des fouilles de Canino, propriété de M. Lucien Bonaparte... 13 janvier 1840 et jours suivants. Ch. Paillet et Dubois, experts. In-8, demi-rel. mar. pourpre.

<small>Prix aux vases et antiquités.</small>

1994. Catalogue de tableaux et dessins modernes et de quelques tableaux anciens. 3 février 1840 et jours suivants. Schroth, expert. In-8, demi-rel. mar. rouge.

1995. Catalogue of an important and highly estimable collection of ancient pictures.... 15 et 16 mai 1840. Phillips, expert. Grand in-8, demi-rel. mar. bleu.

1996. A Catalogue of the collection of english historical portraits from Stanmore Park, and some capital works of the english school. *Londres*, 28 juin 1840. Christie and Manson, experts. In-4, demi-rel. mar. violet foncé.

1997. Catalogue de tableaux des meilleurs maîtres de l'école hollandaise et flamande. 27 mars 1841. Ch. Paillet, expert. In-8, demi-rel. mar. pourpre.

<small>Prix et quelques noms.</small>

1998. Catalogue de tableaux d'un très-beau choix, la plupart des écoles flamande et hollandaise. 27 avril 1841. George, expert. In-8, demi-rel. mar. rouge.

<small>Prix.</small>

1999. Notice d'une vente de tableaux, dessins, estampes, recueils, collection d'empreintes... 25 mai 1841. Defer, expert. In-8, demi-rel. mar. bleu.

<small>Prix et noms.</small>

2000. Catalogus van eene aanzienlijke verzameling Schilderijen, door oude en hedendaagsche meesters, als mede teekeningen, prenten... *Rotterdam*, 9 [août 1842 et jours suivants. Lamme, expert. In-8, demi-rel. mar. vert.

2001. Catalogue de tableaux anciens et modernes, gouaches, aquarelles et estampes, porcelaines d'ancien Saxe..... 12 et 13 janvier 1843. (Ch. Paillet, expert.) In-8, demi-rel. mar. vert clair.

<small>Prix et noms.</small>

2002. Catalogue de dessins de maîtres de toutes les écoles provenant des cartons d'un artiste anglais. Lundi, 6 mars 1843. In-8, demi-rel. mar. pourpre.

2003. Catalogue d'une belle collection de dessins modernes, français et anglais provenant du cabinet de M. ***. 7 mars 1843. (Durand-Ruel et Schroth, experts.) In-8, demi-rel. mar. rouge.

2004. Catalogue d'une collection d'anciens dessins originaux des meilleurs maîtres des écoles..... provenant du cabinet de M. *** 13 et 14 mars 1843. (Defer, expert.) In-8, demi-rel. mar. bleu.

2005. Catalogue d'une belle collection de tableaux des écoles italienne, flamande, hollandaise et française, provenant des collections les plus célèbres..... 3 et 4 avril 1843. Simonet, expert. In-8, demi-rel. mar. pourpre.

2006. Catalogue d'une collection intéressante et nombreuse de miniatures et émaux... dessins et quelques tableaux des anciennes écoles, objets de curiosité..... 11 mars 1844 et jours suivants. (Ch. Paillet, Roussel, experts.) In-8, demi-rel. mar. vert foncé.

2007. Catalogue d'une collection de tableaux et de dessins modernes. 26 mars 1844 et jours suivants. (Schroth, expert.) In-8, demi-rel. mar. rouge.

2008. Catalogue of... pictures... of a gentleman. Avril 1844. In-4, demi-rel. maroquin rouge, tr. dor.
Prix.

2009. Catalogue d'une collection de tableaux et de dessins modernes. 24 et 25 janvier 1845. Schroth, expert. In-8, demi-rel. mar. la Vallière.

2010. Catalogue d'une belle collection de tableaux et de dessins modernes. 28 et 29 janvier 1845. Schroth, expert. In-8, demi-rel. mar. rouge vif.

2811. ALLIANCE DES ARTS. Catalogue de tableaux anciens et modernes, pastels, dessins, etc. MM. Decamps, Delaroche, Diaz, Jules Dupré, Géricault. 3 mai 1845. In-8, demi-rel. mar. la Vallière.

2012. Catalogue d'une jolie collection de tableaux et de dessins modernes. 27 et 28 janvier 1846. Schroth, expert. In-8, demi-rel. mar. pourpre.

2013. Catalogue d'une belle collection des écoles italienne, flamande, hollandaise et française formant le cabinet d'un amateur. 13 mars 1846. Simonet, expert. Grand in-8, demi-rel. mar. bleu.
Quelques prix.

2014. Catalogus van een fraai kabinet Schilderijen en prentwerken, ven de mestbeorende oude en nieuwe Schilders. Leuwarden du 9 au 11 avril 1846. In-8, demi-rel. mar. violet.

2015. Catalogue d'une belle collection de tableaux des meilleurs maîtres des écoles française, flamande, hollandaise, italienne et espagnole. 21 et 22 décembre 1846. Simonet, expert. Grand in-8, demi-rel. mar. violet foncé.

2016. Catalogue d'une rare et précieuse collection de miniatures et d'objets d'art, provenant du cabinet d'un de nos amateurs les plus distingués. 21 et 22 décembre 1846. Mannheim, expert. In-8, demi-rel. mar. la Vallière.

017. ALLIANCE DES ARTS. Catalogue de dessins et d'estampes d'anciens maîtres, principalement de l'école allemande, provenant de la collection d'un artiste. 18 et 19 janvier 1847. In-8, demi-rel. mar. la Vallière.

2018. Catalogue d'une collection d'estampes anciennes et modernes dont un choix des plus belles pièces de Martin Schongauer, Israël de Miken, Albert Dürer..... provenant du cabinet de M. le comte de ***. 18, 19 et 20 janvier 1847. Defer, expert. In-8, demi-rel. mar. rouge.
Prix.

2019. Catalogue d'une vente de dessins anciens provenant d'une ancienne collection du Midi de la France et d'une réunion d'estampes anciennes... 6 et 7 avril 1847 pour les dessins et le soir à six heures pour les estampes. Defer, expert. In-8, demi-rel. mar. la Vallière.

2020. Catalogue of the very valuable and important collection of pictures the property of a gentleman. *Londres, chez Christie et Manson*. Avril 1847. In-4, demi-rel. maroq. bleu.

2021. Catalogue d'une vente de dessins anciens provenant d'une ancienne collection du Midi de la France et d'une réunion d'estampes anciennes de peintres et graveurs de toutes les écoles du cabinet de M. C. D., peintre. 6 et 7 avril 1847. In-8, demi-rel. mar. rouge.
Prix aux estampes.

2022. Catalogue d'une belle collection de tableaux des écoles italienne, flamande, hollandaise et française, formant le cabinet d'un amateur étranger. 12 avril 1847. Simonet, expert. Grand in-8, demi-rel. mar. bleu.

2023. Catalogue d'une jolie collection de tableaux et de dessins modernes. 10 et 11 janvier 1848. Schroth, expert. In-8, demi-rel. mar. pourpre.

2024. Catalogue de tableaux anciens et modernes, de dessins, pastels et deux têtes peintes par Greuze, dont son portrait... sept beaux tableaux par M. Eugène Delacroix... 18 et 19 janvier 1850. Defer, expert. In-8, demi-rel. mar. la Vallière foncé.

2025. Catalogue d'une jolie collection de tableaux et dessins modernes et de la collection des dessins du cabinet de M. Perrotin, parmi lesquels il en est un de M. Meissonnier..... 4 et 5 février 1850. Schroth, expert. In-8, demi-rel. mar. pourpre.

2026. Catalogue d'une réunion de tableaux anciens et modernes. 26 février 1850. Schroth, expert. In-8, demi-rel. mar. pourpre.

2027. Catalogue d'une intéressante collection de tableaux anciens, provenant du cabinet d'un amateur, des écoles italienne, hollandaise, flamande et française... 28 février 1850. Febvre, expert. In-8, demi-rel. mar. rouge.

2028. Catalogue d'une collection de bons tableaux des écoles italienne, flamande, hollandaise et française. 4 mars 1850. Simonet, expert. Grand in-8, demi-rel. mar. la Vallière.

2029. Catalogue d'une collection de bons tableaux des écoles italienne, hollandaise, flamande et française. 4 et 5 mars 1850. Gérard, expert. In-8, demi-rel. mar. la Vallière.

2030. Catalogue d'une collection de tableaux des écoles italienne, flamande, hollandaise et française arrivant de l'étranger. 11 et 12 mars 1850. Simonet, expert. Grand in-8, demi-rel. mar. rouge.

2031. Catalogue d'une importante collection de tableaux anciens et modernes... dessins, aquarelles et livres sur les arts, et d'objets d'art... composant le cabinet d'un amateur. 18, 19 et 20 mars 1850. Simonet, Roussel, experts. Grand in-8, demi-rel. mar. la Vallière.

2032. Vente d'une très-intéressante collection de tableaux des écoles italienne, française, flamande et hollandaise. 23 mars 1850. Gérard, expert. In-8, demi-rel. mar. la Vallière.

2033. Notice de sept tableaux de grands maîtres et d'une collection de dessins des tableaux de la Galerie d'Orléans. 4 avril 1850. Defer, expert. In-8, demi-rel. mar. violet.

2034. Catalogue d'une intéressante collection de tableaux anciens des écoles italienne, hollandaise, flamande et française. 13 avril 1850. Febvre, expert. In-8. demi-rel. mar. la Vallière.

2035. Catalogue d'une très-belle collection de tableaux et dessins modernes et un tableau du Guerchin composant le cabinet d'un amateur. 24 avril 1850. Couet Francisque, expert. Grand in-8, demi-rel. mar. bleu.

2036. Catalogue d'une belle collection d'estampes, de dessins, de tableaux, de monuments antiques et d'ouvrages à figures, provenant pour la plupart d'un amateur distingué. *La Haye*, 21 août 1850. In-8, demi-rel. mar. la Vallière.

2037. Catalogus van eene zeer belangrijke en uitmuntende Verzameling Schilderijen..... *Amsterdam*, 25 novembre 1851. — Vente de dessins, 15 et 16 décembre 1851. In-8, demi-rel. mar. la Vallière.

Quelques prix.

2038. Vente de tableaux... (pas de titre). 1851 Grand in-8, demi-rel. mar. la Vallière.
Lithographie d'aprés un portrait de Van der Helst.

2039. Catalogue d'estampes anciennes et modernes de diverses écoles, provenant de l'étranger rédigé par M. Delalande. 1er et 2 mars 1852. Blaisot, expert. In-8, demi-rel. mar. pourpre.
Prix.

2040. Catalogue d'une riche collection de tableaux anciens et modernes des premiers maîtres, la plupart garantis originaux. *Anvers*, 27 et 28 mai 1852. Le Greffier Édouard Ter Bruggen. In-8, demi-rel. mar. pourpre.

2041. Catalogue ot the entire and very choice cabinet of engravings and etchings, the property of a collector..... *Londres*, 23 mai 1853 et les cinq jours suivants. In-8, demi-rel. mar. la Vallière.
Prix.

2042. Catalogue of a small but very choice selection from the collection of engravings and etchings, the property of an amateur..... *Londres*, 30 mai 1853. In-8, demi-rel. mar. la Vallière.
Prix.

2043. Catalogue de 27 tableaux de choix des premiers maîtres des diverses écoles anciennes, par George..... 7 juin 1853. George, expert. In-8, demi-rel. mar. la Vallière.

2044. Catalog mehrerer meist hinterlassenen Sammlung von Kupferstichen, Radirungen, Holzschnitten... *Leipzig*, 21 novembre 1853 et jours suivants. In-8, demi-rel. veau fauve.
Prix imprimés.

2045. Catalogue mehrerer bedeutender Sammlungen von Kupfersticher, Radirungen, Holzschnitten, Kunstbüchern..... *Leipzig*, 24 avril 1854 et jours suivants. In-8, demi-rel. veau fauve.
Prix imprimés.

2046. Catalogue d'une collection remarquable de tableaux, objets d'art, antiquités, haute curiosité, armes.... ayant formé les cabinets de MM..... *Anvers*, 22 mai 1854 et jours suivants. In-8, demi-rel. mar. la Vallière.

2047. Catalogus van eene voortreffelijke en uitgebreide verzameling Schilderijen..... de oude nederlandsche School... copij naar de tombe of chasse de Saint-Ursula Te Brugge.... beeldwerk en rariteiten. *Amsterdam*, 26 septembre 1854 et jours suivants. Petit in-8, demi-rel. mar. la Vallière.

2048. Catalogue raisonné d'un précieux cabinet de tableaux anciens de diverses écoles... rédigé par M. Frédéric Müller, peintre et professeur à l'Académie des Beaux-Arts, à Cassel. 31 mai 1855. Ferd. Laneuville, expert. In-8, demi-rel. mar. rouge.

2049. Catalogue d'une belle collection d'estampes anciennes et modernes épreuves de choix des écoles..... provenant du cabinet d'un amateur. 17 et 18 mars 1856. Vignères, expert. In-8, demi-rel. mar. rouge.
Prix.

2050. Catalogue de tableaux des diverses écoles, dessins et curiosités, par Horsin-Déon..... 14 et 15 avril 1856. In-8, demi-rel. mar. vert foncé.

2051. Catalogue d'une magnifique collection de tableaux anciens des écoles italienne et flamande provenant d'une galerie princière de Rome. 5 mai 1856. Cousin père et fils, experts. In-8, demi-rel. mar. bleu foncé.
Prix.

2052. Catalogue d'une jolie collection d'estampes anciennes de toutes les écoles et d'estampes modernes, la plupart avant la lettre... provenant du cabinet de M. ***. 5, 6 et 7 mai 1856. Ch. Le Blanc, expert. In-8, demi-rel. mar. rouge.
Prix et noms.

2053. Catalogue de tableaux et dessins des diverses écoles provenant des collections... par Horsin-Déon. 16 juin 1856. In-8, demi-rel. mar. rouge.

2054. Catalogue des tableaux des diverses écoles et curiosités, par Horsin-Déon. 31 janvier 1857. In-8, demi-rel. mar. vert foncé.

2055. Catalogue de tableaux des diverses écoles, curiosités, meubles, vases étrusques, faïences. 2 février 1857. Horsin-Déon, expert. In-8, demi-rel. mar. bleu.

2056. Catalogue d'une précieuse collection d'objets d'art et haute curiosité... provenant du cabinet d'un amateur. 26, 27 et 28 février 1857. Mannheim, expert. In-8, demi-rel. mar. violet foncé.

2057. Catalogue d'une jolie collection d'objets d'art et d'antiquité, tels que faïences italiennes... verreries... bronzes... terres cuites de Clodion et de Marin... meubles... marbres antiques, bronzes grecs étrusques et romains...

une belle suite de vases antiques grecs en verre, quelques bons tableaux... 30 avril, 1, 2 et 4 mai 1857. Roussel, expert. In-8, demi-rel. mar. rouge.

2058. Catalogue des tableaux, estampes, objets d'art et curiosités provenant en grande partie de la collection de Bouchardon... 4 mars 1858. François, Mannheim, Vignères, experts. In-8, demi-rel. mar. vert foncé.

2059. Catalogue d'une intéressante collection de tableaux anciens... gravures, livres sur les arts... 20 volumes de catalogues. 27 décembre 1858. Henri Cousin père et fils, experts. In-8, demi-rel. mar. la Vallière.

2060. Catalogue de tableaux et dessins modernes composant la collection d'un amateur. 14 mars 1859. F. Petit, expert. In-8, demi-rel. mar. rouge.

2061. Catalogue de tableaux anciens et modernes, dessins et aquarelles des diverses écoles. 17 mai 1859. F. Laneuville, expert. Grand in-8, demi-rel. mar. la Vallière.

2062. Catalogue de tableaux et dessins modernes provenant en partie du cabinet d'un amateur et d'un charmant groupe en marbre. 25 février 1860. F. Petit, expert. In-8, demi-rel. mar.bleu.

2063. Catalogue de tableaux et dessins modernes. 11 mars 1861. F. Petit, expert. In-8, demi-rel. mar. rouge.

2064. Catalogue d'une très-jolie réunion de tableaux de l'école française et des écoles étrangères, dessins, aquarelles, statues, terre cuite. 30 avril 1860. Ferd. Laneuville, expert. In-8, demi-rel. mar. rouge.
Quelques prix.

2065. Catalogue d'une précieuse et rare collection de 65 miniatures anciennes, portraits historiques de plusieurs célébrités dont quelques-unes sont acccompagnées de lettres autographes du plus grand intérêt..... 25 avril 1861. Mannheim père et fils, experts. Grand in-8, demi-rel. mar. vert foncé.

2066. Catalogue d'une jolie collection de tableaux anciens et modernes... dessins et aquarelles... quatre grands panneaux... école française, provenant d'un ancien château. 15 novembre 1861. F. Laneuville, expert. In-8, demi-rel. mar. brun.

2067. Catalogue d'une intéressante collection de dessins, pastels, aquarelles et gouaches des diverses écoles anciennes et modernes... 28 novembre 1861. Rouillard, expert. In-8, demi-rel. mar. brun.

2068. Catalogue d'une jolie collection de tableaux anciens des écoles flamande, hollandaise et française, provenant du cabinet d'un amateur. 23 décembre 1861. Dhios, expert. Grand in-8, demi-rel. mar. rouge.

2069. Catalogue d'une jolie réunion de tableaux anciens des écoles flamande et française, dont un magnifique Desportes... 18 janvier 1862. F. Laneuville, expert. Grand in-8, demi-rel. mar. vert.

2070. Catalogue d'une très-belle réunion d'objets d'art et de curiosité de la Chine et du Japon... provenant en grande partie du palais de Yuen-Ming-Yuen. 30 et 31 janvier 1862. MM. Mannheim, experts. In-8, demi-rel. mar. pourpre.

2071. Catalogue d'une très-belle collection de tableaux anciens des écoles italienne, flamande et française. 6 février 1862. F. Laneuville, expert. In-8, demi-rel. mar. vert.

2072. Catalogue de dessins, aquarelles et gouaches, principalement des maîtres de l'école moderne et d'environ 20 tableaux dont un peint par Decamps, formant la collection d'un amateur. 6 mars 1862. Rouillard, expert. In-8, demi-rel. mar. rouge.

Prix.

2073. Catalogue d'une jolie collection de tableaux anciens et modernes, dessins et aquarelles... provenant du cabinet d'un amateur. 17 mars 1862. F. Laneuville, expert. In-8, demi-rel. mar. vert.

2074. Catalogue d'une très-belle collection de portraits peints sur émail par Petitot et autres. 29 mars 1862. MM. Mannheim, experts. In-8, demi-rel. mar. la Vallière.

2075. Catalogue de dessins et aquarelles modernes provenant en partie de la collection d'un amateur. 12 avril 1862. F. Petit, expert. In-8, demi-rel. mar. vert.

2076. Catalogue de tableaux anciens ayant appartenu à une grande famille d'Italie parmi lesquels trois portraits de Porbus. 21 mars 1863. F. Laneuville, expert. In-8, demi-rel. mar. vert.

Photographies. Prix aux portraits de Porbus.

2077. Catalogue de dessins anciens provenant de la collection d'un amateur. 25 avril 1843. Loutrel, expert. In-8, demi-rel. mar. vert.

2078. Catalogue d'une collection d'objets de premier ordre de la Chine et du Japon... 19 mars 1864. MM. Mannheim, experts. In-8, demi-rel. mar. la Vallière.

2079. Collection de feu M. ***, légataire universel de M. Eugène Delacroix.
— Catalogue de tableaux et dessins, par Eugène Delacroix, albums, ouvrages illustrés, lithographies... 21 mars 1865. Febvre, expert. In-8, demi-rel. mar. rouge.

2080. Catalogue d'une bonne collection de tableaux anciens des écoles française, italienne et hollandaise... 8 décembre 1865. Dhios, expert. In-8, demi-rel. mar. rouge.

2081. Catalogue d'une importante collection d'objets d'art et de curiosité de la Chine et du Japon... 14 au 21 décembre 1865. MM. Mannheim, experts. In-8, demi-rel. mar. la Vallière.

2082. Catalogue de tableaux anciens des différentes écoles dont quatre Sneyders capitaux et un magnifique Rubens... 24 février 1866. Horsin-Déon, expert. In-8, demi-rel. mar. rouge.

2083. Catalogue d'une collection de bons tableaux anciens en partie de l'école française parmi lesquels uue composition capitale de Pater et une autre par François Desportes... 27 février 1866. Febvre, expert. In-8, demi-rel. mar. pourpre.

2084. Catalogue d'une remarquable réunion de tableaux modernes. 23 avril 1866. F. Petit, expert. In-8, demi-rel. mar. vert clair.

2085. Collection d'un amateur. Aquarelles et dessins modernes. 8 mars 1866. F. Petit, expert. In-8, demi-rel. mar. vert.

2086. Notice de six tableaux, deux vues du port de Brest, par Van Blarenberghe, le Derby de 1821 à Epsom, par Géricault... 9 mai 1866. Dhios, expert. In-8, demi-rel. mar. vert olive.

2087. Catalogue de lithographies et gravures, œuvres d Charlet, Decamps, Gavarni, Raffet, Horace Vernet..... 14 et 15 janvier 1867. Clément, expert. In-8, demi-rel. mar. jaune.

2088. Notice d'un tableau attribué à Raphaël. 2 mars 1867. Dhios, expert. In-8, demi-rel. mar. brun.
Prix.

2089. Catalogue d'une collection de tableaux anciens de l'école française, parmi lesquels un tableau capital par Oudry... 8 mars 1867. Febvre, expert. In-8, demi-rel. mar. brun.

2090. Catalogue de tableaux anciens et modernes, galeries, livres à figures, gravures et eaux-fortes. *A Rotterdam*, 8, 9 et 11 mars 1867. Lamme père et fils, experts. In-8, demi-rel. mar. rouge.

2091. Catalogue d'une collection de tableaux anciens des différentes écoles. 9 et 10 avril 1867. Horsin-Déon, expert. In-8, demi-rel. mar. jaune.

2092. Catalogue de 170 dessins de Girodet, compositions pour l'Énéide et les Géorgiques de Virgile... 15 avril 1867. Blaisot, expert. In-8, demi-rel. mar. bleu clair.

2093. Catalogue de tableaux anciens des diverses écoles, entre autres un Sneyders, deux Joseph Vernet capitaux. 3 mai 1867. Horsin-Déon, expert. In-8, demi-rel. mar. jaune.

2094. Catalogue de tableaux anciens des écoles hollandaise, flamande et française composant la collection de M. de***. 6 mai 1867. Dhios, expert. In-8, demi-rel. mar. vert clair.

2095. Catalogue d'une belle collection de tableaux et dessins modernes. 9 mai 1867. F. Petit, expert. In-8, demi-rel. mar. jaune.

2096. Notice de 3 tableaux anciens dont une œuvre capitale de François Boucher, l'Enlèvement d'Europe. 10 mai 1867. E. Barre, expert. In-8, demi-rel. mar. jaune. Photographie.

2097. Notice de 4 tableaux de Ph. de Champagne et Jouvenet. 15 mai 1867. Clément, expert. In-8, demi-rel. mar. brun.

2098. Catalogue d'une suite de 8 tableaux de Murillo, Histoire de la Vierge... 21 mai 1867. Horsin-Déon, expert. Grand in-8, demi-rel. mar. la Vallière.

2099. Catalogue de dessins anciens et modernes, gravures et eaux-fortes... tableaux. *Amsterdam*, 4 novembre 1867 et jours suivants. In-8, demi-rel. mar. bleu clair.

2100. Catalogue d'émaux de Limoges et italiens du XVIe siècle, tableaux anciens, dont deux par J.-B. Greuze. 22 janvier 1868. Febvre, expert. In-8, demi-rel. mar. vert

2101. Catalogue d'une réunion de tableaux de l'école bolonaise et autres, provenant des collections Malvezzi (Lupari) et Ercolani, de Bologne. 7 février 1868. Carle Delange, expert. Grand in-8, demi-rel. mar. orange.

2102. Catalogue d'une collection de tableaux modernes.

10 février 1868. Brame, expert. Grand in-8, demi-rel. mar. la Vallière.

2103. Catalogue de tableaux anciens, gouaches, pastels, dessins et aquarelles. 17 février 1868. Milhès, expert. Grand in-8, demi-rel. mar. la Vallière.

2104. Catalogue de meubles d'art en marqueterie d'ivoire, ébène et certosina dus au travail des plus habiles artistes milanais... 24 février 1868. Dhios, expert. In-8, demi-rel. mar. la Vallière.

2105. Notice du magnifique tableau « la Vierge aux Anges » de Vicente-Juan de Joanès. 4 mars 1868. Rouillard, expert. In-8, demi-rel. mar. vert clair.

2106. Catalogue d'une collection de tableaux anciens parmi lesquels plusieurs œuvres des maîtres italiens des XIIIe, XIVe et XVe siècles. 6 mars 1868. Febvre, expert. Grand in-8, demi-rel. mar. la Vallière.

2107. Catalogue de tableaux anciens parmi lesquels figurent principalement 6 magnifiques panneaux décoratifs, par Hubert Robert... 9 mars 1868. Féral, expert. Grand in-8, demi-rel. mar. la Vallière.

Prix et quelques noms.

2108. (Vente après décès.) Catalogue de 11 tableaux, par Hubert-Robert. 13 mars 1868. Horsin-Déon, expert. Grand in-8, demi-rel. mar. orange.

2109. Catalogue d'objets d'art et curiosités parmi lesquels figurent notamment plusieurs pièces importantes d'orfèvrerie du XVIe siècle, une paire de chenets italiens très-curieuse... 26 mars 1868. Oppenheim, expert. Grand in-8, demi-rel. mar. orange.

Photographies.

2110. Catalogue d'une belle collection de tableaux, dessins modernes et quelques tableaux anciens. 27 mars 1868. Francis Petit, expert. In-8, demi-rel. mar. la Vallière.

2111. Vente spéciale d'un magnifique tableau de Rembrandt qui aura lieu pour cause d'indivision... Le 27 mars 1868. Horsin-Déon, expert. Grand in-8, demi-rel. mar. jaune.

Prix.

2112. Catalogue de 26 tableaux très-importants de l'école moderne. 4 avril 1868. Durand-Ruel, expert. Grand in-8, demi-rel. mar. jaune.

2113. Magnifique buste en marbre blanc, par Houdon. 8 avril 1868. Dhios, expert. In-8, demi-rel. mar. vert clair.

2114. Catalogue d'une collection de bons tableaux anciens, quelques dessins... autres œuvres par de bons maîtres hollandais, flamands et français. 11 avril 1868. Febvre, expert. In-8, demi-rel. mar. bleu clair.

2115. Catalogue de tableaux anciens parmi lesquels on remarque un magnifique portrait de jeune femme, par Nattier... belles miniatures, par Van Blarenberghe et autres. 15 avril 1868. Féral, expert. Grand in-8, demi-rel. mar. la Vallière.

Photographies.
Prix et quelques noms.

2116. Catalogue de tableaux anciens, parmi lesquels on remarque un magnifique tableau italien de Dosso-Dossi. 11 mai 1868. Horsin-Déon, expert. In-8, demi-rel. mar. la Vallière foncé.

2117. Catalogue de tableaux anciens de diverses écoles, parmi lesquels un très-beau portrait de Boucher, groupes et bustes en marbre. 14 et 15 mai 1868. Febvre, expert. In-8, demi-rel. mar. jaune.

2118. Catalogue de tableaux modernes des écoles française, flamande et hollandaise, appartenant à un amateur de Bruxelles. 27 mai 1868. F. Petit, expert. In-8, demi-rel. mar. la Vallière.

2119. Catalogue de tableaux anciens parmi lesquels on remarque une magnifique composition de Fragonard... un tableau capital de Jan Steen, très-belles miniatures... 23 novembre 1868. Féral, expert. Grand in-8, demi-rel. mar. groseille.

Prix.

2120. Vente aux enchères publiques de tableaux et tapisseries. 14 décembre 1868. Durand-Ruel, expert. In-8, demi-rel. mar. jaune.

Prix et noms.

2121. Catalogue d'une remarquable collection de tableaux et dessins de maîtres modernes. 24 décembre 1868. Durand-Ruel, expert. Grand in-8, demi-rel. mar. la Vallière.

Prix.

2122. Catalogue d'un choix de tableaux anciens des écoles hollandaise, flamande et française, provenant de la collection de M. ***. 18 janvier 1869. Jacques, expert. Grand in-8, demi-rel. mar. la Vallière.

2123. Collection d'un amateur étranger. — Catalogue de tableaux anciens; œuvres capitales par J. Berghem,

Jacques Ruysdael... 6 février 1869. Febvre, expert. Grand in-8, demi-rel. mar. vert clair.

2124. Catalogue de dessins et aquarelles, tableaux et miniatures, parmi lesquels on remarque 35 beaux dessins, par F. Boucher... 19 et 20 février 1869. Féral, expert. In-8, demi-rel. mar. vert clair.

2125. Notice d'un tableau peint sur bois, attribué à Memling, représentant l'histoire de Troie depuis sa fondation jusqu'à sa ruine. 20 mars 1869. Clément, expert. In-4, demi-rel. mar. la Vallière foncé.

Photographie.

2126. Catalogue d'une collection de tableaux très-importants de l'école moderne. 22 mars 1869. F. Petit, expert. Grand in-8, demi-rel. mar. groseille.

Prix.

2127. Notice de 3 tableaux importants de l'école française du xviiie siècle : deux œuvres capitales de Jean-Honoré Fragonard : la Fontaine de Jouvence et le Serment d'Amour... 27 mars 1869. Dhios et George, experts. In-8, demi-rel. mar. vert clair.

2128. Catalogue de tableaux anciens. 9 avril 1869. Féral, expert. In-8, demi-rel. mar. jaune.

2129. Catalogue d'une belle collection d'estampes anciennes et modernes des différentes écoles, et de livres à gravures. 14, 15, 16 et 17 avril 1869. Clément, expert. In-8, demi-rel. mar. jaune.

2130. Catalogue des miniatures par Augustin, W. Baur, Guérin, Sicardi, Lawrence... dessins et aquarelles anciens et modernes, par Boucher, Cochin, Gravelot... 31 janvier et 1er février 1870. Féral, expert. In-8, demi-rel. mar. bleu.

Prix.

2131. Collection de tableaux modernes, parmi lesquels se trouvent 10 tableaux et 6 études par Horace Vernet. 6 mai 1870. F. Petit, expert. Grand in-8, demi-rel. mar. groseille.

Prix.

2132. Catalogue de tableaux anciens, parmi lesquels on remarque les œuvres de Backuysen, Breughel de Velours, Challe, Coypel, A. Cayp... 25 novembre 1871. Féral, expert. Grand in-8, demi-rel. mar. bleu.

2133. Catalogue de tableaux anciens et modernes, deux œuvres capitales par Brascassat et Ary Scheffer... 5 décembre 1871. Febvre et Warneck, experts. Grand in-8, demi-rel. mar. vert bouteille.

2134. Catalogue d'une belle collection. Émaux cloisonnés de la Chine et du Japon, cabinets en laque et ivoire laqué. 7 décembre 1871. Charles Mannheim, expert. Grand in-8, demi-rel. mar. bleu.

2135. Catalogue de tableaux modernes, aquarelles et dessins. 16 décembre 1871. Febvre, expert. Grand in-8, demi-rel. mar. rouge.

2136. Catalogue d'une collection remarquable. Émaux cloisonnés de la Chine et du Japon, belles porcelaines anciennes, bronzes, laques, étoffes et tentures. 25 janvier 1872. Ch. Mannheim. Grand in-8, demi-rel. mar. bleu foncé.

2137. Portraits allégoriques. Jeunes femmes de la cour de Louis XV, par Nattier. Tête de petite fille et portrait d'homme par J.-B. Greuze. 29 février 1872. Féral, expert. Grand in-8, demi-rel. mar. bleu.

Prix.

2138. Notice de 6 très-belles tapisseries des Gobelins du temps de Louis XIV... 11 mars 1872. Ch. Mannheim, expert. Grand in-8, demi-rel. mar. bleu.

2139. Catalogue d'une belle collection de tapisserie des Gobelins, représentant des scènes champêtres... beaux meubles et bronzes des époques Louis XIV, Louis XV et Louis XVI... 27 mars 1872. Ch. Mannheim, expert. Grand in-8, demi-rel. mar. vert bouteille.

2140. Catalogue d'une belle collection. Objets de la Chine et du Japon, porcelaines, bronzes, laques, émaux cloisonnés... 10 et 11 avril 1872. Ch. Mannheim, expert. Grand in-8, demi-rel. mar. pourpre.

2141. Catalogue de tableaux anciens des écoles française, flamande et hollandaise, parmi lesquels on remarque un beau portrait de femme, par Franz Hals... 27 avril 1872. Féral, expert. Grand in-8, demi-rel. mar. la Vallière.

Prix.

2142. Catalogue de bijoux anciens, bonbonnières et tabatières en or... et estampes anciennes de premier choix. 21 mai 1872. Clément et Ch. Mennheim, experts. Grand in-8, demi-rel. mar. vert bouteille.

2143. Catalogue de dessins et aquarelles anciens et modernes, parmi lesquels on remarque les Singes et Chiens savants, par Decamps... 28 mai 1872. Féral, expert. Grand in-8, demi-rel. mar. pourpre.

Prix.

2144. Catalogue de tableaux anciens et modernes, parmi lesquels on remarque, dans l'école moderne, trois tableaux de Diaz et un par Verboeckoven; dans les anciens, des œuvres de Boilly, Coypel, Desportes, Fragonard, Guardi, Solis, etc... 29 janvier 1873. Ch. Mannheim et Féral, experts. Grand in-8, demi-rel. mar. pourpre.

Prix.

2145. Antiquités chypriotes. Collection importante de verres antiques, bijoux, terres cuites, provenant des fouilles faites dans l'île de Chypre, par M. Piéridès. 10 février 1873. Hoffmann, expert. Grand in-8, demi-rel. mar. tête de Maure.

2146. Catalogue de tableaux anciens, parmi lesquels on remarque un très-beau portrait de personnage vénitien par le Tintoret et autres tableaux de... 3 mars 1873... Féral, expert. Grand in-8, demi-rel. mar. bleu.

2147. Catalogue de tableaux anciens, par Boilly, Boucher, Danloux... tableaux modernes parmi lesquels deux œuvres remarquables de R. Brascassat et autres. 15 mars 1873. Féral, expert. Grand in-8, demi-rel. mar. rouge.

Quelques prix.

2148. Catalogue d'une nombreuse collection d'estampes, potraits et pièces historiques sur l'histoire de France de 1439 à 1830, almanachs de l'époque Louis XIV... dessins par Gravelot, Monnet, G. de Saint-Aubin, etc. 21 mars 1873 et jours suivants. Clément, expert. Grand in-8, demi-rel. mar. pourpre.

2149. Catalogue de six belles tapisseries des Gobelins, d'après Bérain, et autres jolies tapisseries à médaillons, d'après Boucher. 25 mars 1873. Ch. Mannheim, expert. Grand in-8, demi-rel. mar. tête de Maure.

2150. Catalogue d'une intéressante collection de bijoux anciens, beaux émaux, par Petitot, beau portrait sur émail de Marie-Antoinette... 10 avril 1873. Ch. Mannheim, expert. Grand in-8, demi-rel. mar. bleu.

2151. Catalogue de tableaux anciens, au nombre desquels on remarque des œuvres de Boilly, Boucher... beaux panneaux décoratifs... campagne de Louis XIV, par Martin. 22 avril 1873. Féral, expert. Grand in-8, demi-rel. mar. rouge.

Prix.

2152. Catalogue de très-riches bordures anciennes des époques Louis XIII et Louis XIV en bois sculpté et doré. 5 mai 1873. Grand in-8, demi-rel. mar. pourpre.

2153. Catalogue de tableaux anciens, œuvres remarquables de Boucher, Chardin, Fragonard, Greuze, Jan Staeen... tableaux, aquarelles et dessins modernes... miniatures importantes, par Van Blaremberghe et autres. 20 et 21 mai 1873. Féral, expert. Grand in-8, demi-rel. mar. pourpre.
Prix.

2154. Catalogue de dessins et aquarelles anciens et modernes des écoles italienne, hollandaise, flamande, allemande et française. 29 et 30 mai 1873. Féral, expert. Grand in-8, demi-rel. mar. bleu.

2155. Catalogue d'une jolie collection de tableaux anciens de différentes écoles, parmi lesquels on remarque des œuvres de... 19 décembre 1873. Féral, expert. Grand in-8, demi-rel. mar. rouge.
Prix.

2156. Catalogue de tableaux anciens et modernes, par J. Ruysdael, Boucher, Largillière... marbres, bronzes... 22 janvier 1874. Haro, expert. Grand in-8, demi-rel. mar. rouge.
Prix.

2157. Catalogue d'une collection précieuse de 47 tableaux de maîtres anciens. 2 février 1874. Haro, expert. Grand in-8, demi-rel. mar. pourpre.

2158. Catalogue de tableaux de l'école anglaise, par John Constable, Old Crome, John Crome... 20 mars 1874. Haro, expert. Petit in-4, demi-rel. mar. rouge.

2159. Catalogue de tableaux anciens et modernes, parmi lesquels on remarque, dans l'école ancienne, des œuvres de : Backuysen, Boilly, Croos, Carlo Dolci... dans l'école moderne, des œuvres de : H. Flandrin, Léopold Robert. 21 mars 1874. Féral, expert. Grand in-8, mar. rouge.

2160. Catalogue de beaux dessins et aquarelles anciens et modernes, par Demarne, Fragonard, Géricault, Claude Lorrain... belles aquarelles, par Raffet, provenant de la vente San Donato. 27 et 28 avril 1874. Féral, expert. Grand in-8, demi-rel. mar. bleu.

2161. Catalogue de tableaux anciens. Œuvre importante de David Teniers, les Arquebusiers d'Anvers, et autres de... 5 mai 1874. Féral, expert. Grand in-8, demi-rel. mar. tête de Maure.
Prix.

2162. Catalogue of an assemblage of capital pictures by old masters, from different private collections. June 3, *London*, 1876, br. in-8.
<small>Exemplaire avec les prix d'adjudication et les noms des acquéreurs manuscrits.</small>

2163. Tableaux de premier ordre des écoles italienne, flamande, hollandaise, allemande, espagnole, anglaise et française. 16, 17 et 18 avril 1877. *Ch. Pillet et Haro*. Grand in-8, br. 20 figures gravées à l'eau-forte.
<small>Exemplaire EN GRAND PAPIER.</small>

CATALOGUES DE COLLECTIONS PUBLIQUES.

2163 *bis*. Catalogo dei quadri che si conservano nella Pinacoteca della pontificia accademia di belle arti in Bologna. 1835. — La Pinacoteca di Bologna, etc., 1852 (*italien et français*). — Brevi Indicazioni della galleria de' quadri che si conservano nella centrale R. accademia di belle arti dell' Emilia in Bologna. 1865, — ens. 4 br. in-12.

2164. Description de L'I. et R. Académie des beaux-arts de Florence. 1827. — Galerie impériale et royale de Florence. 1834, fig. — La même, *Florence*, 1844, fig. — Description de l'Académie des beaux-arts de Florence. 1846. — Première et seconde partie du catalogue de la R. galerie de Florence, 1860. — Catalogo della R. galleria di Firenze, 1863. — Guide de la galerie royale du palais Pitti. *Florence*, 1864. — Guida della R. galleria del palazzo Pitti. *Firenze*, 1864. — Description des objets d'art de la R. Académie des beaux-arts de Florence, 1864. Ens. 9 vol. ou br. in-12, br.

2165. La Galleria degli Uffizi e il museo nazionale del palazzo del Potestà, controversia fra il dottore Alessandro Forezi e il marchese Ferdinando Panciatichi. *Firenze*, 1867, br. gr. in-8.
<small>Exemplaire en grand papier vélin.</small>

2166. Catalogo della raccolta di disegni autografi antichi e moderni donata dal Prof. E. Santarelli alla R. galleria di Firenze. *In Firenze*, 1870, fort vol. in-12, br.

2167. Catalogue des tableaux de la R. Académie des beaux-arts in Brera. *Milan, s. d.* — Le même, 1841. — Guida della biblioteca Ambrosiana con cenni storici. *Milano*, 1860. — Ens. 4 br. in-8.

2168. Catalogue des statues en bronze exposées au musée

Bourbon à Naples, 1820. — Guida per le gallerie dei quadri del museo reale Borbonico. *Napoli*, 1831. — ens. 2 br. in-12.

2169. Catalogo delle opere di belle arti esposte nel Palagio del real museo Borbonico, il di 4 ottobre 1830. *Napoli*, 1830, br. in-4 de 91 pp.

2170. Guide pour le musée royal Bourbon contenant les peintures anciennes; les sculptures en marbre, les ornements d'architecture, etc., etc., par Fr. Verde, Jean Pagano et Ch. Bonucci, traduit par C. J. J. *Naples*, 1831, in-8, br.

2171. Notizie sulle pitture, statue della ducale galleria di Parma, 1825. — Catalogo degli oggetti contenuti nel museo civico di Vicenza, 1855. — Catalogo della galleria del R. Istituto provinciale di belle arti di Siena, 1864. — Ens. 3 br. in-12 et in-8.

2172. Description des objets de sculpture et de peinture qui se trouvent au Capitole. *Rome*, 1821. — Appartement Borgia, maintenant salle de Miscellanées, 1832. — Descrizione delle sculture e pitture che si trovano al Campidoglio. *Roma*, 1834. — Nuovo braccio del museo Vaticano. *Roma*, 1835. — Galleria di quadri al Vaticano. *Roma*, 1835. — Indicazione delle sculture e pitture che esistono nel museo Capitolino. *Roma*, 1846. — Galleria di quadri al terzo piano delle loggie Vaticane. *Roma*, 1857. — Galerie des tableaux située au troisième étage des loges vaticanes. *Rome*, 1858. — Nuovo braccio del museo Vaticano. *Roma*, 1862. — Ens. 9 vol. ou br. in-12.

2173. La Galerie royale de peinture de Turin, par J.-M. Callery. *Havre*, 1854. — Même ouvrage. *Turin*, 1859. — ens. 2 vol. in-12, br. et rel.

2174. Catalogo delle opere d'arte contenute nella sala delle sedute dell'I. R. Accademia di Venezia. *S. d.* — Catalogo degli oggetti d'arte esposti al publico nella I. R. Accademia di belle arti in Venezia, 1857. — Notizia delle opere d'arte e d'antichità della raccolta Correr di Venezia scritta da Vincenzo Lazari. *Venezia*, 1859. — Ens. 3 vol. in-8, cart. et rel,

2175. Catalogue du musée d'Aix. 1862, in-12, br.

2176. Notice des tableaux du muséum d'Angers, 1832, 1847 (2 exempl.). — Notice des peintures et sculptures du musée d'Angers et description de la galerie David, etc., etc. *Angers*, 1870, ens. 4 vol. in-12, rel. ou br.

2177. Notice des tableaux et des portraits exposés dans les

galeries Muséum-Calvet de la ville d'Avignon. *s. l. n. d.*, in-8, br.

2178. Catalogue des tableaux, statues, etc., du musée de Bordeaux, par P. Lacour et J. Delpit. *Bordeaux*, 1855, in-12, br.

2179. Notice des tableaux composant le musée de Caen. 1837, 1851. 2 vol. in-12, br.

2180. Notice des tableaux exposés au musée de Dijon. *Première partie*, 1818. — Notice des objets d'art exposés au musée de Dijon, 1860. Ens. 2 vol. in-12, br.

2181. Notice des tableaux des écoles française, italienne, allemande, flamande et hollandaise; des statues, sculptures, gravures, etc., exposées dans le musée de Grenoble, dont l'ouverture aura lieu le 10 nivôse an IX. *A Grenoble, de l'imp. de David, an IX de la République*, in-8 de 58 pp. br.

2182. Catalogue des tableaux, dessins, etc., du musée de la Rochelle. *La Rochelle*, 1874, br. in-8 de 59 pp.

2189. Musée de Lille. Catalogue des tableaux, etc. 1850, 1866, 1869 et 1875. Ens. 4 vol. in-8, br.

2190. Ville de Lille. — Musée Wicar. Catalogue des dessins et objets d'art légués par J.-B. Wicar. *Lille*, 1856, in-8, br. (*Papier de Hollande.*)

2191. Notice des tableaux, bas-reliefs et statues exposés dans les galeries du musée des tableaux de Lille, par Ed. Reynart. *Lille*, 1862, in-8, br. (*Papier de Hollande.*)

2192. Catalogue des tableaux, bas-reliefs et statues exposés dans les galeries du musée des tableaux de Lille, rédigé par Ed. Reynart. *Paris*, 1872, gr. in-8, br. 21 planches photographiées.

2193. Enlèvement des tableaux du musée de Lyon en 1815, par Fortuné Rolle. *Lyon*, 1867, plaq. in-8 de 40 pp. cart.

2194. Notice des tableaux du musée de Lyon, par F. Artaud. *Lyon*, 1834, br. in-8 de 44 pp.

2195. Notice des tableaux et monuments antiques qui composent la collection du musée de Marseille, 1844. — Notice des tableaux exposés dans le musée de Marseille, 1851. Ens. 2 br. in-12 et in-8.

2196. Notice des dessins sous verre, tableaux, etc., réunis à la bibliothèque de la Faculté de médecine de Montpellier. 1830. — Notice des tableaux et objets d'art exposés au musée Fabre de la ville de Montpellier, 1850. — La même, 1859. Ens. 6 vol. in-12, rel. ou br.

2197. Notice des objets d'art exposés au musée de Nancy, 1845. — Catalogue des objets d'art et d'antiquité exposés au musée de Nancy, 1852. — Le Palais ducal de Nancy, par H. Lepage. *Nancy*, 1852. Ens. 3 vol. in-12 et in-8, br.

2198. Catalogue des tableaux et statues du musée de Nantes, 1834. — Le même, 1854. Ens. 2 vol. in-12, br.

2199. Description du musée de Narbonne, par M. Tournal, 1847. — Catalogue du musée de Narbonne (par le même). *Paris*, 1864. Ens. 2 vol. in-12 et 4 in-8, br.

2200. Catalogue du musée de Nimes. Notice historique sur la Maison-carrée, par Aug. Pelet. Biographie de Sigalon. *Nimes*, 1863. In-8, br.

2201. Explication des tableaux, dessins, etc., exposés au musée d'Orléans, 1828. — Musée d'Orléans. Explication des tableaux qui y sont exposés, 1851. — Catalogue des tableaux, statues et dessins exposés au musée d'Orléans, 1876. Ens. 3 vol. in-12, br.

2202. Catalogue des tableaux du cabinet du roi, au Luxembourg. *Paris, de l'impr. de P.-Alex. Le Prieur*, 1770, in-12, br. de 48 pp.

2203. Garde-Meuble. Description des tapisseries de la couronne, qui seront tendues le jeudi 29 mai 1777, depuis 6 heures du matin jusqu'à midi : 1° au Palais-Royal; 2° à l'hôtel de Toulouse ; 3° aux galeries du Louvre ; 4° à l'hôtel du controlleur général des finances, pour les processions du S. Sacrement. *A Paris, de l'impr. de Hérissant*, 1777, plaq. in-12 de 12 pp. demi-rel. veau f.

2204. Catalogue des tableaux du cabinet du roi, au Luxembourg. *Paris, de l'impr. de Clousier*, 1777, plaq. in-12 de 46 pp. demi-rel. chag. bl.

2205. Inventaire des diamants de la couronne, perles, pierreries, tableaux, pierres gravées et autres monuments des arts et des sciences existant au garde-meuble; inventaire fait en conformité des décrets de l'Assemblée nationale constituante, des 26, 27 mai et 22 juin 1791, par ses commissaires, MM. Bion, Christin et Delattre, suivi d'un Rapport sur cet inventaire, par M. Delattre. *A Paris, de l'Impr. nat.*, 1791. — Inventaire des bronzes du garde-meuble de la couronne, etc., 2 part. en 1 vol. in-8, demi-rel. bas.

2205 *bis*. Estimation de l'inventaire général du mobilier de la couronne, mis sous les yeux du roi le 26 décembre

1790, par M. Thierry. *Paris, de l'Impr. royale*, 1791, br. in-4 de 17 pp.

2206. Catalogue des objets contenus dans la galerie du muséum françáis, décrété par la Convention nationale, le 27 juillet 1793, l'an II de la République française. *S. l. n. d.*, gr. in-12, br.

2207. Notice des dessins originaux, cartons, gouaches, pastels, émaux et miniatures, du musée central des arts, exposés pour la première fois dans la galerie d'Apollon, le 28 thermidor de l'an V de la République française. *Paris, an V de la République*, 2 part. en 1 vol. in-12, demi-rel. veau r.

2208. Description historique et chronologique des monuments de sculpture réunis au Musée des monuments français, par Alex. Lenoir. *Paris, an VI de la République*, in-8, br.

2209. Notice des principaux tableaux recueillis dans la Lombardie par les commissaires du gouvernement français, dont l'exposition provisoire aura lieu dans le grand salon du Muséum, les octidi, nonidi et décadi de chaque décade, à compter du 18 pluviôse, jnsqu'au 30 prairial, an VI. (*Paris*) *s. d.*, in-12 br.

2210. Notice des tableaux des écoles française et flamande, exposés au musée central des arts le 18 germinal an VII. *Paris, an VII de la République*, in-12, br.

2211. Examen historique et critique des tableaux exposés provisoirement, venant des premier et second envois de Milan, Crémone, Parme, etc., auquel on a joint le détail de tous les monuments des arts qui sont arrivés d'Italie, par J.-B.-P. Lebrun. *A Paris, chez Desenne, an VI° de la Rép.* Pet. in-8, de 82 pp. demi-rel. avec c. veau f. (*Closs.*)

2212. Notice des tableaux des écoles française et flamande, exposés au musée central des arts le 18 germinal an VII. *Paris, an VII.* In-12, demi-rel. veau f.
Deux exemplaires.

2213. Notice des dessins originaux, cartons, gouaches, pastels, émaux et miniatures du musée central des arts, exposés pour la première fois dans la galerie d'Apollon, le 28 thermidor de l'an V de la République française. *Première partie. Seconde édition revue et augmentée. A Paris, an VII de la République.* In-12, br.

2214. Notice des statues, bustes et bas-reliefs, de la galerie des antiques du musée central des arts, ouverte pour la première fois le 18 brumaire, an IX. *Paris, s. d.* In-12, br.

2215. Notice des statues, bustes et bas-reliefs de la galerie des antiques du musée central des arts, ouverte pour la première fois le 18 brumaire, an IX. *Paris, s. d.* In-12, demi-rel. veau f.

2216. Musée Napoléon. — Notice des tableaux des écoles française et flamande exposés le 18 germinal an VII et des tableaux des écoles de Lombardie et de Bologne, dont l'exposition a eu lieu le 25 messidor an IX. *S. l. n. d.* In-12, br.

2217. *Musée central des arts.* — Notice des tableaux des écoles française et flamande, exposés dans la grande galerie, dont l'ouverture a eu lieu le 28 germinal an VII; et des tableaux des écoles de Lombardie et de Bologne, dont l'exposition a eu lieu le 27 messidor an IX. In-12, br.

2218. Notice des grands tableaux de P. Véronèse, Rubens, Le Brun, S. Carrache, et autres dont l'exposition aura lieu dans le grand salon du musée, à dater du 10 prairial an IX, jusqu'au premier fructidor même année. *Paris*, br. in-12 de 24 pp.

2219. Notice des tableaux, statues, vases, bustes, etc., composant le musée spécial de l'école française, dont l'ouverture a lieu les quintidi et décadi. *A Versailles, an X*, in-12, demi-rel. veau f.

2220. Notice de plusieurs précieux tableaux recueillis à Venise, Florence, Turin et Foligno, dont l'exposition aura lieu dans le grand salon du Muséum les octidi, nonidi et décadi de chaque décade, à compter du 18 ventôse an X de la République. *Paris, s. d.* In-12, br. de 72 pp.

2221. Notice de plusieurs précieux tableaux, recueillis à Venise, Florence, Naples, Turin et Bologne, exposés dans le grand salon du musée, ouvert le 27 thermidor an XI. *Paris.* In-12 de 72 pp. br.

2222. Statues, bustes, bas-reliefs, bronzes, et autres antiquités, peintures, dessins et objets curieux, conquis par la grande armée, dans les années 1806 et 1807; dont l'exposition a eu lieu le 14 octobre 1807, premier anniversaire de la *Bataille d'Iéna. Paris, Dubray*, 1807. In-12 dérel.

2223. Notice des principaux tableaux recueillis en Italie, par les commissaires du gouvernement français. *Seconde partie.* (*Paris*) *s. d.* In-12, br.

2224. Notice des statues, bustes et bas-reliefs, de la galerie des antiques du musée Napoléon, ouverte pour la première fois le 18 brumaire, an IX. *Paris*, 1810. In-12, demi-rel.

2225. Explication des tableaux, statues, bustes, etc., composant la galerie du Sénat conservateur, rétablie par ses ordres, etc. *Paris*, 1810. In-12 de 72 pp. br.

2226. Notice des tableaux exposés dans la galerie Napoléon. *Paris*, 1810. In-12 br.

2227. Notice des dessins, des peintures, des bas-reliefs et des bronzes, exposés au musée Napoléon, dans la galerie d'Apollon. Notice des tableaux anciens, des trois écoles, mis dans le salon d'exposition de peinture moderne, en juin de l'an 1811. *Paris, S.-P. Dubray*, 1811, in-12, br.

2228. Notice des tableaux des écoles primitives de l'Italie, de l'Allemagne, etc., exposés dans le grand salon du musée royal, ouvert le 25 juillet 1814. *Paris*, 1814. In-12, br.

2229. Notice des statues, bustes et bas-reliefs, de la galerie des antiques du musée. *Paris*, 1814, in-12, br.
Trois exemplaires.

2230. Musée royal des monuments français, ou mémorial de l'histoire de France et de ses monuments; par Alex. Lenoir. *Paris*, 1815. In-12, cart.

2231. Musée royal du Louvre. — Notice des tableaux exposés en 1816 — 1823 — 1825 — 1826 — 1835 — 1836 — ens. 6 vol. in-12, br.

2232. Musée royal du Louvre. — Notice des dessins, peintures, etc., exposés en 1820 — 1838 — 1841. *Paris*, ens. 3 vol. in-12, cart. ou br.

2233. Musée royal du Luxembourg. Explication des ouvrages de peinture et sculpture, exposés en 1823-1825. *Paris*, 1824-25, 2 vol. in-12, br.

2234. Description du musée royal des antiques du Louvre, par le comte de Clarac. *Paris, Vinchon*, 1830. In-12, br.

2235. Notice des estampes exposées à la Bibliothèque royale, formant un aperçu historique des produits de la gravure par Duchesne aîné. *Paris, Ch. Heideloff*, 1837. In-8, br.

2236. Notice des tableaux de la galerie espagnole exposés dans les salles du musée royal du Louvre. *Paris, Crapelet*, 1838. In-12, br.

2237. Notice sur M. le baron Taylor et sur les tableaux espagnols achetés par lui d'après les ordres du roi. *Paris*, 1837. Plaq. in-8 de 37 pp. cart.

2238. Notice des monuments exposés dans le cabinet des médailles antiques et pierres gravées et dans la Bibliothèque royale, par Marion Du Mersan. *Paris*, 1840. In-8, br.

2239. Catalogue des tableaux, dessins et gravures de la collection Standish, légués au roi par M. Franck Hall Standish. *A Paris, de l'impr. de Crapelet*, 1842. In-12, br.

2240. Travaux de M. de Chennevières préparatoires et explicatifs du rapport adressé par M. le directeur des musées nationaux, sur la nécessité de relier les musées des départements au musée central du Louvre. *S. l.*, 1848, plaq. in-8, de 45 pp. cart.

2241. Courtes Réflexions sur une décision de l'Assemblée nationale concernant les dessins du Louvre (par M. F. Reiset). *Paris, A. Guyot et Scribe*, 1849. In-8, de 39 pp. mar. vert fil. tr. dorée. (*Dupré.*)

2242. Notice des tableaux exposés dans les galeries du musée national du Louvre, par F. Villot. *Première partie.* Écoles d'Italie. *Paris, Vinchon*, 1849. In-8, br.

2242 *bis.* Essai d'une analyse critique de la notice des tableaux italiens du musée national du Louvre, par Otto Mündler. *Paris, F. Didot*, 1850. In-12, demi-rel. veau bl. (*Heldt jeune.*)

2243. Observations sur le classement actuel des tableaux du Louvre et analyse critique du nouveau catalogue par M. Claudius Tarral. *Paris*, 1850, 2 part. en une plaq. in-8, cart.

2244. Notice des tableaux exposés dans les galeries du musée national du Louvre, par F. Villot. *Première partie.* 2ᵉ édition. Écoles d'Italie et d'Espagne. *Paris, Vinchon*, 1852. In-8, br.

2245. Notice des émaux, bijoux et objets divers exposés dans les galeries du musée du Louvre, par Delaborde. *Paris, Vinchon*, 1853. 2 vol. gr. in-12, br.

Exemplaire en GRAND PAPIER VÉLIN.

2246. Notice des tableaux exposés dans les galeries du musée impérial du Louvre, par F. Villot. *Première partie.* Écoles d'Italie et d'Espagne. 5ᵉ édition. *Paris, Vinchon*, 1853. In-8, br.

2247. Exposition universelle de 1855. — Explication des ouvrages de peinture, sculpture, gravure, etc., exposés au palais des Beaux-Arts le 15 mai 1855. *Paris*. In-12 br. interfolié de papier blanc.

2248. La Collection Campana, par M. L. Vitet. *Paris*, 1862. Plaq. in-8, de 28 pp. cart.

Extrait de la *Revue des Deux-Mondes*.

2249. Cataloghi del Museo Campana. *S. l.* in-4. br. comprenant 15 divisions.

2250. La Vérité sur le Louvre, le musée Napoléon III et les artistes industriels, par Ern. Chesneau. *Paris, Dentu*, 1862. Plaq. in-8, de 48 pp. cart.

2251. Notice sur le musée Napoléon III, par Ern. Desjardins. *Paris*, 1862. — Notices sur les vases peints et à reliefs du musée Napoléon III. *Paris, s. d.* 2 br. in-12.

2252. Catalogue des objets provenant de la mission d'Asie Mineure dirigée par G. Perrot. 1862. — Catalogue de la mission de Macédoine et de Thessalie dirigée par L. Heuzey. 1862. — Catalogue des objets provenant de la mission de Phénicie dirigée par E. Renan. 1862. Ens. 3 br. in-12.

2253. Catalogue des bijoux du musée Napoléon III. *Paris, F.-Didot*, 1862. In-12, br.

2254. Catalogue des tableaux, des sculptures de la Renaissance et des majoliques du musée Napeléon III. *Paris, F.-Didot*, 1862. In-12, br.

Exemplaire interfolié de papier blanc.

2255. Notice des tableaux du musée Napoléon III exposés dans les salles de la colonnade au Louvre, par M. F. Reiset. *Paris, Ch. de Mourgues*, 1863. Grand in-8, demi-rel. avec coins mar. violet, fil. à fr. doré en tête, ébarbé. (*Dupré.*)

2256. Rapport de M. le comte de Nieuwerkerke sur les travaux de remaniement et d'accroissement réalisés depuis 1849 dans les musées impériaux. *Paris, Didier*, 1863. In-8, br.

2257. Notice des tableaux du musée Napoléon III exposés dans les salles de la colonnade au Louvre, par M. F. Reiset. *Paris, Ch. de Mourgues*, 1863. In-8, cart.

Exemplaire interfolié de papier blanc.

2258. Notice des dessins, cartons, pastels, miniatures et émaux exposés au musée impérial du Louvre, par M. F. Reiset. *Paris, Ch. de Mourgues*, 1866-69. 2 vol. in-8, br.

Quatorze exemplaires EN GRAND PAPIER DE HOLLANDE.

2259. Rapport de M. le comte de Nieuwerkerke sur la situation des musées impériaux pendant le règne de S. M. Napoléon III, 1853-1868. *Paris, Ch. de Mourgues,* 1868. In-8, br. (*Papier de Hollande.*)

2260. Notice de la sculpture antique du musée impérial du Louvre, par W. Fröhner. *Paris, Ch. de Mourgues,* 1869. In-8, br. (*Premier volume.*)

2261. Notice des dessins, cartons, pastels, miniatures et émaux exposés dans les salles du premier étage au musée impérial du Louvre. *Première partie :* Écoles d'Italie, écoles allemande, flamande et hollandaise. *Deuxième partie :* École française, dessins indiens, émaux, par M. F. Reiset. *Paris, Ch. de Mourgues, impr.,* 1866-1869. 2 vol. grand in-8, demi-rel. avec coins mar. bleu, fil. dor. en tête, ébarbés. (*Dupré.*)

Exemplaire EN GRAND PAPIER DE HOLLANDE.

2262. Notice des tableaux légués au musée impérial du Louvre par M. Louis La Caze (par M. F. Reiset). *Paris, C. de Mourgues,* 1870. In-8 de 84 pp. demi-rel. avec coins mar. vert, fil. dor. en tête, ébarbé. (*Dupré.*)

Exemplaire EN GRAND PAPIER DE HOLLANDE.

2263. Le Département des estampes à la Bibliothèque nationale. Notice historique, suivie d'un Catalogue des estampes exposées dans les salles de ce département, par le vicomte H. Delaborde. *Paris, E. Plon,* 1875. In-12, demi-rel. avec coins mar. vert, dor. en tête, non rog. (*Masson-Debonnelle.*)

2264. Note sur les musées nationaux, par M. Reiset. *Paris, Ch. de Mourgues,* 1875. Br. in-8 de 28 pp.

174 exemplaires.

2265. Exposition universelle de 1878. Notice sur les objets et documents exposés par les divers services de la ville de de Paris et du département de la Seine. *Paris,* 1878. In-8, br.

2266. Catalogues des objets d'art exposés au musée de Rouen : 1834, 1837, 1838, 1846, 1855, 1859 ; ens. 6 vol. In-12, br.

2267. Catalogue du musée de peinture, sculpture et dessins, de la ville de Rennes. *Rennes,* 1863. Grand in-12, br.

2268. Notice des tableaux et objets d'art composant le musée de la ville de Semur, par Horsin-Déon. *Paris,* 1854. Br. in-12 de 34 pp.

2269. Catalogue de la collection des pastels de Delatour se trouvant dans les salles d'étude de dessin de Saint-Quentin. 1856. Br. in-8, de 12 pp.

2270. Notice des tableaux, statues, bustes composant le musée de Toulouse, *an IV*, *an XIII*. et 1810. — Catalogue raisonné des tableaux du musée de Toulouse, par George 1864. Ens. 4 vol. in-12, br.

2271. Livret historique des peintures, sculptures, etc., du musée de Valenciennes. 1841. — Catalogue du musée de peinture et sculpture de la ville de Valenciennes et du musée Benezech. 1841. — Catalogue des tableaux, statues, dessins, etc., exposés dans les salles du musée des tableaux de la ville de Valenciennes. 1876. Ens. 3 vol. in-12, br.

2272. Notice historique des peintures et des sculptures du palais de Versailles. *Paris*, 1837. In-12, br.

2273. Notice des peintures et sculptures composant le musée impérial de Versailles, par Eud. Soulié. *Versailles*, 1854-55, 2 vol. grand in-12, br.

2274. Notice des tableaux exposés au musée d'Anvers. 1829. — Catalogue du musée d'Anvers. *S. l. n. d.* (1849). — Guide des étrangers dans la ville d'Anvers. 1852. Ens. 3 vol. in-12, cart. ou br.

2275. Notice des tableaux du musée de la ville de Gand. 1849. — Catalogue des ouvrages de peinture, sculpture, architecture, etc., exposés au musée de l'académie de Bruges. 1850. — Notice des tableaux qui composent le musée de l'hopital Saint-Jean à Bruges. *Deuxième édition*. 1845. — Le même, *troisième édition*. 1850. — Catalogue des ouvrages de peinture, sculpture, etc., exposés au musée de l'académie de Bruges. 1860. — Catalogue du musée de Bruges. Notices et descriptions, etc., par W.-H. James Weale. *Bruges*, 1861. — Tableaux de l'ancienne école néerlandaise exposés à Bruges. Catalogue, notices et descriptions, par W.-H. Weale, *Bruges*, 1867. Ens. 7 vol. in-12, br.

2276. Notice des tableaux et autres objets d'art exposés au musée du département de la Dyle, situé à Bruxelles, *Bruxelles, an* 1814. — Notice des tableaux, etc., composant le musée de Bruxelles. 1819. — Catalogue des tableaux exposés au musée de la ville de Bruxelles, 1837. — Le même, 1841. — Catalogue descriptif et historique du musée royal de Belgique (Bruxelles), par Ed. Fétis. *Bruxelles*, 1863. Ens. 5 vol. in-12, br.

2277. Le Musée de Bruxelles, par Ant. de Montaiglon. *Paris, Dumoulin.* 1850. Plaq. in-8 de 52 pp. cartonné.

2278. Catalogus der schilderijen op het museum der stad

Haarlem. *S. d.* — Description des tableaux qui constituent le musée d'Amsterdam. 1838. — Les mêmes. 1840-1849. — Notice des tableaux du musée d'Amsterdam. 1858. — Notice des tableaux exposés dans le musée de Rotterdam. 1862. — Beschrijting der Schilderijen, etc., in het museum Fodor, te Amsterdam. 1863. Ens. 7 vol. ou br. in-12, br.

2279. Notice des tableaux du musée royal à la Haye. *S. d.* 1850. Br. in-8 de 31 pp.

Exemplaire avec des notes manuscrites.

2280. Notice des tableaux du musée royal à la Haye. *S. d.* — Notice des tableaux du musée royal à la Haye. 1860. — Notice historique et descriptive des tableaux et des sculptures exposés dans le musée royal de la Haye. 1874. (2 exemplaires.) Ens. 4 vol. ou br. in-12, br.

2281. Catalog der offentlichen Kunstsammlung der Stadt Basel. 1852. Br. in-12 de 38 pp.

Exemplaire avec des notes manuscrites.

2282. Notice des tableaux exposés jusqu'à présent dans la galerie du musée du Roi. *Madrid*, 1828. — Catálogo de los cuadros del real museo de pintura. *Madrid*, 1845. — Catalogo provisional historial y razonado del museo nacional de pinturas, formado de orden de Excmo. Sr. ministro de Fomento, marquis de la Vega de Armijo por D. Gregorio Cruzada Villaamil. *Madrid*, 1865. — Catalogo de los objetos de la Real Armeria. *Madrid*, 1867. — Catalogo provisorio da galeria nacional de pintura esistente na academia real das bellas artes de Lisboa. *S. l.* 1868. Ens. 5 vol. in-12, cart. ou br.

2283. Museo de pintura (de Madrid). *S. l. n. d.* 1870. In-12, demi-rel. bas. rog. (*Mq. le titre.*)

Exemplaire avec des notes manuscrites.

2284. Description de la gallerie et du cabinet du Roi (de Prusse) à Sans-Souci. *A Potsdam, chez Chrétien fr. Vos,* 1764. In-8, veau marb.

2285. Description et explication des groupes, statues, bustes, bas-reliefs, etc., qui forment la collection de S. M. le roi de Prusse. par Matthias Oesterreich. *A Berlin, chez G.-J. Decker,* 1774. In-8, br.

2286. Königliche Museen. Verzeichniss der Gemäldersammlung. *Berlin*, 1855. — Verzeichniss der Kunstwerke, im städtischen Museum zu Leipzig. 1866. Ens. vol. in-12, br. et cartonnés.

2287. Catalogue des tableaux de la galerie électorale à Dresde. *A Dresde*, 1765. In-8, veau f. ant. tr. dor.

2288. Abrégé de la vie des peintres, dont les tableaux composent la galerie électorale de Dresde. *A Dresde,* 1782. In-12, front. gr. demi-rel. veau ant.

2289. Catalogue de la galerie royale de Dresde, par J. Hübner, traduit de l'allemand par L. Grangier. *Dresde, s. d.* 1856. In-12, cartonné.

2290. Dresde. Montpellier. *S. l.* 1858. In-8, br. figures photogr.

2291. Catalogue de la galerie royale de Dresde, par J. Hübner, traduction de J. Grangier, revue par A. Maillard. *Dresde*, 1868. In-12, cartonné.

2292. Erläuternder Catalog der Gemälder sammlung von Nicolaus Hudtwalcker, in Hamburg. *Hamburg*, 1861. In-8, cartonné.

2293. Catalogue des tableaux qui sont dans les quatre cabinets de S. A. S. E. Palatine, à Mannheim. *S. l.* 1756. In-12, veau ant.

2294. Catalogue des tableaux de la Pinacothèque royale à Munich, par G. de Dillis. *Munich*, 1839. — Catalogue des tableaux de l'ancienne Pinacothèque royale de Munich, par R. Marggraff. *Munich*, 1868. — Katalog der K. Gemälde-galerie in Augsburg. *Munchen,* 1869. — Katalog der Ausstellung von Gemälden älterer Meister im k. Kunstausstellungsgebäude gegenüber der Glyptothek in München. 1869. — Catalogue des tableaux de la nouvelle Pinacothèque royale à Munich. 1869. Ens. 5 vol. ou br. in-12, cart. ou br.

2295. Description de la Glyptothèque de S. M. Louis Ier, roi de Bavière. Détails d'architecture, par L. de Klenze; indication des sculptures et peintures. par L. Schorn. *Munich, s. d.* In-12, br.

2296. Verzeichniss der Gemälde in der königlich bayerischen Gallerie zu Schleissheim, verfasst im Jahre 1830. Georg von Dillis. *Munchen*, 1831. In-8, cartonné.

2297. Der königliche Bildersaal aus der Alt-Ober-und Niederdeutschen Schule in der S. Morizkapelle zu Nürnberg. *Nürnberg*, 1834. Plaq. in-8 de 32 pp. cart. figures.

2298. Catalogue des tableaux de la galerie impériale et royale de Vienne, composé par Chrétien de Méchel, d'après l'arrangement qu'il a fait de cette galerie en 1781. *A Basle*, 1784. In-8, br.

2299. Die moderne Schule der k. k. Gemälde-gallerie, von Albrecht Krafft. *Wien*, 1857. — Verzeichniss der kais. kön. Gemälde-gallerie im Belvedere zu Wien, von Albrecht Krafft. *Wien*, 1855. In-8, fig. cartonné.

2300. The general contents of the British Museum, with remarks, serving as a directory in viewing that noble cabinet. *London, printed for R. and J. Dodsley*, 1761. In-8, beau f. ant.

2301. The National Gallery. — Catalogue of the pictures, etc. *London*, 1839, 1851, 1852, 1857, 1862, 1864, 1875, 1876, 1877 et 1878. Ens. 15 vol. ou br. in-8, br.

2302. Guide du palais de Hamptoncourt. *Windsor*, 1844. — Catalogue of the art treasures of the united kingdom. Collected at Manchester, in 1857. — Catalogue of the collection of pictures bequeated to Dulwich College. *S. d.* — British Museum. — A Guide to the drawings and prints... 1859. — The Stranger's Guide to Hamptoncourt Palace and gardens. 1862, 1868, 1876. — International Exhibition. Official catalogue fine art department. 1862. Ens. 12 vol. ou br. in-12, br.

2303. Handbook to the public galleries of art in and near London; with critical, historical and biographical notices of the painters and pictures, by Mrs. Jameson. *London, J. Murray.* 1845. In-12, cartonné.

2304. Catalogue of the Soulages collection; being a descriptive inventory of a collection of works of decorative art, formerly in the possession of M. J. Soulages of Toulouse : exhibited to the public at the museum of ornamental art, by J. C. Robinson. December 1856. *London, s. d.* In-8, cart. dor. en tête, ébarbé.

2305. A Guide to the art collections of the South Kensington Museum. *London, s. d.* In-8, br. fig. n. et col.

2306. Les Trois Musées de Londres. Le British Museum. La National Gallery. Le South Kensington Museum.— Étude statistique et raisonnée de leurs progrès, de leurs richesses, de leur administration et de leur utilité pour l'instruction publique, par H. de Triqueti. (*Paris, de l'impr. de P.-A. Bourdier.*) 1861. Grand in-8, demi-rel. avec coins mar. vert foncé, dos orné, dor. en tête, non rog. (*Masson-Debonnelle.*)

Exemplaire en GRAND PAPIER DE HOLLANDE.

2307. Catalogue of the special exhibition of works of art of the mediæval, renaissance, and more recent periods, on loan at the South Kensington Museum. June 1862. *London*, 1862. 3 part. in-8, br.

2308. South Kensington Museum. — Italian Sculpture of the middle ages and period of the revival of art. A Descriptive Catalogue of the works forming the above section of the Museum, with additional illustrative notices, by J.-C. Robinson. *London*, 1862. In-8, cart. perc. bl.

2309. Catalogue of the collection of paintings, porcelain, bronzes, etc., and other works of art, lent for exhibition in the Bethnal Green branch of the south Kensington Museum, by sir Richard Wallace. *London*, 1872. In-8, br.

2310. A Descriptive Catalogue of the pictures in the Dulwich College Gallery; with biographical notices of the painters, by John C. L. Sparkes. *London*, 1876. In-8. br.

2311. Descriptive and historical Catalogue of the pictures in the National Gallery : with biographical notices of the painters. Foreign schools, by Ralph Nicholson Wornum, seventy first edition. *London*, 1877. In-8, br. — Le même. Sixty-ninth edition. *London*, 1876.

2312. The Grosvenor gallery illustrated catalogue. Winter exhibition (1877-78) of drawings by the old masters, and watercolour drawings by deceased artists of the British school, by J. Commins Carr. *London, s. d.* In-4, planches, br.

2313. Förteckning ofver statyer, byster och antiker, hvilka förvaras a kongl. Museum i Stockholm. 1854. — Fortegnelfe over den kongelige malerilamling paa Christiansborg Slot. 1856. — Notice des tableaux du musée national de Stockholm. 1867. — Catalogue des ouvrages de peinture de la galerie royale de Christiansborg. *Copenhague*, 1870. Ens. 4 br. in-12.

2314. Livret de la galerie impériale de l'ermitage de Saint-Pétersbourg. 1838. — Die Gemälde-Sammlung in der kaiserlichen Ermitage zu Saint-Petersburg nebst Bemerkungen über andere dartige Kunstsammlungen von Dr G.-F. Waagen. *München*, 1864. — Ermitage impérial. — Collection des dessins. *Saint-Pétersbourg*, 1867. — Ermitage impérial. — Catalogue de la galerie des tableaux. *Saint-Pétersbourg*, 1869-71. 3 vol. Ens. 6 vol. in-12 et in-8, br.

2315. Notice sur les objets d'art de la galerie Campana à Rome, acquis pour le musée impérial de l'Ermitage *Paris*, 1861. In-8, br.

DEUXIÈME PARTIE.

OUVRAGES GÉNÉRAUX

SUR LES ARTS.

2316. GAZETTE DES BEAUX-ARTS, courrier européen de l'art et de la curiosité. *Paris,* de 1859 au 1ᵉʳ décembre 1878; les 10 premières années sont reliées en 21 vol. gr. in-8 nomb. gravures sur bois et à l'eau-forte, vignettes, etc., demi-rel. avec c. mar. r. dorés en tête, non rognés.

<small>Les années 1869 à 1878 sont en vol. ou en livraisons br. Collection complète jusqu'à ce jour.</small>

2317. L'Art, revue hebdomadaire illustrée. *Paris, A. Ballue.* 1876 à 1878, 134 livraisons, pet. in-fol. nombr. gravures sur bois, eaux-fortes, vig. etc.

<small>Du 2 juillet 1876 (n° 79) au 8 décembre 1878 (n° 206).
Il manque dans le tome 1ᵉʳ de la troisième année les livraisons 108 et 109.</small>

2318. Revue universelle des arts, publiée par Paul Lacroix et M. C. Marzusi de Aguirre. *Paris et Bruxelles,* 1855-1856, 12 années en 23 vol. gr. in-8, demi-rel. mar. rouge, tr. peign.

2319. The fine Arts, quarterly review. June. October 1866. January and June 1867, *London, s. d.* 4 vol. gr. in-8, br. figures.

2320. Histoire de l'art chez les anciens, par J. Winckelmann, ouvrage traduit de l'allemand. *Yverdon,* 1784, 2 vol. in-12, veau marb.

2321. Lettres familières de M. Winckelmann. *A Amsterdam, et se vend à Paris chez Couturier,*

1781, 2 part. en un vol, in-12, portr. et vig. veau marb.

2322. Manuel de l'histoire de l'art chez les anciens, par le comte de Clarac. *Paris, J. Renouard*, 1847, 3 vol. in-12, demi-rel. veau fauve. (*Heldt jeune.*)

<small>*Première partie :* Description des musées de sculpture antique et moderne du Louvre.
Deuxième partie : Catalogue chronologique des artistes, écrivains et personnages célèbres, généalogie des Ptolémées, les familles romaines.
Troisième partie : Catalogue des artistes de l'antiquité jusqu'à la fin du vi^e siècle de notre ère.</small>

2323. De l'Art chrétien, par A.-F. Rio. *Paris, Hachette*, 1861-67, 4 vol. in-8, br.

2324. Les Études archéologiques sur le moyen âge de 1830 à 1867, par Alf. Darcel. *Paris, Didron*, 1873, plaq. gr. in-8, de 46 pp. cart. fig.

2325. Théophile, prêtre et moine, essai sur divers arts, publié par le comte Ch. de l'Escalopier et précédé d'une introduction par J.-Marie Guichard. *Paris et Leipzig*, 1843, in-4, demi-rel. avec coins mar. brun, dos orné, fil. à froid, dor. en tête n. rog. (*Capré.*)

<small>Texte en regard de la traduction.</small>

2326. La Renaissance des arts à la cour de France, études sur le xvie siècle, par le comte Delaborde. Tome Ier : Peinture. *Paris, L. Potier*, 1850, gr. in-8. — Addition au tome 1er. *Paris, L. Potier*, 1855, gr. in-8, ens. 2 vol. gr. in-8, demi-rel. avec coins mar. rouge, filets à froid, doré en tête, n. rog. (*Closs.*)

2327. La Renaissance des arts à la cour de France, études sur le xvie siècle, par le comte Delaborde. *Paris, J. Claye*, 1850, in-8, br.

2328. Les Ducs de Bourgogne, études sur les lettres, les arts et l'industrie pendant le xve siècle, et plus particulièrement dans les Pays-Bas et le duché de Bourgogne, par le comte Delaborde. *Paris, Plon,* 1849-52, 3 vol. in-8, demi-rel. avec c. mar. r. dorés en tête, ébarbés. (*Masson-Debon-nelle.*)

Seconde partie : Preuves.

2329. Trattato dell' arte della pittura, scoltura et architettura, di Gio. Paolo Lomazzo. *In Milano, per Paolo Gottardo Pontio,* 1585, in-4, vélin, tr. dor.

Ce traité a paru d'abord à Milan, en 1584, sous le titre de : *Trattato della pittura diviso in sette libri.*

2330. Trattato dell' arte della pittura, scultura ed architettura di Gio. Paolo Lomazzo, pittore del XVI secolo. *Roma,* 1844, 3 vol. in-8, demi-rel. avec c. mar. la Vallière fil. à fr. (*Capé.*)

2331. Raccolta di lettere sulla pitture, scultura ed architettura scritte da' più celebri professori che in dette arti fiorirono dal secolo xv al xvii. *In Roma,* 1754-64, 4 vol. pet. in-4, bas ant. marb.

2332. L'Idea de' pittori, scultori ed architetti, del cavalier Federigo Zuccaro. *In Roma,* 1768, in-4, demi-rel. avec c. mar. r. fil. à fr. doré en tête, non rog.

2333. L'Idea de' pittori, scultori ed architetti, del cavalier Federigo Zuccaro. *In Roma,* 1768, in-4, br.

2334. Lettere Senesi di un socio dell' academia di Fossano (il P. Guglielmo della Valle) sopra le belle arti. *In Venezia e Roma,* 1782-86, 3 vol. gr. in-4, figures, demi-rel. avec c. vél. tr. peigne. (*Capé.*)

2335. De l'Art de voir dans les beaux-arts; traduit de l'italien de Milizia, par le général Pommereul.

A Paris, chez Bernard, an VI de la Rép., in-8, cart.

2336. Enciclopedia metodica critico-ragionata delle belle arti dell' abate D. Pietro Zani, Fiorentino. *Parma*, 1819-1824, 19 tomes réunis 14 vol. in-8, demi-rel. mar. vert. (*Capé.*)

<small>Exemplaire provenant de la bibliothèque de M. F. Villot.</small>

2337. Opere di Filippo Baldinucci, con annotazioni del sig. Domenico Maria Manni. *Milano*, 1808-1811, 14 vol. in-8, portr. demi-rel. veau bl.

2338. Raccolta di lettere sulla pittura, scultura ed architettura scritte da' più celebri personaggi dei secoli xv, xvi et xvii, pubblicata da M. Gio. Bottari e continuata fino ai nostri giorni da Stefano Ticozzi. *Milano, per Giovani Silvestri*, 1822-25, 8 vol. in-12 vel. portr.

<small>De la *Biblioteca scelta di opere italiane antiche e moderne*,</small>

2339. Storia delle belle arti Friulane, scritta dal conte Fabio di Maniago. *Udine*, 1823, in-8, portr. demi-rel. bas. bl.

2340. L'Ape Italiana delle belle arti, giornale dedicato ai cultori ed amatori di esse. *Roma*, 1825, 4 tomes en 2 vol. in-4, demi-rel. bas.

<small>Cet ouvrage contient 146 planches gravées au trait.</small>

2341. Scelte Operette di Francesco Milizia. *Torino, Giuseppe Pomba*, 1830, in-18, cuir de R. r. fil. tr. dor. dent. int. (*Capé.*)

2342. Nuova Raccolta di lettere sulla pittura, scultura ed architettura scritte da' più celebri personaggi dai secoli xv à xix, con note ed illustrazioni di Michelangelo Gualandi in aggiunta a quella datta in luce da Mons. Bottari e dal Ticozzi. *Bologna*, 1844, 3 vol. in-12, br.

2343. Memorie originali italiane risguardanti le

belle arti. *Bologna*, 1840-45, 3 vol. in-8, renfermant les 6 séries, demi-rel. avec c. mar. r. tr. peigne.

2345. Scritti varj del P. Vincenzo Marchese. *Firenze*, 1855, in-12, br. portr.

2346. Archives de l'art français. Abecedario de P.-J. Mariette et autres notes inédites de cet amateur sur les arts et les artistes, ouvrage publié par MM. Ph. de Chennevières et A. de Montaiglon. *Paris, J.-B. Dumoulin*, 1851-60, 6 vol. — *Deuxième série.* Archives de l'art français, recueil de documents inédits relatifs à l'histoire des arts en France, publié sous la direction de M. A. de Montaiglon. *Paris, Tross,* 1861-62, 2 vol. — Documents publiés sous la direction de Ph. de Chennevières. *Paris, Dumoulin,* 1851-60, 6 vol. ens. 14 vol. in-8, demi-rel. avec c. mar. la Vall.

2347. Nouvelles Archives de l'art français, recueil de documents inédits publiés par la Société de l'histoire de l'art français, années 1872 à 1876. *Paris, J. Baur,* 1872-78, 6 vol. in-8, br. — Mémoires pour servir à l'histoire des maisons royalles et bastimens de France, par A. Félibien. *Paris, Baur,* 1874, in-8, br.

2348. Sentimens sur la distinction des diverses manières de peinture, dessins et gravure, et des originaux d'avec leurs espèces, par A. Bosse. *A Paris,* 1649, pet. in-12, front. gr. veau f. fil. tr. dor.

2349. Procès-verbaux de l'Académie royale de peinture et de sculpture, 1648-1792, publiés par M. An. de Montaiglon. *Paris, J. Baur,* 1875, 2 vol. in-8, br.

2350. Mémoires pour servir à l'histoire de l'Académie royale de peinture et de sculpture depuis 1648 jusqu'en 1664, publiés par M. An. de Montaiglon. *Paris, chez P. Jannet,* 1853, 2 vol. in-12, br.

2351. Conférences de l'Académie royale de peinture et de sculpture pendant l'année 1667. *A Paris, chez F. Léonard,* 1669, in-4, vél.

2352. Mémoires inédits sur la vie et les ouvrages des membres de l'Académie royale de peinture et de sculpture, publiés par MM. L. Dussieux, E. Soulié, A. de Montaiglon. *Paris, Dumoulin,* 1854, 2 vol. in-8, demi-rel. avec c. mar. la Vall. (*Lecorché.*)

2353. Académie royale de peinture et de sculpture. année 1791. *A Paris,* 1791, plaq. in-12 de 21 pp. br.

2354. Académie de France à Rome. Premiers grands prix de peinture, sculpture et architecture, de gravure en taille, en médaille en pierres fines et de paysage historique, depuis la fondation par le cardinal Mazarin, 1664, jusqu'en 1850 inclusivement. *Paris, D. Raimbault, s. d..* in-fol. de 12 pages lithographiées.

2355. Mercure de France, de 1672 à 1790. Table alphabétique des mémoires, mentions et articles intéressants pour *les arts, l'histoire et l'archéologie.* Environ 1000 cartes in-8, dans des cartons.

Extraits manuscrits sur feuilles volantes in-8, classés par ordre alphabétique.

2356. Sentimens des plus habiles peintres sur la pratique de la peinture et sculpture, mis en tables de préceptes avec plusieurs discours académiques, etc., par H. Testelin. *A Paris, chez la v° Mabre-Cramoisy*, 1696, in-fol. planches, veau marb.

Exemplaire en grand papier.

2357. Mémoires de Michel de Marolles, abbé de Villeloin. *Amsterdam*, 1755, 3 vol. in-12, veau marb. fil.

2358. Le Livre des peintres et graveurs, par Michel de Marolles, abbé de Villeloin, nouvelle édition revue par G. Duplessis. *A Paris, chez P. Jannet*, 1855, in-12, demi-rel. veau r. (*Heldt jeune.*)

2359. Cabinet des singularitez d'architecture, peinture, sculpture et gravure..., par Florent le Comte. *A Bruxelles, chez Lamb. Marchant*, 1702, 3 vol. in-12, front. gr. veau f. ant.

2360. Histoire universelle, traitée relativement aux arts de peindre et de sculpter, ou Tableaux de l'histoire, enrichis de connoissances analogues à ces talens, par M. Dandré-Bardon. *A Paris, chez Merlin*, 1769, 3 vol. in-12, veau ant.

2361. Les Deux Ages du goût et du génie françois sous Louis XIV et sous Louis XV, par M. de la Dixmerie. *A la Haye, et se trouve à Paris, chez Lacombe*, 1769, pet. in-8, demi-rel. mar.

2362. Recueil de pièces sur l'architecture, la sculpture, la peinture, etc., réunion de 13 pièces en 1 vol. in-4, demi-rel. veau marb.

<small>Fêtes de la liberté, et entrée triomphale des objets de sciences et d'arts recueillis en Italie. — Discours sur les monuments publics, prononcés au conseil du département de Paris, le 15 décembre 1751, par Armand-Guy Kersaint. *Paris*, 1792. 12 planches. — Mémoire sur la véritable entrée du monument égyptien qui se trouve à quatre lieues du Caire, auprès de Saccara, et qui a été consacré par la superstition à la sépulture des animaux adorés pendant leur vie..., par M. le duc de Chaulnes. *Paris*, 1783, etc., etc.</small>

2363. Essai sur les moyens d'encourager la peinture, la sculpture, l'architecture et la gravure, par J.-B.-P. Lebrun. *Paris, an III de la Rép.*, plaq. in-8, de 36 pp. cart.

2364. Sur la Situation des beaux-arts en France, ou Lettres d'un Danois à son ami; par T.-C.

Bruun Neergaard. *Paris*, 1801, in-8, fig. demi-rel. v. gris, doré en tête non rog.

2365. Sur la Situation des beaux-arts en France, ou Lettres d'un Danois à son ami; par T.-C. Bruun Neergaard. *A Paris*, 1801. — Seconde suite aux Considérations sur les arts du dessin, ou Projet de règlements pour l'école publique des arts du dessin, par Quatremère de Quincy. *A Paris, chez Desenne,* 1791.— De l'État des beaux-arts en France, et du Salon de 1810, par Fr. Guizot. *Paris Maradan,* 1810, ens. 3 ouvr. réun. en un vol. in-8, demi-rel. bas.

2366. Études sur les beaux-arts, essais d'archéologie et fragments littéraires, par L. Vitet. *Paris, Comon,* 1846, 2 vol. in-12, demi-rel. avec c. mar. vert, dorés en tête, non rog. (*Masson-Debonnelle.*)

2367. Articles publiés dans le Moniteur des arts du 13 décembre 1846 au 31 janvier 1847, par M. An. de Montaiglon. *Paris,* 1847, plaq. in-8, de 75 pp. cart.

2368. Essais sur l'organisation des arts en province, par Ph. de Chennevières. *Paris, Dumoulin,* 1852, in-12 carré, cart.

2369. Ph. de Chennevières. — Lettres sur l'art français en 1850. *Argentan,* 1851, plaq. in-12 de 80 pp. cart.

2370. Études sur les beaux-arts en général, par M. Guizot. *Paris, Didier,* 1852, in-8, br.

2371. Maxime du Camp. Les Beaux-Arts à l'Exposition universelle de 1855. *Paris,* 1855, in-8, br.

2372. Études critiques sur l'administration des Beaux-Arts en France de 1860 à 1870, par Em. Galichon. *Paris,* 1871, in-8, br.

2373. Critiques d'art et de littérature par le comte L. Clément de Ris. *Paris, Didier*, 1862, in-12, demi-rel. chag. r. (*Heldt jeune.*)

2374. Réponse à Vitet à propos de l'enseignement des arts du dessin, par Viollet-le-Duc. *Paris, A. Morel*, 1864, br. in-8, de 48 pp.

2375. Documents inédits pour servir à l'histoire des arts en Touraine, recueillis et publiés par Ch.-L. Grandmaison. *Paris, Dumoulin*, 1870, in-8, br.

<small>Tiré à 100 exemplaires.</small>

2376. Histoire de l'enseignement des arts du dessin au XVIIIe siècle. L'École royale des élèves protégés, par L. Courajod. *Paris, Dumoulin*, 1874, in-8, papier vergé, fig. demi-rel. mar. vert, doré en tête, ébarbé. (*Heldt jeune.*)

2377. Recueil de renseignements relatifs à la culture des beaux-arts à Genève, par F.-F. Rigaud. *Genève*, 1845, 4 part. en un vol. in-8, demi-rel. chag. br.

2378. Des Beaux-Arts à Genève, par J.-J. Rigaud. *Genève*, 1849, plaq. in-8, de 87 pp. cart.

2379. Traité de la peinture et de la sculpture, par Richarson. *A Amsterdam, chez Herman Ugtwerf*, 1728, 3 vol. in-8, vig. sur le titre, veau br.

<small>Le tome III est en deux parties.</small>

2380. Legends of the monastic orders, as represented in the fine arts, by Mrs. Jameson. *London*, 1863, in-8, cart. angl. perc. viol. ébarbé.

2381. Sacred and legendary Art, by Mrs. Jameson. *London, Longman, Green*, 1863, 2 vol. pet. in-4, cart. anglais.

2382. Les Arts en Portugal, par le comte A. Raczynski. *Paris, J. Renouard*, 1846, in-8, demi-rel. avec c. mar. r. (*Capé.*)

2383. Die christliche Kunst in Spanien, von J.-D. Passavant. *Leipzig*, 1853, in-8, cart.

2384. De l'Art en Allemagne, par Hippolyte Fortoul. *Paris, J. Labitte*, 1841, 2 vol. in-8, demi-rel. veau bl. (*Lebrun.*)

2385. Geschichte der deutschen Kunst im Elsass, von Dr Alfred Woltmann. *Leipzig,* 1876, in-8, br. figures dans le texte.

VIES D'ARTISTES EN GÉNÉRAL.

2386. Neues allgemeines Künstlerlexicon, oder Nachrichten von dem Leben und den Werken der Maler, Bildhauer, Baumeister, Kupferstecher, Formschneider, etc., etc., bearbeitet von Dr G.-K. Nagler. *München,* 1835-1852, 22 vol. in-8, demi-rel. mar. r.

Exemplaire au chiffre de Léon de Laborde.

2387. Vite de' pittori, scultori ed architetti moderni scritte da Leone Pascoli. *In Roma, per A. de' Rossi*, 1730-32, 3 vol. in-4, veau f. ant. fil.

2388. Serie degli uomini i più illustri nella pittura, scultura e architettura, con i loro elogi e ritratti incisi in rame cominciando dalla sua prima restaurazione fino ai tempi presenti. *In Firenze, l'anno* 1769-1775, 12 tomes en 4 vol. in-4, front. et portraits, veau marb. fil.

Ouvrage orné de 300 portraits gravés par G. Batt, Cecchi et autres, d'après Vasari, Holbein, Van Dyck, etc., etc.

2389. Vite dei pittori, scultori ed architetti moderni descritte da Gio. Pietro Bellori. *Pisa,* 1821, 3 vol.

— Dei veri Precetti della pittura di Gio.-Batista Armenino da Faenza. *Pisa,* 1823, 1 vol. ens. 4 vol. in-8, vél. non rog.

<small>Exemplaires en grand papier. Ce sont les tomes XIII, XIV, XV et XXII de la *Collezione di ottimi scrittori italiani in supplemento ai classici Milanesi.*</small>

2390. Dizionario degli architetti, scultori, pittori, intagliatori in rame ed in pietra, coniatori di medaglie, musaicisti, niellatori, intarsiatori d'ogni età e d'ogni nazione, di Stefano Ticozzi. *Milano,* 1830-33, 4 vol. in-8, portr. demi-rel. avec c. veau viol. (*Pfeiffer.*)

2391. Biografia degli artisti. *Venezia,* 1840, gr. in-8, demi-rel. veau f. (*Texte à deux colonnes.*)

2392. Memorie dei più insigni pittori, scultori e architetti Domenicani con aggiunta di alcuni scritti intorno le belle arti, del P.-L. Vinc. Marchese. *Firenze,* 1845, 2 vol. in-8, br. portr.

2393. Memorie dei più insigni pittori, scultori e architetti Domenicani, del P. Vincenzo Marchese. *Firenze,* 1854, 2 vol. in-12, br.

2394. Dictionnaire des Artistes, ou Notice historique et raisonnée des architectes, peintres, graveurs, sculpteurs, musiciens, acteurs et danseurs, imprimeurs, etc.; ouvrage rédigé par M. l'abbé de Fontenai. *Paris,* 1776, 2 vol. in-12, bas. marbr.

2395. Die Künstler aller Zeiten und Völker, oder Loben und Werke der berühmtesten Baumeister, Bildhauer, Maler, etc., etc., von den frühesten Kunstepochen bis zur Gegenwart, nach den besten Quellen bearbeitet von Fr. Müller. *Stuttgart,* 1857-64, 3 vol. in-8, demi-rel. chag. La Vall.

2396. LE VITE de' più eccellenti architetti, pittori, et scultori italiani, da Cimabue insino a' tempi nostri : descritte in lingua toscana, da Giorgio Vasari, pittore aretino. *In Firenze, Lorenzo Tor-*

rentino, 1550, 3 parties en 2 vol. pet. in-4, pages 1 à 992 plus 22 ff. non chiffrés, titres gr. cuir de Russie r. fil. dent. int. tr. dorée (*Capé.*)

PREMIÈRE ÉDITION.

2397. Le VITE de' più eccellenti pittori, scultori e architettori, scritte da M. Giorgio Vasari, di nuovo dal medesimo riviste et ampliate con i ritratti loro et con l'aggiunta delle vite de' vivi et de' morti dall' anno 1550 in fino al 1567. *In Fiorenza, appresso i Giunti*, 1568, 2 tomes en 3 vol. in-4, titres gr. portraits et figures vél.

Édition rare et très-recherchée. Le 1er vol. (partie 1re et 2me) a 28 ff. n. chiffrés, et 529 pp. Le 2me vol. (partie 3me vol. 1er) a 20 ff. prélim. n. chiffrés, 370 pp. et un f. pour le registre et la date. Le 3mo vol. (partie 3me, vol. 2me) à 42 ff. n. chiffrés, et pages 371 à 1004 (la dernière cotée 1012), plus 2 ff. pour l'errata, le registre et la date. Dans la 3me partie, vol. 2, les ff. 449-50 et 455-56 ont été imprimés après coup pour en remplacer deux autres qu'on a voulu supprimer. Dans cet exemplaire on trouve ces deux derniers ff. placés après le titre du tome II, part. 3e. Ils contiennent dans la Vie de Baccio Bandinelli des notices qui ne sont pas dans les premiers. Cette observation doit avoir échappé aux bibliographes qui n'en font pas mention.

2398. Vite de' più eccellenti pittori, scultori e architetti, scritte da Giorgio Vasari. *In Roma*, 1759-60, 3 vol. in-4, front gr. et portraits, demi-rel. avec c. mar. jans. tr. peigne (*Capé.*)

2399. Vite de' più eccellenti pittori, scultori e architetti scritte da M. Giorgio Vasari, pittore e architetto aretino in questa prima edizione sanese arricchite più che in tutte l'altre precedenti di rami di Giunte e di correzioni per opera del P.-M. Guglielmo della Valle. *In Siena*, 1791-1794, 11 vol. in-8, portraits et figures, demi-rel. avec c. veau f.

Mouillures au tome XI.

2400. Opere di Giorgio Vasari, pittore e architetto Aretino. *Firenze, S. Audin*, 1822-23, 6 tomes en 13 vol. in-12, portraits, demi-rel. veau f.

2401. Le Opere di Giorgio Vasari, pittore e architetto Aretino. *Firenze*, 1832-38, 2 vol. gr. in-8, portr. et figures gr. sur acier, demi-rel. avec c. mar. r. fil. (*Pfeiffer. Texte à deux colonnes.*)

2401 *bis*. Raccolta artistica. Manuale storico dell'arte greca. *Firenze*, 1846, 1 vol. — Le Vite de' più eccellenti pittori, scultori e architetti, di Giorgio Vasari. *Firenze, Felice Lemonnier*, 1846-1857, 13 vol. plus 1 vol. de tables publié en 1864, ens. 15 vol. in-12, portraits, demi-rel. avec c. mar. la Vall. fil. tr. peigne.

2402. Vies des peintres, sculpteurs et architectes les plus célèbres, par G. Vasari. *A Paris, chez Boiste*, 1803, in-8, portraits gr. à l'eau-forte demi-rel. bas.

2403. Vies des peintres, sculpteurs et architectes, par Giorgio Vasari, traduites par L. Leclanché, et commentées par Jeanron et L. Leclanché. *Paris, Just Teissier*, 1841-42, 10 vol. in-8, portraits, demi-rel. veau f. ant.

2404. Le Vite de' pittori, scultori, architetti ed intagliatori, dal pontificato di Gregorio XIII, del 1572, fino a' tempi di Papa Urbano VIII, nel 1642, scritte da Gio. Baglione Romano, con la vita di Salvador Rosa Napoletano, pittore et poeta, scritta da Gio. Battista Passari. *In Napoli*, 1743, in-4, demi-rel. avec c. mar. bl. fil. à fr. tr. peigne. (*Capé.*)

2405. Vite de' pittori, scultori ed architetti che hanno lavorato in Roma morti dal 1641 fino al 1673, di Giambattista Passeri, pittore e poeta. *In Roma*, 1772, in-4, v. rac.

2406. Memorie intorno i letterati e gli artisti della città di Ascoli nel Piceno scritte da Giacinto Cantalamessa Carboni. *Ascoli, L. Cardi*, 1830, in-4, demi-rel. avec c. mar. vert, fil. doré en téte, ébarbé. (*Masson-Debonnelle.*)

2407. Vite de' pittori, scultori e architetti Bergamaschi, scritte dal conte cavalier Francesco Maria Tassi. *In Bergamo*, 1793, 2 tomes en 1 vol. in-4, portr. demi-rel. avec c. vél. bl. tr. peigne.

2408. Notizie istoriche de' pittori, scultori ed architetti Cremonesi, opera postuma di Giambattista Zaist, pittore ed architetto Cremonese. *In Cremona*, 1774, 2 tomes en 1 vol. —Discorso di Alessandro Lamo intorno alla scoltura e pittura, dove ragiona della vita ed opere in molti luoghi, ed a diversi principi, e personaggi fatte dall' eccellentissimo e nobile M. Bernardino Campo, pittore Cremonese. *In Cremona*, 1774, ens. 2 ouvr. réunis en 1 vol. in-4, carton. non rogné.

2409. Gli Artisti italiani e stranieri negli stati Estensi, catalogo storico corredato di documenti inediti per G. Campori. *Modena*, 1855, in-8, demi-rel. bas. r. non rog.

2410. Catalogo istorico de' pittori e scultori Ferraresi e delle opere loro con in fine una nota esatta delle più celebri pitture delle chiese di Ferrara. *In Ferrara*, 1782-83, 4 tomes en 2 vol. in-12, titres gr. et portraits, demi-rel. avec c. mar. grenat, fil. à fr. dorés en tête, non rog.

2411. Vite de' pittori e scultori Ferraresi, scritte dall' arciprete Girolamo Baruffaldi con annotazioni. *Ferrara*, 1844, 2 vol. in-8, portr. br.

3412. Documenti ed illustrazioni risguardanti la storia artistica Ferrarese, per Luigi Napoleone Cav. Cittadella. *Ferrara,* 1868, in-8, demi-rel. avec c. mar. grenat, fil. doré en tête, ébarbé. (*Masson-Debonnelle.*)

2413. Lettera di Giampietro Cavazzoni Zanotti da premettersi alle Vite inedite de' pittori e scultori Ferraresi di Girolamo Baruffaldi seniore. *Bologna, s. d.*, plaq. in-8, de 35 p. cart.

2414. Vite de' pittori, scultori ed architetti Genovesi, di Raffaello Soprani. *In Genova*, 1768-69, 2 vol. in-4, titre, front gr. et nombr. portraits en médaillon, gr. par. Guidotti, Perini, etc., vél.

2415. Le Vite de' pittori, scoltori et architetti Genovesi, e de' forestieri, che in Genoua operarono con alcuni ritratti de gli stessi ; opera postuma dell' illustrissimo signor Rafaele Soprani, nobile Genovese ; aggiontaui la vita dell' autore, per opera di Gio. Nicolo Cavana, patritio Genovese. *In Genova, per Giuseppe Bottaro e Gio. Battista Tiboldi*, 1674, in-4, cart.

2416. Memorie storiche delle arti e degli artisti della Marca di Ancona, del marchese Amico Ricci, di Macerata. *Macerata*, 1834, 2 tomes en 1 vol. in-8, demi-rel. bas. bl.

2417. Raccolta de' pittori, scultori et architetti Modonesi più celebri, nella quale si leggono l' opere loro insigni, e doue l' hanno fatte..., per Don Lodovico Vedriani da Modona. *In Modona*, 1662, petit. in-4, vél.

2418. Notizie de' pittori, scultori, incisori e architetti natii degli Stati del serenissimo signor duca di Modena, con una appendice de' professori di musica raccolte e ordinate dal cavalier Ab. Girolamo Tiraboschi. *In Modena*, 1786, in-4, cart.

2419. Vite de' pittori, scultori ed architetti Napoletani, non mai date alla luce da autore alcuno, scritte da Bernardo de' Dominici, Napoletano. *In Napoli*, 1742-43, 3 tomes en 2 vol. in-4, vél.

Ouvrage rempli de notices curieuses.

2420. Biografia degli artisti Padovani di Napoleone Pietrucci. *Padova*, 1858, in-8, br. (*Texte à deux colonnes.*)

2421. Le Pompe sanesi, ovvero relazione delli huomini e donne illustri di Siena e suo stato, scritta dal padre maestro Fr. Isidoro Ugurgieri Azzolini. *In Pistoia*, 1649, 2 vol. pet. in-4, demi-rel. bas. ant.

2422. Le Vite de' pittori, degli scultori et architetti Veronesi, raccolte da varj autori stampati e manuscritti, e da altre particolari memorie..., del signor Fr. Bartolomeo Co. dal Pozzo, comm. *In Verona, per Giovanni Berno*, 1718, in-4, demi-rel. bas. ant.

2423. Documenti per la storia dell' arte Senese raccolti ed illustrati dal dott. Gaetano Milanesi. *Siena, presso Onorato Porri*, 1854, 3 vol. in-8, demi-rel. avec c. mar. or, fil. à fr. tr. peigne. (*Closs.*)

2424. État civil de quelques artistes français, extrait des registres des paroisses des anciennes archives de la ville de Paris, publié avec une introduction par M. Eug. Piot. *Paris, Pagnerre*, 1873, in-4, mar. bistre, tr. peign. (*Heldt.*)

2425. Actes d'état civil d'artistes français, peintres, graveurs, architectes, etc., extraits des registres de l'Hôtel de ville de Paris détruits dans l'incendie du 24 mai 1871, publiés par H. Herluison. *Orléans, H. Herluison*, 1873, in-8, demi-rel. chag. r. (*Heldt jeune.*)

2426. Dictionnaire biographique des artistes français du xiie au xviie siècle, par A. Bérard. *Paris, Dumoulin*, 1872, in-8, br.

2427. Notice sur quelques artistes français architectes, dessinateurs, graveurs du xvie au xviiie siècle, par H. Destailleur. *Paris, Rapilly*, 1863, in-8, demi-rel. avec c. mar. bl. fil. à fr. doré en tête, non rog. (*Closs.*)

2428. Vies des artistes anciens et modernes, architectes, sculpteurs, peintres, etc., par T.-B. Eméric-David. *Paris, Charpentier*, 1853, in-12, demi-rel. chag. la Vall.

2429. Artistes anciens et modernes, par Ch. Clément. *Paris, imp. de J. Claye,* 1876, in-12, br.

Exemplaire en grand papier de Hollande.

2430. Quelques Peintres, sculpteurs et ingénieurs, logez dans la galerie du Louvre. *S. l. n. d.*, plaq. in-4, cart.

Copie d'un MANUSCRIT du XVII° siècle, en vers, de 9 pages avec une table alphabétique des artistes cités.

2431. Les Artistes du nord de la France et du midi de la Belgique, aux XIV°, XV° & XVI° siècles, par Al. de la Fons, baron de Mélicocq. *Béthune,* 1848, in-8, cart.

2432. Château de Vaux-le-Vicomte. — Documents sur les artistes, peintres, sculpteurs, etc., qui ont travaillé pour le surintendant Fouquet, par M. Eug. Grésy. *Melun,* 1861, plaq. in-8 de 26 pp. cart.

2433. Artistes orléanais, peintres, graveurs, sculpteurs, architectes, par H. H***. *Orléans, Herluison,* 1863, in-8, cart.

2434. Les Artistes français à l'étranger, par L. Dussieux. *Paris, Didron,* 1852, gr. in-12, cart. tr. ébarbée.

2435. Les Artistes français à l'étranger, recherches sur leurs travaux et sur leur influence en Europe, par L. Dussieux. *Paris, Gide et J. Baudry,* 1856, gr. in-8, avec coins mar. bleu foncé, dos orné, tr. peigne. (*Closs.*)

2436. Les Artistes français à l'étranger, par L. Dussieux. *Paris, Lecoffre,* 1876, in-8, br.

2437. Les Artistes belges à l'étranger, études biographiques, historiques et critiques, par Ed. Fétis. *Bruxelles, Hayez, imp.,* 1857-1865, 2 vol. in-8, br.

2438. De Levens en werken der hollandsche en vlaamsche Kunstschilders, beeldhouwers, graveurs en bouwmeesters, van het bigin der vijftiende eew tot heden, door J. Immerzeel, fr. uitgegeven door Mr C.-H. Immerzeel, en C. Immerzeel. *Amsterdam, J.-C. Van Kesteren,* 1842-1843, 3 vol. in-8, portraits, demi-rel. avec coins mar. rouge, fil. à froid, tr. peign. (*Closs.*)

2439. Gustave Planche. — Portraits d'artistes, peintres et sculpteurs. *Paris,* 1853, 2 vol. — Études sur l'école française. *Paris,* 1855, 2 vol. — Étude sur les arts. *Paris, Michel Lévy,* 1855, ens. 5 vol. in-12, br.

2440. Histoire abrégée des plus fameux peintres, sculpteurs et architectes espagnols, traduite de l'espagnol de Don Antonio Palamino Velasco. *A Paris,* 1749, in-12, veau ant. marb.

2441. Diccionario histórico de los mas illustres profesores de las bellas artes en España, compuesto por D. Juan Agustin Cean Bermudez y publicado por la Real Academia de S. Fernando. *Madrid,* 1800, 6 vol. in-12, demi-rel. avec coins v. fauve.

2442. Les Arts italiens en Espagne, ou Histoire des artistes italiens qui contribuèrent à embellir la Castille. *Rome,* 1825, in-4, vél. antiq. dent. sur les plats.

Le texte italien précède la traduction française.
Exemplaire en papier fort.

2443. The Lives of the most eminent british painters, sculptors and architects, by Allan Cunningham. *London, J. Murray*, 1830-31, 6 vol. in-12, portraits & figures gr. sur acier, demi-rel. avec c. veau f. (*Rel. angl.*)

2444. Monogrammen-lexicon, enthaltend die bekannten, zweifelhaften und unbekannten Zeichen, so wie die Abkurzungen der Namen der Zeichner, Maler, Formschneider, Kupferftecher Lithographer, mit kurzen Nachrichten über dieselben, von J. Heller. *Bamberg*, 1831, in-8, demi-rel. veau ant.

2445. Dictionnaire des monogrammes, marques figurées, lettres initiales, noms abrégés, etc., avec lesquels les peintres, dessinateurs, graveurs et sculpteurs ont désigné leurs noms, par Fr. Brulliot. *Munich*, 1832, 3 parties avec appendice en 1 vol. in-4, demi-rel. avec coins mar. vert foncé, dor. en tête, n. rog.

2446. Raccolta di cataloghi ed inventarii inediti di quadri, statue, disegni, bronzi, etc., del secolo xv al secolo xix, per cura di Giuseppe Campori. *Modena,* 1870, in-8, br.

2447. Galerie antique, ou Collection des chefs-d'œuvre d'architecture, de sculpture et peintures antiques, monumens de la Grèce, par J.-G. Legrand. *Paris, chez Durand*, 1842, in-fol. 93 planches au trait, cart. non rog.

2448. Les OEuvres d'art de la Renaissance italienne au temple de Saint-Jean (baptistère de Florence), par F.-A. Gruyer. *Paris, Renouard*, 1875, in-8, fig. demi-rel. mar. vert clair, doré en tête, non rog. (*Heldt jeune.*)

2449. Monumenti sacri e profani dell' imperiale e reale basilica di Sant' Ambrogio in Milano, con tavole incise sul rame. *Milano,* 1824, in-4, br. planches.

2450. Inventaire des objets d'art composant la succession de Florimond Robertet, ministre de François Ier, dressé par sa veuve, le 4e jour d'août 1532 ; précédé d'une notice par Eug. Grésy. *S. l. n. d.,* plaq. in-8 de 66 pp. demi-rel. chag. bl. (*Heldt jeune.*)

Extrait du XXX° volume des Mémoires de la Société impériale des antiquaires de France.

2451. Inventaire des meubles de Catherine de Médicis en 1589, mobilier, tableaux, objets d'art, manuscrits, par Ed. Bonaffé. *Paris, A. Aubry,* 1874, gr. in-12, br. portr.

Tiré à 250 exemplaires.
Exemplaire en papier de Hollande.

2452. Inventaire des meubles de Catherine de Médicis en 1589, mobilier, tableaux, objets d'art, manuscrits, par Ed. Bonaffé. *Paris, A. Aubry,* 1874, in-12, br. portr.

2453. Le Trésor des merveilles de la maison royale de Fontainebleau, contenant la description de son antiquité, de sa fondation, de ses bastimens, de ses rares peintures, tableaux, etc., etc., par le R. P. J.-Pierre Dan. *A Paris, chez Sébastien Cramoisy,* 1642, in-fol. figures, vélin.

Exemplaire dans sa première reliure.

2454. Recueil manuscrit et imprimé de pièces sur Napoléon et les guerres d'Italie, 1796-1801, gr. in-8, rel.

Il est aussi question dans ce recueil de quelques œuvres d'art.

2455. Souvenirs de l'exposition de M. Dutuit (extrait de sa collection). *Paris,* 1869, in-4, cart. 34 pl. n. et en coul.

2456. Histoire du mobilier, recherches et notes sur

les objets d'art qui peuvent composer l'ameublement et les collections de l'homme du monde et du curieux, par Alb. Jacquemart, avec une notice sur l'auteur par M. H. Barbet de Jouy. *Paris, Hachette*, 1876, gr. in-8, br.

<small>Ouvrage contenant plus de 200 eaux-fortes.</small>

2457. Inventaire des objets d'art et d'antiquité des églises paroissiales de Bruges, dressé par la commission provinciale. *Bruges*, 1848, in-8, figures, demi-rel. veau bl. (*Heldi jeune.*)

2458. The History of our Lord as exemplified in works of art : with that of his types; St. John the Baptist and other persons of the Old and New Testament, commenced by the late Mrs. Jameson, continued and completed by lady Eastlake. *London, Longman, Green*, etc., 1864, 2 vol. pet. in-4, figures, cart. anglais.

2459. Legends of the Madonna as represented in the fine arts forming the third series of sacred and legendary Art, by Mrs. Jameson, illustrated by etchings and woodcuts. *London*, 1864, gr. in-8, gravures, cart. anglais.

2460. Sandrart. L'Accademia Tedesca della architettura, scultura e pittura; oder deutsche Academie... *Nuremberg*, 1675, 2 tomes en 1 vol. in-folio, veau.

<small>Tomes I et II. A la fin se trouve la Vie de Sandrart en allemand. Dans ce volume, on trouve les portraits de *Giorgone* par Van Dalen, du *Tintoret*, de *Breughel*, d'*Alb. Dürer*, tirés à part, de format in-fol.</small>

2461. Réflexions sur la peinture et la gravure, accompagnées d'une courte dissertation sur le commerce de la curiosité et les ventes en général, par C.-F. Joullain. *A Metz, et se trouve à Paris, chez Demonville-Musier*, 1786, in-12, bas. ant.

2462. Le Trésor de la curiosité, tiré des Catalogues

de vente de tableaux, dessins, estampes, livres, etc., etc., par M. Ch. Blanc. *Paris, Renouard,* 1857-58, 2 vol. in-8, demi-rel. v. f. (*Galette.*)

2463. Le Cabinet de l'amateur et de l'antiquaire, revue des tableaux et des estampes anciennes, des objets d'art, d'antiquité et de curiosité. *Paris,* 1842-1846, 4 vol. in-8, figures demi-rel. avec coins mar. brun la Vallière, filets à froid, tr. peign. (*Closs.*)

<small>Cet exemplaire possède la planche *du fumeur*, gravée par Meissonnier; elle est placée au tome 1er en regard du titre.</small>

2464. Les Collectionneurs de l'ancienne France, notes d'un amateur, par Ed. Bonaffé. *Paris, A. Aubry,* 1873, pet. in-8, demi-rel. avec c. veau f. fil. dos orné, doré en tête, non rog. (*R. Raparlier.*)

2465. Les Amateurs d'autrefois, par L. Clément de Ris. *Paris, E. Plon,* 1877, in-8, br. 8 portraits, gr. à l'eau-forte.

2466. Un Curieux du XVII° siècle. Michel Bégon, intendant de la Rochelle. Correspondance et documents inédits, recueillis, publiés et annotés par G. Duplessis. *Paris, Aubry,* 1874, in-8, portr. demi-rel. mar. la Vallière, doré en tête, non rog. (*Heldt jeune.*)

2467. La Curiosité, collections françaises et étrangères, cabinets d'amateurs, biographies, par L. Clément de Ris. *Paris, J. Renouard,* 1864, pet. in-8, cart. tr. ébarbée.

2468. Histoire des plus célèbres amateurs italiens et de leurs relations avec les artistes, par J. Dumesnil. *Paris, J. Renouard,* 1853, in-8, demi-rel. chag. r. (*Heldt.*)

2469. Histoire des plus célèbres amateurs français et de leurs relations avec les artistes, faisant suite à celle des plus célèbres amateurs italiens, par M. J. Dumesnil. *Paris, E. Dentu*, 1856-5o, 3 vol. in-8, demi-rel. chagr. r. (*Heldt jeune.*)

2470. Annuaire des artistes et des amateurs, publié par P. Lacroix. *Paris, J. Renouard, années* 1860-1861 & 1862, 3 vol. in-8, portr. & fig. sur bois, demi-rel. chagr. r.

PEINTURE.

1. *Généralités.* — *Arts du dessin.*

2471. La Pittura, di L. Battista Alberti, tradotta per M. L. Domenichi. *In Vinegia, G. Giolito,* 1547, pet. in-8 de 47 ff. demi-rel. vél. — Dans le même volume : Disegno del Doni, partito in più ragionamenti, ne' quali si tratta della scoltura et pittura, con historici essempi et sentenze. *In Vinetia, G. Giolito,* 1549, 64 ff.

Le titre et les deux feuillets de dédicace ont été restaurés dans les marges extérieures ; une partie du texte est enlevée au 1ᵉʳ f. seulement.

2472. Disegno del Doni, partito in più ragionamenti, ne' quali si tratta della scoltura et pittura, con historie, essempi et sentenze. *In Vinetia, appresso Gabriel Giolito di Ferrarii*, 1549, in-12 de 64 ff. vél.

Ouvrage peu commun.

2473. Dialogo della pittura di M. Lodovico Dolce, intitolato l'Aretino, nel quale si raggiona della dignità di essa pittura... *In Vinegia, G. Giolito*, 1557, pet. in-8 de 60 ff. mar. la Vallière foncé, tr. dorée. (*Capé.*)

ÉDITION ORIGINALE. Rare.

2474. Dialogo di M. Lodovico Dolce, nel quale si ragiona delle qualità, diversità e proprietà de i colori. *In Venetia, appresso Gio. Batt. Marchia*, 1565, pet. in-8 de 88 ff. vélin.

2475. La Carta del navegar pitoresco, dialogo tra un senator Venetian deletante, e un professor de pitura, soto nome d'Ecelenza e de Compare..., opera de Marco Boschini. *In Venetia, per li Baba*, 1660, in-4, figures, demi-rel. avec coins en vél. bl. non rogné.

<small>Exemplaire couvert de notes manuscrites en italien.</small>

2476. Joachimi de Sandrart Academia nobilissimæ artis pictoriæ, sive de veris et genuinis hujusdem proprietatibus, etc. *Noribergæ*, 1683, 2 part. en 1 vol. in-fol. front. gr. portr. figures et vignettes gr. par R. Collin et planches de portr. en médaillon, gr. par Jacob Sandrart, Kilian, etc., d'après Joachimo de Sandrart, etc., veau f. ant.

<small>Exemplaire aux armes et au chiffre de Bignon. Bonnes épreuves des figures.</small>

2477. Idea del tempio della pittura di Gio. Paolo Lommazo, pittore. *In Bologna, s. d.*, in-8, portr. gr. en médaillon sur le titre, demi-rel. avec coins mar. la Vallière foncé, fil. à fr. tr. peigne. (*Capé.*)

2478. L'Abcedario pittorico dall' autore (Fr. Pellegrino Antonio Orlandi). *In Bologna*, 1719, in-4, vél.

2479. L'Art nouveau de la peinture en fromage ou en ramaquin, inventée pour suivre le louable projet de trouver graduellement des façons de peindre inférieures à celles qui existent (par Rouquet). *A Marolles*, 1755, plaq. in-12 de 20 pp. demi-rel. veau gris.

2480. Brochures sur la peinture et l'art moderne, 19 pièces réunies en un vol. in-12, demi-rel. mar. vert. — L'Histoire en peinture, par Ch. Dezobry. *Paris*, 1848. — Discours sur la cire punique, par le chevalier Lorgna. *Paris*, 1785. — La Peinture moderne, poème. *Amsterdam*, 1755.

— Opinion sur les musées, par Deseine. *Paris, an XI.* — Un Mot sur le tableau d'Iphigénie, par J.-P. Du Pavillon. *Paris,* 1824. — Mémoire sur la peinture à l'encaustique et sur la peinture à la cire, par le comte de Caylus. *A Genève et se vend à Paris, chez Pissot,* 1755, front. gr. — Etc., etc.

<small>Exemplaire au chiffre de L. de Laborde.</small>

2481. Lettre à un amateur de la peinture avec des éclaircissements historiques sur un cabinet et les auteurs des tableaux qui le composent (par C.-L. von Hagedorn). *A Dresde,* 1755, in-12, fig. mar. rouge, dent. sur les plats, tr. dorée. (*Rel. anc.*)

2482. Avvertimenti di Giampietro Cavazzoni Zanotti per lo incamminamento di un giovane alla pittura. *In Bologna,* 1756, in-8, br.

2483. Saggio sopra la pittura. *Livorno, per Marco Coltellini in Via grande,* 1763, in-12, cart.

2484. Delle Arti del disegno, discorsi del cav. Giosué Reynolds. *In Firenze,* 1778, in-12, portr. vél.

2485. OEuvres complètes d'Antoine-Raphaël Mengs, premier peintre du roi d'Espagne ; contenant différens traités sur la théorie de la peinture, traduit de l'italien par Jansen. *Paris,* 1786, 2 vol. in-4, v. rac.

<small>Exemplaire donné en prix en l'an X par le Lycée de la ville de Lyon.</small>

2486. El Museo pictórico y escala óptica. — Teórica de la pintura, en que se describe su orígen, esencia, especies y qualidades, con todos los demas accidentes que la enriquecen é ilustran; y se prueban con demonstraciones matemáticas, fundamentos, por Don Antonio Palomino de Castro y Velasco. *En Madrid,* 1795, 3 tomes en un vol. in-fol. planches, demi-rel. v. fauve. (*Bibolet.*)

2487. Dizionario delle belle arti del disegno estratto in gran parte dalla enciclopedia metodica da Francesco Milizia. *Bassano,* 1797, 2 tomes en un vol. pet. in-8, demi-rel. vél. bl.

2488. Notizia d'opere di disegno nella prima metá del secolo XVI esistenti in Padova, Cremona, Milano, Pavia, Bergamo, Crema et Venezia, scritta da un anonimo di quel tempo, pubblicata e illustrata da D. Jacobo Morelli. *Bassano,* 1800, in-8, demi-rel. avec c. mar. la Vall. fil. à fr. tr. peigne. (*Capé.*)

2489. Memorie Trevigiane sulle opere di disegno dal mille e cento al mille ottocento per servire alla storia delle belle arti d'Italia. *Venezia,* 1803, 2 tomes en un vol. pet. in-4, bas. marb.

2490. Discours historiques sur la peinture moderne, par T.-B. Eméric-David. *Paris,* 1812, in-8, demi-rel. bas.

2491. Di Cennino Cennini, trattato della pittura messo in luce, la prima volta con annotazioni dal cavaliere Giuseppe Tambroni. *Roma,* 1821, in-8, cart. non rog.

Exemplaire interfolié de papier blanc. Il est à regretter que cet excellent ouvrage n'ait pas encore été traduit; écrit au XVe siècle et terminé en 1437, ce livre, publié à Rome et annoté par Tambroni, nous donne les plus précieux renseignements sur les divers procédés de peinture et les couleurs employés par les artistes du temps.

2492. MONUMENTS des arts du dessin chez les peuples tant anciens que modernes, recueillis par le baron Vivant Denon, pour servir à l'histoire des arts, lithographiés par ses soins et sous ses yeux, décrits et expliqués par Amaury Duval. *A Paris, chez Brunet Denon, impr. de F.-Didot,* 1829, 4 vol. in-fol. planches lith. cart.

2493. Histoire de la peinture au moyen âge, suivie de l'histoire de la gravure, du discours sur l'influence des arts du dessin, et du Musée olympique, par T.-B. Éméric-David, avec une notice sur l'auteur P. L. Jacob (P. Lacroix). *Paris, Ch. Gosselin,* 1842, in-12, demi-rel. chag. grenat. (*Heldt jeune.*)

2494. Di alcune Opere di disegno da rivendicare al loro autore l'artista Sanese Baldassarre Peruzzi. *S. l. n. d.*, plaq. gr. in-4, de 12 pp. cart.

<small>Extrait du journal : *Il Buonarroti*, mars 1871.</small>

2495. Répertoire de tableaux, dessins et estampes, ouvrage utile aux amateurs. (*Première partie.*) *A Paris, chez Demonville, Musier, Joullain,* 1783, in-12, cart.

2496. L'Art de peindre, poëme, avec des réflexions sur les différentes parties de la peinture, par M. Wattelet. *Amsterdam,* 1761, in-12, front. gr. veau marb.

2497. Le Peintre amateur et curieux... ouvrage très-utile, par G.-P. Mensaert, peintre. *A Bruxelles, chez P. de Bast,* 1763, 2 tomes en un vol. in-12, front. gr. veau ant.

2498. Diuina ǁ proportione ǁ opera ǁ a tutti glingeni perspi ǁ caci e curiosi necessaria Oue cia ǁ scun studioso di philosophia : ǁ Prospectiua : pictura : sculptu ǁ ra : architectura : musica : e ǁ altre mathematice : sua ǁ uissima : sottile : e ad ǁ mirabile doctrina ǁ consequira : e de ǁ lectarassi : co va ǁ rie questioni ǁ de secretissi ǁ ma scien ǁ tia. M. Antonio Capello eruditiss. recensente : A. Paganius Paganinus characteribus elegantissimis accuratissime imprimebat, in-fol. dérelié, planches.

<small>Ouvrage de Lucas Pacioli de Borgo, suivi de 57 planches gravées en bois. Le bas du titre est déchiré.</small>

2499. Disegni originali d'eccellenti pittori esistenti nella real galleria di Firenze, incisi ed imitati nella loro grandezza e colori, da S. Moulinari. *S. l.* (*Firenze*), 1774, in-fol. 40 planches, veau ant. marb. fil. tr. dorée.

Exemplaire incomplet des 10 dernières planches.

2500. Imitations of ancient and modern drawings, from the restoration of the arts in Italy to the present time, together with a chronological account of the artists, in english and french, by C.-M. Metz. *London*, 1798, gr. in-fol. 108 planches, veau marb.

2501. Original Designs of the most celebrated masters of the Bolognese, Roman, Florentine and Venetian Schools; comprising some of the works of Leonardo da Vinci, the Carracci, Claude Lorrain, Raphael, Michael Angelo, the Poussin and others, in His Majesty's collection, engraved by Bartolozzi, P.-W. Tomkins, etc., with biographical and historical sketches of L. da Vinci and the Caracci, by J. Chamberlaine. *London*, 1812, in-fol. planches demi-rel. avec c. mar. r. fil. tr. dorée.

Publié de 1797 à 1811.

2502. The Italian School of design : being a series of fac-similes of original drawings by the most eminent painters and sculptors of Italy; with biographical notices of the artists, and observations on their works, by W. Young Ottley. *London*, 1823, in-fol. 84 planches, demi-rel. bas.

2503. A Series of plates, engraved after the paintings and sculptures of the most eminent masters of the early florentine school; intended to illustrate the history of the restoration of the arts of design in Italy ; by W. Young Ottley. *London*, 1826, in-fol. 54 planches, demi-rel. bas. v.

2504. Musée Wicar à Lille. Recherches sur l'auenticité d'un livre de croquis attribué par Wicar à Michel-Ange Buonarroti, par C. Benvignat. *Lille*, 1866, plaq. in-8 de 12 pp. cart. fac-simile.

2505. A critical Account of the drawings, by Michel Angelo and Raffaello in the university galleries, Oxford by J.-C. Robinson. *Oxford, at the Clarendon Press*, 1870, in-4, cart. anglais, n. rog.

<small>Exemplaire en grand papier avec envoi autographe de l'auteur à M. Em. Galichon.</small>

2506. A Collection of fifty etchings, after Raphael, Julio Romano, Guido, Parmigiano, Alb. Dürer, P. Veronese, etc., etc., executed by Huck, Selcke and Billinger, after the original drawings in the collection of the elector palatine, duke of Bavaria, etc., at Dusseldorff, published by John and Josiah Boydell. *London*, 1787, in-fol. 50 planches, cart.

2507. Trenta Disegni di Raffaello posseduti dalla I.-R. Accademia di Venezia illustrati da Francesco Zanotto. *Venezia*, 1844, in-4, planches, demi-rel. avec c. veau f.

2508. Disegni di Leonardo da Vinci incisi sugli originali da Carlo Giuseppe Gerli, riprodotti con note illustrative da Giuseppe Vallardi. *Milano*, 1830, in-fol. 61 planches, cart. non rog.

2509. Raccolta di disegni originali di Fra. Mazzola detto il Parmigianino, tolti dal gabinetto di Sua Eccellenza il sig^{re} conte Alessandro Sanvitale, incisi da Benigno Bossi. *Parma*, 1772, pet. in-fol. titre gr. et 29 planches, dérel.

2510. Recueil de fac-simile de dessins du Parmesan, 29 pièces, in-4, en noir ou en couleurs.

2511. Album Michelangiolesco dei disegni originali riprodotti in fotolitografia. *Firenze,* 1875, in-4, obl. planches, cart.

2512. Répertoire de tableaux, dessins et estampes. Première partie. — *A Paris,* 1783, in-12, demi-rel. avec c. mar. vert, fil. doré en tête ébarb.

2513. LIBER VERITATIS; or a collection of prints, after the original designs of Claude Le Lorrain; in the collection of His Grace the duke of Devonshire, executed by Richard Earlom, in the manner and taste of the drawings, to which is added a descriptive catalogue of each print, etc. *London, published by Boydell, s. d.* (1779-1819), 3 vol. in-fol. portraits et planches teintées, demi-rel. avec c. mar. r. non rog. (*Kleinhans.*)

<small>Le tome III est de premier tirage, avant la lettre.</small>

2514. Recueil de 221 sujets gravés à l'eau-forte, d'après les dessins du cabinet du roy, par le comte de Caylus; réun. en un vol. in-fol. demi-rel. avec c. veau f. ant.

2515. CHOIX DE DESSINS de la collection de M. de St-Morys, gravés en imitation des originaux, faisant à présent partie du Musée national. *S. d.*, gr. in-fol. 130 planches, cart.

<small>Sur le feuillet qui précède la première planche, on trouve une note manuscrite signée de la main de M. Vialard Saint-Morys, son fils, datée du 10 mai 1810, dont nous donnons le texte ci-dessous :
« Il n'existe que cinq exemplaires de cette suite de gravures d'après des « dessins faisans partie de la collection de mon père. Les cuivres ont été « pris dans sa maison, rue Vivienne à l'époque où on avoit besoin de ce « métal pour fondre des canons. »</small>

2516. Description abrégée des dessins de diverses écoles appartenant à M. Fréderic Reiset. *Paris, A. Guyot et Scribe,* 1850, in-8, mar. rouge, fil. à comp. tr. dorée. (*Dupré.*)

2517. Collection de dessins originaux de grands maîtres, gravés en fac-simile par Alph. Leroy, avec texte explicatif par MM. F. Reiset et F. Villot. *Paris, Rapilly*, s. d., gr. in-fol. 30 planches, demi-rel. avec c. mar. grenat, fil. à fr. tr. dorée. (*Dupré.*)

2518. Notice des dessins placés dans les galeries du musée royal au Louvre. *Paris, Vinchon*, 1839, in-12, cart.

2519. Notices illustrative of the drawings and sketches of some of the most distinguished masters in all the principal schools of design, by the late Henry Reveley. *London*, 1820, in-8, fig. demi-rel. avec c. chag. grenat, fil.

2520. A brief chronological Description of a collection of original drawings and sketches by the old masters of the different schools of Europe, from the revival of art in Italy in the XIIIth to the XIXth century; formed by the late Mr. William Mayor. *London*, 1875, in-8, cart. perc. v.

2521. Des alteren Lucas Müllers genannt Cranach Handzeichnungen, ein Nachtrag zu Albrecht Durers christlich mythologischen Handzeichnungen. *München*, 1818, pet. in-fol. cart. 8 planches au bistre.

2522. Die Werke der Maler in ihren Handzeichnungen, beschreibendes Verzeichniss der in Kupfer gestochenen, lithographirten und photographirten Facsimiles von Originalzeichnungen grosser Meister, gesammelt und herausgegeben von Rudolph Weigel. *Leipsig*, 1865, fort vol. in-8, cart. non rog.

2. *Vies et ouvrages des peintres de toutes les écoles.*

2523. VIES ET OEUVRES des peintres les plus célèbres de toutes les écoles, recueil classique publié par C.-P. Landon. *Paris*, 1803-1824, 25 tomes réunis en 13 vol. in-4, planches au trait, demi-rel. bas. r.

Ces 25 volumes renferment les œuvres de : Raphaël, 8 vol. — Michel-Ange, avec la vie de Baccio Bandinelli, et Daniel Ricciarelli, dit De Volterre, 2 vol. — du Dominiquin (D. Zampieri) et la vie de F. Albani, 4 vol. — du Poussin, 4 vol. — de Lesueur, 2 vol. — Choix de peintures antiques, 2 vol. — Vie et œuvre du Corrège, 2 vol. — Vie et choix de l'œuvre de L. de Vinci, du Titien, du Guide, de P. Véronèse, 1 vol.

2524. Noms des peintres les plus célèbres et les plus connus, anciens et modernes. *A Paris*, 1679. In-12, veau ant.

2525. Abcedario pittorico nel quale compendiosamente sono descritte le patrie, i maestri, ed i tempi ne' quali Fiorirono circa quattro mila professori di pittura, di scultura, d'architettura..... Il tutto disposto in alfabetto per maggior facilità de' dilettanti, da Fr. Pellegrino Antonio Orlandi, da Bologna. *In Bologna*, 1704, pet. in-4, fig. bas. ant.

2526. Entretiens sur les vies et sur les ouvrages des plus excellens peintres anciens et modernes, avec la vie des architectes, par M. Félibien. *A Trévoux, de l'impr. de S. A. S.*, 1725, 6 vol. in-12, front. et fig. bas. r. non rogné.

2527. Tables historiques et chronologiques des plus fameux peintres anciens et modernes, par Antoine-Frédéric Harms. *A Bronsvig, imprimées par Frédéric-Guillaume Meyer*, 1742, in-fol. bas.

Ce livre, devenu rare, a été composé spécialement pour la galerie du duc régnant de Bronsvic et de Lunebourg.
Cet exemplaire est interfolié de papier blanc, avec un supplément et de nombreuses corrections manuscrites du siècle dernier.

2528. Abrégé de la vie des plus fameux peintres,

par M. *** (Ant.-Jos. Dezallier d'Argenville). *A Paris, chez de Bure,* 1762, 4 vol. in-8, front. et portraits en médaillon, veau marb.

2529. Abrégé de la vie des peintres, par M. de Siles. *A Amsterdam et à Leipzig, chez Arkstée et Merkus, et se vend à Paris, chez Ch.-Ant. Jombert,* 1767, in-12, front. gr. veau marb.

2530. Notizie de' professori del disegno da Cimabue in qua, opera di Filippo Baldinucci Fiorentino, nuovamente data alle stampe con varie dissertazioni, note ed aggiunte da Giuseppe Piacenza. *In Torino,* 1768-1820, 6 vol. in-4, portraits, demi-rel. vél. non rognés.

2531. Observations sur quelques grands peintres, etc., avec un précis de leur vie, par Taillasson. *Paris,* 1807, in-8, demi-rel. bas.

2532. Galerie des peintres célèbres, avec des remarques sur le genre de chaque maître, par C. Lecarpentier. *Paris, chez Treuttel et Würtz,* 1821, 2 vol. in-8, front. gr. br.

2533. Dictionnaire historique des peintres de toutes les écoles depuis les temps les plus reculés jusqu'à nos jours, par A Siret. *Bruxelles, Périchon,* 1848, in-4, demi-rel. chag. vert.

2534. Dictionnaire historique des peintres de toutes les écoles depuis l'origine de la peinture jusqu'à nos jours, par Ad. Siret. *Paris, A. Lacroix et Verboeckhoven,* 1866, gr. in-8, texte à 2 col. demi-rel. avec coins mar. vert myrte jans. dor. en tête, non rogné.

2535. The picture collector's Manual, adapted to the professional man and the amateur, being a dictionary of painters..., by James R. Hobbes. *London, Boone,* 1849, 2 vol. in-8, cart. non rognés.

2536. Storia pittorica della Italia dal risorgimento delle belle arti fin presso al fine del xviii secollo, dell' ab. Luigi Lanzi. *Bassano,* 1809, 6 vol. in-8, demi-rel. veau f. ant.

2537. Traduction abrégée de la Storia pittorica della Italia de l'abbé Lanzi, ou Histoire des principaux peintres des écoles d'Italie. *A Paris, chez Rey et Gravier*, 1823, in-8, figures, demi-rel. bas. v.

2538. Histoire de la peinture en Italie, par M. B. A. A. *Paris, F.-Didot*, 1817, 2 vol. in-8, br.

2539. École italienne. Guide des amateurs de peinture, etc., par P.-M. Gault de Saint-Germain. *Paris*, 1835, in-8, br.

2540. Studj sopra la storia della pittura italiana dei secoli xiv e xv e della scuola. del dott. Cesare Bernasconi. *S. l., A. Rossi*, 1864, in-8, demi-rel. avec coins mar. bl. fil. tr. peigné. (*Masson-Debonnelle.*)

2541. A new History of painting in Italy from the second to the sixteenth century, by J.-A. Crowe and G.-B. Cavalcaselle. *London, John Murray*, 1864-1866, 3 vol. gr. in-8, figures, cart. anglais.

2542. A History of painting in north Italy, Venice, Padua, Vicenza, Verona, etc., etc., from the fourteenth to the sixteenth century, by J.-A. Crowe et G.-B. Cavalcaselle. *London, J. Murray*, 1871, 2 vol. in-8, fig. cart. perc. v. non rognés.

2543. I Pittori italiani dell' epoca del rinascimento nella reale galleria di Berlino, studio critico di Gustavo Frizzoni. *Roma*, 1871, plaq. in-4 de 32 pp. cart.

Extrait du journal *Il Buonarroti*.

2544. Carteggio inedito d'artisti dei secoli xiv, xv, xvi, pubblicato ed illustrato con documenti pure inediti dal dott. Giovanni Gaye. *Firenze, presso Giuseppe Molini,* 1839-1840, 3 vol. in-8, fac-simile, demi-rel. avec c. mar. r. fil. à fr. tr. peigne. (*Capé.*)

2545. Memorie inedite intorno alla vita e ai dipinti di Francesco Traini e ad altre opere di disegno dei secoli xi, xiv e xv, raccolte ed ordinate da Francesco Bonaini. *Pisa,* 1846, gr. in-8, demi-rel. bas. ant. non rog.

2546. Niccolo dell' Abbate, étude, par M. F. Reiset, *Paris, impr. de J. Claye,* 1859, br. in-4, de 32 pp. 3 figures.

Exemplaire en grand papier de Hollande.
Extrait de la *Gazette des beaux-arts*.

2547. Nicolo dell' Abbate, étude par M. Frédéric Reiset. *Paris, imprimerie de J. Claye,* 1859, in-4 de 32 pp. 3 gravures, mar. brun, comp. à froid, dent. int. tr. dor. (*Dupré.*)

Exemplaire en GRAND PAPIER DE HOLLANDE.
Extrait de la *Gazette des beaux-arts*.

2548. Il Pisano, grand' artefice Veronese della prima metà del secolo decimoquinto, considerato primieramente come pittore e di poi come scultore in bronzo, memorie del dottor Cesare Bernasconi. *Verona,* 1862, br. in-8.

2549. Ricordi e documenti intorno alla vita di Cosimo Tura detto Cosmè, pittor Ferrarese del secolo xv, per Luigi Napoleone Cav. Cittadella. *Ferrara,* 1866, plaq. in-4 de 29 pp. cart.

2550. École primitive de Venise. — Girolamo Mocetto, peintre et graveur vénitien, par Em. Galichon. *Paris, impr. de J. Claye,* 1859, plaq. in-4, cart. fig. (*Papier de Hollande.*)

Extrait de la *Gazette des beaux-arts*.

2551. Di Bernardino Pinturicchio pittore perugino de' secoli xv, xvi, Memorie raccolte e pubblicate da Gio. Battista Vermiglioli. *Perugia*, 1837, in-8, portr. demi-rel. vél. bl.

2552. Vita di Michelagnolo Buonarroti raccolta per Ascanio Condivi da la Ripa Transone. *In Roma, Antonio Blado,* 1553, 50 ff. plus le titre et 3 ff. non chiffrés. (*Édition rare.*) — Esequie del divino Michelagnolo Buanorroti celebrate in Firenze dall'Academia de' pittori, scultori et architettori nella chiesa di S. Lorenzo il di 14 luglio MDLXIIII (opera di Bened. Varchi). *In Firenze, apresso i Giunti,* 1564, 44 pp. n. chiffrées. (*Opuscule peu commun et assez recherché.*) — Orazione funerale di Benedetto Varchi fatta e recitata da lui pubblicamente nell' essequie di Michelagnolo Buonarroti in Firenze, nella chiesa di San Lorenzo, indiritta al molto Mag. et Reverendo Monsignore M. Vincenzio Borghini. *In Firenze, apresso i Giunti,* 1564, 64 pp. Ens. 3 ouvr. réun. en 1 vol. pet. in-4, mar. la Vallière foncé, dent. int. fil. tr. dorée. (*Capé.*)

2553. Vita di Michelagnolo Buonarroti pittore, scultore, architetto et gentiluomo Fiorentino, pubblicata mentre viveva dal suo scolare Ascanio Condivi. *In Firenze,* 1746, pet. in-fol. demi-rel. avec c. mar.r. non rogné. (*Capé.*)

Portr. figures, vig. et culs-de-lampe.

2554. Vie de Michel-Ange Buonarroti, peintre, sculpteur et architecte de Florence, par M. l'abbé Hauchecorne. *Paris, chez Cellot,* 1783, in-12, demi-rel. chag. la Vallière.

2555. Alcune Memorie di Michelangiolo Buonarroti da' mss. per le nozze di Clemente Cardinali con Anna Bavi. *Roma,* 1823, plaq. in-4, de 20 pp.

avec une planche, demi-rel. mar. avec c. grenat, dor. en tête, non rogné. (*Masson-Debonnelle.*)

2556. Histoire de la vie et des ouvrages de Michel-Ange Buonarroti, par Quatremère de Quincy. *Paris, F.-Didot,* 1835, in-8, demi-rel. bas.

2557. Charles Clément. — Michel-Ange, Léonard de Vinci, Raphaël, avec une étude sur l'art en Italie avant le xvie siècle et des catalogues raisonnés historiques et bibliographiques. (*Paris,*) *M. Lévy,* 1861, in-12, portraits en médaillon sur le titre, demi-rel. avec c. mar. la Vall. dor. en tête, non rogné. (*Masson-Debonnelle.*)

Exemplaire en GRAND PAPIER DE HOLLANDE.

2558. Michel Angiolo Buonarroti, per Giovanni Magherini. *Firenze,* 1875, gr. in-8, br.

2559. Vita di Michelangelo Buonarroti narrata con l'aiuto di nuovi documenti, da Aurelio Gotti. *Firenze,* 1875, 2 vol. in-8, br. portr. fig. fac-simile, et musique notée.

Exemplaire avec quelques notes manuscrites.

2560. L'OEuvre et la vie de Michel-Ange, dessinateur, sculpteur, peintre, architecte et poète, par MM. Ch. Blanc, A. de Montaiglon, G. Duplessis, etc. *Paris,* 1876, gr. in-8, br. portr. et figures gr. à l'eau-forte.

Tiré à 70 exemplaires sur PAPIER DE HOLLANDE avec gravures AVANT LA LETTRE. (N° 62.)

2561. Ritratto di Vittoria Colonna marchesana di Pessara, dipinto da Michel' Angelo Buonarroti, illustrato e posseduto da Domenico Campanari, traslatato da Henrietta Bowles. *In Londra,* 1850, br. in-4 de 30 pp. figures.

2562. Lettera di Michelangiolo Bonarroti per giustificarsi contro le calunnie degli emuli e de' nemici suoi sul proposito del sepolcro di papa

Giulio II, trovata e pubblicata con illustrazioni da Sebastiano Ciampi. *Firenze*, 1834, in-8, demi-rel. bas.

2563. Le Lettere di Michel-Angelo Buonarroti, pubblicate coi ricordi ed i contratti artistici per cura di Gaetano Milanesi. *In Firenze*, 1875, in-4, cartonné.

<small>Édition publiée par le comité de Florence à l'occasion du centenaire de la nativité de Michel-Ange.</small>

2564. Elogio storico di Giovanni Santi, pittore e poeta, padre del gran Raffaelo di Urbino, *Urbino*, 1832. — Elogio storico di Raffaello Santi da Urbino. *Urbino*, 1829. — Memoria intorno alla vita ed alle opere di Donato o Donnino Bramante. *Roma*, 1836. Ens. 3 ouvr. réun. en 1 vol. in-8, portr. et fig. demi-rel. veau marb.

2565. Vita inedita di Raffaello da Urbino, illustrata con note da Angelo Comolli. *Roma*, 1790, in-4, de 100 pp. demi-rel. avec c. mar. la Vall. fil. à fr.

2566. Vita inedita di Raffaello da Urbino, illustrata con note da Angelo Comolli, edizione seconda accresciuta. *Roma*, 1791, in-4 de 104 pp. demi-rel. avec c. mar. la Vall. fil. à fr.

2567. Istoria della vita e delle opere di Raffaello Sanzio da Urbino del signor Quatremère de Quincy, voltata in italiano, corretta, illustrata ed ampliata per cura di Francesco Longheno. *In Milano*, 1829, in-8, fac-simile et portraits, cart. non rognés.

2568. Histoire de la vie et des ouvrages de Raphaël, par Quatremère de Quincy. *Paris, F.-Didot*, 1835, in-8, portr. demi-rel. bas.

2569. Appendice à l'ouvrage intitulé : Histoire de

la vie et des ouvrages de Raphaël, par M. Quatremère de Quincy. (*Paris,*) 1853, in-8 de 92 pp. cart. portr. et figures.

2570. Notizie inedite di Raffaello da Urbino tratte da documenti dell' archivio Palatino di Modena per cura di Giuseppe Campori. *Modena,* 1863, br. pet. in-fol. de 39 pp.

2571. Rafael von Urbino und sein Vater Giovanni Santi, von J.-D. Passavant. *Leipzig, Brockhaus,* 1858, in-8, br. figures.

2572. Raphael d'Urbin et son père Giovanni Santi, par J.-D. Passavant, édition française, revue et annotée par M. Paul Lacroix. *Paris, J. Renouard,* 1860, 2 vol. in-8, demi-rel. avec c. mar. rouge. (*Closs.*)

2573. Sacræ historiæ Acta a Raphaele Urbin in Vaticanis xystis ad picturæ miraculum expressa Nicolaus Chapron Gallus a se delineata et incisa. *Romæ,* 1649, in-4, br. bas. marbr.

Frontispice allégorique, titre gravé et 52 planches.
Exemplaire de premier tirage.

2574. Picturæ Raphaelis Sanctij Urbinatis ex aula et conclavibus palatij vaticani... *Typis ac sumptibus D. de' Rossi Jo. Jacobi filii, Romæ,* 1722, gr. in-fol. 19 planches y compris le titre, dessinées et gravées par F. Aquila, mar. r. fil. tr. dorée. (*Rel. ancienne.*)

Bel exemplaire aux armes de Soubise. La 3e planche, représentant la bataille de Constantin, est en 4 feuilles et se trouve placée à la fin.
Dans le même volume. — C. Julii Cæsaris dictatoris triumphi de Gallia, Ægypto, Ponto, Africa, Hispania, etc., ab Andrea Mantinea eximio atque insigni pictore Mantuæ in ducali Aula coloribus expressi æneis typis Dominici de Rubeis, Jo. Jacobi de Rubeis. *Romæ,* 1692, 10 planches y compris le titre. — Cupola della chiesa di S. Agnese a piazza Navona in Roma dipinta a fresco da Ciro Ferri, intagliata e disegnata da Nicolo Dorigny e data in luce da Gio. Giacomo de' Rossi. *In Roma,* 1690, 8 planches.
Vers le milieu du volume, on a placé 6 planches gravées d'après Cirro Ferry, Carrache et F. Cortone. Toutes les estampes qui composent ce recueil sont en très-belles épreuves.

2575. Il Riposo di Raffaello Borghini. *In Firenze, per Michele Nestenus e Francesco Moucke*, 1730, iu-4, front. gr. demi-rel. bas ant.

2576. I Mosaici della cupola nella cappella Chigiana di S. Maria del Popolo in Roma inventati da Raffaelle Sanzio d'Urbino, incisi ed editi da Lodovico Gruner, illustrati da Antonio Grifi. *Roma*, 1839, pet. in-fol. de 18 pp. avec 10 planches, cart. non rogn.

2577. Notizie sopra un dipinto di Raffaele rappresentante la Sacra Famiglia in riposo, posseduto dal conte Carlo di Castelbarco. Seconda edizione, riveduta per cura di Giuseppe Vallardi. *Milano*, 1857, plaq. in-4 de 23 pp. fig. au trait, cartonné.

2578. Essai sur les fresques de Raphaël au Vatican, par A. Gruyer. *Paris, Gide,* 1858, in-8, fig. demi-rel. mar. la Vallière. (*Heldt jeune.*)

2579. Le Raphaël de M. Morris Moore, Apollon et Marsyas; étude par L. Batté. *Paris,* 1859, in-8, br.

2580. Qui a colorié les cartons de Raphaël pour les fameuses tapisseries? par J. Hubner. (*Dresde,* 1865.) Plaq. in-8 de 6 pp. cartonn.

2581. Monographie des Vierges de Raphaël, par M. Hellis. *Rouen,* 1869, plaq. in-8 de 98 pp. cartonn.

2582. Les Vierges de Raphaël et l'iconographie de la Vierge, par F.-A. Gruyer. *Paris, J. Renouard,* 1869, 3 vol. in-8, br.

2583. La Vierge et les saints de Saint-Antoine de Pérouse, tableau de Raphaël appartenant à M. le duc de Ripalda et déposé au musée du Louvre, par F. Martel. *Paris,* 1870, plaq. in-8 de 90 pp. cartonn.

2584. THE WORKS OF RAPHAEL SANTI da Urbino as represented in the Raphael collection in the royal library at Windsor Castle, formed by H. R. H. the prince Consort, 1853-1861, and completed by Her Majesty queen Victoria. *S. l.,* 1876, in-4, papier vélin fort, demi-rel. avec c. mar. r. fil. tr. dorée. (*Rel. anglaise.*)

<small>Cet ouvrage n'a pas été mis dans le commerce et a été exécuté d'une manière remarquable.</small>

2585. Memorie storiche su la vita, gli studj e le opere di Lionardo da Vinci, scritte da Carlo Amoretti. *Milano,* 1804. — Memorie intorno alla vita ed agli studj di Baldassare Oltrocchi..., compilate dal sacerdote oblato Pietro Cighera. *Milano,* 1804. Ens. 2 ouvr. réun. en 1 vol. pet. in-8, planches, demi-rel. avec c. mar. r. jans. tr. peigne. (*Capé.*)

2586. Recueil de testes de caractère et de charges dessinées par L. de Vinci, Florentin, et gravées par M. le C. de C. *A Paris, chez J. Mariette,* 1730, in-4, titre gr. et 36 planches contenant 66 portraits gr. en médaillon, demi-rel. bas. verte.

2587. Recueil de charges et de têtes de différens caractères, gravées à l'eau-forte d'après les dessins de Léonard de Vinci, précédé d'une lettre de M. Mariette sur ce peintre florentin. *Paris, chez Ch.-Ant. Jombert,* 1767, in-4, br. titre front. 20 planches gr. à l'eau-forte.

2588. Storia genuina del Cenacolo insigne dipinto da Leonardo da Vinci nel refettorio de' padri domenicani di Santa Maria delle Grazie di Milano, pubblicata dal padre maestro Domenico Pino. *In Milano,* 1796, in-8, demi-rel. bas. ant.

2589. Del Cenacolo di Leonardo da Vinci libri quattro di Giuseppe Bossi, pittore. *Milano*, 1810, in-fol. planches, demi-rel. avec c. mar. vert, fil. doré en tête, non rogné. (*Capé.*)

2590. Scuola di Lionardo da Vinci in Lombardia o sia raccolta di varie opere eseguite dagli allievi e imitatori di quel gran maestro designate, incise e descritte da Ignazio Fumagalli. *Milano, dalla Reale Stamperia,* 1811, in-4, papier vélin, figures au bistre, demi-rel. avec c. mar. r. fil. à froid non rogné. (*Capé.*)

2591. Catalogue de l'œuvre de Léonard de Vinci, par le Dr Rigollot. *A Paris, chez Dumoulin,* 1849, in-8, fig. br.

2592. Notices of the life and works of Titian. *London*, 1829, in-8, portr. cartonn.

2593. Titian : his life and times. With some account of his family, chiefly from new and unpublished records, by J.-A. Crowe and G.-B. Cavalcaselle. *London, J. Murray,* 1877, 2 vol. in-8, portr. sur acier et fig. sur bois, cart. non rogn.

2594. Opera selectiora quæ Titianus Vecellius Cadubriensis et Paulus Calliari Veronensis inventarunt ac pinxerunt, quæque Valentinus Lefebvre Bruxellensis delineavit et sculpsit. *S. l.* 1682, in-fol. titre gr. et 51 pièces réun. en 44 planches, veau ant.

Les planches 16, 17, 19, 20, 27, 38, 39, 41, 44 et 45 sont remontées.

2595. Della Imitazione pittorica, della eccellenza delle opere di Tiziano e della vita di Tiziano scritta da Stefano Ticozzi, libri III di Andrea Maier Veneziano. *Venezia,* 1818, in-8, demi-rel. avec c. mar. viol. fil.

2596. La Mise au tombeau du Titien, par Anat. de

Montaiglon. *S. l. n. d.,* br. gr. in-8 de 12 pp. portraits.

<small>Extrait de la *Gazette des beaux-arts* (1877) et tiré à part à cinquante exemplaires.</small>

2597. Bernardino Luini, par M. G. Lafenestre. *Paris,* 1870, plaq. gr. in-8 de 27 pp. cart. figures.

<small>Extrait de la *Gazette des beaux-arts.*</small>

2598. S. Marco convento dei padri predicatori in Firenze, illustrato ed inciso principalmente nei dipinti del B. Giovanni Angelico con la vita dello stesso pittore, e un sunto storico del convento medesimo del P. Vincenzo Marchese. *Firenze,* 1853, in-fol. 40 planches, demi-rel. avec c. mar. viol. fil. à fr. doré en tête, non rogné. (*Closs.*)

2599. Memorie istoriche di Antonio Allegri detto il Correggio (par Pungileoni). *Parma*, 1817-21, 3 vol. in-8, portr. demi-rel. veau f. non rogné.

<small>Exemplaire avec des notes manuscrites au crayon.</small>

2600. Ragionamento del padre Ireneo Affo; sopra una stanza dipinta dal celeberrimo Antonio Allegri. *Parma,* 1794, plaq. in-8 de 79 pp. demi-rel. avec c. mar. bl. fil. dorée en tête, ébarbée. (*Masson-Debonnelle.*)

2601. Recueil de 35 planches lithographiées, d'après les peintures du Corrège, au monastére de Saint-Paul, à Parme. *S. l. n. d.* in-fol. demi-rel. bas. non rog.

<small>Ce recueil n'a ni titre ni texte.</small>

2602. Vite dei pittori Vecellj di Cadore libri, quattro di Stefano Ticozzi. *Milano,* 1817, in-8, br.

2603. Elogio storico di Giacomo Pacchiarotti, pittor Sanese del secolo decimo sesto...., dall' abate Luigi de Angelis. *Siena,* 1821, br. in-8, portr.

2604. Ritratti di alcuni celebri pittori del secolo XVII, disegnati ed intagliati in rame dal cavaliere Ottaviolioni con le vite de' medesimi tratte da varj autori, accresciute d'annotazioni; si è aggiunta la vita di Carlo Maratti scritta da Gio. Pietro Bellari. *In Roma, per A. de' Rossi*, 1731, in-4, portraits, veau marb.

2605. Vita, elogio e memorie dell' egregio pittore Pietro Perugino e degli scolari di esso (autore Baldass Orsini). *In Perugia*, 1804, in-8, portr. demi-rel. avec c. vél. bl. fil.

2606. Vita di Giacopo Robusti detto il Tintoretto, celebre pittore, cittadino Venetiano... *In Venetia*, 1642, pet. in-4, portr. vél.

2607. Memorie della vita e delle opere di Francesco Raibolini detto il Francia, pittore Bolognese, scritte da Jacopo Alessandro Calvi, e pubblicate dal cavaliere Luigi Salina. *Bologna*, 1812, in-8 de 58 pp. demi-rel. bas.

2608. Notizie intorno alle opere di Gaudenzio Ferrari pittore e plasticatore, di Gaudenzia Bordiga. *Milano*, 1821, in-4 de 56 pp. demi-rel. veau f. (*Capé.*)

2609. La Vita di S. Gio. Battista e le quattro principali virtù dipinte a fresco da Andrea del Sarto nel chiostro della già compagnia della Scalzo ed ora incise in XIV tavole. *Firenze*, 1794, pet. in-fol. obl. planches, cart.

2610. Le Pitture della capella di Nicolo V, opere del beato Giovanni Angelico da Fiesole esistenti nel Vaticano, disegnate ed incise a contorni da Francesco Giangiacomo Romano in 16 rami. *Roma*, 1810, in-4, obl. titre gr. et planches au trait, cart.

2611. La Vita di Gesù Cristo dipinta da Fra Giovanni da Fiesole detto il beato Angelico, lucidata dagli originali che si conservano nell' I. e. R. galleria Fiorentina delle belle arti, disegnata ed incisa da G. B. Nocchi. *Firenze,* 1843, in-fol. 36 planches, cart.

<small>Il manque à cet exemplaire la planche VI.</small>

2612. Le Couronnement de la Sainte Vierge et les Miracles de saint Dominique, tableau de Jean de Fiesole, publié en quinze planches par Guill. Ternite, avec une notice sur la vie du peintre et une explication du tableau par Aug.-Guill. de Schlegel. *Paris,* 1817, in-fol. planches, cart.

2613. Recueil de 40 planches dessinées d'après le Parmesan et gravées par J.-B. Frulli, A.-M. Zanetti, etc., réun. en un vol. pet. in-fol. d.-rel. vél.

2614. Delle Pitture di Baldassare Peruzzi e del giudizio portatone dal sig. Cavalcaselle, memoria del dott. Gustavo Frizzoni. *Roma,* 1869, plaq. in-8, de 15 p. cart.

<small>Extrait du journal : *Il Buonarroti.*</small>

2615. Le Opere di Guido Mazzonni e di Antonio Begarelli, celebri plastici modenesi, e le pitture eseguite nelle sale del palazzo dell' illustrissima comunità di Modena da Niccolo Abati, Bart. Schedoni, ecc., disegnate ed incise rispettivamente da Giuseppe Guizzardi e Giulo Tomba Bolognesi. *Modena,* 1823, gr. in-fol. planches, demi-rel. cuir de Russie.

2616. Le Pitture di Masaccio esistenti in Roma nella basilica di S. Clemente colle teste lucidate dal sig. Carlo Labruzzi e publicate da Giovanni dall' Armi. *Roma,* 1809, in-fol. titr. gr. et planches, cart.

2617. Le Finezze de' Pennelli italiani, ammirate e

studiate da Girupeno sotto la scorta e disciplina del genio di Raffaello d'Urbino..., opera di Luigi Scaramuccia Perugino, pittore. *In Pavia, s. d.,* pet. in-4, demi-rel. bas. marb.

2618. Libro primo (sept livres) de' Grotteschi, di Gio. Paolo Lomazzi, Milanese pittore. *In Milano,* 1587, in-4, v. br.

2619. Essai d'un catalogue de l'œuvre d'Étienne de La Belle, peintre et graveur florentin, par Ch.-Ant. Jombert. *A Paris*, 1772, in-8, demi-rel. bas.

2620. Diario degli anni MDCCXX e MDCCXXI. Scritto di propria mano in Parigi da Rosalba Carriera, dipintrice famosa, posseduto, illustrato e pubblicato dal signor Dr Giovanni Dr Vianelli. *In Venezia,* 1793, in-4, mar. la Vall. foncé, fil. dos orné, dent. int. tr. dorée. (*Masson-Debonnelle.*)

2621. Journal de Rosalba Carriera pendant son séjour à Paris en 1720 et 1721, publié en italien par Vianelli, traduit et annoté par Alf. Sensier. *Paris, J. Techener,* 1865, in-12, demi-rel. veau f. (*Heldt jeune.*)

2622. Felsina pittrice, vite de' pittori Bolognesi..., dal co. Carlo Cesare Malvasia. *In Bologna,* 1678, 2 vol. in-4, portraits en médaillon, gr. sur bois, veau br. comp. dorés sur les plats tr. dorée.

2623. La Pittura ferrarese, memorie del conte Camillo Laderchi. *Ferrara, Abram Servadio,* 1856, gr. in-8, demi-rel. bas. non rog.

2624. L'Etruria pittrice, ovvero storia della pittura toscana dedotta dai suoi monumenti che si esibiscono in stampa dal secolo x, fino al presente. *In Firenze,* 1791, in-fol. titre gr. front. et 60 planches; demi-rel. veau f. ant. (*Texte français et italien.*)

Tome Ier.

2625. La Metropolina Fiorentina illustrata. *Firenze,* 1820, in-4, br. 38 planches au trait.

2626. Della Pittura Friulana, saggio storico di monsignor conte Girolamo de Renaldis, canonico della metropolitana di Udine. *In Udine,* 1798, in-4, br.

2627. Descrizione storica delle pitture del regio-ducale palazzo delle fuori della porta di Mantova. *Mantova,* 1783, in-8 de 62 pp. portr. et fig. br.

2628. Memorie de' pittori Messinesi e degli esteri che in Messina fiorirono dal secolo XII sino al secolo XIX. *In Messina,* 1821, in-8, portraits, demi-rel. bas. bl.

2629. Stampe del duomo di Orvieto. *Roma,* 1791, gr. in-fol. 11 planches, demi-rel. vél.

Cet ouvrage renferme 38 planches reproduisant les différents objets d'art qui se trouvent dans le dome d'Orvieto et en particulier les fresques de Luca Signorelli.

2630. Lettere pittoriche Perugine, o sia Ragguaglio di alcune memorie istoriche risguardanti le arti del disegno in Perugia al signor Baldassarre Orsini pittore e architetto Perugino. *In Perugia,* 1788, in-8, demi-rel., avec c. mar. r. fil. à fr. tr. peigne. (*Capé.*)

2631. Memorie de' pittori Perugini del secolo XVIII compilate con accuratezza e con verità da Baldassarre Orsini nell' anno 1802. *In Perugia,* 1806, in-8 de 94 pp. demi-rel. bas. r.

2632. Histoire des peintures sur majoliques faites à Pesaro et dans les lieux circonvoisins, par Giambattista Passeri (de Pesaro), traduite de l'italien par H. Delange. *Se vend à Paris*, 1853, in-8, br.

2633. Pitture a fresco del Campo Santo di Pisa intagliate da Carlo Lasinio, *Firenze, Molini,* 1812, in-fol. max. 40 planches, demi-rel. avec c. cuir de Russie, fil.

2634. Raccolta delle più celebri pitture esistenti nella città di Siena disegnate ed incise da Valenti artisti con illustrazioni. *Firenze,* 1825, gr. in-fol. planches, cart.

2635. Le Maraviglie dell' arte, overo le vite de gl' illustri pittori Veneti e dello stato, descritte dal cavalier Carlo Ridolfi. *In Venetia,* 1648, 2 part. en un vol. in-4, front. gr. et portraits, vélin.

<small>Édition estimée et assez rare.</small>

2636. Varie Pitture a fresco dei principali maestri Veneziani ora la prima volta con le stampe pubblicate (autore Zanotti). *In Venezia,* 1760, in-fol. planches et titre gr. demi-rel. bas.

<small>Ouvrage renfermant 24 planches dessinées et gravées par Ant.-Mar. Zanetti le jeune.</small>

2637. Della Pittura Venegiana, trattato in cui osservasi l'ordine del Boschini, e si conserva la dottrina e le definizioni del Zanetti. *Venezia,* 1799, 2 tomes en un vol. in-12, front. demi-rel. bas. v.

2638. Le Maraviglie dell'arte, ovvero le vite degli illustri pittori Veneti e dello stato, descritte dal cav. Carlo Ridolfi. *Padova,* 1835, 2 vol. in-8, br. portrait.

2639. Giuseppe Zinello. — Cenni biografici intorno alcuni pittori Vicentini. *Venezia,* 1847, plaq. in-8 de 16 p. cart.

2640. Essai d'un tableau historique des peintres de l'école française, depuis Jean Cousin, en 1500, jusqu'en 1783 inclusivement, avec le Catalogue des ouvrages des mêmes maîtres qui sont offerts à présent à l'émulation et aux hommages du public dans le *Salon de la Correspondance* sous la direction et par les soins de M. de la Blancherie. *Paris*, 1784, plaq. in-4, cart.

2641. Les Trois Siècles de la peinture en France, ou galerie des peintres français, depuis François Ier jusqu'au règne de Napoléon, par P.-M. Gault de Saint-Germain. *A Paris, chez Belin*, 1808, in-8, demi-rel. veau ant.

2642. Dictionnaire général des artistes de l'école française depuis l'origine des arts du dessin jusqu'à l'année 1868 inclusivement, par Em. Bellier de la Chavignerie. *Paris, J. Renouard*, 1868-70, 8 fasc. in-8, en feuilles.

Ce sont les huit premières livraisons.

2643. Jehan Foucquet. *S. l. n. d.* in-4, cart. pages 65 à 141.

Cette notice est extraite du volume d'appendice des Evangiles publiés par L. Curmer.

2644. La Famille des Juste en Italie et en France, par Anatole de Montaiglon et Gaetano Milanesi. *Paris, Detaille et Baur*, 1876, gr. in-8, br. figures.

Tiré à 50 exemplaires sur papier de Hollande.

2645. Antoine Caron de Beauvais, peintre du XVIe siècle, par An. de Montaiglon. *Paris*, 1850, plaq. in-8 de 23 pp. cart.

Tiré à 100 exemplaires.

2646. Recherches sur la vie et les ouvrages de quelques peintres provinciaux de l'ancienne France, par Ph. de Pointel. *Paris, Dumoulin,* 1847-1862. 4 vol. in-8, fig. demi-rel. mar. bl. (*Heldt jeune.*)

2647. Essai sur la vie et l'œuvre des Lenain, peintres laonnais, par Champfleury. *Laon,* 1850, br. in-8 de 50 pp.

2648. Les Peintres de la réalité sous Louis XIII. — Les Frères Le Nain, par Champfleury. *Paris, J. Renouard,* 1863, in-8, br.

2649. Recueil de descriptions de peintures et d'autres ouvrages faits pour le roy. *A Paris, de l'impr. de Séb. Mabre-Cramoisy, chez Florentin et Pierre Delaulne,* in-12, veau br.

2650. Catalogue raisonné des tableaux du roy, avec un abrégé de la vie des peintres fait par ordre de Sa Majesté par M. Lépicié, historiographe de l'Académie royale de peinture. *A Paris, de l'Imp. royale,* 1752, 2 vol. in-4, mar. rouge, dos fleurdelisé, fil. sur les plats, tr. dor. (*Reliure ancienne.*)

_{Exemplaire en grand papier portant sur les plats de la reliure les armes de Mesdames de France.}

2651. Vies des premiers peintres du roi, depuis M. Le Brun jusqu'à présent. *A Paris, chez Durand, Pissot,* 1752, 2 tomes en 1 vol. in-12, veau marb.

2652. Éloge de Nicolas Poussin, peintre ordinaire du roi, par Nicolas Guibal. *A Paris, de l'Imprimerie royale,* 1783, in-8 de 56 pp. br. front. gr.

2653. Mémoires sur la vie de Nicolas Poussin, par Maria Graham, traduit de l'anglais. *Paris, P. Dufart,* 1821, in-8, br. portr. lith.

2654. Collection de lettres de Nicolas Poussin. *Paris, frères Didot,* 1824, in-8, demi-rel. veau f.

2655. Ph. de Chennevières. — Inauguration de la statue de Nicolas Poussin aux Andelys. *Argentan,* 1851, plaq. in-12 de 12 pp. cart.

2656. Nicolaus Poussin. — Verzeichniss der nach seinen Gemälden gefertigten gleichzeitigen und späteren Kupferstiche, etc., beschrieben von Dr A. Andresen. *Leipzig,* 1863, in-8, cart.

2657. La Vie de Pierre Mignard, premier peintre du roy, par M. l'abbé de Monville, avec le poème de Molière sur les peintures du Val-de-Grâce. *A Paris,* 1730, in-12 portr. veau marb.

2658. Nouvelles Recherches sur la vie et les ouvrages d'Eustache Le Sueur, par L. Dussieux, avec un catalogue des dessins de Le Sueur, par A. de Montaiglon. *Paris, Dumoulin,* 1852, in-8, br.

2659. Les Peintures d'Eust. Le Sueur, qui sont dans l'hôtel du Chastelet, ci-devant la maison du président Lambert. *S. l. n. d.,* in-fol. 22 planches dessinées et gravées par B. Picart et autres d'après Le Sueur, veau f. ant. fil.

Cet exemplaire ne contient que les 22 planches d'Eust. Le Sueur.

2660. L'Ombre du grand Colbert, le Louvre et la ville de Paris, dialogue. Réflexions sur quelques causes de l'état présent de la peinture en France (par de Lafont de Saint-Yenne). *S. l.* 1752, in-12, front. gr. veau marb.

2661. Le Portrait authentique de Mlle de la Vallière, notice par Eud. Soulié. *Versailles,* 1866, plaq. in-8 de 16 pp. cart.

Tiré à 100 exemplaires.

2662. Recherches sur la vie et les ouvrages de Jacques Callot, par Ed. Meaume. *Paris, J. Renouard,* 1860, 2 vol. in-8, br. fac-simile.

2663. Éloge de Lancret, peintre du roi (1690-1743), par Ballot de Sovot, accompagné de diverses notes sur Lancret et du catalogue de ses tableaux et de ses estampes, réunis et publiés par J.-J. Guiffrey. *Paris, J. Baur, Rapilly, s. d.*, in-8, titre, gr. à l'eau-forte, cart.

2664. Notice historique et inédite sur M. Vien. *S. l. n. d.*, plaq. in-8 de 68 pp. cart. portr.

2665. L'Art du xviiie siècle, par Edmond et Jules de Goncourt. *Paris, Rapilly*, 1873-74, 2 vol. in-8, demi-rel. avec c. mar. vert, dorés en tête, non rog. (*Masson-Debonnelle.*)

2666. Edmond et Jules de Goncourt. — Boucher, étude, contenant quatre dessins gravés à l'eau-forte. *Paris, E. Dentu*, 1862, plaq. in-4, demi-rel. avec coins mar. rouge, dos orné à petits fers, fil. doré en tête, n. rog. (*Capé.*)

2667. Trois Tableaux de F. Boucher. *Paris, s. d.*, plaq. in-4 de 8 pp. fig. gr. à l'eau-forte.

2668. Edmond et Jules de Goncourt. — Watteau, étude, contenant quatre dessins gravés à l'eau-forte. *Paris, E. Dentu,* 1860, plaq. int. demi-rel. avec coins mar. rouge, jans. n. rog. (*Capé.*)

2669. Catalogue raisonné de l'œuvre peint, dessiné et gravé d'Antoine Watteau, par Ed. de Goncourt. *Paris, Rapilly,* 1875, in-8, portr. gr. à l'eau-forte, demi-rel. avec c. mar. or. doré en tête, non rog. (*Masson-Debonnelle.*)

2670. Edmond et Jules de Goncourt. — Greuze, étude, contenant quatre dessins gravés à l'eau-forte. *Paris, E. Dentu,* 1863, plaq. in-4, demi-rel. avec coins mar. rouge, dos orné à petits fers, fil. dor. en tête n. rog. (*Capé.*)

2671. Edmond et Jules de Goncourt. — Chardin, étude contenant 4 dessins gravés à l'eau-forte. *Paris, E. Dentu*, 1854, plaq. in-4, demi-rel. avec coins, mar. bleu, dos orné à petits fers, fil. dor. en tête, n. rog. (*Capé.*)

2672. Edmond et Jules de Goncourt. — Les Saint-Aubin, étude, contenant quatre portraits inédits gravés à l'eau-forte. *Paris, E. Dentu*, 1859, plaq. in-4, gravures, demi-rel. avec coins, mar. rouge, jans. n. rog. (*Capé.*)

2673. Maurice Quentin de la Tour, peintre du roi Louis XV, par Ch. Desmaze. *Paris, M. Lévy*, 1854, pet. in-12 de 78 pp. demi-rel. veau gris. (*Heldt jeune.*)

2674. Edmond et Jules de Goncourt. — La Tour, étude contenant quatre dessins gravés à l'eau-forte. *Paris, E. Dentu*, 1867, plaq. in-4, demi-rel. avec coins mar. bistre dos orné, fil. doré en tête, n. rog. (*B. David.*)

2675. Edmond et Jules de Goncourt. — Fragonard, étude contenant quatre dessins gravés à l'eau-forte. *Paris, E. Dentu*, 1865, plaq. in-4, demi-rel. avec coins, mar. vert, dos orné à petits fers, fil. dor. en tête, n. rog. (*Capé.*)

2676. Notice historique sur la vie et les ouvrages de P.-P. Prud'hon, peintre. *Paris, F. Didot*, 1824, plaq. in-8 de 46 pp. demi-rel. avec c. mar. bl. doré en tête, ébarbé. (*Masson-Debonnelle.*)

2677. Edmond et Jules de Goncourt. — Prud'hon, étude, contenant quatre dessins gravés à l'eau-forte. *Paris, E. Dentu*, 1861, plaq. in-4, demi-rel. avec coins, mar. rouge, dos orné à petits fers, fil. doré en tête, n. rog. (*Capé.*)

2678. Prud'hon, sa vie, ses œuvres et sa correspondance, par Ch. Clément, ouvrage orné de 3o gravures. *Paris, imprimerie de J. Claye,* 1872, gr. in-8, mar. bistre, dos orné, fil. dent. int. dor. en tête, n. rog. (*Masson-Debonnelle.*)

Exemplaire en papier de Hollande.

2679. Les OEuvres de Prud'hon à l'École des beaux-arts, par G. Duplessis. *Paris,* 1874, plaq. gr. in-8 de 15 pp. cart. fig.

Extrait de la Gazette des beaux-arts.

2680. Les Dernières Lettres de Prud'hon à sa fille. *Paris,* 1874, plaq. gr. in-8 de 20 pp. cartonné.

Extrait de la Gazette des beaux-arts.

2681. Catalogue raisonné de l'œuvre peint, dessiné et gravé de P.-P. Prud'hon, par Ed. de Goncourt. *Paris, Rapilly,* 1876, in-8, br.

2682. Edmond et Jules de Goncourt. — Debucourt, étude, contenant deux dessins gravés à l'eau-forte. *Paris, E. Dentu,* 1866, plaq. in-4, demi-rel. avec coins mar. rouge, dos orné à petits fers, fil. dor. en tête, n. rog.

2683. Edmond et Jules de Goncourt. — Les Vignettistes Gravelot, Cochin, Eisen, Moreau, études, contenant quatre dessins gravés à l'eau-forte. *Paris, E. Dentu,* 1868, plaq. in-4, demi-rel. avec coins, mar. la Vallière, dos fil. orné, dor. en tête, n. rog. (*B. David.*)

2684. L'Art du xviiie siècle, par Edm. et J. de Goncourt. *Paris, E. Dentu,* 1875, plaq. in-4, frontispice gravé à l'eau-forte, demi-rel. avec coins mar. la Vallière clair, dor. en tête, n. rog. (*Masson-Debonnelle.*)

Notules, additions et errata.

2685. Souvenirs de madame Vigée-Lebrun. *Paris, Charpentier*, 1869, 2 vol. in-12, demi-rel. avec c. mar. fil. dorés en tête, ébarbés.

2686. Notice historique sur la vie et les ouvrages de A.-C.-G. Lemonnier, peintre d'histoire. *S. l. n. d.*, plaq. in-12 de 40 pp. cart.

2687. Mémoires de David, peintre et député à la Convention, par Miette de Villars. *A Paris*, 1850, in-8, br.

2688. Louis David, son école et son temps, souvenirs, par M. E.-J. Delécluze. *Paris, Didier*, 1855, in-8, demi-rel. chagr. rouge, dos orné, tr. jasp.

2689. Notice sur le Marat de L. David, suivie de la liste de ses tableaux dressée par lui-même. *Paris, impr. Jouaust*, 1867, in-18 de 43 pp. demi-rel. mar. r. doré en tête, ébarbé. (*Heldt jeune.*)

2690. François Gérard, peintre d'histoire; essai de biographie et de critique, par Ch. Lenormant. *Paris*, 1847, in-8, demi-rel. mar. la Vallière, fil. doré en tête, non rog. (*Heldt jeune.*)

2691. Correspondance de François Gérard, peintre d'histoire avec les artistes et les personnages célèbres de son temps, publiée par M. Henri Gérard, son neveu, et précédée d'une notice sur la vie et les œuvres de Gérard, par M. Adolphe Viollet-le-Duc, *Paris, typographie de Ad. Lainé et J. Havard*, 1867, gr. in-8, portrait de Gérard gravé d'après Girodet, demi-rel. avec coins, mar. bleu clair, dos orné, fil. doré en tête, non rog. (*Masson-Debonnelle.*)

2692. OEuvre du baron François Gérard. *S. l. n. d.*, plaq. in-fol. cart.

Cet extrait de 25 pages forme la table chronologique des trois volumes de l'œuvre du baron François Gérard; en tête se trouve le portrait de François Gérard, dessiné par Mlle Godefroy en 1835 et gravé par C. V. Lenormand, en 1857.

2692 bis. Léopold Robert, d'après sa correspondance inédite, par Ch. Clément. *Neufchâtel et Paris,* 1875, gr. in-8, demi-rel. avec coins mar. bleu, dos orné, dor. en tête, n. rog. (*Masson-Debonnelle.*)

Exemplaire en papier de Hollande.

2693. Géricault (par L. Batissier). *Rouen, s. d.,* plaq. in-8 de 24 pp. cart.

2694. Études de chevaux, par Géricault. *Paris, chez Gihaut, s. d.,* in-fol. portr. et 50 planches lith. en 1 vol. demi-rel. mar. r.

2695. Salon d'Horace Vernet. Analyse historique et pittoresque des 45 tableaux exposés chez lui en 1822, par MM. Jouy et Jay. *Paris, Ponthieu,* 1822, in-8, br.

2696. Ingres, sa vie et ses ouvrages, par M. Ch. Blanc, membre de l'Institut. *Paris, veuve Jules Renouard,* 1870, gr. in-8, portrait et gravures, demi-rel. avec coins mar. rouge, dos orné, fil. dor. en tête, non rog. (*Masson-Debonnelle.*)

Cet ouvrage est orné d'un portrait du maître, gravé par Flameng, et douze gravures sur acier, par MM. Henriquel Dupont, Dien, Dubouchet, Flameng, Gaillard, Gaucherel, Haussoullier et Rosotte.
Exemplaire en grand papier de Hollande.

2697. Ingres, sa vie, ses travaux, sa doctrine, d'après les notes manuscrites et les lettres du maître, par le vicomte Henri Delaborde, ouvrage orné d'un portrait gravé par Morse et du fac-simile d'un autographe. *Paris, H. Plon,* 1870, gr. in-8, demi-rel. avec coins mar. rouge, dos orné, fil. doré en tête, n. rog. (*Masson-Debonnelle.*)

2698. Eugène Delacroix, sa vie et ses œuvres. *Paris, J. Claye,* 1865, gr. in-8, demi-rel. avec coins mar. rouge, dos orné, fil. dor. en tête, n. rog. (*Masson-Debonnelle.*)

2699. Adolphe Moreau. — E. Delacroix et son œuvre, avec des gravures en fac-simile des planches originales les plus rares. *Paris, Libr. des Bibliophiles,* 1873, gr. in-8, portrait et gravures, demi-rel. avec coins mar. vert foncé, dos orné, doré en tête, n. rog. (*Masson-Debonnelle.*)

2700. Adolphe Moreau. — Decamps et son œuvre, avec des gravures en fac-simile des planches originales les plus rares. *Paris, D. Jouaust,* 1869, gr. in-8, papier vélin, portrait et gravures, demi-rel. avec coins mar. bleu, dos orné, doré en tête, n. rog..(*Heldt.*)

2701. Corot. Souvenirs intimes, par H. Dumesnil. *Paris, Rapilly,* 1875, in-8, br. portr. en médaillon.

2702. Exposition de deux tableaux importants par Corot et Gust. Courbet, du 20 avril au 15 mai 1876. *Chez M. A. Binant, à Paris,* br. pet. in-fol. avec 2 eaux-fortes.

2703. Gavarni, l'homme et l'œuvre, par Ed. et Jules de Goncourt. *Paris, H. Plon,* in-8, portrait gravé à l'eau-forte par L. Flameng, d'après Gavarni, et fac-simile d'autographe, demi-rel. avec c. mar. or. doré en tête, ébarbé. (*Masson-Debonnelle.*)

2704. Correspondance de Henri Regnault, annotée et recueillie par A. Duparcq, suivie du Catalogue complet de l'œuvre de H. Regnault. *Paris, Charpentier,* 1872, in-12, portr. gr. à l'eau-forte, br.

2705. Frise de la nef de l'église Saint-Vincent-de-Paul peinte par Hippolyte Flandrin, reproduite par lui en lithographie. *Paris, s. d.* petit in-fol. obl. 14 pl. lith. cart.

2706. La Vie et l'OEuvre de Chintreuil, par A. de la Fizelière, Champfleury, F. Henriet. 40 eaux-fortes par Martial, Beauverie, Taiée, Ad. Lalauze, Saffray, Selle, Paul. *Paris, A. Cadart (de l'imprimerie de J. Claye)*, 1874, in-4, br.

Exemplaire en GRAND PAPIER DE HOLLANDE.

2707. Brascassat, sa vie et son œuvre, par Ch. Marionneau. *Paris, J. Renouard*, 1872, in-8, br. portrait.

2708. Recherches sur l'histoire de la peinture sur émail dans les temps anciens et modernes, et spécialement en France, par L. Dussieux. *Paris, Leleux*, 1841, in-8, br.

2709. De l'Art chrétien en Flandre, par l'abbé C. Dehaisnes. Peinture. *Douai*, 1860, grand in-8, planche représentant le tableau polyptyque d'Anchin, demi-rel. mar. rouge, doré en tête, non rogné. (*M. Heldt.*)

2710. Mémoire en réponse à la question suivante : Quel est le point de départ et quel a été le caractère de l'école flamande de peinture sous le règne des ducs de Bourgogne? quelles sont les causes de sa splendeur et de sa décadence? par M. Héris. *S. l. n. d.*, in-4, demi-rel. v. tr. peign.

Extrait du tome XXVII des mémoires couronnés et mémoires des savants étrangers de l'Académie royale de Belgique.

2711. Het Gulden cabinet vande Sedele vry Shilden-const door Corn. de Bie Notaris. *Tot Lier*, 1661, in-4, titre-front. gr. portraits et figures gr.

par Meyssens, C. Caukercken et autres, veau ant. marb. fil. (*Armoiries sur les plats.*)

2712. Eine Wanderung durch die Gemälde-sammlung des städel'schen Kunstinstituts, von J.-D. Passavant. *Frankfurt a. M.*, 1855, br. in-8, de 36 pp.

2713. De Levens Beschryvingen der Nederlandsche Konst-Schilders en Kunst-Schilderessen, met een uytbreyding over de Schilder-Konst der ouden, door Jakob Campo Weyerman, Konst-Schilder. *In's Gravenhage*, 1729-1769, 4 vol. pet. in-4, front. gr. vig. fleurons, portraits en médaillon gr. par Houbraken, vél.

Bonnes épreuves des figures.

2714. De Nieuwe Schouburg der nederlantsche Kunstschilders en Schilderessen : door Johan van Gool. *In's Gravenhage*, 1750, 2 vol. in-8, front. gr. figures et portr. gr. par J. Houbraken, d'après A. Schouman, demi-rel. veau granit, n. rog.

Bonnes épreuves des figures.

2715. Catalogus of naamlyst van Schilderyen, met derzelver pryzen, uytgegeven door Gerard Hoet. *In s'Gravenhage*, 1752-1770, 3 vol. in-8, veau marb.

2716. La Vie des princes flamands, allemands et hollandois, par J.-B. Descamps. *A Paris*, 1753-63. — Voyage pittoresque de la Flandre et du Brabant (par le même). *Paris,* 1769. Ens. 5 vol. in-8, front. gr. et portraits gr. par Ficquet, demi-rel. bas.

2717. La Vie des peintres flamands, allemands et hollandois, avec des portraits, etc., par M. J.-B. Descamps. *A Paris, chez Ch.-Ant. Jombert,* 1763-

1764, 4 vol. in-8, front. gr. et portraits gr. par Ficquet, veau marb.

2718. De Groote Schouburgh der nederlantsche Konstshilderessen, door Arnold Houbraken. *In's Gravenhage*, 1753, 3 vol. in-8, front. gr. portraits en médaillon et figures gr. par Houbraken, demi-rel. veau granit, non rog.

<small>Bonnes épreuves des figures.</small>

2719. Les Anciens Peintres flamands, leur vie et leurs œuvres, par J.-A. Crowe et G.-B. Cavalcaselle, traduit de l'anglais par O. Delepine, annoté et augmenté de documents inédits par Alex. Pinchart et Ch. Ruelens. *Bruxelles et Paris*, 1862-1863, 3 parties en 1 vol. gr. in-8, figures gravées, demi-rel. avec coins, mar. la Vall. dos orn. fil. doré en tête, n. rog. (*Masson-Debonnelle.*)

2720. Het Leven der doorluchtige Nederlandsche en eenige Hoogduitsche, Schilders, door Karel van Mander.... *Te Amsterdam*, 1864, 2 vol. in-8, front. gr. et portraits, demi-rel. veau granit.

2721. Geschiedenis der vaderlandsche Schilderkunst, sedert de helft der XVIII eeuw door Roeland van Eijnden en Adriaan van der Willigen. *Te Haarlem, bij A. Loosjes,* 1816-1840, 4 vol. in-8, dont un de supplément, portraits, demi-rel. veau granit.

2722. Biographie des peintres flamands et hollandais qui ont existé depuis Jean et Hubert van Eyck jusqu'à nos jours, par O. H. Balkeme. *Gand*, 1844, in-8, fig. demi-rel. chag. vert. (*Heldt.*)

2723. The early flemish painters : notices of their lives and works, by J.-A. Crowe and G.-B. Cavalcaselle. *London, J. Murray*, 1857, in-8, figures au trait, cart. non rog.

2724. Geschiedenis van de Beeldende Kunsten in de Nederlanden (Hollandsche) en Belgische School, van den Vroegsten tot op onzen Tijd, door Christiaan Kramm. *Amsterdam, Gebroeders Diederichs*, 1864, 7 vol. in-8, dont un de suppl. demi-rel. avec c. mar. vert. (*Closs.*)

2725. Chef-d'œuvre de la peinture flamande au xve siècle. Monographie. Le Jugement dernier, rétabli, de l'Hôtel-Dieu de Beaune, par J.-Baptiste Boudrot. *Beaune*, 1875, br. in-4 de 56 pp. 2 planches.

2726. Notice sur un tableau du xve siècle, provenant de l'église de Saint-Bavon, à Gand, par C.-P. Serrure. *Gand*, 1862, plaq. gr. in-8 de 12 pp. cart. fig.

2727. Jan Steen. Étude sur l'art en Hollande, par T. van Westrheene, W. *La Haye, Martinus Nijhoff*, 1856, in-8, br. portr. gr. par J.-L. Cornet en 1855, d'après J. Steen.

2728. Rembrandt (Harmens van Rijn), ses précurseurs et ses années d'apprentissage, par C. Vosmaer. *La Haye, Martinus Nijhoff*, 1863, in-8, br.

2729. Rembrandt, discours sur sa vie et son génie, avec un grand nombre de documents historiques, par le Dr Scheltema, publié et annoté par W. Bürger. *Paris, J. Renouard*, 1866, in-8, br. portr. gr. sur bois.

2730. Rembrand Harmens van Rijn, sa vie et ses œuvres, par C. Vosmaer. *La Haye, Martinus Nijhoff*, 1868, in-8, figure gravée à l'eau-forte, sur chine, représentant la maison de Rembrandt en 1640, fac-simile de signatures, demi-rel. mar. grenat, dos orné, fil. doré en tête, n. rog. (*Heldt.*)

2731. L'OEuvre de Rembrandt décrit et commenté par M. Ch. Blanc. Catalogue raisonné de toutes les estampes du maître et de ses peintures, orné de bois gravés, de 40 eaux-fortes de Flameng et de 35 héliogravures d'Amand Durand. *Paris*, *A. Lévy, éditeur (de l'impr. de D. Jouaust)*, 2 vol. in-4, br. couverture en vélin blanc avec titre imprimé en or.

<small>L'épreuve de la Pièce aux cent florins est en tête du tome II.</small>

2732. Paulus Potter, sa vie et ses œuvres, par T. van Westrheene Wz. *La Haye, Martinus Nijhoff*, 1867, in-8, br.

2733. Mémoires et documents inédits sur Antoine van Dyck, P.-P. Rubens et autres artistes contemporains, publiés d'après les pièces originales des archives royales d'Angleterre, des collections publiques et autres sources, par Villiam Hookham Carpenter, traduit de l'anglais par L. Hymans. *Anvers*, 1845, in-4, portrait, demi-rel. chagr. rouge.

2734. Histoire de la vie de P.-P. Rubens, illustrée d'anecdotes qui n'ont jamais paru au public, et de ses tableaux étalés dans les palais, églises et places publiques de l'Europe, etc., par J.-F.-M. Michel. *A Bruxelles, chez A.-E. De Bel*, 1771, in-8, portr. de Rubens, gr. par A. Cardon, d'après P.-P. Rubens, veau marb. fil.

2735. Histoire de P.-P. Rubens, suivie du Catalogue général et raisonné de ses tableaux, esquisses, dessins et vignettes, par André van Hasselt. *Bruxelles*, 1840, in-8, portr. fig. et fac-simile, demi-rel. veau bleu. (*Heldt.*)

2736. Lettres inédites de Pierre-Paul Rubens, publiées d'après ses autographes, par Em. Gachet.

Bruxelles, Hayez, 1840, in-8, demi-rel. chagr. rouge. (*Heldt jeune.*)

2737. Les Miracles de saint Benoît, par Rubens. *S. l.*, 1841, plaq. in-8 de 16 pp. cartonné.

2738. Eaux-fortes, par MM. Waltner et Lalauze, de 3 tableaux par P.-P. Rubens, le Mage grec, le Mage d'Éthiopie, le Mage asiatique, provenant de la collection de feu Mme la comtesse de B... et de 2 tableaux, par Ph. Wouwerman; David Teniers, provenant de la collection de feu M. Sch... 1876, 5 eaux-fortes in-4.

2739. Van der Meer de Delft, par W. Bürger. *Paris*, 1866, gr. in-8 de 83 pp. br. figures gr. à l'eau-forte.

2740. Notice des tableaux recouvrés par cette ville sur les objets d'art revenus de France, exposés au musée. *A Anvers*, 1816, plaq. in-8 de 28 pp. plus 12 ff. blancs reliés à la suite; demi-rel. veau f.

2741. Handbook of painting, the german, flemish and dutch schools, based on the handbook of Kugler, enlarged and for the most part re-written, by Dr. Waagen. *London, J. Murray*, 1860, 2 vol. in-8, fig. au trait, eart. non rognés.

2742. Manuel de l'histoire de la peinture. — Écoles allemande, flamande et hollandaise, par G.-F. Waagen, traduction par MM. Hymans et J. Petit. *Bruxelles, Leipzig; Gand, C. Mucquardt; Paris, Morel et Renouard*, 1863-64, 3 vol. in-8, figures au trait, demi-rel. mar. bl. doré en tête, non rognés. (*Closs.*)

2743. Guide des amateurs de tableaux, pour les écoles allemande, flamande et hollandoise, par

M. Gault de Saint-Germain. *A Paris, chez Ant.-Aug. Renouard,* 1818, 2 vol. in-12, br.

2744. Some Account of the life and works of Hans Holbein, by Ralph Nicholson Wornum. *London, Chapmann and Hall,* 1867, gr. in-8, portraits photogr. cart. perc. verte, tr. ébarb. (*Rel. anglaise.*)

2745. Remarks upon Holbein's portraits of the royal family of England, and more particularly upon the several portraits of the queens of Henry the eighth, by John Gough Nichools, etc. *Westminster,* 1866, br. in-4 de 18 pp.

2746. Remarks on a portrait of the duchess of Milan, recently discovered at Windsor Castle, probably painted by Holbein at Brussels in the year 1538, by G. Scharf. Br. in-4 de 7 pp. portraits.

2747. OEuvre de Jean Holbein, ou recueil de gravures d'après les plus beaux ouvrages de ce fameux peintre, publié par Chrétien de Méchel. *Basle, chez Guill. Haas,* 1780-92, 4 part. en 1 vol. in-fol. titres gr. et planches, demi-rel. chag. bleu.

Cet ouvrage renferme : 1° Le Triomphe de la Mort, 12 planches, et Triomphe des richesses et de la pauvreté, 2 planches. — 2° La Passion de Notre-Seigneur, 12 planches. — 3° Costumes suisses, teintés, 12 planches. — 4° Portraits, 10 planches.

2748. École allemande. — Martin Schöngauer, peintre et graveur du xv° siècle, par Em. Galichon. *Paris, impr. de J. Claye,* 1859, plaq. in-4 de 26 pp. cart. figures. (*Papier de Hollande.*)

Extrait de la *Gazette des beaux-arts.*

2749. Les trois frères Van Eyck, Jean Hemling, notes sur ces artistes, recueillies par l'abbé C. Carton. *Bruges,* 1848, in-8 de 100 pp. cartonné.

2750. Vita ed opere di Alberto Dürer tratte dagli artisti alemanni di Neu-Maijr. *Venezia*, 1823, in-8, br.

2751. Albrecht Dürer. Kupferstiche, Radirungen, Holzschnitte und Zeichnungen, unter besonderer Berücksichtigung der dazu verwandten Papiere und deren Vasserzeichen vom Oberbaurath B. Hausmann. *Hannover*, 1861, in-4, figure, demi-rel. mar. rouge, tr. peigne.

2752. Albert Dürer à Venise et dans les Pays-Bas, auto-biographie, lettres, journal de voyages, papiers divers traduits de l'allemand par Ch. Narrey, ouvrage orné de 27 gravures sur papier de Chine. *Paris, J. Renouard*, 1866, gr. in-8, br. figures.

Exemplaire en grand papier de Hollande.

2753. Dürer. Geschichte seines Lebens und seiner Kunst, von Moriz Thausing. *Leipzig*, 1876, gr, in-8, br. figures.

2754. Étude sur le triptyque d'Albert Dürer, dit le Tableau d'autel de Heller, par Ch. Ephrussi. *Paris, Jouaust*, 1876, in-4, 25 gravures, br.

2755. Dictionnaire des peintres espagnols, par F. Quilliet. *A Paris*, 1816, in-8, demi-rel. chag. r. (*Heldt jeune.*)

2756. Las Vidas de los pintores y estatuarios eminentes españoles..., por don Antonio Palomino Woodfall. *Londres*, 1744, in-8, veau granit.

2757. Veslasquez and his works, by William Stirling. *London, Parker*, 1855, in-12, portr. sur le titre, cart. non rogné.

2758. Velasquez et ses œuvres, par W. Stirling,

traduit de l'anglais par G. Brunet, publié par W. Bürger. *Paris, J. Renouard*, 1865, in-8, br.

2759. Mémoire de Velazquez sur 41 tableaux envoyés par Philippe IV à l'Escurial, réimpression de l'exemplaire unique (1658) avec introduction, traduction et notes par le baron Ch. Davillier. *Paris, Aug. Aubry*, 1874, gr. in-8, portrait de Velazquez gravé à l'eau-forte par Fortuny, demi-rel. avec coin mar. grenat, dos orné, doré en tête, non rogné. (*Masson-Debonnelle*.)

Exemplaire en papier de Hollande.

2760. Anecdotes of painting in England; with some account of the principal artists, and incidental notes on other arts; collected by the late M. George Vertue, and now digested and published from his original mss. by M. Horace Walpole. *Printed by Thomas Farmer at Strawberry-Hill*, 1762, 3 tomes en 2 vol. in-4, front. gravures et portraits, v. marb.

2761. Anecdotes of painting in England; with some account of the principal artists..., collected by the late George Vertue, digested and published from his original mss. by Horace Walpole, with additions by the Rev. James Dallaway. *London, H.-G. Bohn*, 1849, 3 vol. in-8, fig. et portraits, cart. tr. ébarb.

2762. OEuvres complètes du chevalier Josué Reynolds, le tout traduit de l'anglais. *Paris*, 1806, 2 vol. in-8, bas.

2763. Hall, célèbre miniaturiste du xviiie siècle; sa vie, ses œuvres, sa correspondance, par Fr. Villot. *Paris (impr. de Jouaust)*, 1867, gr. in-8, papier vergé de Hollande, demi-rel. avec coins mar. la Vallière, dos orné, doré en tête, non rogné. (*Masson-Debonnelle*.)

Ouvrage tiré à très-petit nombre.

2764. Memoirs of painting, with a chronological history of the importation of pictures by the great masters into England since the french revolution, by W. Buchanan. *London*, 1824, 2 vol. in-8, cartonnés.

3. *Galeries et Musées.*

2765. TABLEAUX du cabinet du roy. (*Première partie.*) *A Paris, de l'Impr. roy.*, 1679, 24 planches. (*Le titre est remmargé en tête.*) — Statues et bustes antiques des maisons royales. (*Première partie*).*A Paris, de l'Impr. roy.*, 1679, 18 planches. — Description de la grotte de Versailles. *A Paris, de l'Impr. roy.*, 1679, 20 planches, ens. 3 part. réun. en un vol. in-fol. veau ant. marb. (Avec les *Descriptions par Félibien*.)

Dans la partie des tableaux : la planche de la Sainte Famille, gravée par G. Edelinck, est avec les armes de Colbert effacées, et, dans la Description de la grotte, le texte et les planches sont remmargés en bas.

2766. Les Émaux de Petitot du musée impérial du Louvre. Portraits de personnages historiques et de femmes célèbres du siècle de Louis XIV. *Paris, Renouard*, 1861, 40 livr. in-4, portr. en feuilles.

Manquent les livraisons 17 et 18. ÉPREUVES SUR CHINE AVANT LA LETTRE.

2767. Galerie du Musée Napoléon, publiée par Filhol, graveur, et rédigée par Lavallée, dédiée à S. M. l'empereur Napoléon Ier. *A Paris, chez Filhol (de l'impr. de Gellé fils, an XII* (1804)-1815, 10 vol. in-8, gravures, v. rac. fil. tr. dor.

— Galerie du Musée de France, tome XIe. *Paris*, 1828, gr. in-8, demi-rel. bas. rouge.

2768. Annales du Musée et de l'École moderne des beaux-arts, recueil de gravures au trait, d'après les principaux ouvrages de peinture, sculpture ou projets d'architecture, etc., rédigé par le C. Landon. *A Paris, chez le C. Landon, de l'impr. de Didot*, 1800-1809, 17 vol. — Annales du Musée....., paysages et tableaux de genre. *Paris*, 1805-1808, 4 vol. — Annales du Musée....., seconde collection, partie ancienne. *Paris*, 1810-1821, 4 vol. — Galerie Giustiniani, ou Catalogue figuré des tableaux de cette célèbre galerie transportée d'Italie en France. *Paris*, 1812, 1 vol. — Galerie de M. Massias, ancien résident de France à Carlsruhe. *Paris*, 1815, 1 vol. — *Annales du musée*. — Salon de 1808, 2 vol. — de 1810, 1 vol. — de 1812, 2 vol. — de 1814, 1 vol. — de 1817, 1 vol. — de 1819, 2 vol. — de 1822, 2 vol. — de 1824, 2 vol. — Annales de l'École française des beaux-arts, par A. Béraud, pour servir de suite et de complément aux Salons de 1808 à 1824, publiées par feu C.-P. Landon. *Paris*, 1re *année*, 1827, 1 vol. Ens. 41 vol. in-8, figures, demi-rel., veau f. dorés en tête, non rog.

2769. Réveil. Musée de peinture et de sculpture. *S. l. n. d.* 10 vol. in-12, gravures au trait, demi-rel. avec coin mar. viol. tr. dor.

<small>Cet ouvrage n'a pas de titre général et a été classé par écoles.
Cette collection contient : tome Ier, École romaine; tome II, suite de l'École romaine, École florentine, École de Parme, École napolitaine; — tome III, École vénitienne, École bolognaise; – tomes IV et V, École française; — tome VI, École flamande; — tome VII, École hollandaise; — tome VIII, Écoles espagnole, allemande et anglaise; — tome IX, Sculpture et peinture antique; enfin le tome X, le Sculpteur moderne.</small>

2770. GALERIE DU PALAIS-ROYAL, gravée d'après les tableaux des différentes écoles qui la composent, par J. Couché; avec un Abrégé de la vie des peintres et une description historique de chaque tableau, par M. l'abbé de Fontenai. *A Paris*, 1786-1808, 3 vol. in-fol. 352 planches, demi-rel., mar. vert.

<small>Exemplaire dont la plupart des planches sont avant la lettre (la lettre à part sur papier de soie). Bonnes épreuves.</small>

2771. Galerie des peintres flamands, hollandais et allemands, ouvrage enrichi de deux cent une planches gravées d'après les meilleurs tableaux de ces maîtres, etc., avec un texte explicatif pouvant servir à faire reconnaître leur genre et leur manière,..... par M. Lebrun, peintre. *A Paris, chez Poignant; à Amsterdam, chez P. Fouquet*, 1793-96, 3 vol. in-fol. mar. rouge, front. gr. portr. et planches, fil. tr. dorée. (*Rel. anc.*)

<small>Très-bel exemplaire. Les épreuves sont excellentes. Quelques taches d'eau sur les marges.</small>

2772. La Grande Galerie de Versailles et les deux salons qui l'accompagnent, peints par Ch. Le Brun, dessinés par J.-B. Massé. *A Paris, chez Amaulry*, 1753, in-12 de 60 pp. br.

2773. Recueil d'estampes d'après les tableaux des peintres les plus célèbres d'Italie, des Pays-Bas et de France, qui sont à Aix dans le cabinet de M. Boyer d'Aguilles, gravées par J. Cœlemans d'Anvers,..... avec une description de chaque tableau et le caractère de chaque peintre (par J.-P. Mariette). *A Paris, chez P.-J. Mariette*, 1744, 2 part. en un vol. gr. in-fol. max. 118 pièces réun. en 98 planches, veau marbr.

<small>Premier tirage des figures.</small>

2774. RECUEIL d'estampes d'après les plus beaux tableaux, etc., qui sont en France dans le cabinet du roi (connu sous le nom de CABINET DE CROZAT), avec une description historique de chaque tableau (par P.-J. Mariette). *A Paris, chez Bazan,* 1763, 2 vol. in-fol. max. 182 sujets dont 42 sans numéros, veau marbr., fil. tr. r.

<small>Dans cet exemplaire, la planche V représentant la Sainte Famille a été retirée et remplacée par le même sujet, gr. par Edelinck, avec les armes de Colbert effacées ; planche qui se trouve dans le *Cabinet du Roi*.</small>

2775. Recueil d'estampes gravées d'après les tableaux du cabinet de monseigneur le duc de Choiseul, par les soins du sieur Basan. *S. l.*, 1771, in-4, v. éc. fil. tr. dor.

<small>Le recueil est composé de 123 estampes, non compris le titre gravé, le portrait du duc de Choiseul et 5 planches doubles portant les numéros 68, 69, 76, 78 et 101 et marqués d'une *.
Bel exemplaire de premier tirage.</small>

2776. Collection de cent vingt estampes gravées d'après les tableaux et dessins qui composaient le cabinet de M. Poullain, précédée d'un Abrégé historique de la vie des auteurs, dédiée à M. le comte d'Orsay. *Se vend à Paris, chez Basan et Poignant,* 1785, in-4, v. quadr.

<small>Bel exemplaire de premier tirage.</small>

2777. Recueil de gravures au trait, à l'eau-forte et ombrées, d'après un choix de tableaux de toutes les écoles, recueillis dans un voyage fait en Espagne, au midi de la France et en Italie, dans les années 1807 et 1808, par M. Lebrun. *A Paris, de l'impr. de Didot,* 1809, 2 vol. in-8, br. portraits et figures.

2778. Choix de gravures à l'eau-forte, d'après les peintures originales et les marbres de la Galerie de Lucien Bonaparte. *Londres, chez Guillaume Miller,* 1812, gr. in-4, planches, demi-rel., bas. rouge, fil.

<small>142 planches.</small>

2779. Choix de tableaux et statues des plus célèbres

musées et cabinets étrangers, publié par C.-P. Landon. *Paris, Treuttel et Würtz*, 1819-21, 3 vol. in-8, figures au trait, demi-rel., veau f., dorés en tête, non rog.

2780. TABLEAUX, statues, bas-reliefs et camées de la galerie de Florence et du palais Pitti, dessinés par M. Wicar, peintre, et gravés sous la direction de M. Lacombe, avec les explications par M. Mongez. *A Paris*, 1789-1807, 4 tomes en 2 vol. in-fol, front. et planches, demi-rel., mar. r.

2781. REALE GALLERIA di Firenze. *Firenze*, 1817-24, 5 vol. in-8, demi-rel. bas. r. et 5 vol. in-fol. de planches.

2782. Le Gallerie di Firenze, relazione al ministro della pubblica istruzione in Italia. *Firenze*, 1872, in-8, br. plans.

2783. IMPERIALE E REALE GALLERIA DI FIRENZE, pubblicata con incisioni in rame da una società sotto la direzione di Bartolini, Bezzuoli e Jesi, ed illustrata da Ferdinando Ranalli. *Firenze*, 1844 et années suivantes, 2 vol. gr. in-fol. de texte et 2 vol. de planches, en feuilles dans des cartons.

Ouvrage important publié en 98 livraisons à 25 fr. chacune, et composé de 392 planches.
Exemplaire EN GRAND PAPIER.
ÉPREUVES TIRÉES SUR CHINE ET AVANT LA LETTRE. Cette publication n'a pas été terminée; mais notre exemplaire renferme tout ce qui a paru jusqu'à ce jour.

2784. Pinacoteca della imp. reg. accademia Veneta delle belle arti, illustrata da Francesco Zanotto. *Venezia, G. Antonelli*, 1833-34, 2 vol. in-fol., planches, demi-rel. avec c. bas. r.

2785. Pinacoteca Veneta, ossia i migliori dipinti

delle chiese di Venezia illustrati da Francesco Zanotto. *Venezia*, 1867, gr. in-8, gravures, demi-rel. avec coins mar. bleu, filets à froid, doré en tête, n. rog. (*Gardien.*)

2786. Pinacoteca di Brera, palazzo delle scienze et delle arti, in Milano. 248 incisioni in rame col testo di Robustiano Gironi. *Milano, G. Cioffi*, 1853, 3 vol. gr. in-4, 247 planches, demi-rel. mar. la Vall. dorés en tête, ébarbés.

2787. Le Pitture di Pellegrino Tibaldi e di Niccolo Abbati esistenti nell' instituto di Bologna, descritte ed illustrate da Gampietro Zanotti. *In Venezia*, 1756, in-fol. front. gr. portr. vignettes, culs-de-lampe, et 41 planches, demi-rel., bas.

2788. La Pinacoteca della pontificia accademia delle belle arti in Bologna, pubblicata da Francesco Rosaspina. *Bologna*, 1830, in-fol. planches, demi-rel. mar. r.

72 planches.

2789. I più celebri Quadri delle diverse scuole italiane riuniti nell' appartamento Borgia del Vaticano, disegnati ed incisi a contorno da Giuseppe Craffonara, pittore Tivolese, e brevemente descritti da A. Guattani. *In Roma*, 1820, in-fol. 41 planches au trait, cart. non rog.

2790. Raccolta di pitture antiche intagliate da Paolo Lasinio, disegnate da Giuseppe Rossi. *Pisa*, 1820, in-fol. cart.

14 planches gravées au trait.

2791. Recueil factice de 46 planches de Cunego et autres, d'après Dominiquin, Lanfranc, Guerchin, etc., etc.; réunies en un vol. gr. in-fol. vélin.

*Ce recueil n'a ni titre ni texte ; les planches sont accompagnées d'une légende en latin.

2792. Venedig's Kunstschätze. Gallerie der Meisterwerke venetianischer Malerei in Stahlstich, mit erläuterndem Text von Friedrigh Pecht, herausgegeben vom Oesterreichischen Lloyd in Triest. *Triest,* 1860, pet. in-fol. figures sur acier, demi-rel. avec c. mar. vert, fil. doré en tête, non rognés. (*Capé.*)

2793. Musée royal de la Haye lithographié. *Amsterdam, chez Desguerrois, s. d.* (1883), in-fol. 60 planches lith. demi-rel. mar. fil. (*Texte hollandais et français.*)

2794. Musée de Madrid, reproduction par la photographie des 49 sujets de tableaux remontés sur cartes Bristol et formant 24 planches in-folio dans un carton.

2795. Francisco de Stampart et Antonio de Brenner. — Prodromus, sive præambulum reserati magnificentiæ theatri picturæ Imperatoris, etc. *Viennæ Austriæ, typis Johannis Petri van Ghelen,* 1735, in-fol. planches, demi-rel. avec coins mar. rouge, dos orné à petits fers, fil. (*Dupré.*)

<small>Recueil de 29 planches gravées, contenant le catalogue figuré des tableaux de l'empereur d'Autriche, avec une préface latine et allemande; on a ajouté à cet exemplaire une table manuscrite faite dans un ordre alphabétique des noms des artistes peintres dont les œuvres figurent dans cette galerie.</small>

2796. (Galerie Impériale au Belvédère à Vienne.) — Kaiserliche königliche Bilder-Gallerie im Belveders zu Wien. Nach den Zeichnungen des K. K. Hofmahlers Sigm. V. Perger in Kupfer gestochen von verschiedenen Kunstlern nebst Erklärungen in artistischer und historischer Hinsicht, herausgegeben und Seiner Majestät Franz dem I, von Carl Haas. *Wien und Prag,* 1821, 1828, 4 vol.

pet. in-4, gravures, demi-rel., bas. verte, non rog.

Le tome Ier contient les écoles florentine, romaine, lombarde et polonaise.

Le tome IIe, les écoles vénitienne, napolitaine, espagnole, allemande et française.

Le tome IIIe, l'école flamande, et le tome IVme, l'école hollandaise.

2797. Recueil d'estampes gravées d'après les tableaux de la galerie et du cabinet de S. E. Mr le comte de Bruhl. *A Dresde*, 1754, in-fol., portr. du comte de Bruhl gravé par Balechoux en 1750, et planches, demi-rel. veau f. ant.

Première partie, seule publiée, contenant 51 pièces. Bonnes épreuves des figures.

2798. Le Grand Cabinet des tableaux de l'archiduc Léopold-Guillaume, etc., etc., peints par des maîtres italiens et dessinés par David Teniers, dit le Vieux. *A Amsterdam et à Leipzig, chez Arkstée et Merkus*, 1755, in-fol., portr. et planches, veau marbr. fil.

Cet ouvrage renferme 245 planches.

2799. Galerie Leuchtenberg. — Gemälde-Sammlung seiner Kaiserl. Hoheit des Herzogs von Leuchtenberg in München. In Umrissen gestochen von Inspector J. N. Murel. Zweite Ausgabe mit umgearbeitetem Text von J. D. Passavant. *Frankfurt am Main*, 1851, demi-rel., bas. verte.

Portrait et 252 planches.

2800. La Galerie électorale de Dusseldorf, ou Catalogue raisonné et figuré de ses tableaux dans lequel on donne une connaissance exacte de cette fameuse collection et de son local par des descriptions détaillées, par Nicolas de Pigage, de l'Académie de Saint-Luc à Rome. *A Basle*, 1778, 2 vol. in-4 obl., demi-rel. bas.

Le 1er volume de cet ouvrage comprend le texte descriptif et raisonné des tableaux.

Le 2° volume comprend les planches dont voici la description : un frontispice allégorique, inventé et dessiné par Nic. Guibal Lorrain ; 3 gravures représentant, les 2 premières, le plan du bâtiment de la Galerie et la façade et la coupe de la Galerie ; la 3me planche représentant les peintures de l'escalier de la Galerie ; enfin, la suite des 26 planches contenant 358 petites estampes. Cette jolie suite a été gravée en 1776 à Basle, sous la direction de Chr. Méchel.
Exemplaire sur papier fort.

2801. GALERIE DE DRESDE. Recueil d'estampes d'après les plus célèbres tableaux de la galerie royale de Dresde, avec une description de chaque tableau en françois et en italien. *Imprimé à Dresde*, 1753-1757, 2 vol. gr. in-fol. max. 2 portraits, vig. et planches, cart.

EXEMPLAIRE ROYAL, avec le portrait d'Auguste III, roi de Pologne, électeur de Saxe, gravé par J.-J. Balechou, en 1750, d'après Hyacinthe Rigaud.

2802. Recueil de planches lithographiées d'après les tableaux de la galerie royale de Dresde. *S. l. n. d.*, in-fol. max. demi-rel. chag. v.

Ce recueil, composé de 24 planches, n'a pas de titre.

2803. Das neue Museum in Berlin, von A. Stüler. *Berlin*, 1862, in-fol., 24 planches n. et en coul. dans un carton.

2804. The British Gallery of engravings, from pictures of the italian, french, flemisch, dutch and english schools, now in the possession of king and the noblemen and gentlemen of the united kingdoms; with some account of each picture and a life of the artist; by Edward Forster. *London, published by W. Miller,* 1807, gr. in-fol., 49 planches, demi-rel., mar. r. (*Texte anglais et français.*)

Exemplaire EN GRAND PAPIER. Premières épreuves avec la lettre grise Ex-libris de la bibliothèque de Rosny, collé à l'intérieur du volume.

2805. The British Gallery of pictures, selected from the most admired productions of the old masters, in Great Britain; accompanied with descriptions, historical and critical, by the late Henry Tresham, and W. Young Ottley, the executive part under the management of Peltro W. Tomkins. *London*, 1818, très-gr. in-4, 25 planches, demi-rel. bas. non rogné.

2806. Select Engravings from a collection of pictures, by the most eminent italian, flemish and dutch masters, exhibited at the saloon of arts; with a short biographical notice of the painters. *London*, 1818, in-4, planches, cart. non rogné.

90 planches.
Manque la deuxième planche.

2807. The National Gallery of pictures by the great masters, presented by individuals or purchased by grant of parliament. *London, s. d.* (1836), 2 vol. in-4, titres, portr. et figures gravées sur acier, demi-rel. avec c. mar. grenat, fil.

2808. The National Gallery, a series of twenty-nine plates from the best pictures in that celebrated collection, by Correggio, P. Veronese and Caracci; Murillo, Rubens, etc., etc., engraved in the finest line-manner by Finden, Burnet, Golding, Goodall, Robinson, etc., etc. *London, Nattali,* 1846, in-fol., figures, demi-rel. avec c. chag. bl. fil. tr. dorée.

2809. Engravings of the most noble the marquis of Stafford's collection of pictures, in London, arranged according to schools, and in chronological order, with remarks on each picture, by W. Young Ottley, the executive part under the management of Peltro W. Tomkins. *London,* 1818, 4 vol. gr. in-4, planches, demi-rel. bas., v. non rognés.

2810. Collection de M. W.-G. Coesvelt, de Londres. *Londres, chez Carpenter,* 1836, in-4,

90 sujets en 42 planches au trait, cart. perc. v., non rog.

2811. The Gallery of pictures by the first masters of the english and foreign schools; with biographical and critical dissertations by Allan Cunningham. *London, G. Virtue, s. d.*, 2 vol. in-4, figures sur acier, cart. perc., v. tr. dor.

2812. A SET OF PRINTS, engraved after the most capital paintings in the collection of her imperial majesty the Emperess of Russia, lately in the possession of the earl of Oxford, at Hougton in Norfolk : with plans, elevations, sections, chimney pieces and ceilings. *London, published by John et Josiah Boydell,* 1788, 2 vol. in-fol., titres gr. portraits, vign. plans et planches, demi-rel. avec c. cuir de R. (*Avec la liste des planches en français et en anglais.*)

Le tome 1er contient le portrait de l'impératrice de Russie, 28 plans et 60 gravures. Le tome II contient le portrait en pied de Rob. Walpole, gr. par J. Watson, d'après Vanloo, et 69 planches.
Premier tirage.

4. *Salons.*

2813. COLLECTION COMPLÈTE DES LIVRETS DES SALONS (*en éditions originales*), publiées à Paris, de 1699 à 1878, en 98 vol. in-12, reliés.

Ce sont les années suivantes :
1673 (réimpression faite par A. de Montaiglon, en 1852), 1699 (TRÈS-RARE), 1704, 1737, 1738, 1739, 1740, 1741, 1742, 1743, 1745, 1746, 1747, 1748, 1750, 1751, 1753, 1755, 1757, 1759, 1761, 1763, 1765, 1767, 1769, 1771, 1773, 1775, 1777, 1779, 1781, 1783, 1785, 1787, 1789, 1791, 1793, 1795, 1796, 1797, 1798, 1799, 1800, 1801, 1802, 1804, 1806, 1808, 1810 (2 volumes), 1812, 1814, 1817, 1819, 1822, 1824, 1827, 1831, 1833 à 1850 (18 volumes), 1852, 1853, 1855, 1857, 1859, 1861, 1863, 1864, 1865, 1866, 1867 (2 *volumes, dont un pour l'Exposition universelle*), 1868, 1869, 1870, 1872, 1873, 1874, 1875, 1876, 1877 et 1878.

2814. LIVRETS DES SALONS, depuis 1704 jusqu'en 1831, 27 vol. in-12 reliés.

Ce sont les années suivantes :

1704, 1714, 1739, 1740, 1742, 1745, 1746, 1747, 1748, 1749, 1750, 1751, 1752, 1753, 1755, 1757, 1759, 1761, 1763, 1765, 1767, 1769, 1771, 1773, 1775, 1777, 1779, 1781, 1783, 1785, 1787, 1789, 1791, 1793, 1795 à 1801, 1803 à 1810, 1812 à 1814, 1817, 1819, 1822 à 1824, 1827, 1831.

2815. Des Critiques faites sur les Salons, depuis 1699, et du Salon de 1810 de M. Guizot, par M. An. de Montaiglon. *Paris*, 1852, plaq. in-8 de 21 pp. cart.

2816. Lettre sur l'Exposition des ouvrages de peinture, sculpture, etc., de l'année 1747, in-12, cart.

2817. Observations sur les arts et sur quelques morceaux de peinture et de sculpture exposés au Louvre en 1741. *A Leyde*, 1748, in-12, veau marb.

2818. Lettres sur la Peinture à un amateur. *A Genève*, 1750, in-12 de 44 pp. cart.

2819. Le Salon, par Lacombe. 1753, in-12 de 39 pp. cart.

2820. Sentimens sur quelques ouvrages de peinture, sculpture et gravure, écrits à un particulier en province, par de La Font de Saint-Yonne. 1754, in-12, cart.

2821. Lettre à un amateur, en réponse aux critiques qui ont paru sur l'Exposition des tableaux (de 1754, par Jombert). Plaq. in-12 de 36 pp. cart.

2822. Première Lettre à un virtuose qui ira bientôt à Rome pour y apprendre qu'un beau tableau doit être d'une mauvaise couleur, par Estève, 24 pp. — Seconde Lettre à un partisan du bon goût (par le même), sur l'Exposition des peintures, gravures et sculptures, etc., faite dans le grand salon du Louvre, le 28 août 1755, 24 pp. — Réponse d'un aveugle à Messieurs les critiques des tableaux exposés au Salon. 1755, 15 pp. Ens. 2 plaq. in-12, cart.

2823. OEuvres de Diderot. Salons de 1761-1765 (suivi de l'Essai sur la peinture), 1767-1769 (suivi des Pensées détachées sur la Peinture. — Sur la Peinture, poème de la Mierre. — Observations snr la sculpture et sur Bouchardon. — Histoire de la peinture à la cire et des mathématiques). *Paris, J.-L.-J. Brière,* 1821, 3 vol. in-8, demi-rel, avec coins mar. la Vallière.

2824. Lettres à Madame ***, sur les peintures, les sculptures et les gravures exposées dans le salon du Louvre cette année (par Mathon de la Cour), 1763, 2 lettres en une, plaq. in-12, cart.

2825. Explication des peintures, sculptures et autres ouvrages de Messieurs de l'Académie de Saint-Luc, dont l'exposition se fera le 25 août 1764. *Paris, Le Breton,* 1764. — Explication des peintures, etc., de Messieurs de l'Académie de Saint-Luc, dont l'exposition se fera le 18 septembre 1756. *Paris, chez Maur. d'Houry,* 1756, 2 plaq. in-12, rel. — Livrets des expositions de l'Académie de Saint-Luc à Paris pendant les années 1751, 1752, 1753, 1756, 1762, 1764 et 1774. *Paris, Baur et Detaille,* 1872, in-12, br. Ens. 3 vol.

2826. Lettres sur les peintures, sculptures et gravures de Messieurs de l'Académie royale, exposées au salon du Louvre depuis 1767 jusqu'en 1779, commencées par feu M. de Bachaumont. *A Londres, chez J. Adamson,* 1780, in-12, demi-rel. avec veau f.

2827. Lettre sur les peintures, gravures et sculptures qui ont été exposées au Louvre, 1769, par M. Raphaël, peintre, à M. Jérosme, son ami, râpeur de tabac et riboteur. *Se trouve à Paris, chez Delalain,* 1769, 40 pp. — Lettre sur le Salon de peinture de 1769, par M. B.... *Paris, chez Humaire*, 1769, 34 pp. Ens. 2 plaq. in-8, cart.

2828. Lettre de M. Raphaël le jeune à un de ses amis, architecte à Rome, sur les peintures, sculptures, etc., qui sont exposées cette année au Louvre. 1771, plaq. in-8, de 62 pp. cart.

2829. La Muse errante au Salon, apologie critique des peintures, etc., exposées au Louvre en l'année 1771. *A Athènes, et se trouve à Paris, chez Cailleau*, 1771, plaq. in-12 de 48 pp. demi-rel. chag. vert.

2830. Coup d'œil sur le Salon de 1775, par un aveugle (Lesuire). *A Paris, chez Quillau et Ruault*, 1775, plaq. in-12, de 26 pp. demi-rel. chag. vert.

2831. Critiques du Salon de 1779. Réunion de 8 plaq. in-12, cart.

Le Salon, ouvrage du moment, 20 pp. — Le Visionnaire, ou Lettres sur les ouvrages exposés au Salon, 40 pp. — Coup de patte sur le Salon de 1779 (par Carmontelle), 44 pp. — Ah! ah! encore une critique du Salon! Voyons ce qu'elle chante, 31 pp. — Les Connaisseurs, ou la Matinée du salon des tableaux, 19 pp. — Le Lit de justice du dieu des Arts, ou le Pied-de-Nez des Critiques du Salon, 34 pp. — Janot au Salon, ou le Proverbe (par Lefébure), 32 pp. — Le Mort vivant au Salon de 1779, 24 pages.

2832. Description sommaire des ouvrages de peinture, sculpture et gravure exposés dans les salles de l'Académie royale, par M. D***. *A Paris, chez de Bure*, 1781, in-12, front. gr. veau marb. fil.

2833. Le Pourquoi, ou l'Ami des artistes. *Genève*, 1781, 35 pp. — La Vérité critique des tableaux exposés au salon du Louvre en 1781. 31 pp. — La Patte de velours, ouvrage concernant le Salon de peinture. 48 pp. Ens. 3 plaq. in-8, cart.

2834. Critiques du Salon de 1783. Réunion de 14 plaq. in-8, cart.

Entretiens sur les tableaux exposés au Salon, 59 pp. — La Critique est aisée, mais l'Art est difficile. 26 pp. — Apelle au Salon, 25 pp. — La Morte de trois mille ans au Salon de 1783, 23 pp. — Le Salon à l'encan, rêve pittoresque, mêlé de vaudevilles, 36 pp. — Changez-moi cette tête, ou Lustucru au Salon, 42 pp. — Momus au Salon, comédie critique en vers et en vaudevilles (par Pujoulx), 70 pp. — Considérations sur les arts et les artistes du temps, ou Des Hommes déplacés, par Dupain-Triel, 64 pp. — Le Triumvirat des Arts, ou Dialogue entre un peintre, un musicien et un poète sur les tableaux exposés au Louvre, 44 pp. — Vers à Mme Le Brun, sur les principaux ouvrages dont elle a décoré le Salon cette année, par M. de Miramond, 7 pp. — Marlborough au Salon du Louvre, 32 pp. — Le Véridique au Salon, 32 pp. — Les Peintres volants, dialogue entre un Français et un Anglais sur les tableaux exposés au Salon, 29 pp. — Messieurs! Ami de tout le monde! 1783, 32 pages.

2835. Critiques du Salon de 1785. Réunion de 16 plaq. in-8, cart.

Observations critiques sur les tableaux du Salon de l'année 1785, 24 pp. — Le Peintre anglais au Salon de peinture, 31 pp. — L'Espion des peintres de l'Académie royale, par F. Nogaret, 55 pp. — Les Tableaux, ou Réflexions tardives d'un bonhomme qui arrive de la campagne, 16 pp. — Le Frondeur, ou Dialogues sur le Salon, 67 pp. — Observations philosophiques sur l'Usage d'exposer les ouvrages de peinture et de sculpture à Mme la baronne de Vasse, par M. Viel de Saint-Maux, 23 pp. — Mélanges de doutes et d'opinions sur les tableaux exposés au Salon du Louvre, 30 pp. — Observations sur le Salon de 1785. — Avis important d'une femme sur le Salon, par Mme E. A. R. T. L. A. D. C. S., 39 pp. — Réflexions impartiales sur les progrès de l'art en France et sur les tableaux exposés au Louvre, 36 pp. — Inscriptions pour mettre au bas de différents tableaux exposés au Louvre, 12 pp. — Minos au Salon, ou la Gazette infernale, par M. L. B. D. B (le baron de Batz), 34 pp. — Figaro au Salon de peinture, 24 pp. 1 fig. — Discours sur l'origine, les progrès et l'état actuel de la teinture en France, 38 pp. — Promenade de Critès au Salon, 60 pp. — Jugement d'un musicien sur le Salon de peinture de 1785, 23 pages.

2836. Critiques du Salon de 1787. Réunion de 12 plaq. in-8, cart.

La Plume du coq de Micylle, ou Aventures de Critès au Salon, 46 pp.; 2e part., 39 pp. — Les Grandes Prophéties du grand Nostradamus sur le grand Salon de peinture, 44 pp. fig. — L'Ami des artistes au Salon, 44 pp. — L'Année littéraire. Observations sur les peintures exposées au Salon du Louvre, 1787. — Lettre d'un amateur de Paris à un amateur de province sur le Salon de peinture, 24 pp. — Observations critiques sur les tableaux du Salon, 32 pp. — Merlin au Salon en 1787. 30 pp. — Promenades d'un observateur au Salon, 29 pp. — Critique des quinze critiques du Salon, 68 pp. — Inscriptions pour mettre au bas de différents tableaux exposés au Louvre, 16 pp. — Ah! ah! ou Relation véritable, intéressante, de la conversation de Marie-Jeanne et de J. Le Passeux au Salon du Louvre, 19 pp. — Encore un coup de patte pour le dernier, ou Dialogue sur le Salon de 1787, 39 pages.

2837. Le Petit Arlequin au Muséum, ou les Tableaux d'Italie en vaudevilles. *Paris, an VIII,* in-12 de 48 pp. demi-rel. bas.

2838. Les Tableaux du Muséum en vaudevilles, par le C. Guipava. *Paris, an IX*, in-12, cart.

2839. Le Pausanias français; État des arts du dessin en France, à l'ouverture du xix° siècle : Salon de 1806. *Paris, Buisson,* 1806, in-12, figures, demi-rel. v. f.

2840. La Vérité au Salon de 1812, ou Critique impartiale des tableaux. *Se vend à Paris*, 1812, in-12 de 44 pp. demi-rel. bas.

2841. Le Noir et le Blanc, ou ma Promenade au Salon de peinture, par M. N.-V.-S.-S. Le Blanc. *Paris,* 1812, plaq. in-8 de 52 pp. demi-rel. bas.

2842. Examen raisonné des ouvrages de peinture, sculpture et gravure, exposés au salon du Louvre en 1814, par S. Delpech. *Paris, chez Martinet,* 1814, in-8, cart.

2843. L'École française en 1814, ou Examen critique des ouvrages de peinture, sculpture, etc., exposés au salon du musée royal des arts, par R.-J. Durdent. *Paris,* 1814, in-8, br.

2844. Essai sur les beaux-arts, et particulièrement sur le Salon de 1817, par E.-E.-A.-M. Miel. *Paris,* 1817 et 1818, in-8, figures au trait, veau ant.

2845. L'Ombre de Diderot et le Bossu du Marais, dialogue critique sur le Salon de 1819, par Gust. Jal. *Paris,* 1819. — Revue critique des productions de peinture, sculpture, gravure exposées au Salon de 1824, par M*** (Jal). *Paris,* 1825, 2 ouvr. en 1 vol. in-8, demi-rel. veau ant.

2846. Lettres à David sur le Salon de 1819. *A Paris, chez Pillet,* 1819, in-8, figures au trait, demi-rel. veau ant.

2847. Choix des productions de l'art les plus remarquables exposées dans le Salon de 1819, par F.-M. Gault de Saint-Germain. *Paris,* in-12, veau marb.

2848. Annuaire de l'école française de peinture, ou Lettres sur le Salon de 1819, par M. Kératry. *Paris, Maradan,* 1820, in-12, mar. bl. doublé de tabis r. tr. dorée. (*Rel. anc.*)

2849. Salon de mil huit cent vingt-deux, par A. Thiers. *Paris, Maradan,* 1822, in-8, fig. lith. demi-rel. veau f.

2850. L'Artiste et le Philosophe, entretiens critiques sur le Salon de 1824, recueillis et publiés par A. Jal. *Paris, Ponthieu,* 1824, in-8, fig. cart. non rog.

2851. Salon de mil huit cent vingt-quatre, par Chauvin. *Paris,* 1825, in-8, fig. au trait, demi-rel. veau ant.

2852. Esquisses, croquis, pochades, ou tout ce qu'on voudra, sur le salon de 1827, par A. Jal. *Paris,* 1828, in-8, fig. lith. demi-rel. veau f.

2853. Salon de 1831. Ébauches critiques, par A. Jal. *Paris, Denain,* 1831. — Salon de 1831, par M. Gust. Planche. *Paris,* 1831. Ens. 2 vol. in-8, br.

2854. Les Artistes contemporains, Salon de 1831, par Ch. Lenormant. *Paris, Alex. Mesnier,* 1833, 2 tomes en 1 vol. in-8, demi-rel. veau f.

2855. Examen critique du Salon de 1833, par A. Annet et H. Trianon. *A Paris, chez Delaunay,* 1833, in-8, br.

2856. Salon de 1833. — Les Causeries du Louvre, par A. Jal. *Paris Ch. Gosselin,* 1833, in-8, demi-rel. bas. r.

2857. Le Salon de 1833, par G. Laviron et B. Galbacio. *Paris,* 1833, in-8, figures, demi-rel. bas. vert.

2858. Le Musée, revue du Salon de 1834, par Alexandre D... (Alex. Descamps.) *S. l. n. d.* in-4, fig. demi-rel. bas. r.

2859. Lettres sur le Salon de 1834, par Hilaire L. Sazerac. *Paris,* in-8, fig. lith. demi-rel. bas.

2860. Salon de 1834. Analyse de ses productions les plus remarquables, par le général d'Alvimar. *Paris, Dentu,* 1834, in-12 de 44 pp. dérel.

2861. Salon de 1839, par Alex. Barbier. *Paris, Joubert,* 1839, in-12, br.

2862. Le Salon de 1844 (1845 et 1846), par T. Thoré. *Paris,* 3 part. en 1 vol. in-12, fig. demi-rel. chag. la Vall.

2863. Baudelaire-Dufays. Salon de 1846. *Paris, M. Lévy,* 1846, in-12, br.

2864. Catalogue complet du Salon de 1846, annoté par A.-H. Delaunay. *Paris,* in-12, demi-rel. bas.

2865. Salon de 1847, par P. Mantz. *Paris, F. Sartorius,* 1847, in-12, br.

2866. Salon de 1850-51, par Cl. Vignon. *Paris, Garnier,* 1851, in-12, br.

2867. Le Salon de 1852, par Eug. Loudun. *Paris, Hervé,* 1852, br. in-12 de 33 pp.

2868. Examen critique des principaux ouvrages en peinture et en sculpture de l'exposition de 1852, par Giram. *Paris,* 1852, in-12 de 94 pp.

2869. Salon des Refusés. — La Peinture en 1863, par F. Desnoyers. *Paris,* 1863, in-8, br.

2870. Les Artistes normands au salon de 1864 et 1865, par Alf. Darcel. *Rouen*, 1864, plaq. in-12 de 63 pp. cart.

5. *Sculpture et Ciselure.*

2871. Mémoires sur des ouvrages de sculpture du Parthénon et de quelques édifices de l'acropole d'Athènes, etc., par le chevalier E.-Q. Visconti. *A Paris, chez P. Dufart*, 1818, in-8, cart. non rog.

2872. La Vénus de Milo, par F. Ravaisson. *Paris, Hachette*, 1871, plaq. in-8 de 68 pp. cart. 3 planches photogr.

2873. Museo Capitolino. *Roma*, 1741-1782, 4 tomes en 5 vol. in-fol. titre gr. vig. et planches, veau ant. marb.

Les deux premiers volumes sont de la première édition, 1741-48.
Le premier volume contient : Les bustes des hommes illustres, 80 planches. Le second : Les bustes impériaux, 83 planches. Le troisième : Les statues, 91 planches. Le quatrième en 2 vol. : Les bas-reliefs, 69 planches.

2874. Historia utriusque belli Dacici a Traiano Cæsare gesti, ex simulachris quæ in columna ejusdem Romæ visuntur collecta, auctore F. Alfonso Ciacono Hispano. *Romæ*, 1576, in-folio, 134 planches obl. vél.

2875. La Colonne Trajane, décrite par W. Fræhner. *Paris, Ch. de Mourgues*, 1865, in-8, figures, br. (*Papier vélin.*)

2876. Bellori (Jo.-Petr.). Columna Antoniniana à Petro Santo Bartolo delin. et incisa, cum notis excerptis ex declarat. J.-P. Bellorii. *S. l. n. d.* (*Roma*), in-fol. obl. 77 planches y compris le front. et la dédicace, demi-rel. bas. v.

2877. Choix de terres cuites antiques du cabinet de M. le vicomte H. de Janzé, photographiées par M. Laverdet et reportées sur pierre lithographique par M. Poitevin. Texte explicatif par J. de Witte. *Paris, F. Didot,* 1857, in-fol. 44 planches, cart.

2878. Notes d'un compilateur sur les sculpteurs et les sculptures en ivoire (par Ph. de Chennevières). *S. l. n. d.* plaq. in-8 de 91 pp. cart.

2879. Storia della scultura dal suo risorgimento in Italia fino al secolo di Canova, del conte Leopoldo Cicognara. *Prato, per J. Frat. Giachetti,* 1823-24, 7 vol. in-8, demi-rel. avec c. mar. la Vall. fil. à fr. et atlas de 185 planches in-fol.

2880. Italian Sculptors : being a history of sculptura in northern, southern, and eastern Italy by Ch. C. Perkins, with etchings by the author, and engravings on wood from original drawings and photographs. *London, Longmans, Green,* etc., 1868, in-4, gravures, cart. anglais.

2881. Les Sculpteurs italiens, par Ch.-C. Perkins, ouvrage traduit de l'anglais par Ch.-Ph. Haussoullier. *Paris, J. Renouard,* 1869, 2 vol. in-8, br. gr. sur bois dans le texte, et album gr. in-8 de 78 planches et front. gr. à l'eau-forte.

2882. Tuscan Sculptors : their lives, works and times, with illustrations from original drawings and photographs, by Charles-C. Perkins. *London,* 1864, 2 vol. in-4, gravures, cart. anglais.

2883. Sigismundi Augusti Mantuani adeuntis profectio ac triumphus, opus ex archetypo Julii Romani a Francisco Primaticio Mantuæ in ducali palatio quod del T nuncupatur, plastica, atque anaglyphica sculptura, mire elaboratum. *Cura, sumptibus ac typis Jo. Jacobi de Rubeis. Romæ, ad templum Sanctæ Mariæ de Pace,* 1680, in-4, oblong, 26 planches, demi-rel.

2884. Un Bronze de Michel-Ange, par M. Frédéric Reiset. *Paris, impr. par E. Thunot*, 1853, in-12 de 60 pp. mar. vert, fil. à comp. tr. dorée. (*Dupré.*)

2885. Étude sur les fontes du Primatice, par Henry Barbet de Jouy. *Paris, J. Renouard*, 1860, in-8 de 47 pp. demi-rel. veau r.
Exemplaire en papier de Hollande.

2886. Les Della Robbia, sculpteurs en terre émaillée; étude sur leurs travaux, suivie d'un Catalogue de leur œuvre fait en Italie en 1853, par H. Barbet de Jouy. *Paris, J. Renouard*, 1855, gr. in-12, papier de Hollande, demi-rel. mar. br. doré en tête, ébarbé. (*Heldt jeune.*)

2887. Le Tre Porte del Battistero di San Giovanni di Firenze, incise ed illustrate. *Firenze*, 1821, in-fol. 73 sujets gr. au trait par P. Lasinio, demi-rel. bas. b. (*Texte italien et français.*)

2888. Della Vita di Antonio Canova, libri quattro, compilati da Melchior Missirini. *Milano, per Giovanni Silvestri*, 1825, in-12, demi-rel. veau f. (*Heldt jeune.*)

2889. Étude sur Jean Cousin, suivie des notices sur Jean Leclerc et Pierre Woeiriot, par Ambr. Firmin-Didot, orné d'un portrait inédit de Jean Cousin, de la reproduction photographique des cinq portraits peints par lui et du portrait de P. Woeiriot. *Paris, typographie de Amb. Firm.-Didot*, 1872, gr. in-8, demi-rel. avec coins mar. grenat, dor. en tête, n. rog.
Envoi autographe de M. Ambr. Firm.-Didot à M. le comte de Reiset.

2890. Notice sur l'ancienne statue équestre, ouvrage de Daniello Ricciarelli et de Biard le fils, élevée à Louis XIII en 1639, au milieu de la place Royale à Paris, et détruite en août 1792;

par M. An. de Montaiglon. *Paris, J.-B. Dumoulin,* 1851 plaq. in-8 de 16 pp. cart.

2891. Lettres inédites de Diderot au statuaire Falconet. *S. l. n. d.* plaq. in-8 de 103 pp. cart.

2892. Les Souvenirs d'un artiste, par Ant. Etex. *Paris, Dentu, s. d.,* in-8, br. portrait et héliogravures.

2893. Simart, statuaire, membre de l'Institut; étude sur sa vie et sur son œuvre, par Gustave Eyriès. *Paris, Didier, s. d.* in-8, portrait de Ch. Simart en buste, gravé au trait, demi-rel. v. fauve, tr. peign.
Extrait des Mémoires de la Société académique de l'Aube.

2894. Vita di Benvenuto Cellini, orefice e scultore fiorentino, da lui medesimo scritta. *In Colonia, per Pietro Martello,* in-4, veau ant. marb.

2895. I Trattati dell' oreficeria e della scultura di Benvenuto Cellini. *Firenze,* 1857, in-12, br.

2896. Trésor de l'église de Conques, dessiné et décrit par Alf. Darcel. *Paris, V. Didron,* 1861, in-4, cart. figures.

2897. Calice et patène de l'église Saint-Jean-du-Doigt (Finistère), par Alf. Darcel. *Paris, V. Didron,* 1860, plaq. in-4 de 24 pp. planches.
Extrait des Annales archéologiques. Tiré à 100 exemplaires.

2898. Livre journal de Lazare Duvaux, marchand-bijoutier ordinaire du Roy, 1748-1758, précédé d'une étude sur le goût et sur le commerce des objets d'art au milieu de xviiie siècle et accompagné d'une table alphabétique des noms d'hommes, de lieux et d'objets mentionnés dans le journal et dans l'introduction. *Paris, pour la Société des bibliophiles français,* 1873, 2 vol. gr.

in-8, 2 frontispices gravés à l'eau-forte, mar. rouge foncé avec coins, dos orné, tête dor. n. (*Masson-Debonnelle.*)

2899. LES GEMMES ET JOYAUX de la couronne, publiés et expliqués par H. Barbet de Jouy, dessinés et gravés à l'eau-forte d'après les originaux par Jules Jacquemart. *Paris*, 1865, 2 vol. in-fol. 60 planches, demi-rel. mar. bl. fil. dorés en tête, non rognés.

<small>La deuxième partie est en feuilles dans un carton.</small>

6. *Architecture.*

2900. Parallèle de l'architecture antique avec la moderne, suivant les dix principaux auteurs qui ont écrit sur les cinq ordres, par MM. Errard et de Chambray; nouvelle édition, augmentée des Piédestaux pour les cinq ordres, suivant les mêmes auteurs, et du Parallèle de M. Errard avec M. Perrault, etc., par Ch.-Ant. Jombert. *A Paris*, 1766, in-8, portraits et figures, veau ant. marb.

2901. De l'Architecture ogivale, architecture nationale et religieuse, par Alf. Darcel. *S. l. n. d.* plaq. in-8 de 16 pp. cart.

<small>Extrait de la *Revue française* (1857).</small>

2902. Les Mosaïques chrétiennes des basiliques et des églises de Rome, décrites et expliquées par H. Barbet de Jouy. *Paris, V. Didron,* 1857, in-8, demi-rel. veau gris. (*Hélat jeune.*)

2903. Vies des fameux architectes depuis la renaissance des arts, avec la description de leurs ouvrages, par M. D***. *A Paris, chez Debure*, 1787, 2 vol. in-8, front. gr. bas. ant.

2904. Histoire de la vie et des ouvrages des plus célèbres architectes du xie siècle jusqu'à la fin du xviii°, accompagnée de la vue des plus remarquables édifices de chacun d'eux, par M. Quatremère de Quincy. *Paris, J. Renouard,* 1830, 2 vol. gr. in-8, cart. figures au trait.

2905. Les Grands Architectes français de la Renaissance, P. Lescot, Ph. de l'Orme, J. Goujon, J. Bullant, les Du Cerceau, les Metezeau, les Chambiges, par Ad. Berty. *A Paris, chez A. Aubry,* 1860, pet. in-8, demi-rel. avec c. mar. or. doré en tête, ébarbé. (*Closs.*)

Tiré à 260 exemplaires sur papier vélin.

2906. Fresco Decorations and stuccoes of churches and palaces, in Italy, during the fifteenth & sixteenth centuries with descriptions by Lewis Gruner. *Published by Thomas Mac Lean, London,* 1854, in-fol. 56 planches n. et en coul. demi-rel. avec c. mar. r. fil. tr. dorée.

2907. Le Mont Saint-Michel, par Anat. de Montaiglon. *Paris, Detaille,* 1877, br. gr. in-8, figures.

Tiré à soixante exemplaires.

2908. L'Église Saint-Sauveur à Bellesme. *Nogent-le-Rotrou,* 1869, plaq. in-8 de 26 pp. cart.

2909. Les Comptes des bâtiments du Roi (1528-1571), suivis de documents inédits sur les châteaux royaux et les beaux-arts au xvi° siècle, recueillis et mis en ordre par le marquis Léon de Laborde. *Paris, J. Baur,* 1877, in-8, br. (*Tome premier.*)

2910. Galerie de la Reine, dite de Diane, à Fontainebleau, peinte par Ambroise Dubois en 1600 sous le règne de Henri IV, publiée par E. Gatteaux et V. Baltard d'après les dessins de L.-P. Baltard et de C. Percier. *Paris,* 1868, in-fol. cart.

16 planches gravées par Réveil et imprimées au bistre par F. Chardon aîné.

2911. Description du modèle à l'échelle de 5 millimètres par mètre représentant l'achèvement du Louvre, par M. Visconti. (*Paris*), *s. d.*, plaq. in-8 de 3 pp. cart. plan.

2912. Notice du plan en relief du canal maritime de Suez exposé dans le musée de marine, par le vice-amiral Pâris. *Paris*, 1875, in-12, cartes, br.

7. *Gravure*.

2913. Discours historique sur la gravure en taille-douce et sur la gravure en bois (par Emeric-David). *Paris, Agasse,* 1808, in-8, demi-rel. cuir de R.

2914. Histoire de la gravure en France, par Georges Duplessis. *Paris, Rapilly,* 1861, in-8, br.

2915. Dictionnaire des artistes, dont nous avons des estampes, avec une notice détaillée de leurs ouvrages gravés. *A Leipsig,* 1778-1790. 4 vol. in-8, front. gr. demi-rel. veau ant. marb.

2916. Manuel des curieux et des amateurs de l'art, contenant une notice abrégée des principaux graveurs, et un catalogue raisonné de leurs meilleurs ouvrages, depuis le commencement de la gravure jusques à nos jours, par M. Huber et C.-C.-H. Rost. *Paris, chez Fuchs,* 1797-1803. 6 vol. in-8, demi-rel. veau ant.

2917. Dictionnaire des graveurs anciens et modernes, depuis l'origine de la gravure; par P.-F. et H.-L. Basan, seconde édition, précédée d'une notice historique sur l'art de la gravure, par P.-P. Choffard. *A Paris, chez J.-J. Blaise,* 1809, 2 vol. in-8, front. port. vig. et figures gr. demi-rel. avec c. mar. bl. (*Closs.*)

2918. Des Types et des manières des maîtres graveurs, pour servir à l'histoire de la gravure en

Italie, en Allemagne, dans les Pays-Bas et en France, par Jules Renouvier (xv°, xvi° et xvii° siècle). *Montpellier,* 1855, 3 parties en un vol. in-4, cart.

2919. Le Livre des Peintres et Graveurs, contenant un dénombrement assez ample de ceux qui ont aimé les estampes, la suite des principaux peintres et graveurs de toutes les manières qui ont travaillé en France, et particulièrement à Paris, depuis l'année 1600, etc. *S. l. n. d.*, in-4, cart.

<small>Copie d'un manuscrit du xviie siècle, en vers, avec une table alphabétique des personnes ou artistes cités.</small>

2920. Idée générale d'une collection complette d'estampes, avec une dissertation sur l'origine de la gravure et sur les premiers livres d'images (par M. le baron de Heineken). *A Leipsic et Vienne, Kraus,* 1771, in-8, figures, veau marb.

<small>Excellent ouvrage, devenu rare.</small>

2921. Manuel de l'amateur d'estampes, par M. Ch. Le Blanc. *Paris, Jannet,* 1850-57, 9 livr. in-8 brochés.

<small>Incomplet des dernières livraisons.</small>

2922. Dictionnaire iconographique des monuments de l'antiquité chrétienne et du moyen âge depuis le bas empire jusqu'à la fin du seizième siècle, indiquant l'état de l'art et de la civilisation à ces diverses époques par L.-J. Guénebault. *Paris, Leleux,* 1843, gr. in-8, texte à deux col. mar. noir, tr. peign.

2923. Le Peintre-graveur, par J.-D. Passavant. *Leipsic,* 1860-64, 6 vol. in-8, portrait, demi-rel. avec c. mar. vert, fil. à fr. (*Closs.*)

2924. Allegorical Engravings of Albert Dürer, by Henry F. Holt. *S. l. n. d.*, br. in-8 de 47 pp. 6 planches photogr.

2925. Notes biographiques sur Jacopo de Barbary dit le maître au caducée, peintre-graveur vénitien de la fin du xv° siècle, par Ch. Ephrussi. *Paris, Jouaust*, 1876, in-4 br. 7 gravures.

2926. Catalogue des estampes gravées d'après Rubens, auquel on a joint l'œuvre de Jordaens, et celle de Visscher, avec un secret pour blanchir les estampes et en ôter les taches d'huile, par R. Hecquet, graveur. *A Paris, chez C.-A. Jombert*, 1751, in-12, veau marb.

2927. Catalogue raisonné de toutes les estampes qui forment l'œuvre gravé d'Adrien Van Ostade, par L.-E. Faucheux. *Paris, J. Renouard*, 1862, in-8, br.

2928. Cornelis Ploos van Amstel, Kunstliebhaber und Kupferstecher, eine Studie von F. von Alten. *Leipzig*, 1864, plaq. in-12 de 74 pp. cart.

2930. Allart van Everdingen. Catalogue raisonné de toutes les estampes qui forment son œuvre, gravé par W. Drugulin. *Leipzig*, 1873, in-8 portr. et fig. cart.

2931. Mémoires sur la vie de François Chauveau, peintre et graveur, et de ses deux fils, par J.-M. Papillon, 1738. *Paris*, 1854, plaq. in-8 de 47 pp. cart. (*Papier de Hollande.*)

2932. Les Robertet, par M. Duplessis. *S. l. n. d.*, plaq. in-8, cart.

2933. Les Graveurs troyens. Recherches sur leur vie et leurs œuvres, avec fac-simile, par Corrard de Breban. *Troyes, A. Socard, et Paris, Rapilly*, 1868, in-8 br.

2934. Éloge de M. Le Clerc, dessinateur et graveur ordinaire du cabinet du Roi, avec le catalogue de ses ouvrages, par M. l'abbé de Vallemont. *A Paris*, 1715, in-12, portrait, veau marb.

R.   23

2935. Catalogue raisonné de toutes les estampes qui forment l'œuvre d'Israël Silvestre, précédé d'une notice sur sa vie par L.-E. Faucheux. *Paris, J. Renouard,* 1857, in-8, demi-rel. mar. r. ébarbé. (*Heldt jeune.*)

<small>Tiré à cent cinquante exemplaires.</small>

2936. Renseignements sur quelques peintres et graveurs des xviie et xviiie siècles. Israël Silvestre et ses descendants, par E. de Silvestre. *Paris, Bouchard-Huzard,* 1869, in-8, portr. demi-rel. veau r. tr. ébarbée. (*Heldt jeune.*)

2937. Catalogue raisonné de l'œuvre gravé de Jean-Charles Le Vasseur d'Abbeville, précédé d'une notice sur sa vie et ses ouvrages par Em. Delignières. *Abbeville,* 1865. br. in-8.

2938. Notice sur Jean-Marie Saint-Eve, graveur (par J.-J. Bourgeois). *Lyon, impr. de L. Perrin,* 1860, plaq. in-4 de 15 pp. cart. portr. photogr.

2939. Les Gravures françaises du xviiie siècle, ou catalogue raisonné des estampes, eaux-fortes, pièces en couleur, au bistre et au lavis, de 1700 à 1800, par Emmanuel Bocher. *Paris, Jouaust et Rapilly,* 1875-76, 3 fasc. in-4, br. 2 portr. à l'eau-forte et une fig.

<small>Un des 450 exemplaires sur papier vergé (n° 319).</small>

2940. Catalogue de l'œuvre de F. de Poilly, graveur ordinaire du Roi, avec un extrait de sa vie, où l'on a joint un catalogue des estampes gravées par Jean Wisscher et autres graveurs, d'après les tableaux de Wouvermans, avec un secret pour décoller les dessins à l'encre de Chine et au bistre, etc., le tout recueilli par R. Hecquet, graveur. *A Paris, chez Duchesne,* 1752, in-12, veau marb. fil.

2941. Catalogue de l'œuvre de Ch.-Nic. Cochin fils,

par Ch.-Ant. Jombert. *A Paris, de l'impr. de Prault*, 1770, in-8, veau marb.

2942. Quelques Lettres inédites de Cochin (1757-1790), par A. Decorde. *Rouen*, 1869, plaq. in-8 de 60 pp. cart.

2943. Biographie aveyronnaise. — Raymond Gayrard, graveur et statuaire; notice biographique par M. Jules Duval. *Paris, typ. Hennuyer*, 1859, in-8, demi-rel. v. fauve, tr. peign.

2944. L'OEuvre de Ch. Jacque : catalogue de ses eaux-fortes et pointes sèches, dressé par J.-J. Guiffrey. *Paris, Lemaire*, 1866, in-8, cart. 1 fig. gr. à l'eau-forte.

2945. Notice sur la vie et les travaux de E.-H. Langlois du Pont-de-l'Arche, par Ch. Richard. *Rouen, E. Le Grand*, 1838, in-8 de 80 pp. cart.

2946. Catalogue de l'œuvre gravé et lithographié de R.-P. Bonington, par Aglaüs Bouvenne. *Paris, J. Claye*, 1873, in-8 br. portr. et fac-simile.

2947. Catalogo delle stampe della calcografia camerale incise a bulino ed all' acqua forte. *Roma*, 1842, in-12 br.

2948. Collection complète des costumes de la cour de Rome et des ordres religieux des deux sexes, dessinée d'après nature, avec la plus parfaite exactitude, par M. G. Perugini Romain, avec un texte explicatif par M. l'abbé J.-B.-E. Pascal. *Paris*, 1852, in-4, demi-rel. bas rouge, fil. tr. dorée.

_{Cet ouvrage est orné de 80 planches en couleurs, représentant les divers costumes de la cour romaine et des ordres religieux.}

2949. English Landscape scenery : a series of forty mezzotinto engravings on steel by David Lucas, from pictures painted by John Constable. *London*,

Henry G. Bohn, 1855, in-fol. demi-rel. avec coins chagr. orange, tr. dor. (*Reliure anglaise.*)

<small>Ouvrage orné de 40 planches gravées sur acier.</small>

2950. Faust, tragédie de M. de Goethe, traduite en français par M. Albert Stapfer, ornée d'un portrait de l'auteur et de dix-sept dessins composés d'après les principales scènes de l'ouvrage et exécutés sur pierre par M. Eugène Delacroix. *A Paris, chez Ch. Motte éditeur et chez Sautelet libraire,* 1828, in-fol. portrait et planches v. fauve, fil. dent. int. tr. dor. (*Closs.*)

2951. L'Amour et Psyché d'après le roman d'Apulée. *S. l. n. d.,* in-fol. planches, demi-rel. cuir de R. tr. dor.

<small>Suite de vingt planches montées sur onglets, dessinées et gravées à l'eau-orte, par Lorenz Frölich en 1862.</small>

2952. Les Hommes illustres qui ont paru en France pendant ce siècle, avec leurs portraits au naturel, par M. Perrault. *A Paris, chez Ant. Dezallier,* 1696-1700, 2 vol. in-fol. front. gr. et portraits, veau ant. marb.

<small>Ouvrage recherché à cause des portraits gravés par Edelinck. On a ajouté à cet exemplaire les portraits de L. Thomassin et Ch. Du Fresne, sieur Du Cange, qui se trouvent à la fin du tome II.</small>

2953. LIVRE CURIEUX ET UTILE pour les sçavans et artistes, composé de trois alphabets de chiffres simples, doubles et triples, fleuronnez et au premier trait, accompagné d'un très-grand nombre de devises, emblèmes, médailles et autres figures hiéroglyfiques, ensemble de plusieurs supports et cimiers pour les ornements des armes, avec une table très-ample par le moyen de laquelle on trouvera facilement tous les noms imaginables; le tout inventé, dessiné et gravé par Nicolas Verien, maistre graveur. *Paris, s. d.,* in-8, avec privilège du roy, de 1685, front. gr. portr. et figures de médailles, de chiffres, etc., demi-rel. avec c. mar. r. fil. (*Capé.*)

2954. Traité des Pierres gravées, par P.-J. Mariette. *A Paris, de l'imprimerie de l'auteur,* 1750, 2 vol. pet. in-fol. médailles gravées, v. rouge.

_{Cet ouvrage est un catalogue raisonné de tout ce qui a été écrit et publié sur les pierres gravées, traités généraux, description de cabinets, recueils de gravures, dissertations particulières, etc. Le tome second contient plus particulièrement la représentation des plus belles pierres gravées en creux du cabinet du Roi.}

2955. Pierres antiques gravées sur lesquelles les graveurs ont mis leurs noms, dessinées et gravées en cuivre sur les originaux ou d'après les empreintes par Bernard Picart, tirées des principaux cabinets de l'Europe, expliquées par M. Philippe de Stosch, conseiller de S. M. le Roi de Pologne Charles VI, et traduites en françois par M. Des Limiers, de l'académie de Bologne. *Amsterdam, chez Bernard Picart le Romain, graveur et marchand d'estampes,* 1724, in-folio, planches, v. marb.

Ouvrage recherché.
Le texte est en regard de la traduction.

2956. Notice sur Jacques Guay, graveur sur pierres fines du roi Louis XV, par J.-F. Leturcq; documents inédits émanant de Guay et notes sur les œuvres de gravures en taille-douce et en pierres fines de la marquise de Pompadour. *Paris, J. Baur,* 1873, gr. in-8, photogravures, demi-rel. avec coins mar. rouge, dos orné, dor. en tête, n. rog. (*Masson-Debonnelle.*)

8. *Arts industriels.*

2957. Les Vieux Arts du feu, par Claudius Popelin. *Paris, Alph. Lemerre,* 1869, gr. in-8, cart. non rogné. (*Papier de Hollande.*)

2958. Guide de l'amateur de porcelaines et de poteries, ou collection complète des marques de fabriques de porcelaines et de poteries de l'Europe et de l'Asie, par le Dʳ J.-G.-Th. Graesse. *Dresde*, 1875, in-12, br.

2959. Traité des Arts céramiques, ou des poteries considérées dans leur histoire, leur pratique et leur théorie, par Alex. Brongnard. *Paris, Béchet*, 1854, 2 vol. in-8 et atlas, demi-rel. chag. vert. (*Heldt.*)

2960. Rapport adressé à M. le Ministre par M. Duc, membre de l'Institut, au nom de la commission de perfectionnement de la manufacture nationale de Sèvres. *Paris, Impr. nationale,* 1875, br. in-4 de 67 pp.

2961. Rapport sur l'Exposition universelle de 1855 présenté à l'Empereur par S. A. I. le prince Napoléon, président de la commission. *Paris, Impr. impériale,* 1857, in-4, chag. vert, fil. doré en tête, ébarb. (*Armoiries sur les plats.*)

2962. Des Destinées du Musée Napoléon III. — Fondation d'un musée d'art industriel, par Em. Galichon. *Paris, Dentu,* 1862, plaq. in-8 de 22 pp. cartonné.

2963. Les Arts industriels du moyen âge en Allemagne, par Alf. Darcel. *Paris*, 1863, plaq. in-8 de 71 pp. cartonné.

GUIDES ARTISTIQUES.

2964. Voyage d'Italie, ou recueil de notes sur les ouvrages de peinture et de sculpture qu'on voit dans les principales villes d'Italie, par M. Cochin. *A Paris, chez Ch.-Ant. Jombert,* 1769, 3 vol. in-12, veau marb.

2965. A Tour through Italy containing full directions for travelling in that interesting country; with ample catalogues of every thing that is curious in architecture, painting, sculpture, etc., etc., by Thomas Martyn. *London*, 1791, in-8, carte col. cart. non rogné.

2966. Asisi, città serafica, e santuarj che la decorano, ad istruzione e guida dei forestieri che vi concorrono, opera del P. Domenico Bruschelli. *Roma*, 1821, in-8, demi-rel. bas.

2967. Voyages historiques, littéraires et artistiques en Italie, guide raisonné et complet du voyageur et de l'artiste, par M. Valery. *Paris*, 1838, 3 vol. in-8, demi-rel. veau bl.

2968. The Cicerone : or, Art guide to painting in Italy for the use of travellers, by Dr Jacob Burckhardt, edited by Dr A. von Zahn, translated from the german by Mrs. A.-H. Clough. *London, J. Murray*, 1873, in-12, cart. perc. rouge.

2969. Notizie intorno alla vita e alle opere de' pittori, scultori e intagliatori della città di Bassano, raccolte ed estese da Giambatista Verci. *In Venezia*, 1775, in-12, front. gr. cartonné.

2970. Le Pitture notabili di Bergamo che sono esposte alla vista del pubblico, raccolte da Andrea Pasto. *In Bergamo*, 1775, in-4, cart. non rogné.

2971. Le Pitture di Bologna.... *In Bologna*, 1704, in-12, vél.

2972. Le Pitture di Bologna.... *In Bologna*, 1732, in-12, vél.

2973. Le Pitture di Bologna... *In Bologna*, 1755, in-12, demi-rel. bas.

2974. Le Pitture di Bologna... *In Bologna*, 1766, in-12, vél.

2975. Pitture, scolture ed architteture delle chiese, luoghi pubblici, palazzi e case della città di Bologna e suoi subborghi. *In Bologna,* 1782, in-12, vél.

2976. Tre Giorni in Bologna, o guida per la città e suoi contorni, di Michelangelo Gualandi. *Bologna,* 1860, in-12, demi-rel. avec c. mar. la Vallière. (*Closs.*)

2977. Le scelte Pitture di Brescia additate al forestiere. *In Brescia,* 1700, pet. in-4, demi-rel. cuir de Russie.

2978. Le Pitture e sculture di Brescia che sono esposte al pubblico con un appendice di alcune private gallerie. *In Brescia,* 1760, in-8, front. gr. et vig. cartonné.

2979. Cremona, fedelissima città et nobilissima colonia de' Romani, rappresentata in disegno col suo contato et illustrata d'una breve historia delle case più notabili appartenenti ad essa, et dei ritratti naturali de' duchi et duchesse di Milano, e compendio delle lor vite, da Antonio Campo, pittore et cavalier Cremonese. *In Milano,* 1645, in-4, titre, front. gr. figures et portraits, cartonné.

2980. Notizie relative a Ferrara per la maggior parte inedite, ricavate da documenti ed illustrate da Luigi Napoleone Cittadella. *Ferrara,* 1864, gr. in-8, demi-rel. avec c. mar. bl. fil. à fr. tr. peigne. (*Closs.*)

2981. Le Bellezze della città di Firenze dove a pieno di pittura, di scultura di sacri templi, di palazzi, i più notabili artifizji e più preciozi si contengono, scritte già da M. Francesco Bocchi, ed ora da M. Giovanni Cinelli ampliate ed accresciute. *In Firenze,* 1677, in-12, portr. et front. gr. demi-rel. bas.

2982. Guida del forestiere per la città di Ferrara,

dell dott. Antonio Frizzi. *Ferrara*, 1787, in-18 carré, fig. cartonné.

2983. Notizie istoriche dei contorni di Firenze dalla porta al prato fino alla real villa di Castello, raccolte dell' abate Domenico Moreni. *Firenze*, 1791-94, 6 part. réun. en 3 vol. pet. in-8, demi-rel. bas.

2984. La Metropolitana fiorentina. *Firenze*, 1820, in-4, planches au trait, demi-rel. bas.

2985. L'Osservatore fiorentino. *Firenze*, 1821, 4 vol. in-8, figures, bas. marb.

2986. Nuova Guida, ovvero descrizione storico-artistico-critica della città e contorni di Firenze, compilata da Federigo Fantozzi. *Firenze*, 1844, in-12, figures, demi-rel. bas. rouge.

2987. Nuova Guida della città di Firenze, etc. 1856, in-12, cart. plan.

2988. Guida artistica della città di Firenze, di E. Burci. *Firenze*, 1875, in-12, br.

2989. Description des beautés de Gênes et de ses environs, ornée de différentes vues, de tailles-douces et de la carte topographique de la ville. *A Génes, chez Yves Gravier*, 1781, pet. in-8, figures, veau ant.

2990. Guida artistica per la città di Genova, dell' avvocato Federigo Alizeri. *Genova*, 1846, 2 tomes en 3 vol. in-12, demi-rel. avec c. mar. vert, fil. à fr. (*Capé.*)

2991. Guida di Genova. *Genova*, 1866, in-12, br. carte.

2992. Il Forestiere informato delle cose di Lucca, opera del R.-S.-Vincenzo Marchio Lucchese. *In Lucca*, 1721, in-12, cartonné.

2993. Guida del forestiere per la città e il contado di Lucca. *Lucca,* 1820, in-8, br.

2994. Guida di Lucca e dei luoghi più importanti del ducato, compilata dal marchese Antonio Mazzarosa. *Lucca,* 1843, in-8, cart. figures.

2995. Descrizione storica delle pitture del regioducale palazzo del T fuori della porta di Mantova. *Mantova,* 1783, in-8, portr. et fig. demi-rel. bas.

2996. Descrizione di Milano ornata con molti disegni in rame delle fabbriche più cospicue che si trovano in questa metropoli, raccolta ed ordinata da Serviliano Latuado. *In Milano,* 1737, 5 vol. in-12, front. gr. cartes et figures, demi-rel. avec c. mar. r. fil. à fr. (*Capé.*)

2997. Storia e descrizione del duomo di Milano esposte da Gaetano Franchetti. *Milano,* 1821, in-4, figures au trait, cartonné.

2998. Guida di Milano, o sia descrizione della città e de' luoghi più osservabili ai quali da Milano recansi i forestieri, compilata dal cavaliere Luigi Bossi. *Milano, Vallardi, s. d.,* 2 vol. in-12, figures, demi-rel. avec c. mar. or. (*Closs.*)

2999. Il Duomo di Milano, ossia descrizione storico-critica di questo insigne tempio e degli oggetti d'arte che lo adornano, corredata di 65 tavole. *Milano,* 1823, in-4, figures au trait, cartonné.

3000. Mantova descritta nella primitiva sua forma e nei successivi ingrandimenti fino allo stato attuale ad uso di guida ad osservare quanto v'è di spettabile pel cittadino e pel forestiere. 1829. — Indicazione delle fabbriche, chiese e pitture di Verona, o sia guida per li forestieri. *Verona,* 1815. — Descrizione dei monumenti e delle pitture di Piacenza, corredata di notizie istoriche. *Parma,*

1828. Ens. 3 ouvr. réun. en 1 vol. in-8, cart. figures.

3001. L'Arte in Milano, note per servire di guida nella città, raccolte da Giuseppe Mongeri. *Milano*, 1872, in-12, fig. cartonné.

3002. Storia del duomo di Orvieto. *In Roma*, 1791, in-4, cartonné.

3003. Descrizione delle pitture, sculture ed architetture di Padova, con alcune osservazioni intorno ad esse, ed altre curiose notizie di Giovanbatista Rossetti. *In Padova*, 1776, 2 part. en 1 vol. in-12, vél.

3004. Pitture, sculture, architetture ed altre cose notabili di Padova nuovamente descritte da Pietro Brandolese. *In Padova*, 1795, in-12, fig. demi-rel. bas.

3005. Sulla cappelina degli Scrovegni nell'arena di Padova e sui freschi di Giotto in essa dipinti, osservazioni di Pietro Estense Selvatico. *Padova*, 1836, in-8, planches, demi-rel. veau vert.

3006. Il Parmigiano servitor di Piazza, ovvero dialoghi di frombola ne' quali dopo varie notizie interessanti su le pitture di Parma si porge il catalogo delle principali. *Parma,* 1796, in-12, cartonné.

3007. Nuova Descrizione della città di Parma, compilata dal professore Paolo Donati. *Parma*, 1824, in-12, br. carte.

3008. Nuovissima Guida per osservare le pitture si a olio che a fresco esistenti attualmente nelle chiese di Parma, compilata da Giuseppe Bertoluzzi. *Parma*, 1830, in-12, demi-rel. veau rouge.

3009. Una Visita alla Certosa presso Pavia. *Milano*, 1834, in-18, fig. cartonné.

3010. Une Visite à la Chartreuse près de Pavie. *Milan*, 1859, plaq. in-8 de 65 pp. cart. figures.

3011. Brevi notizie delle pitture e sculture che adornano l'augusta città di Perugia ragionate da Gio. Franc. Morelli Perugino. *In Perugia*, 1683, pet. in-12 vél.

3012. Descrizione storica della chiesa di S. Domenico di Perugia. *In Perugia*, 1778, plaq. in-4, cart.

3013. Descrizione delle pitture di San Pietro di Perugia, chiesa de' monaci neri di S. Benedetto. *In Perugia*, 1792, in-12, bas. marb.

3014. Pisa illustrata nelle arti del disegno da Alessandro da Morrona. *In Pisa*, 1787-93, 3 vol. pet. in-8, planches, demi-rel. avec c. bas.

3015. Pisa illustrata nelle arti del disegno da Alessandro da Morrona. *Livorno*, 1812, 3 vol. gr. in-12, portr. et figures, demi-rel. mar. bl. fil. à fr. dorés en tête, non rognés. (*Closs.*)

3016. Pisa antica e moderna, del nobile Alessandro da Morrona. *Pisa*, 1821, gr. in-12, br.

3017. Descrizione delle pitture del Campo-Santo di Pisa coll' indicazione dei monumenti ivi raccolti. *Pisa*, 1829, in-12, br.

3018. Descrizione della primaziale Pisana dopo i grandi restauri dal 1827, fino al presente anno 1832. *Pisa*, 1832, in-12 de 48 pp.

3019. Nuova Guida di Pisa... *Pisa*, 1845, in-12, cart. plan.

3020. Le pubbliche Pitture di Piacenza. *S. l.*, 1780, in-8, vig. sur le titre, demi-rel. bas.

3021. Delle Pitture che adornano la cappella del sacro cingolo di M. Vergine nella cattedrale di

Prato. (*Prato*, 1831), plaq. in-8 de 17 pp. cart.

3022. Studio di pittura, scoltura et architettura nelle chiese di Roma, dell' abbate Filippo Titi, etc. *Roma*, 1675, in-12 vél.

3023. Ravenna ricercata, overo compendio istorico delle cose più notabili dell'antica città di Ravenna ore disoccupate, di Girolamo Fabri. *In Bologna*, 1678, in-12 vél. à recouv.

3024. Descrizione del palazzo apostolico Vaticano, opera postuma d'Agostino Taja Senese, rivista ed accresciuta. *In Roma*, 1750, pet. in-8 vél.

3025. Il reale Giardino di Boboli nella sua pianta e nelle sue statue. *S. l. n. d.*, in-4, titre front. gr. plan et 46 planches, demi-rel. bas. ant.

3026. Descrizione delle pitture, sculture e architetture esposte al pubblico in Roma, opera cominciata dall' abate Filippo Titi. *In Roma*, 1763, pet. in-8 vél.

3027. Accurata e succinta Descrizione topografica delle antichità di Roma dell' abate Ridolfino Venuti Cortonese presidente al' antichità Romane, edizione terza che contiene oltre le nuove scoperte ed aggiunte altre interessanti note ed illustrazioni di Stefano Piale Romano. *In Roma*, 1824, 2 vol. in-4, planches. cart. non rog.

3028. L'Imp. et reale Palazzo Pitti, descritto dal cav. Francesco Inghirami. 1828, in-8, br. fig.

3029. Notizie istoriche della villa Massimo alle terme Diocleziane, con un appendice di documenti. *Roma*, 1836, in-4, planches gravées, cart. n rog.

3030. Analisi storico-topografico-antiquaria della carta de' dintorni di Roma, di A. Nibby. *Roma*, 1837, 3 vol. in-8, demi-rel. bas. v.

3031. Memorie concernenti la città di Urbino. *In Roma, Gio. Maria Salvioni,* 1724, in-fol. front. gr. 145 planches, demi-rel. veau ant.

<small>Il manque la planche LXVIII.</small>

3032. Guida d'Udine in ciò che risguarda le tre belle arti sorelle, scritta dal co. Fabio di Maniago. *San Vito,* 1839, in-8, cart. plan.

3033. Indicazione delle fabbriche, chiese e pitture di Verona, o sia guida per li forestieri. *Verona,* 1815, br. in-12 de 40 pp. fig.

3034. Verona e la sua provincia nuovamente descritte da G.-B. da Persico. *Verona,* 1838, in-8, figures, cart.

3035. Il Forestière istrutto nelle cose più rare di architettura e di alcune pitture della città di Vicenza. *Vicenza,* 1804, in-8, nombr. planches, cart. non rog.

3036. Direzione per osservare i monumenti più cospicui della città di Viterbo. *Viterbo,* 1824, in-12 br.

3037. Venetia citta nobilissima et singolare, descritta in XIII libri da Francesco Sansovino. *In Venetia,* 1581, pet. in-4, mar. citr. fil. tr. dor. (*Reliure ancienne.*)

3038. Le Minere della pittura, compendiosa informazione di Marco Boschini non solo delle pitture, publiche di Venezia, ma dell' isole ancora circonvicine. *In Venezia,* 1664, in-12, demi-rel. bas.

3039. Descrizione di tutte le pubbliche pitture della città di Venezia e isole circonvicine, o sia rinnovazione delle ricche minere di Marco Boschini, coll'aggiunta di tutte le opere che uscirono dal 1674 fino al presente 1733, in-12, front. gr. vél.

3040. Forestiere illuminato intorno le cose più rare e curiose, antiche e moderne, della città di Venezia. *In Venezia*, 1761, in-12, figures, vél.

3041. Della Pittura Veneziana e delle opere pubbliche de' Veneziani maestri. *In Venezia*, 1771, in-8, front. gr. demi-rel. avec c. mar. r. fil. doré en tête, non rogné.

3042. Della Pittura Veneziana, e delle opere pubbliche dei Veneziani maestri libri V. *In Venezia*, 1792, 2 vol. in-12, br.

3043. Della Pittura Veneziana, trattato in cui osservasi l'ordine del Busching, e si conserva la dottrina e le definizioni del Zanetti. *Venezia*, 1797, 2 tomes en 1 vol. in-12, front. gr. demi-rel. bas.

3044. Otto Giorni a Venezia, opera di Antonio Quadri. *Venezia*, 1830, in-12, portr. et figures, br.

3045. Sulla Architettura e sulla scultura in Venezia dal medio evo sino ai nostri giorni, studi di P. Selvatico. *Venezia*, 1847, in-8, figures, demi-rel. avec c. mar. grenat, fil. (*Gaillard.*)

3046. Guida artistica e storica di Venezia e delle isole circonvicine, autori P. Selvatico e V. Lazari. *Venezia, Milano e Verona*, 1852, in-8, demi-rel. avec c. mar. la Vallière. (*Closs.*)

3047. La Pittura in Venezia. *Venezia, s. d.*, in-12, cart. figures.

3048. Blois et ses environs, troisième édition du Guide historique dans le Blésois (par L. de la Saussaye). *Blois; Paris, Aubry*, 1862, in-12, fig. demi-rel. avec c. mar. r. fil. doré en tête, non rogné. (*B. David.*)

Tiré à 100 exemplaires.

3049. Blois et ses environs, guide artistique et historique dans le Blésois et le nord de la Touraine, par L. de la Saussaye. *Blois; Paris, Aubry,* 1873, in-12, figures, br.

3050. Fontainebleau, précis historique, 1169-1854, par E. Jamin. *Fontainebleau,* 1854, in-12 de 51 pp. cartonné.

3051. Histoire et recherches des antiquités de la ville de Paris, par M° H. Sauval. *A Paris, chez Ch. Moette, J. Chardon,* 1724, 3 vol. in-fol. veau, br.

<small>Très-bel exemplaire EN GRAND PAPIER avec les : *Amours des rois de France sous plusieurs races*, pièce de 40 pp. qui se trouve reliée à la fin du tome III et qui manque souvent.</small>

3052. Henri Sauval. Histoire et recherches des antiquités de la ville de Paris. Table alphabétique des noms des peintres, sculpteurs, architectes, etc., cités dans cet ouvrage ainsi que des monuments renfermant des ouvrages d'artistes inconnus. *S. l. n. d.,* pet. in-fol. cartonné.

<small>Manuscrit de 86 pages.</small>

3053. Nouvelle Description de la ville de Paris, et de tout ce qu'elle contient de plus remarquable, par Germain Brice. *A Paris,* 1725, 4 vol. in-12, figures, v. ant.

3054. Description historique de Paris et de ses plus beaux monuments, gravés en taille-douce par F.-N. Martinet, par M. Béguillet et Poncelin. *A Paris,* 1779-81, 3 vol. in-8, titres gr. front. et figures, veau marb. fil.

3055. Itinéraire de l'artiste et de l'étranger dans les églises de Paris. *Paris,* 1833, br. in-8 de 73 pp.

3056. Relevé général des objets d'art commandés depuis 1816 jusqu'en 1830, par l'administration de la ville de Paris, et indication des lieux où ils sont placés, par J.-Amable Grégoire. *Paris,* 1833, in-8 de 120 pp. cartonné.

3057. Description historique et graphique du Louvre et des Tuileries, par le comte de Clarac. *Paris, Impr. impériale,* 1853, in-8, figures, demi-rel. avec c. mar. r. fil. doré en tête, non rogné.

3058. Le Louvre, par M. L. Vitet, de l'Académie française. *Paris, Firm.-Didot fr.,* 1853, gr. in-8 de 118 pp. avec un plan. demi-rel. avec coins mar. grenat, dos orné, doré en tête, non rogné. (*Masson-Debonnelle.*)

Cet essai sur le Louvre est extrait de la Revue contemporaine.

3059. Les Églises et monastères de Paris, pièces en prose et en vers des ixe, xiiie et xive siècles, publiées par H.-L. Bordier. *Paris, Aug. Aubry,* 1856, in-12, cartonné.

3060. Topographie historique du vieux Paris, par Adolphe Berty. — Région du Louvre et des Tuileries. *Paris, Impr. impériale,* 1866-68, 2 vol. in-4, br. papier vélin, planches gravées.

3061. Notice sur diverses antiquités de la ville de Rouen, par E. de la Quérière. *Rouen,* 1825, plaq. in-8 de 14 pp. cartonné.

3062. Le Trésor sacré, ou inventaire des sainctes reliques et autres précieux joyaux qui se voyent en l'église & au thrésor de l'abbaye royale de S.-Denys en France, ensemble les tombeaux des rois et reines ensepulturez en icelle, depuis le roy Dagobert jusques au roy Henry le Grand, avec un abrégé des choses plus notables arrivées durant leurs règnes, par dom. Germain Millet. *A Paris, chez J. Billaine,* 1640, in-12, titre, front. gr. vél.

3063. Bibliothèque de la ville de Versailles. — Palais des Archives nationales. — Eglise de Saint-Germain l'Auxerrois. *S. l. n. d.,* 3 br. gr. in-8 de 12 pp.

R.

3064. Description de tous les Paysbas autrement appelez la Germanie inférieure ou basse Allemagne, par messire Loys Guicciardin. *Réimprimé à Campen, chez Arnaud Bénier, pour Henry Laurens, libraire, demeurant à Amsterdam sur l'eau,* 1641, in-8, oblong, figures, vél.

3065. Belgicæ, sive inferioris Germaniæ, Descriptio, auctore Ludovico Guicciardino, nobili Florentino. *Amstelodami,* 1652, 3 part. en 2 vol. in-12, front. titre gr. et figures, vél. à recouv.

3066. Description historique et topographique de la ville d'Anvers, par A. Ferrier. *Bruxelles,* 1836, in-12, br. plan.

3067. Bruges et ses environs. Description des monuments, objets d'art et antiquités, précédée d'une notice historique, par W.-H.-James Weale. *Bruges,* 1864, in-12, br. carte.

3068. Bruges et ses environs. Description des monuments, objets d'art et antiquités, précédée d'une notice historique, par W.-H.-James Weale. *Bruges,* 1875, in-12, br.

3069. Description historique et topographique de Bruxelles et de ses environs. *Bruxelles,* 1839, in-12, carte et fig. br.

3070. Guide du cabinet royal de curiosités, ou description détaillée des objets qui y sont représentés, par R.-P. Van de Kastaele. *A la Haye,* 1825, in-12, demi-rel. chag. r.

3071. The english Connoisseur : containing an account of whatever is curious in painting, sculpture, etc., in the palaces and seats of the nobility and principal gentry of England, both in town and country. *London,* 1766, 2 vol. in-12, veau ant. tr. dorée.

3072. Works of art and artists in England, by G.-F. Waagen. *London, J. Murray*, 1838, 3 vol. in-8, cart. non rogné.

3073. Treasures of art in Great Britain : being an account of the chief collections of paintings, drawings, sculptures, etc., by Dr Waagen. *London, J. Murray*, 1854-57, 4 vol. in-8, dont 1 de suppl. cart. non rogné.

3074. Excursion artistique en Angleterre, par Alf. Darcel. *Rouen,* 1858, in-8, cartonné.

3075. Excursion artistique en Allemagne, par Alf. Darcel. *Paris, Didron,* 1862, gr. in-8, cartonné.

BIBLIOGRAPHIE DES BEAUX-ARTS.

3076. De l'Organisation des bibliothèques dans Paris, par le comte de Laborde, membre de l'Institut. *Paris, A. Franck,* 1845, gr. in-8, figures, demi-rel. avec coins mar. rouge, dos orné, dor. en tête, non rogné. (*Masson-Debonnelle.*)

Cet exemplaire contient 3 lettres dont voici la description : Première lettre, la Bibliothèque royale occupe le centre topographique et intellectuel de la ville de Paris. — Deuxième lettre: Revue critique des projets présentés pour le déplacement de la Bibliothèque royale.— Troisième lettre : Étude sur la construction des bibliothèques.

3077. DE L'ORGANISATION des bibliothèques dans Paris, par le comte de Laborde. Quatrième lettre. *Le Palais Mazarin* et les habitations de ville et de campagne au XVIIe siècle. *Paris, A. Franck,* 1845, gr. in-8, planches, demi-rel. avec coins mar. rouge, dos orné, fil. dor. en tête, non rogné. (*Masson-Debonnelle.*)

Très-rare.

3078. Alde Manuce et l'hellénisme à Venise, par Ambroise Firmin-Didot. *Paris, F.-Didot,* 1875, in-8, portr. br.

3079. Essai d'une bibliographie générale des beaux-arts, par G. Duplessis. *Paris, Rapilly,* 1866, in-8, demi-rel. avec c. mar. vert, doré en tête, non rogné. (*Masson-Debonnelle.*)

3080. Catalogo ragionato dei libri d'arte e d'antichità posseduti dal conte Cicognara. *Pisa, presso Nicolo Capurro,* 1821, 2 vol. in-8, demi-rel. avec c. mar. r. fil. dorés en tête, non rognés. (*Capé.*)

3081. Catalogue méthodique de la bibliothèque de l'École nationale des beaux-arts, par Ern. Vinet. *Paris,* 1873, in-8, br.

3082. Catalogue général des ventes publiques de tableaux et estampes depuis 1737 jusqu'à nos jours, etc., par M. P. Defer. *Paris, chez Aubry, Clément, Rapilly,* 1865-68, 2 vol. et 6 livr. in-8, br.

Tome Ier, seul paru : Première et deuxième parties, livraisons 4, 5 et 6.

3083. La Bibliografia di Michel Angelo Buonarroti e gli incisori delle sue opere. *In Firenze,* 1875, in-4, br.

3084. Catalogue raisonné d'une collection de livres, pièces et documents, etc., relatifs aux arts de peinture, sculpture, gravure, etc., réunie par M. J. Goddé, avec des notes du collecteur. *Paris, Potier,* 1850, in-8, br.

Exemplaire en GRAND PAPIER DE HOLLANDE.

3085. Catalogue raisonné d'une collection de livres relatifs aux arts de peinture, sculpture, gravure et architecture, réunie par M. J. Goddé, avec des notes du collecteur. *Paris, Potier,* 1850, in-8, br.

Prix d'adjudication manuscrits.

3086. Bibliothèque de M. Quatremère de Quincy. *Paris, Cl. Le Clère, et J.-F. Delion,* 1850, in-8, br.

3087. Catalogue de livres sur les beaux-arts, de MM. R.-D. (Robert-Dumesnil), 1856. — C..... B... (Ch. Blanc), 1861. — F. V. (Fr. Villot), 1870. Ens. 3 br. in-8.

3088. Collection Martelli de Florence. — Livres relatifs aux beaux-arts. Avril 1858, br. in-8.

Prix d'adjudication manuscrits.

3089. Catalogue des livres composant la bibliothèque de M. Ch. Sauvageot. *Paris, Potier*, 1860, in-8, br.

3090. Catalogue des livres de la bibliothèque de feu Ch. Le Blanc. *Paris, Aubry*, 1865, in-8, br.

Prix d'adjudication et noms d'acquéreurs manuscrits.

3091. Catalogue des livres composant la bibliothèque de feu le marquis de Laborde. Première partie : Beaux-arts, archéologie. *Paris, A. Labitte*, 1871, in-8, br.

Prix d'adjudication et noms d'acquéreurs manuscrits.

3092. Catalogue of the Eastlake library in the National Gallery. *London*, 1872, in-8, br.

3093. Catalogue de livres sur les beaux-arts, etc., 28 mars 1873. *Paris, A. Labitte*, 1873, br. in-8.

Prix d'adjudication et noms d'acquéreurs manuscrits.

OUVRAGES DIVERS.

3094. Le Nouveau Testament de Nostre-Seigneur Jésus-Christ, traduit en françois avec le grec et le latin de la Vulgate ajoûtez à côté. *A Mons, chez G. Migeot*, 1673, 2 vol. in-8, front. gr. veau ant.

3095. La Sainte Messe, suivie des Vêpres du dimanche. *Paris, Ch. de Mourgues*, 1862, in-4, mar. la Vallière clair, jans. dent. int. tr. dor. (*Gruel-Engelmann.*)

<small>Un des 30 exemplaires tirés sur papier vélin fort.</small>

3096. Il Cortegiano del conte Baldessar Castiglione, pubblicato per cura del conte Carlo Baudi di Vesme. *Firenze*, 1854, in-12, br.

3097. H. de la Blanchère. La Pêche aux bains de mer. *Paris, Firm.-Didot, s. d.*, in-4, br. figures interc. dans le texte.

3098. Le Dictionnaire de l'Académie françoise, dédié au Roy. *A Paris, chez la veuve de Jean-Baptiste Coignard*, 1694, 2 vol. in-fol., frontispice allégorique gravé par Edelinck, v. marbr. fil. tr. rouge. (*Reliure moderne.*)

3099. Dictionnaire de l'Académie française, sixième édition. *Paris, F.-Didot*, 1835, 2 vol. in-4, demi-rel. veau ant.

3100. Dictionnaire de la langue française, par E. Littré. *Paris, L. Hachette*, 1874, 4 vol. in-4, texte à 3 col. demi-rel. chagr. noir, plats toile, tr. jasp.

3101. Grand Dictionnaire français, italien et italien-français, rédigé par J.-Ph. Barberi, continué et terminé par MM. Basti et Cerati. *A Paris*, 1838, 2 vol. in-4, bas. marb.

3102. Grand Dictionnaire français-anglais et anglais-français, rédigé par MM. Fleming et Tibbins. *Paris, Firmin-Didot*, 1864, 2 vol. in-4, cart. non rog.

3103. Nouveau Dictionnaire français-hollandais, par J. Cramers. *Gouda, van Goor*, 1859, fort vol. in-8, demi-rel. chag. la Vall.

3104. Niew Nedelandsch-fransch Woordenboek, door J. Kramers. *Gouda, van Goor*, 1862, fort vol. in-8, demi-rel. chag. la Vall.

3105. Nouveau Dictionnaire complet à l'usage des Allemands et des Français, par MM. l'abbé Mozin et J.-Th. Biber. (Partie française.) *Stuttgart et Tubingue, chez J. Gotta*, 1826-28, 2 vol. (Partie allemande.) *Stuttgart et Tubingue*, 1823. 1 vol. Ens. 3 vol. in-4, bas. marb.

3106. Mémoires, contes et autres œuvres de Ch. Perrault, précédés d'une notice sur l'auteur par Paul L. Jacob, et d'une Dissertation sur les Contes des fées par le baron Walckenaer. *Paris, Ch. Gosselin*, 1842, in-12, demi-rel. bas. n.

3107. Hymne à la Cloche, par E.-H. Langlois. *Rouen, J. Baudry*, 1832, plaq. in-8 de 16 pp. demi-rel. avec c. chag. bl. fig.

<small>Tiré à très-petit nombre.</small>

3108. Lettere scritte al signor Pietro Aretino da molti signori, communità, donne di valore, poeti et altri eccellentissimi spiriti, divise in due libri. 1551, 2 vol. in-12, parch.

3109. Lettere di diversi huomini illustri, raccolte da diversi libri di nuovo corrette e ristampate, con gli argomenti per ciascuna. *In Trevizo*, 1603, in-12, mar. rouge, fil. à froid, dent. int. tr. dor. (*Delaunay.*)

3110. Dictionnaire universel d'histoire et de géographie, par N. Bouillet. *Paris, Hachette*, 1850, fort vol. in-8, cart.

3111. Dictionnaire critique de biographie et d'histoire, errata et supplément pour tous les dictionnaires historiques, d'après des documents authentiques inédits, par A. Jal. *Paris, H. Plon*, 1867, gr. in-8, texte à 2 col. demi-rel. avec coins mar. rouge, doré en tête, non rog.

3112. Histoire des roys de France, et des choses plus mémorables qui se sont passées sous leur règne, depuis l'origine de cette monarchie jusques a présent, écrite en abbregé sur le modelle des anciens, par Michel de Marolles. *A Paris, chez Guill. de Luynes*, 1678, in-12, veau ant.

3113. Notes historiques sur le château de Bury, par M. Naudin. *Blois*, 1836, plaq. in-8 de 38 pp. cart. figures.
_{Tiré à 40 exemplaires.}

3114. Les Archives de la France pendant la Révolution. Introduction à l'inventaire du fonds d'archives dit les Monuments historiques. *Paris, imprimerie de J. Claye*, 1866, in-4, cart.

3115. Les Monuments historiques de France à l'Exposition universelle de Vienne, par M. E. du Sommerard. *Paris, Impr. nat.*, 1876, gr. in-8, carte col. br.

3116. Storia d'Italia, di Francesco Guicciardini. *Parigi, Baudry*, 1832, 6 vol. in-8, portr. demi-rel. bas. r.

3117. Storia della terra di San Gimignano, scritta dal canonico Luigi Pecori. *Firenze*, 1853, in-8, fig. lith. br.

3118. Bartholomæi Facii de Viris illustribus liber nunc primum ex ms. cod. in lucem erutus; recensuit, præfationem vitamque auctoris addidit Laurentius Mehus. *Florentiæ*, 1745, in-4, vél.
_{Ces deux derniers ouvrages contiennent des notices intéressantes sur les artistes.}

3119. Gustave Planche. Portraits littéraires. *Paris, A. Delahays*, 1855, 2 vol. — Nouveaux Portraits littéraires. *Paris, Amyot*, 1854, 2 vol. — Études littéraires. *Paris, M. Lévy*, 1855. Ens. 5 vol. in-12, br.

3120. Étude historique sur le chancelier Rolin et sur sa famille, par Ch. Bigarne. *Dijon*, 1860, plaq. in-8 de 48 pp. portr. cart.

3121. Le Beffroi. Art héraldique, Archéologie. *Bruges,* 1863-1871, 3 vol. in-4, br. figures.

3122. Annalesde la Société Éduenne. 1860 à 1862 *Autun,* in-8, br.

3123. Le Grand Dictionnaire historique, ou le Mélange curieux de l'histoire sacrée et profane..... par messire Louis Moréri. *Amsterdam,* 1740, 8 v. gr. in-fol front. gr. veau ant.

TABLE DES DIVISIONS.

PREMIÈRE PARTIE.

<table>
<tr><td></td><td>Numéros.</td></tr>
<tr><td>CATALOGUES D'ART. (Collections particulières) par ordre alphabétique..................</td><td>1</td></tr>
<tr><td>— (Anonymes, avec initiales)...............</td><td>1587</td></tr>
<tr><td>— (Anonymes, par ordre de dates)...........</td><td>1752</td></tr>
<tr><td>CATALOGUES DE COLLECTIONS PUBLIQUES ....</td><td>2163 bis</td></tr>
</table>

DEUXIÈME PARTIE.

OUVRAGES GÉNÉRAUX SUR LES ARTS	2316
VIES D'ARTISTES EN GÉNÉRAL............................	2387
PEINTURE 1° *Généralités, arts du dessin*................	2474
— 2° *Vies et ouvrages des peintres de toutes les écoles*...	2523
— 3° *Galeries et musées*........................	2765
— 4° *Salons*..................................	2813
— 5° *Sculpture et ciselure*......................	2871
— 6° *Architecture,*............................	2900
— 7° *Gravure*.................................	2913
— 8° *Arts industriels*..........................	2957
GUIDES ARTISTIQUES...................................	2964
BIBLIOGRAPHIE DES BEAUX-ARTS	3076
OUVRAGES DIVERS.....................................	3095

Paris. — Typographie Georges Chamerot, rue des Saints-Pères, 19. — 7624.

PARIS

TYPOGRAPHIE GEORGES CHAMEROT

19, rue des Saints-Pères, 19

www.ingramcontent.com/pod-product-compliance
Lightning Source LLC
Chambersburg PA
CBHW060604170426
43201CB00009B/890